高等职业教育房地产类专业系列教材

房地产投资分析

主　编　谭善勇

副主编　葛　晶　王江梅

参　编　周　勇　魏　旭　陈　崇

机械工业出版社

本书共分12章：房地产投资分析基础、房地产投资环境分析、房地产投资市场分析、房地产投资产品定位策划、房地产投资成本与税费估算、房地产投资收入估算、房地产投资财务指标与报表分析、房地产投资不确定性分析、房地产投资风险分析、房地产投资方案比选、房地产置业投资分析以及房地产投资可性行研究报告。

本书重点突出、特色鲜明，强调理论与实践、定性分析与定量分析相结合，特别是把Excel软件与房地产投资分析结合起来。为便于教学和自学方便，全书各章均配有一定数量的思考题和练习题。

本书可作为应用型本科及高职高专房地产类专业教材，也可作为房地产经营与估价、工程经济、技术经济、投资经济、工商管理、会计学等专业的教材或参考书。

图书在版编目（CIP）数据

房地产投资分析/谭善勇主编．—北京：机械工业出版社，2008.3（2025.1重印）

高等职业教育房地产类专业系列教材

ISBN 978-7-111-23539-2

I. 房… II. 谭… III. 房地产—投资—分析—高等学校：技术学校—教材 IV. F293.35

中国版本图书馆CIP数据核字（2008）第021854号

机械工业出版社（北京市百万庄大街22号 邮政编码100037）

策划编辑：李俊玲 李 莉　　责任编辑：李 莉

封面设计：张 静　　责任印制：常天培

固安县铭成印刷有限公司印刷

2025年1月第1版第7次印刷

184mm×260mm・19.75印张・487千字

标准书号：ISBN 978-7-111-23539-2

定价：48.00元

电话服务　　网络服务

客服电话：010-88361066　　机 工 官 网：www.cmpbook.com

010-88379833　　机 工 官 博：weibo.com/cmp1952

010-68326294　　金 书 网：www.golden-book.com

　机工教育服务网：www.cmpedu.com

前　言

随着我国城市化进程的不断加快，房地产业也飞速发展，这种发展不仅反映在大规模的住宅建设上，同时也体现于商业、办公、休闲等房地产项目的投资与建设中。目前，房地产投资已经成为房地产领域和投资领域共同关注的热点之一。同时，作为一种经济现象，房地产投资也为城市经济的发展注入了活力，创造了新的发展机遇。

房地产投资是一项系统工程，它需要投资者拥有较强的经济实力、敏锐的市场洞察力、非凡的投资魄力，更需要良好的专业知识储备。只有具备了这样的素质，投资者才能准确地把握市场动向，才能正确地作出房地产投资决策，并科学、有效地规避投资中遇到的各种风险，最终实现满意的投资收益。

本书较为系统地讲解了房地产投资分析的基本原理，对房地产的投资环境、投资市场、投资策划等进行了详细的介绍与分析，并对房地产投资涉及到的成本费用及投资收入的估算方法进行了细致的讲解；另外，对房地产投资的不确定性分析、风险分析及投资方案的比选等也进行了系统的阐述。

房地产投资分析是一门操作性很强的学科，所以本书的内容不仅仅局限于它的理论介绍，更重要的是提供了很多的实际分析方法，并配以丰富的案例及阅读资料，以帮助读者更好地体会和学习。

本书由谭善勇、葛晶、周勇、王江梅、魏旭、陈崇共同编写。谭善勇构思写作提纲，并负责对全书进行统稿和定稿。具体编写分工为：第 1 章、第 5 章～第 10 章、第 12 章由谭善勇、葛晶编写；第 2 章、第 4 章由谭善勇、周勇、陈崇编写；第 3 章由王江梅编写；第 11 章由谭善勇、魏旭、葛晶编写。

房地产投资分析涉及的学科非常广泛，包括了房地产经济学、投资学、会计学、金融学、工程经济学、策划学、市场营销学以及建筑学等诸多学科，把握起来难度很大。因此，尽管我们编写前集中学习了建设部的《房地产开发项目经济评价方法》以及《建设项目经济评价方法与参数》(第三版)，编写过程中又参阅了大量的文献资料，但本书仍然会有一些不足甚至错误，恳请业内外专家和读者朋友给予批评指正。

本书为选作为教材的老师提供电子课件，请登陆 www.cmpude.com 下载或拨打 010-88379540 索要。

编　者

目　录

第 1 章

房地产投资分析基础

学习目标

通过本章学习，了解房地产投资的含义与类型；熟悉房地产投资的优缺点、房地产投资分析的内容与任务、房地产开发投资项目周期、现金流量及其类型、资金时间价值与资金等值的含义；掌握建设工期及其定额、房地产投资项目计算期及其选取、项目工程进度计划编制、现金流量图及其绘制、资金时间价值与资金等值的计算。

关键词

房地产投资　房地产开发投资项目周期　房地产投资项目建设工期　房地产投资项目计算期　现金流量　资金时间价值　资金等值

1.1 房地产投资分析的内容与任务

1.1.1 房地产投资的类型及优缺点

1. 投资与房地产投资的含义

经济学家威廉·夏普在其《投资学》中，将投资概念表述为：投资就是为了获得可能的不确定的未来值所做出的确定的现值牺牲。我们一般认为，投资（Investment）是指某个经济主体（国家、企业、个人）将一定的资金（如现金及其他形式货币资金）或资源（如土地、设备、技术等）投入某项社会再生产过程，以便获取未来的收益或效益的经济活动或经济行为。

完整理解和把握投资的概念，需要注意以下几个方面的问题。

1）投资是现在资产的投入或支出，其投入资产的价值量均以现在值来表示或估算。

2）投资具有时间性，正是因为这样，投资才会有收益，也会有风险。

3）投资的本质在于获取所期望的收益或效益，其中收益是指盈利项目的资本增值，包括时间收益和风险收益；而效益则是指非盈利项目的改善和提高预期的公共福利和社会效益。

房地产投资是一种特殊的投资，它是将资金或资产投入房地产开发、房地产经营、房地产中介服务、物业服务等特定项目，以获得最大限度收益的经济行为。房地产投资收益包括现金流量、避税收入、销售收入和无形收益等。由于房地产投资具有时间性，在房地产投资过程中会受到各种因素变化的影响，所以房地产投资收益是一种不确定的收益。

2. 房地产投资的类型划分

房地产投资的类型多种多样，从不同角度可以将房地产投资分成不同的类型。

（1）按投资方式划分，房地产投资可以分为直接投资和间接投资。

1）直接投资就是投资者直接参与到房地产项目的开发经营当中或直接购买房地产，并参与房地产项目运作的活动。直接投资又可以细分为房地产开发投资和房地产置业投资两种形式。

① 房地产开发投资即投资者将资金投放于一个新的房地产项目建设的全过程中，包括土地使用权的获得、项目的前期策划、项目的建设以及项目建成后的销售环节。当房地产开发投资者将建成后的项目用于出租（普通商品房、公寓、写字楼等）或经营（商场、酒店、俱乐部等）时，短期的开发投资就转变成了长期置业投资。

② 房地产置业投资是指投资者将资金投放于新建物业或是早前建成的物业，或自己居住，或用于经营，或出租以获取一定数量的租金收入。相对于房地产开发投资来说，置业投资持续的时间较长，是一种长期投资。

2）间接投资就是指将资金投入到与房地产相关的证券市场，而不需要直接参与到房地产的开发运作当中的活动。间接投资又可以细分为多种形式：

① 购买房地产企业的债券、股票。投资者可以通过购买房地产企业债券或股票进行投资，同时分享房地产项目带来的收益，成为房地产的间接投资者。

② 购买房地产投资信托基金。房地产投资信托基金（简称 REITS）是一种证券化的产业投资基金，通过发行股票，集合公众的资金，由专门机构经营管理，通过多元化的投资，选择不同地区、不同类型的房地产项目进行投资组合，在有效降低风险的同时，将出租不动产所产生的收入以派息的方式分配给股东，从而使投资人获取长期稳定的投资收益。REITS 通过组合投资和专家理财实现了大众化投资，满足了中小投资者将大额投资转化为小额投资的需求，同时风险性相较于其他证券投资要低得多。

③ 购买住房抵押贷款证券。住房抵押贷款证券（Mortgage-Backed Security，简称 MBS），是一种抵押担保证券，借款人每月的还款现金流是该证券的收益来源。RMBS（个人住房抵押贷款证券）是信贷资产证券的一种，银行委托第三方机构将旗下优良的个人住房贷款以信托或债券形式出售给机构投资者，受托机构将所获利润根据事先与银行约定的比例交给银行。购买住房抵押贷款证券的投资者可以间接地获取房地产投资收益。

（2）按投资经济内容划分，房地产投资可分为土地开发投资、房屋开发投资、房地产经营投资、物业服务投资、中介服务投资和其他投资。

1）土地开发投资包括新区土地开发投资和旧城区土地再开发投资两种。新区土地开发是指城市郊区新征土地的开发建设，其主要经济活动是征用农村集体所有的土地，并进行土地改造和基础设施建设。新区开发的投资成本费用相对较低。旧城区土地开发属于房地产的二次开发，其主要经济活动包括拆迁安置和改造建设两个方面。因受旧城区地价高、住户安置费用高的影响，旧城区土地开发往往要付出更多的投资。

2）房屋开发投资。房屋开发投资包括居住物业（经济适用房、廉租房、限价房、普通商品房、公寓及别墅）的开发投资、办公物业（写字楼）的开发投资、商业物业（宾馆酒店及商场）的开发投资、休闲性物业（如会所、影剧院、网球场、高尔夫球场等）的开发投资、工业物业（工业仓库、厂房）的开发投资以及其他物业（如学校、医院等）的开发投资等几种类型。

3）房地产经营投资主要是指房地产开发商把物业开发出来后并不销售，而是出租经营，或者其他单位和个人购置物业后并不自住，而是把房屋用来出租经营等情况。这些单位或个

人出租经营需要的购置、装修、招商、物品采购、经营以及物业服务等费用的投资，就是房地产经营投资。

4）物业服务投资一般包括房屋及设备维修、保养、装潢、社区安全、绿化、保洁、电梯管理等社区公共服务以及代租、代售、代买、代运、代收代付以及其他家居服务等专项、特约服务的投资等。

5）中介服务投资。中介服务投资一般指为房地产开发、经营、购买、物业服务等提供咨询、价格评估、测量、经纪、法律、财务、市场等中介服务的投资。

6）其他投资。如购买房地产企业的股票、债券等。

（3）按投资经营方式划分，房地产投资可以分为出售型房地产投资、经营型房地产投资和混合型房地产投资以及其他投资。

1）出售型房地产投资就是在项目开发完成后以销售的方式出售房地产产品以获得收益，达到盈利目的的投资。

2）经营性房地产投资就是将资金投入建成后用于经营的房地产开发项目中，以经营得到的收入作为资金回收的投资。

3）混合性房地产投资就是前两者的结合，即将资金投入开发完成后以销售或经营的方式回收资金的房地产开发项目的投资。

4）房地产股票经营、信托基金投资经营等。

[阅读资料1-1]　固定资产投资和房地产投资统计指标解释

1．全社会固定资产投资

固定资产投资是社会固定资产再生产的主要手段。固定资产投资额是以货币表现的建造和购置固定资产活动的工作量，它是反映固定资产投资规模、速度、比例关系和使用方向的综合性指标。全社会固定资产投资按经济类型可分为国有、集体、个体、联营、股份制、外商、港澳台商、其他等。按照管理渠道划分，全社会固定资产投资分为基本建设、更新改造、房地产开发投资和其他固定资产投资四个部分。

2．基本建设投资

基本建设指企业、事业、行政单位以扩大生产能力或工程效益为主要目的的新建、扩建工程及有关工作。其综合范围为总投资50万元以上（含50万元，下同）的基本建设项目。具体包括：①列入中央和各级地方本年基本建设计划的建设项目，以及虽未列入本年基本建设计划，但使用以前年度基建计划内结转投资（包括利用基建库存设备材料）在本年继续施工的建设项目；②本年基本建设计划内投资与更新改造计划内投资结合安排的新建项目和新增生产能力（或工程效益）达到大中型项目标准的扩建项目，以及为改变生产力布局而进行的全厂性迁建项目；③国有单位既未列入基建计划，也未列入更新改造计划的总投资在50万元以上的新建、扩建、恢复项目和为改变生产力布局而进行的全厂性迁建项目，以及行政、事业单位增建业务用房和行政单位增建生活福利设施的项目。

3．更新改造投资

更新改造指企业、事业、行政单位对原有设施进行固定资产更新和技术改造，以及相应配套的工程和有关工作（不包括大修理和维护工程）。其综合范围为总投资50万元以上的更新改造项目。具体包括：①列入中央和各级地方本年更新改造计划的投资单位（项目）和虽未列入本年更新改造计划，但使用上年更新改造计划内结转的投资在本年继续施工的项目；② 本年更新改造计划内投资与基本建设计划内投资结合安排的对企、事业、行政单位原有设施进行技术改造或更新的项目和增建主要生产车间、分厂等其新增生产能力（或工程效益）未达到大中型项目标准的项目，以及由于城市环境保护和安全生产的需要而进行的迁建工程；③ 国有企、事业、行政单位既未列入基建计划也未列入更新改造计划，总投资在 50 万元以上的属于改建或更新改造性质的项目，以及由于城市环境保护和安全生产的需要而进行的迁建工程。

4．房地产开发投资

房地产开发投资指房地产开发公司、商品房建设公司及其他房地产开发法人单位和附属于其他法人单位实际从事房地产开发或经营的活动单位统一开发的包括统代建、拆迁还建的住宅、厂房、仓库、饭店、宾馆、度假村、写字楼、办公楼等房屋建筑物和配套的服务设施，土地开发工程（如道路、给水、排水、供电、供热、通信、平整场地等基础设施工程）的投资；不包括单纯的土地交易活动。

5．其他固定资产投资

其他固定资产投资指全社会固定资产投资中未列入基本建设、更新改造和房地产开发投资的建造和购置固定资产的活动。

（资料来源：国家统计局．http://www.stats.gov.cn/tjzd/tjzbjs/t20020327 14286.html）

3．房地产投资的优缺点

（1）房地产投资的优点。

1）安全系数较高。房子是人们赖以生存的物质保障，而随着人们生活方式、生活观念的转变，对房地产的需求也在与日俱增，但是我们拥有的土地资源却是十分有限的。这种局面长期来看会造成房地产价格的上涨，使得由贬值带来的房地产投资损失很小。同时，虽然房地产投资具有时间性，但在房地产建设的周期内供求关系很难改变，因而可以对未来收益进行预测，进而获得投资的成功。

2）可产生杠杆效应。因为房地产投资的初始投资额非常巨大，因此投资者往往没有足够的自有资金来进行投资。这时投资者就会利用较少的权益资金和大量的抵押贷款资金来进行房地产投资。当投资收益额大于借贷资金的数额时，就产生了杠杆效应。在国外，一般制造业的财务杠杆率为 50%～60%，而房地产业的财务杠杆率达到了 70%～90%。

3）可得到一定程度的税收优惠。计算房地产所得税的应税收入时，要从净经营收入中扣除折旧，这样一来，房地产投资者所要缴纳的所得税就减少了。而随着房地产使用年限的增加，折旧率也在增加，因而投资者的税收支出随建筑物使用年限增加而减少。

4）抵御通货膨胀带来的不利影响。曾经人们认为储蓄是最好的货币保值手段，可一旦发生通货膨胀，较低的利率并不能抵消通货膨胀带来的货币损失，而购买股票、期货等证券产品又面临着较大风险。所以，人们会选择将资金投资于房地产。一方面，房屋是人们进行生产生活必要的物质基础，即使出现了通货膨胀，导致货币贬值，房地产的使用价值也不会受到影响，从而达到保值的目的；另一方面，由于经济的发展，人口的不断增长，使得人们对于房地产的需求日益增长，而土地的供给又是十分有限的，所以房地产价格从长期看呈上升趋势，进而产生了增值的作用。

5）提高投资者的信用等级。房地产的投资需要有较为雄厚的资金支持，因而进行房地产投资的个人或企业能够证明其资金实力，同时当他们进行银行贷款时可以获得相对高的信用等级，有利于抓住较好的投资机会。

6）可以获得较高的收益。虽然房地产的投资额巨大，但是相对于其他投资形式，房地产投资的收益也是较高的。

（2）房地产投资的缺点。

1）变现性较差、周转率低。与金融市场和商品市场相比，房地产市场是一个低效率的市场。它的投资成本很高，而运作过程十分复杂，须考虑诸多因素对房地产的影响，这就使得一个房地产项目从投入到回收需要一定时期，因此在项目的建设过程中很难得到现金回报。有些投资者希望依靠一个项目的收益对其他项目进行投资，但因一些无法预测到的变化往往造成资金周转不灵，甚至陷入财务危机。

2）投资数额巨大。由于房地产建设项目的规模大、涉及范围广，使得房地产投资的数额十分巨大，动辄几百万元，规模稍大的项目就要上千万，甚至数十亿元。进行房地产投资，虽然可以从银行等金融机构获得一定数量的贷款，但是也需要投资者本身拥有相当数量的自有资金。这样就大大抬高了房地产投资的门槛，普通的个人或企业根本无力进入。

3）资金的回收周期长。一般的房地产项目建设周期都在一到两年，有些项目会达到三到五年，甚至更长。而且这个时间可能仅仅是项目开始回收资金的时间，而市场中的很多变化是难以预测的，所以要想全部收回本金甚至开始盈利，则需要更长的时间，有时可能会因为一个利差因素而导致投资长时间不能收回。

4）有较高的专业知识和经验要求。房地产投资涉及到许多相关行业的知识，如金融、建筑、销售等，这就对投资者提出了很高的要求。投资者一方面要掌握大量的专业知识，进行常规的操作与运营；另一方面还要具备丰富的实践经验以及处理问题的能力，以应对可能发生的各种状况。一旦投资者缺少相关的知识或是解决问题的对策，则可能影响最终的收益，甚至造成不可挽回的损失。

5）易受政策导向的影响。因为房地产业与国民经济的密切关系，使得政府会运用各种手段对房地产业进行直接或间接的干预，这样做既可以调节国家的宏观经济，又可以对房地产投资过程中出现的不良行为进行有效的打击。但是某些新政策的出台会打乱投资者的投资计划，迫使投资者改变投资方式，严重的会增加投资风险，影响投资收益。同时，经济的繁荣或衰退也对房地产投资有着重要的影响，经济的波动增加了房地产投资的不确定性。

1.1.2　房地产投资分析的内容

从房地产开发商或投资咨询单位的角度看，房地产投资分析的内容主要包括：

1．房地产投资环境分析

房地产投资环境分析是房地产投资分析的第一步，只有确认了投资环境的健康和稳定，才能开始此后的市场研究和地块选择环节。房地产投资环境分析主要关注的是与房地产的建设、销售等相关的制度、管理方法、政策法规的稳定性以及基础设施的完备状况。同时，政治、经济、基础设施和配套设施、法律、社会文化和自然地理六大因素的共同作用又在不同程度上影响着房地产投资环境。

2．房地产投资市场分析

房地产投资市场分析是通过市场信息将房地产市场的投资者与房地产市场联系起来的一种活动，即通过房地产市场信息的收集、分析和加工处理，寻找其内在的规律和含义，预测市场未来的发展趋势，帮助房地产投资者掌握市场动态，把握市场机会，从而调整投资行为。房地产投资市场分析一般分为五个方面：房地产市场供给状况分析、房地产市场需求状况分析、房地产市场租售状况分析、房地产市场趋势分析以及房地产市场竞争分析。

3．房地产投资分析策划

房地产投资分析策划是指从事房地产投资经济评价的工作人员，根据房地产投资项目所在国家、地区、城市和项目本身的各方面情况，参考项目投资开发商的目标要求，从不同的角度出发，通过对房地产投资项目进行系统分析，从而对房地产项目投资的关键点做出的预先考虑与设想的过程。房地产投资分析策划包括产品定位策划、开发时机策划、开发合作方式策划、融资策划、价格策划、经营策划等。

4．房地产投资财务分析

房地产投资财务分析的目的是从房地产企业的角度对项目进行经济评价，并在房地产投资环境、市场分析，项目策划，投资、成本费用以及收入估算等基本资料和数据的基础上，通过编制基本财务报表，计算财务分析指标，依据国家现行财税制度、现行价格和有关法规，对房地产项目的财务盈利能力、清偿能力和资金平衡能力情况进行分析，同时也是考察项目财务可行性的一种方法。房地产投资财务分析是房地产投资分析当中重要的组成部分，是项目可行性的核心内容，也是房地产投资项目能够顺利完成的重要保证。

5．房地产投资不确定性分析

房地产投资分析决策是建立在对房地产投资项目经济效果预测的基础之上，而人们对未来的预测能力和影响能力是有限的，项目在未来的实际经济效果与人们预测的结果可能有差距，即作为决策重要依据的经济效果本身具有不确定性。为了减少投资风险，避免决策失误，就必须对项目经济效果的不确定性及项目对各种不确定性的承受能力进行分析，即进行不确定性分析。不确定性分析包括盈亏平衡分析和敏感性分析，通过从不同角度的分析，可以分析总结项目的盈利水平以及所面临的风险。

6．房地产投资风险分析

房地产投资风险是指由于投资房地产而造成损失的可能性大小。房地产投资风险分析就是对投资者所要承担的风险作定量估计，而前述的不确定性分析则只是对要面临的风险作一个定性的分析。在房地产投资风险分析中，用概率、期望值以及方差等具体数值来说明一个项目的风险性大小，这样可以为投资者提供一个比较有说服力的投资依据，进而调整自己的投资行为。

7．房地产投资社会影响分析

一个房地产项目的开发过程会受到开发区域内的经济、社会和政治因素的影响，这对于

开发项目的策划分析、投资决策分析、风险分析等都有着重要影响。因此，在进行房地产项目建设之前，一定要对开发区域内的各种社会影响因素作出具体分析，它是房地产开发能否顺利进行的基本保障。在分析报告中只须将对投资产生直接影响的经济、社会、政治因素列出，而对于那些与项目可行性关联不强的因素可以略去。

8．房地产投资决策分析（方案比选分析）

在实际的房地产开发投资中，投资者面临的投资开发方案大多不是唯一的，而是有多种备选方案。由于投资者所掌握的人、财、物等资源的限制，再加上对各种风险因素的考虑，使得投资者必须从各种投资机会和可能投资方案中选择预期收益最大者，其整个过程就是投资方案的比选。具体来说，投资方案比选就是对各个方案进行比较、分析、评价，从中选出最佳方案作为最终的实施方案。投资方案比选是寻求房地产开发的合理的经济和技术决策的必要手段，也是房地产投资分析工作的重要组成部分。

1.1.3 房地产投资分析的任务

房地产投资分析不是无目的的。分析者要给投资者提供房地产投资分析报告，帮助房地产投资者解决诸如投资方向确定、运作方式选择、投资收益预测以及投资风险规避等方面的问题。

1．为投资者指出投资方向

投资者在进行房地产投资之前往往要对投资项目的区位、周边环境、市场供求状况以及项目的风险性、影响力等作充分的调查，有些新入市的投资者更是对投资一无所知。这就需要有专门的房地产投资分析人员为投资者提供一个全面的解决方案，同时要具有针对性，使投资者可以依据分析方案进行投资活动，并取得较好的收益。

2．为投资者提供运作方式

房地产投资者在将要进行某项投资时往往会面临诸多现实问题，涉及如何取得土地使用权、如何取得建筑许可、如何筹措资金、如何保证建设工期、如何进行销售等，其中很多问题是投资者依靠个人力量无法完成的，这就需要分析人员根据每个项目的具体情况给出可行的运作方式建议。

3．为投资者估计投资收益

投资者投资房地产项目无疑是想获得一定的收益，项目收益的好坏是投资者决定投资与否的重要因素。同时，他们需要了解项目所需的全部资金、自有资金及贷款情况、贷款偿还期限、投资回收期及折现率、税费收缴比率、资金的内部收益率（本书所指内部收益率即财务内部收益率），还要知道项目的利润率等。了解了这些问题，投资者就可以对整个项目的资金运作做一个总体规划，从而降低产生财务危机的风险。

4．为投资者分析风险及提供避险策略

每一个项目都存在一定的风险，分析人员要在帮助投资者计算投资收益的同时，让他们了解到所要承担的风险，决不能让投资者为了追求高利润而忽视了风险的存在，最终遭受不可挽回的损失。仅仅知道风险的存在是不够的，分析人员还应该为投资者们提供规避风险的方法、策略，以使投资者能及时调整投资方案。

除了上述任务外，分析人员还应就投资项目可能引发的社会问题、环境问题等加以分析与阐述。如果发现房地产投资可能引发的问题是严重的，就应该予以否决。当然，就一般的居住物业、写字楼物业、商业物业等民用物业的开发投资来说，这些方面基本不用考虑。但对一些商业物业的经营投资而言（如在居住小区内开设饭店、超市等），如果可能严重侵犯居民的利益，分析者就有必要提醒经营投资者，甚至建议其放弃该方面的投资。

1.2 房地产开发投资项目周期、建设工期和计算期

1.2.1 房地产开发投资项目周期

一般认为，项目从起始到结束的完整循环过程，称之为项目周期。项目周期不仅包含按时序展开的各个阶段，同时也是一个循环的过程。项目后评价的评价结果反馈到后续项目中去，使后评价成为新项目的开端。在项目周期循环往复的过程中，管理和投资咨询人员可以不断总结经验教训，提高投资决策水平。

房地产开发投资项目周期是指在进行房地产开发时，将资金运用到从找地开始，经过立项、规划设计、施工、竣工，到销售完毕，甚至到经营的整个过程。因此，房地产开发投资项目周期一般包括投资前期、投资实施期以及营销期或经营期。

1. 投资前期

房地产开发投资前期又称为投资准备期，是指从投资项目设想到项目投资实施前的一段时间，具体包括投资机会研究、投资项目建议、项目可行性研究、项目评估与决策等阶段。该阶段的核心是对房地产投资项目进行论证与评价。投资与否、投资规模、投资方案以及资金筹措方案选择等要在这一阶段完成。

（1）投资机会研究。投资机会研究主要是看能否投资，将投资意向变为投资建议。投资机会研究相当粗略，主要依靠笼统的估计。该阶段研究费用一般占总投资的0.2%～0.8%，需要时间大致为1～3个月。

（2）投资项目建议。经投资机会选择的项目，需要投资项目建议书阐明。项目建议书的核心是申述提出项目的理由及其主要依据，作为项目申请立项的重要依据。

（3）投资项目可行性研究。投资项目建议书被批准后，即可进入项目的初步可行性研究阶段，进一步对项目建设的可能性与潜在效益进行论证分析，作出是否投资以及是否有进行详细可行性研究的必要等决定。初步可行性研究阶段所需费用约占总投资的 0.25%～1.5%。经过初步可行性研究阶段后，如果需要，就进入详细可行性研究阶段。其所需的费用，小型项目约占总投资的1.0%～3.0%，大型复杂项目约占总投资的0.2%～1.0%。现实中，房地产投资项目可行性研究阶段需要时间大致为1～3个月。

（4）项目评估与决策。根据有关规定，大中型建设项目、限额以上的更新改造项目以及一些重要的小型和限额以下的生产经营性项目，必须经国家计委或地方计委委托有资格的咨询评估单位就项目的可行性研究报告进行评估论证。未经评估的建设项目，任何单位不准审批，也不准组织建设。

项目评估是由国家计委或地方计委组织和授权建设银行、投资银行、工程咨询公司或有关专家，代表国家对上报的建设项目可行性研究报告进行全面的审核和再评价。经过项目评

估后，开发建设项目才能获得政府审批，也才能获得贷款银行的贷款。再经过项目决策，即决策部门或决策者拍板定案之后，项目才能进入投资实施阶段。

2．投资实施期

房地产开发项目投资实施期又称建设期，是把规划变成现实、完成项目建设计划的关键时期。它通常包含设计、开工、施工及竣工验收四个阶段。其具体内容是：

（1）设计阶段。根据开发项目的具体目标，进行初步设计、详细设计和施工方案设计等。设计阶段的成果是“设计方案”。

（2）开工阶段。通过招投标，选定施工单位，进行设备材料订货，作好开工前的准备。开工阶段的成果是“开工报告”。

（3）施工阶段。施工阶段即进行建筑工程施工建设、设备安装等过程。按施工的进度，分阶段产生“进程阶段报告”。

（4）竣工验收阶段。项目竣工后，由开发商或投资者组织相关力量进行验收。验收合格的项目，便可以进入营销或经营阶段。该阶段的成果是“竣工验收报告”。

3．营销期或经营期

营销期或经营期是项目偿还贷款，回收投资并获取经济效益的时期。因项目的性质、用途不同，房地产开发项目的营销期或经营期的工作内容与形式有很大差别。

销售性的房地产开发项目，如普通住宅、公寓、别墅以及商铺等，其营销期通常分为两种情况，一是项目投资建设一定阶段后（通常为 3～6 个月），便可以进行预售业务，即进入营销期；二是在项目竣工验收合格后，才能进行营销工作，进入营销期。

租赁性的房地产开发项目，如商场、写字楼、酒店等，其项目交工验收合格后，不是用来销售，而是用来从事租赁经营业务，由开发投资商自己或提前招商确定的经营商进行经营，进入项目的经营期。

1.2.2　房地产投资项目建设工期与计算期

1．房地产投资项目建设工期

建设工期一般是指一个建设项目从破土动工到竣工验收交付使用所需要的时间。不同的建设项目，工期一般不同，即使相同的建设项目，由于管理水平不同及其他外部条件的差异，也可能引起工期的不同。

建筑工程工期通常有其定额。建设工期定额，一般是指在平均的建设管理水平及正常的建设条件下，一个建设项目从破土动工，到工程全部建成、验收合格交付使用全过程所需要的额定时间，一般按天数计算。

工期定额的作用主要体现在五个方面：① 它是编制标书、签订建安承包合同的依据；② 它是提前或者拖延竣工期限、奖罚的依据；③ 它是工程结算计算竣工期调价的依据；④ 它是施工企业编制施工组织设计和栋号承包、考核施工进度的依据。

工期定额可以根据《全国统一建筑安装工程工期定额》以及地方的定额来估算。

这里以北京市定额为例来说明建设工期定额。《北京市建筑安装工程工期定额》中砖混结构住宅工程部分的工期定额见表 1-1。

表1-1　砖混结构住宅工程工期定额

编号	层数	建筑面积 /m²	工期天数	
			无地下室	带一层地下室
1-11	3	2000以内	170	210
1-12	3	3000以内	185	230
1-13	4	1000以内	170	200
1-14	4	2000以内	185	220
1-15	4	3000以内	205	245
1-16	4	5000以内	225	270
1-17	5	2000以内	205	240
1-18	5	3000以内	225	265
1-19	5	5000以内	245	290
1-20	5	7000以内	270	325
1-21	6	2000以内	225	260
1-22	6	3000以内	245	285
1-23	6	5000以内	265	305
1-24	6	7000以内	285	330
1-25	6	10000以内	310	365
1-26	7	3000以内	280	315
1-27	7	5000以内	300	340
1-28	7	7000以内	320	365
1-29	7	10000以内	345	400

实际中，建筑工程工期具体的估算，通常可以按工程项目的层数、建筑面积、建筑结构等条件，结合《北京市建筑安装工程工期定额》中的总说明、册（章）说明的规定，直接套用或乘以相应的系数直接确定工期。

当然，作为粗略的估算方法，实际经济评价中只是凭经验对建筑工程的工期予以大致的估算。这种方法对工期的估算是，对于民用建筑，其综合工期通常都在1～2年之间。

2．房地产投资项目计算期

（1）项目计算期的一般含义与规定。国家发展和改革委员会、建设部2006年发布的《建设项目经济评价方法与参数》（第三版）指出：项目计算期是指经济评价中为进行动态分析所设定的期限，包括建设期和运营期。建设期是指项目资金正式投入开始到项目建成投产为止所需要的时间，可按合理工期或预计的建设进度确定；运营期分为投产期和达产期两个阶段。投产期是指项目投入生产，但生产能力尚未完全达到设计能力时的一个过渡阶段。达产期是指生产运营达到设计预期水平后的时间。运营期一般应以项目主要设备的经济寿命期确定。

项目计算期应根据多种因素综合确定，包括行业特点、主要装置（或设备）的经济寿命等。行业有规定时，应从其规定。当然，计算期不宜定得太长，通常为10～20年。这一方面是因为按照现金流量折现（具体含义见“1.3 现金流量与资金的时间价值”中关于折现的定义）的方法，把后期的净收益折为现值的数值相对较小，甚至可以忽略不计，很难对财务分析结论产生决定性的影响；另一方面是因为时间越长，预测的数据越不准确。

项目计算期较长的项目其计算期多以年为时间单位。对于计算期较短的行业项目，在较短的时间间隔内（如月、季、半年或其他非日历时间间隔）现金流水平有较大变化的，如一般房地产开发投资项目、高科技产业项目等，这类项目不宜用年做计算现金流量的时间单位，可根据项目的具体情况选择合适的计算现金流量的时间单位。

（2）房地产投资项目计算期及其选取。房地产投资项目的计算期是指在对房地产投资项目进行动态经济评价时所设定的期限。按照前面的介绍，房地产直接投资可以分为开发投资和置业投资两种类型，对于这两种不同类型的房地产投资项目，其计算期的含义与选取有所不同。

房地产开发投资项目包括出售项目和出租、自营项目两种。出售的开发投资项目，其计算期为项目的开发期与销售期之和。这里的开发期，是指从购买土地使用权开始到项目竣工验收的时间周期，包括准备期和建造期；销售期是指从正式销售（含预售）开始到销售完毕的时间周期。当预售商品房时，开发期与销售期有部分时间重叠。而对于出租、自营的开发投资项目来说，其计算期就是开发期与经营期之和。经营期为预计出租经营或自营的时间周期，经营期一般应以土地使用权剩余年限和项目主要建筑物的经济使用寿命中较短的年限为最大值。为经济评价的方便，一般而言，出售的房地产开发投资项目，其计算期通常选择 3～5 年，而出租、自营的开发投资项目的计算期通常可以在 10～20 年内选择。

房地产置业投资项目的计算期为经营准备期与经营期之和。经营准备期为开业准备活动所占用的时间，从获取物业所有权（使用权）开始，到出租经营或自营活动正式开始截止。经营准备期的时间长短与购入物业的初始装修状态等因素相关。

1.2.3 工程项目进度计划编制

1. 项目进度计划编制方法

项目计划是项目投资各阶段工作的方针和程序安排。房地产项目投资计划是针对具体开发经营对象而编制的计划。对项目进度进行计划就是为了控制时间和节约时间，而项目的主要特点之一就是有严格的时间期限要求，由此决定了项目进度计划的重要性。

项目进度计划编制有三种方法：表格法、甘特图法和网络图法。

（1）表格法。传统的项目进度计划的编制都使用表格法来进行。每项工程的具体进度计划不尽相同，但是表格的大致形式相同（表 1-2），整个表头有两部分组成，左边是“项目”，用来描述本表的分项内容，右边是“工期”，根据实际需要用年、月、日等单位描述该分项开工和竣工日期等时间参数。

表 1-2 工程项目总进度计划表

项目编号	单位工程或分项工程名称	工程量		开工日期			完工日期			工程延续天数	备 注
		单位	数量	年	月	日	年	月	日		

（2）甘特图法。甘特图（Gatt）又称横道图，它以一段横向粗线条表示一项工作，通过该线条在带有时间坐标的表格中的位置来表示各项工作的起始、结束时间和各工作的先后顺序。如图 1-1 所示，单位工程、分项工程以及分部工程的开工、竣工时段，以相应的粗线段描绘在相应部位。这种方法较为直观、形象、生动，在工程项目中普遍应用。

项目编号	项目名称	工程数量		日期（年、月）										
				2005 年						2006 年				
		单位	数量	2	4	6	8	10	12	2	4	6	8	10
1	××××													
2	×××													
3	×××××													
…	…													

图 1-1　工程项目进度计划图示例

（3）网络图法。网络图法又称网络计划技术，是以工序所需时间为时间因素，用描述工序之间相互联系的网络和网络时间的计算，反映整个工程或任务的全貌，并在规定的条件下，全面筹划、统一安排，来寻求达到目标的最优方案的计划技术或方法。网络图法能够全面明确地描述各活动间错综复杂的关系，找出影响项目总工期的关键活动和关键路线，便于方案的优化与调整。其缺点是过于复杂，通常需要熟练使用计算机才能较好地编制和调整网络图。下图 1-2 就是一个小型建设项目施工进度计划网络图的示意图。

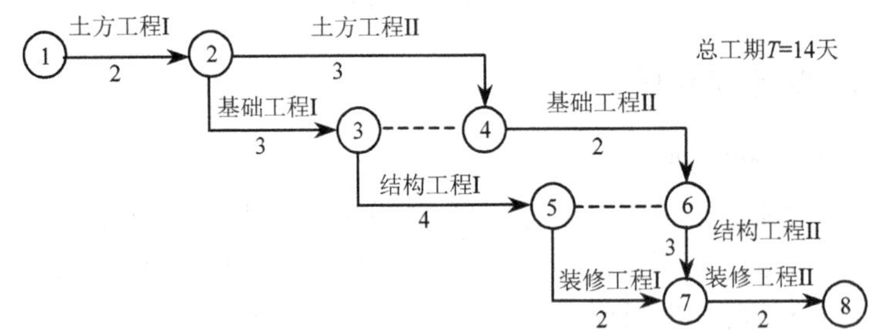

图 1-2　某小型建设项目施工进度计划网络图

注：1．该工程分为两段施工，即 I 段和 II 段。

2．施工过程包括四个工序：土方工程、基础工程、结构工程和装修工程。

2．甘特图编制及其应用

对房地产开发投资来说，编制网络图通常很复杂，而且在不要求非常精确的投资分析中，也没有必要编制那么复杂的网络图，而表格法又缺乏形象性。因此，这里仅以甘特图的编制为例，来简单介绍项目进度计划的具体编制。

在编制甘特图之前，首先需要弄清各个活动或工作之间的逻辑关系，或者相互之间可能的影响，以及其他方面的制约因素。如房地产开发的基本程序是，先进行可行性研究，再上项目；先设计，后施工；先竣工验收，后投入使用与经营等。必须按其顺序来安排计划，编制甘特图。

编制甘特图有两个基本方法，即使用 Microsoft Project 和 Microsoft Excel 来编制。其中，最简单的方法就是使用 Microsoft Project 软件来编制。Microsoft Project 是 Microsoft 公司生产的功能强大的项目管理应用软件，使用它可以方便地跟踪项目进度并绘制进度表。作为项目管理工具，Microsoft Project 可以为项目制订计划、安排日程、分配资源、控制成本、进行方

案比较、跟踪进程、打印绘制项目信息图标并与他人协同工作，在网上进行项目共享等。

图 1-3 是使用 Microsoft Project 2007 软件编制的某小区项目建设进度计划甘特图。

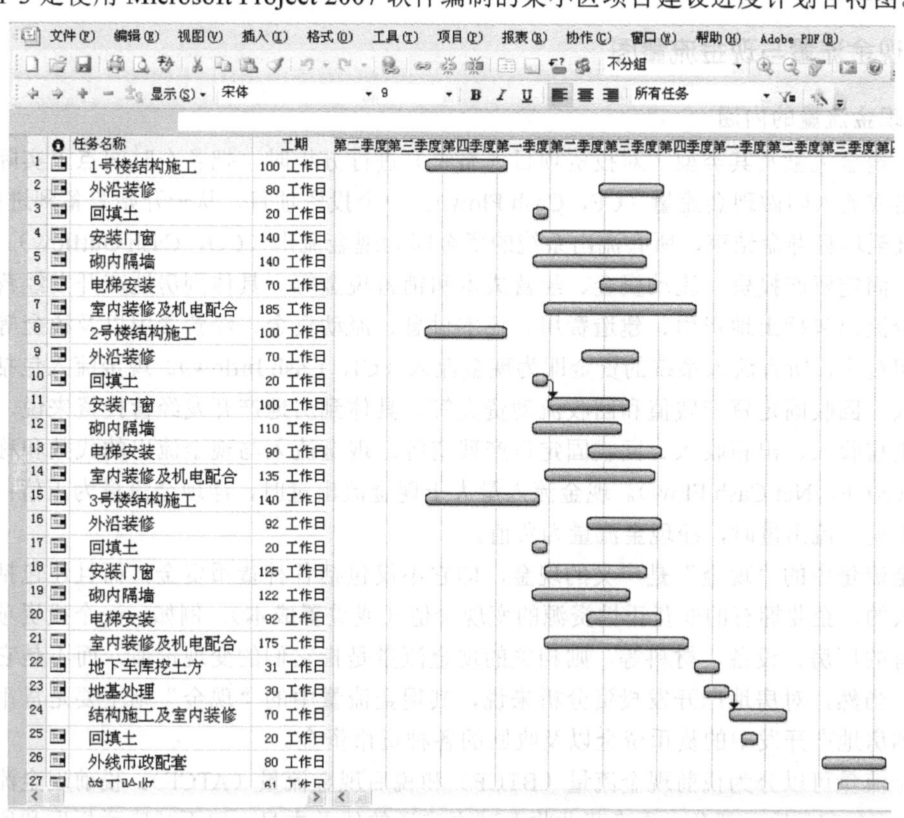

	任务名称	工期
1	1号楼结构施工	100 工作日
2	外沿装修	80 工作日
3	回填土	20 工作日
4	安装门窗	140 工作日
5	砌内隔墙	140 工作日
6	电梯安装	70 工作日
7	室内装修及机电配合	185 工作日
8	2号楼结构施工	100 工作日
9	外沿装修	70 工作日
10	回填土	20 工作日
11	安装门窗	100 工作日
12	砌内隔墙	110 工作日
13	电梯安装	90 工作日
14	室内装修及机电配合	135 工作日
15	3号楼结构施工	140 工作日
16	外沿装修	92 工作日
17	回填土	20 工作日
18	安装门窗	125 工作日
19	砌内隔墙	122 工作日
20	电梯安装	92 工作日
21	室内装修及机电配合	175 工作日
22	地下车库挖土方	31 工作日
23	地基处理	30 工作日
24	结构施工及室内装修	70 工作日
25	回填土	20 工作日
26	外线市政配套	80 工作日

图 1-3　某小区项目建设进度计划图

创建甘特图的另一种方法就是使用 Microsoft Excel。Microsoft Excel 是执行计算、分析信息并管理电子表格或 Web 页中的列表的软件。利用该软件编制的甘特图通常比较粗略。在掌握基本情况后，大致把活动的先后顺序以及活动的时间多少用粗横线表示出来。图 1-4 就是一个利用 Microsoft Excel 2007 软件编制的简单粗略的甘特图。

实施年月 项目内容	2005年						2006年									
	6	7	8	9	10	11	12	1	2	3	4	5	6	7	8	9	10
1. 可研报告编制与报批																
2. 申领规划要点																
3. 方案设计与报批																
4. 选择承包商																
5. 结构、装修及设备																
6. 室外工程																
7. 竣工验收																

图 1-4　某项目建设进度计划图

1.3 现金流量与资金的时间价值

1.3.1 现金流量与现金流量图

1. 现金流量的内涵

（1）现金流量及其类型。对投资项目（系统）进行分析时，把各个时间点上实际发生的资金流出或流入叫做现金流量（CF，Cash Flow）。一个投资项目，从一开始筹备到进行建设、经营，直至项目寿命结束，所有流出系统的资金即为现金流出（CO，Cash Outflow）。现金流出包括：固定资产投资、流动资金、经营成本和销售税金等。具体到房地产开发经营投资来说，现金流出包括土地费用、建造费用、还本付息、流动资金、经营费用以及税金等。与现金流出相对应，所有流入系统的资金即为现金流入（CI，Cash Inflow）。现金流入包括：产品销售收入、回收固定资产残值和回收流动资金等。具体到房地产开发经营投资来说，现金流入包括销售收入、出租收入、回收固定资产残值等。现金流入与现金流出的代数和称为净现金流量（NCF，Net Cash Flow）。现金流入量大于现金流出量时，净现金流量为正值；现金流入量小于现金流出量时，净现金流量为负值。

现金流量中的“现金”是广义的现金，即它不仅包括各种货币资金，而且还包括项目所需要投入的、企业拥有的非货币性资源的变现价值（或重置成本）。例如，一个投资项目需要使用原有的厂房、设备、材料等，则相关的现金流量是指它们的变现价值，而不是它们的账面成本。当然，对房地产开发投资分析来说，其现金流量中的“现金”则主要是货币资金，即投入到房地产开发中的货币资金以及收回的各种货币资金。

现金流量可以分为税前现金流量（BTCF）和税后现金流量（ATCF）。税前现金流量是净营业收益（NOI）的一部分，是净营业收益减去应还的债务本息，但不减应税折旧和所得税的余额。税前现金流量也称为“净利润”或“扣除税前的现金流量”。税后现金流量是减去所得税后的现金流量。一般的所得税以房地产所有权产生的应税所得为基础。应税所得由利息的数量和在计算应征税所得时可从净营业收益中扣除的应税折旧来决定。

此外，还可以从不同角度对现金流量进行分类。按照现金流量包含的时间范围，可以将其分为周期现金流量和累计现金流量；按照现金流量是否考虑货币的时间价值，可将其分为静态的现金流量和动态的现金流量；按照现金流量所包含的现金范围，可将其分为全部投资现金流量和自有资金现金流量等。

对房地产投资来说，其现金流量有三种不同的情况：① 开发后出售房地产项目，其净现金流量等于项目销售收入减去总投资（或总成本费用）及偿还贷款本息之后的余额；② 开发后持有房地产项目，这时的开发投资事实上成了长期置业投资，其净现金流量主要与净租金收入或净经营收入有关，同时还须考虑每年还本付息因素。由于租金收入或经营收入都是未来的、预期的，所以在计算投资价值时，还须对其进行折现。在持有期或经营期结束后，可能还会有转售收益或固定资产余值回收，这些也构成了其现金流量的一部分；③ 置业投资项目，其投资的现金流量通常有两部分组成，一部分是持有期间内物业每年的净经营收益（同时考虑年还本付息额），另一部分是持有期末物业的净转售收益。

房地产投资分析的目的，就是要根据特定房地产投资项目所要达到的目标及所拥有的资源条件，考察房地产投资项目在不同运行模式或技术方案下的现金流出和现金流入，选择合

适的运行模式或技术方案，以获取最佳的经济效益。

（2）现金流量与利润。按照会计原理，利润是指某一特定会计期间里收入总额与费用总额之间的正差额（若为负差额，则称之为亏损）。利润或亏损的计算，一般以权责发生制为基础。具体地说，收入总额是根据收入实现原则确认的，只要与收入有关的交易行为已经发生或商品的所有权已经转让给客户，并且赚取收入的过程实质上已经完成或已获得在将来收取货款的法定权利，则不论是否收到现金，均应确定为收入。收入确认后，就可以通过收入与费用的差额来计算利润或亏损。由此可见，在权责发生制会计核算方法下，收入和费用与现金流入和现金流出是两对截然不同的概念，利润或亏损也不等同于净现金流量。

但是，现金流量和利润并不是两个互不联系或相互排斥的概念，它们存在如下的关系：

净现金流量=现金流入量 –现金流出量

=利润+利润计算中已扣除的非现金费用以及未包括在内的现金收入–利润计算中未扣除的现金支出

这里，利润计算中已扣除的非现金费用，主要包括固定资产折旧、无形资产及递延资产等的摊销费；未包括在内的现金收入，主要指固定资产的残值收入；未扣除的现金支出主要指固定资产投资和新增流动资金。

2．现金流量图及其绘制

（1）现金流量图的含义。为了直观地反映项目计算期内现金流量的发生情况，在进行现金流量分析时，可以绘制现金流量图。现金流量图（Cash Flow Diagram）是把投资项目（系统）的现金流量用时间坐标表示出来的一种示意图。时间可以以年、半年、季度或月等为单位。在现金流量图上，要表明现金流量的性质（流入或流出）、发生时间以及数量大小等。

（2）现金流量图的绘制方法。现金流量图的绘制有两种方法，一种是利用直尺等绘图工具手绘，另一种是利用 Microsoft Excel 软件自动绘制。两种不同的绘制方法介绍如下：

1）手绘现金流量图。首先，画一条水平线作为时间标度。根据需要把水平线划分成若干相等的格，每一格代表一个时间单位，也就是一个计息周期。时间的推移是自左向右的，也就是说，时间点是从 0 到 1，2 直至到 n，每一个时间点都表示该计息期的期末时点。具体来说，时间点 0 表示资金运动的时间始点或某一基准时刻，通常表示资金发生在第 0 期期末（也就是第 1 期的期初），不一定是指日历年度的年初；时间点 1 表示第一个计息周期的末尾，同时也是第二个计息周期的开始。其他均以此类推。其次，根据实际情况，在各标度上画上现金流量，箭头表示现金流动的方向，箭头向下表示现金支出（现金的减少），箭头向上表示现金收入（现金增加）。最后，在箭头上标上各现金流量的具体数字。

图 1-5 所示是手绘的某投资项目现金流量图。

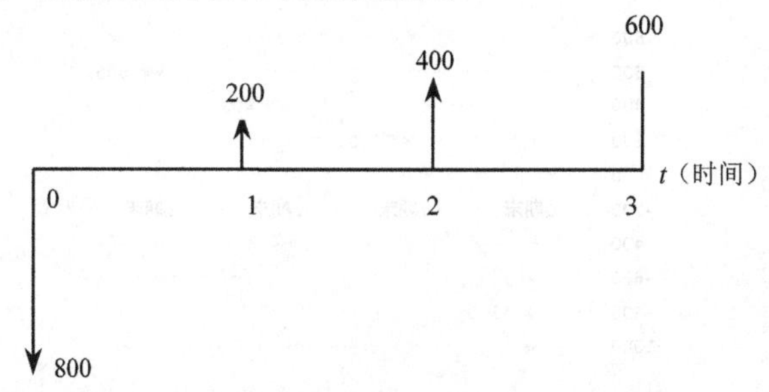

图 1-5 手绘某投资项目现金流量图（单位：万元）

2)利用 Microsoft Excel 2007 软件自动绘制现金流量图。以图 1-5 为例，首先，打开 Microsoft Excel 2007，在工作区任一位置的不同格里按顺序输入上述数字和时间标度，比如分别在 B2、C2、D2、E2 中输入 0 期末、1 期末、2 期末、3 期末；分别在 B3、C3、D3、E3 中输入-800、200、400、600；然后，选择 B2、C2、D2、E2，B3、C3、D3、E3，点击“插入”菜单栏中的“图表”，再点击“柱形图”，选择“堆积柱形图”，即可自动生成该项目投资的现金流量图。再稍微加以修饰，就成为如图 1-6 所示的现金流量图。

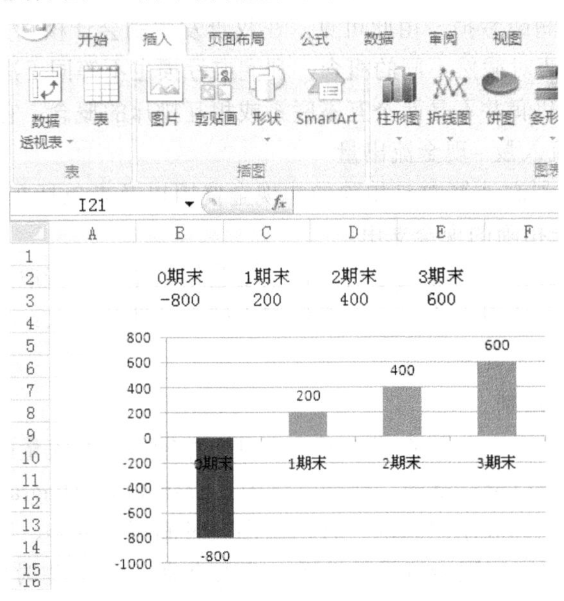

图 1-6　利用 Microsoft Excel 软件绘制的某投资项目现金流量图（一）（单位：万元）

在绘制现金流量图的过程中，当点击“插入”菜单栏中的“图表”，再点击“折线图”中的“数据点折线图”时，也会生成图 1-7 所示的现金流量图。

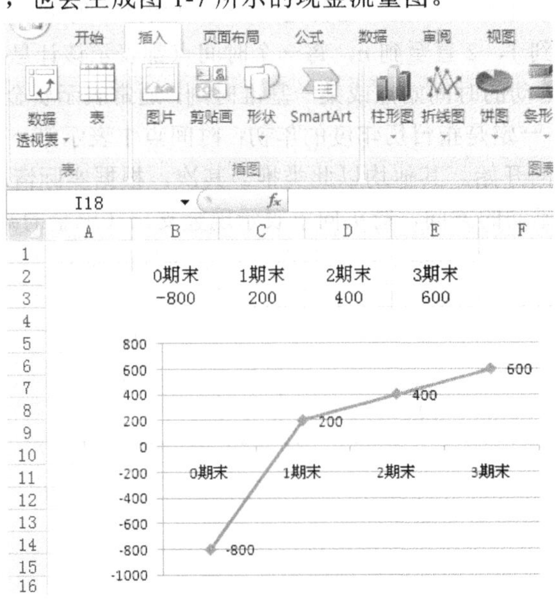

图 1-7　利用 Microsoft Excel 软件绘制的某投资项目现金流量图（二）（单位：万元）

可以看到，根据实际投资数据，利用 Excel 所作的现金流量图通常是没有箭头的。这是与手绘的现金流量图的一个区别。

（3）现金流量图绘制注意事项。在绘制现金流量图的过程中，需要注意以下规则或问题：

1）如不特别说明，一般都假设投资发生在计息期初，销售收入、开发成本、经营成本等经常性收益与费用发生在计息期末。

2）如果现金流出或流入不是发生在计息周期的期初或期末，而是发生在计息周期的期间，为了简化计算，惯例是将其代数和看成是在计算周期末发生，称为期末惯例法。

3）为了与期末惯例法保持一致，在绘制现金流量图时，都把初始投资作为上一周期期末，即第 0 期期末发生的，这就是在有关计算中出现的第 0 周期的由来。

4）相对于时间坐标的垂直带箭头线代表不同时点的现金流量。现金流量图中垂直带箭头线的箭头，通常是向上者表示正现金流量，向下者表示负现金流量（具体数字仍应为正数）。某一计息周期内的净现金流量是指该段时间内的现金流量的代数和。

5）现金流量图中垂直带箭头线的箭头，其长短与收入或支出的大小成比例。当然，在手绘现金流量图时，为了简便起见，这个比例也可以只是大致的，不要求非常精确。

6）利率、收益率的计算期应与时间轴上的单位一致（年、半年、季度或月），如为已知，则应标在时间轴的上侧或下侧。

7）现金流量图应有货币的单位、图名以及计息周期的时间标志。资金流动的时间如为确定的，则应有时间轴的截止，不能使用时间箭头等表示延续含义的图标。

8）现金流量图与立场有关。也就是说，现金流量图中的现金流入与现金流出是针对特定的对象而言的，在房地产投资分析时，这个“特定对象”通常是指资金的使用者。

1.3.2 资金的时间价值及其计算

1. 资金时间价值的含义

资金时间价值，是指货币经历一定时间的投资和再投资所增加的价值，在西方也被称作货币的时间价值。它表现为同一数量的资金在不同的时点具有不同的价值，而不同时点发生的等额资金在价值上的差别就是资金的时间价值。

资金的时间价值主要有两种表现形式，即时间价值率和时间价值额。时间价值率是个相对数，它取决于市场经济中没有风险和通货膨胀条件下的社会平均（加权）利润率。就宏观来讲，它是没有通货膨胀条件下的资金纯收入率，即资金利率；就微观来讲，它是资金利润率。时间价值额是个绝对数，即资金在投资过程中带来的真实增值额，即一定数额的资金与时间价值率的乘积。

资金具有时间价值并不是说资金本身能够增值，而是因为在市场经济中，资金是劳动资料、劳动对象、劳动成果的货币表现，资金运动反映的是物化劳动和活劳动的运动过程。劳动者在这个运动过程中新创造的价值（利润）即是资金增值。资金存入银行后，银行把它贷给物质生产部门，物质生产部门把贷款用于生产后创造的利润的一部分以贷款利息形式支付给银行，银行再把所得贷款利息的一部分转付给存款人作为存款利息。因此，从整个社会大系统去考察，利息是再生产过程中资金利润的一部分，也就是说，实际上资金时间价值只有一种表现形式：利润形式。

资金时间价值的大小，取决于多方面的因素。从投资的角度看，主要有：投资利润率，即单位投资所能取得的利润；通货膨胀率，即对因货币贬值造成的损失所应得到的补偿；风险因素，即对因风险可能带来的损失所应得到的补偿。

资金时间价值是项目投资经济分析中的最基本概念。由于资金存在时间价值，无法直接比较不同时点上发生的现金流量。因此，需要通过一系列的换算，在同一时点上进行对比，才能符合客观的实际情况。这种考虑了资金时间价值的经济分析方法，称为动态分析法。而不考虑资金时间价值的分析方法则是静态分析法。很明显，动态分析法提高了投资方案评价和选择的科学性和可靠性。

2．资金时间价值的单利与复利计算法

利率是资金时间价值的一种标志，利息是资金时间价值的表现形式。在技术经济分析中，对资金时间价值的计算与银行利息的计算方法是一样的。利息是指占用资金所付出的代价或放弃资金使用权所得到的补偿。如果将一笔资金存入银行，这笔资金就称为本金。经过一段时间之后，储户就可在本金之外以一定的利率得到一笔利息。而利率就是单位本金经过一个计息周期后的增值额。或者说，利率是在单位时间（一个计息周期）内所得到的利息额与借贷金额（本金）之比。

利息的计算有两种，即单利计息和复利计息。具体介绍如下：

1）单利（Simple Interest）计息。单利计息是仅按本金计算利息，利息不再生息，其利息总额与借贷时间成正比。单利计息利息计算公式为：

$$I_n=P\times i\times n$$

式中　I_n—— 单利利息；

P——本金；

i——单利利率；

n——计息周期数。

期末本利和 F 为：

$$F=P+I_n=P(1+i\times n)$$

我国个人储蓄存款和国库券的利息就是以单利计算的，计息周期为“年”。

2）复利（Compound Interest）计息。复利计息是指对于某一计息周期来说，如果按本金加上先前计息周期所累积的利息进行计息，即“利息再生利息”。复利计息利息计算公式为：

$$I_n=P(1+i)^n-P=P[(1+i)^n-1]$$

式中　I_n——复利利息；

P——本金；

i——复利利率；

n——计息周期数。

期末本利和 F 为：

$$F=P(1+i)^n$$

我国房地产开发贷款和住房抵押贷款等都是按照复利计息的。由于复利充分地体现了资

金的时间价值，反映了资金的实际市场运行状况，所以它是计算时间价值所采用的主要方式。实际操作中，投资项目经济评价一般都采用复利计算利息。

[阅读资料 1-2]央行决定 2007 年第五次加息，存贷款利率上调 0.27%。这次加息距离上次加息仅间隔 24 天，是历次加息间隔时间最短的一次。此次加息旨在加强货币信贷调控，引导投资合理增长，稳定通货膨胀预期。

此次加息使北京市的住房公积金贷款利率也上调了 0.18%，1～5 年（含 5 年）贷款利率调整为 4.77%；5～30 年（含 30 年）贷款利率调整为 5.22%。根据有关规定，2007 年 9 月 15 日（不含）以前发放的，期限在一年（含一年）以内的住房公积金贷款，2007 年 9 月 15 日后仍执行原利率，不分段计息；期限在一年以上的住房公积金贷款，2007 年 9 月 15 日后仍执行原利率，自 2008 年 1 月 1 日（含）开始，执行调整后的住房公积金贷款期限档次利率。2007 年 9 月 15 日（含）后发放的住房公积金贷款，执行调整后的住房公积金贷款期限档次利率，借款人采用自由还款方式的住房公积金贷款，月最低还款额不变；对于采用等额均还和等额本金还款方式的住房公积金贷款，按照还款公式确定新的月还款额。

与以往不同，这次 5 年期以上贷款利率上调幅度与一年期保持了一致，都是 0.27%。所以，此次央行加息，提高了长期贷款基准利率幅度，对未来房价走势会产生较大影响。

3. 名义利率与实际利率及其换算

利率通常是用年利率给出的。因此，如不特别指出是月利率或季利率时，则可以认为给出的利率就是年利率。当利率标明的时间单位与计息周期不一致时，就出现了名义利率和实际利率的区别。名义利率是指一年内多次复利时给出的年利率，它等于每期利率与年内复利次数的乘积。名义利率就是通常的年利率。而实际利率指的是资金在计息期所发生的实际利率，即计息期的利率。

名义利率与实际利率的换算公式为：

$$i=\frac{F-P}{P}=\left(1+\frac{r}{m}\right)^{m}-1$$

式中 i——实际利率；

r——名义利率；

m——一年中计息周期数；

i/m——周期利率。当 m=1，即一年内计息周期为 1 时，实际利率等于名义利率；当 $m>1$，即一年内计息周期大于 1 时，实际利率大于名义利率；当 m 趋向于正无穷大时，名义利率与实际利率的关系为：

$$i=\mathrm{e}^{r}-1$$

名义利率越大，计息周期越短，实际利率与名义利率的差异就越大。当然，实际利率比名义利率更能反映资金的时间价值。

在投资方案的经济评价中，如果各方案的计息期不同，则不能简单地采用名义利率评价，必须换算成实际利率进行评价，否则会导致不正确的结论。

[例 1-1]某项贷款 10 万元，议定年利率为 8%。（1）假设按年复利计息，则 5 年后一次归还本息应为多少万元？（2）假设按季复利计息，实际年利率为多少，5 年后一次归还本息应为多少万元？

解：题中已知 P=10 万元，r=8%，n=5，m=4。

（1）按年计息时，名义利率与实际利率相同，此时 $i=r$=8%，n=5。利用公式 $F=P(1+i)^n$，可以得到按年复利计息，5 年后一次归还本息为：

$$F=10\times(1+8\%)^5 \text{万元}=14.69 \text{万元}$$

（2）按季复利计息时，根据实际利率与名义利率的换算公式 $i=\left(1+\frac{r}{m}\right)^m-1$，可以得到实际年利率为：

$$i=\left(1+\frac{8\%}{4}\right)^4-1=8.24\%$$

按季复利计息时，利用公式 $F=P(1+i)^n$，

可以得到 5 年后一次归还的本息为：

$$F=10\times\left[1+\left(1+\frac{8\%}{4}\right)^4-1\right]^5 \text{万元}=10\times\left(1+\frac{8\%}{4}\right)^{20} \text{万元}=14.86\text{万元}$$

通货膨胀的存在也会导致名义利率与实际利率的差异。假如在投资期内发生了通货膨胀，即使市场利率不发生变化，投资人按市场利率计算获得的货币收入也会发生贬值。包含通货膨胀因素在内的利率称为名义利率，剔除通货膨胀的利率称为实际利率。当通货膨胀率高而不稳定的时候，投资人关心的不是名义利率，而是实际利率。随着通货膨胀率的变化，投资人不断调整其所要求的名义利率，以便得到预期的实际利率。当然，如果通货膨胀率的变化对市场来说是必然的，那么名义利率中一般就会包含投资人对通货膨胀的预期，名义利率便不用再作变动。

通货膨胀情况下，名义利率与实际利率之间的换算公式通常为：

$$i=\frac{1+r}{1+f}$$

式中 i——实际利率；

r——名义利率；

f——通货膨胀率。

实际房地产投资分析中，为简便起见，通常不考虑通货膨胀的影响。

1.3.3 资金等值及其具体计算

1. 资金等值相关概念

发生在不同时点上的两笔或一系列绝对数额不等的资金额，按资金的时间价值尺度，所计算出来的价值相等，称为资金等值（Equivalence）。等值可以是一对一的，也可以是一个现金流对应发生在不同时点上的一系列现金流，以及一系列的现金流对应一个现金流的等值。资金等值的概念包括三个因素：现金流量（资金）的大小、利率以及现金流量（资金）发生的时点。资金在某一时点上等值，则它在任意其他时点上也等值。

通常情况下，在资金等值计算中，人们把资金运动起点时的金额称为现值（P），把资金运动结束时与现值等值的金额称为终值或未来值（F），把资金运动过程中某一时间点上与现

值等值的金额称为时值，把某一时间序列各时刻发生的资金称为年值（年值相等时称为等额年值 A，否则称为不等额年值）。时值是点值，年值是序列值。另外，把未来时点发生的资金用资金时间价值的尺度（如利率 i）折算成现在时点相应资金数额的过程，称为折现（或贴现）。如果考虑折现因素，则可以把某一时间序列其他各时点的资金折现到资金运动起点的资金值，也称为现值（P）。本金就是一种现值。把某一时间序列其他各时点的资金折算到资金运动终点的资金值，也称为终值（F）。本利和就是一种终值。

2．资金等值的计算

资金等值计算通常主要涉及三项内容：求终值、求现值以及求等额年值。

（1）终值的计算。

1）已知现值 P、利率 i、计息周期 n，求终值 F。此问题也是复利终值问题，其计算公式为：

$$F = P(1+i)^n$$

上式中的 $(1+i)^n$ 称为“复利终值系数”，记作（F/P，i，n）。

2）已知等额年值 A、利率 i、计息周期 n，求终值 F。此问题也是年金终值问题，其计算公式为：

$$F = A\left[\frac{(1+i)^n - 1}{i}\right]$$

上式中的 $\frac{(1+i)^n-1}{i}$ 称为“年金终值系数”，记作（F/A，i，n）。

[例 1-2] 某投资项目，5 年中每年末向银行贷款 50 万元，年利率为 8%，第 5 年末一次还本付息，应偿还的本息和是多少？

解：已知 A=50 万元，i=8%，n=5 年。

根据公式　$F = A\left[\frac{(1+i)^n - 1}{i}\right]$，可以求得第 5 年末应偿还的本息和为：

$$F=50\times\frac{(1+8\%)^5-1}{8\%}\text{万元}=293.33\text{ 万元}$$

（2）现值的计算。

1）已知终值 F，利率为 i，计息周期为 n，求现值 P。此问题即是复利现值问题（折现问题）。其计算公式为：

$$P = F\left[\frac{1}{(1+i)^n}\right]$$

上式中的 $\frac{1}{(1+i)^n}$ 称为“复利现值系数”，记作（P/F，i，n）。

2）已知等额年值 A，利率为 i，计息周期为 n，求现值 P。此问题也称为年金现值问题。其计算公式为：

$$P = A\left[\frac{(1+i)^n - 1}{i(1+i)^n}\right]$$

上式中的 $\frac{(1+i)^n - 1}{i(1+i)^n}$ 称为“年金现值系数”，记作（P/A，i，n）。

[例 1-3]某家庭预计在今后 10 年内的月收入为 16000 元，如果其中的 30%可用于支付住房抵押贷款的月还款额，年贷款利率为 12%，问该家庭有偿还能力的最大抵押贷款申请额是多少？

解：已知该家庭每月可用于支付抵押贷款的月还款额 A=16000 元×30%=4800 元，月贷款利率为 i=12%/12=1%，计息周期为 n=10×12 月=120 个月。

根据公式 $P = A\left[\frac{(1+i)^n - 1}{i(1+i)^n}\right]$，可以求得该家庭有偿还能力的最大抵押贷款额为：

P=4800 元×[（1+1%）^{120}-1]/[1%×（1+1%）^{120}] =33.46 万元

（3）等额年值的计算。

1）已知终值 F，利率为 i，计息周期为 n，求等额年值 A。此问题称为资金存储问题，指为了在若干年后偿还一笔债务或积累一笔投资，每年必须存储的资金。其计算公式为：

$$A = F\left[\frac{i}{(1+i)^n - 1}\right]$$

上式中的 $\frac{i}{(1+i)^n - 1}$ 称为“资金存储系数”，记作（A/F，i，n）。

[例 1-4]某购房人想在 5 年后一次性付款购买一套面积为 50m^2、价格为 5000 元/m^{2}的房屋用于投资。假设银行存款利率保持 3%不变，问从现在开始的每一个月月末他应存多少钱，才能在 5 年后实现自己的买房投资愿望？

解：已知 F=50×5000 元=250000 元，月利率 i=3%/12=0.25%，n=5×12 月=60 月。

根据公式 $A = F\left[\frac{i}{(1+i)^n - 1}\right]$，可以得到月存款额为：

$$A = 250000\text{元} \times \frac{0.25\%}{(1+0.25\%)^{60} - 1} = 3867.17\text{元}$$

2）已知现值 P，利率为 i，计息周期为 n，求等额年值 A。此问题称为资金回收问题，即指一定期限内，分期偿还一笔利率固定的债务或收回一笔利率固定的投资。其计算公式为：

$$A = P\left[\frac{i(1+i)^n}{(1+i)^n - 1}\right]$$

上式中的 $\frac{i(1+i)^n}{(1+i)^n - 1}$ 称为“资金回收系数”，记作（A/P，i，n）。

[例 1-5]某家庭以抵押贷款的方式购买了一套价值为 25 万元的住宅，如果该家庭首付款

为总房款的 30%，其余房款用抵押贷款支付。如果抵押贷款的期限为 10 年，按月等额偿还，年贷款利率为 15%，问月还款额为多少？

解：已知抵押贷款额 P=25 万元×70%=17.5 万元

月贷款利率 i=15%/12=1.25%，计息周期 n=10×12 月=120 月。

根据公式 $A = P\left[\dfrac{i(1+i)^n}{(1+i)^n-1}\right]$，可以求得月还款额为：

A=175000 元×［1.25%×（1+1.25%）^{120}］/［（1+1.25%）^{120}−1］=2823.4 元

表 1-3 汇总了以上六类资金等值问题的基本计算公式。

表 1-3　资金等值基本计算公式

问题类型	所求	已知	公式	计算系数
复利终值问题	F	P	$F=P(F/P, i, n)$	复利终值系数 $(F/P, i, n)$
年金终值问题	F	A	$F=A(F/A, i, n)$	年金终值系数 $(F/A, i, n)$
复利现值问题	P	F	$P=F(P/F, i, n)$	复利现值系数 $(P/F, i, n)$
年金现值问题	P	A	$P=A(P/A, i, n)$	年金现值系数 $(P/A, i, n)$
资金存储问题	A	F	$A=F(A/F, i, n)$	资金存储系数 $(A/F, i, n)$
资金回收问题	A	P	$A=P(A/P, i, n)$	资金回收系数 $(A/P, i, n)$

（4）不等额年值换算成终值、现值以及等额年值。上述终值、现值以及等额年值计算中，年值都是等值的。而现实房地产投资分析中，现金流量一般都是不等值的。这就存在将不等值年值换算成终值、现值以及等额年值的问题。

1）不等额年值换算成终值。不等额年值换算成终值可以应用复利终值公式计算，此时应把每个年金 A_1，A_2，…，A_n 当成现值分别求出它们的终值 F_1，F_2，…，F_n，然后求出各终值的和，就是不等额年值的终值。具体来说，就是：

$$\begin{aligned} F&=F_1+F_2+\cdots+F_n \\ &=A_1(1+i)^{n-1}+A_2(1+i)^{n-2}+\cdots+A_n \\ &=\sum_{t=1}^{n} A_t(1+i)^{n-t} \end{aligned}$$

2）不等额年值换算成现值。不等额年值换算成现值可以应用复利现值公式计算，此时应把每个年金 A_1，A_2，…，A_n 当成终值分别求出它们的现值 P_1，P_2，…，P_n，然后求出各现值的和，就是不等额年值的现值。具体来说，就是：

$$\begin{aligned} P&=P_1+P_2+\cdots+P_n \\ &=A_1(1+i)^{-1}+A_2(1+i)^{-2}+\cdots+A_n(1+i)^{-n} \\ &=\sum_{t=1}^{n} A_t(1+i)^{-t} \end{aligned}$$

3）不等额年值换算成等额年值。不等额年值换算成等额年值，其基本思路是先把不等额年值换算成终值，然后再按照资金存储问题的计算公式，计算出“平均的”等额年值；或者是先把不等额年值换算成现值，然后再按照资金回收问题的计算公式，计算出“平均的”等额年值 A。其计算公式分别为：

$$A' = \sum_{t=1}^{n} A_t (1+i)^{n-t} \left[\frac{i}{(1+i)^n - 1} \right]$$

或

$$A' = \sum_{t=1}^{n} A_t (1+i)^{-t} \left[\frac{i(1+i)^n}{(1+i)^n - 1} \right]$$

[例 1-6] 假设某项投资第一年年末付款 100 元，第二年年末付款 200 元，第三年年末付款 500 元，第四年年末到第五年年末每年付款额 400 元，若年利率为 10%，复利计息。试计算该系列付款 5 年中的年等额支付额 A'。

解： 已知 A_1=100 元，A_2=200 元，A_3=500 元，A_4=A_5=400 元，i=10%。

方法一：首先把不等额年值折算成终值 F，再根据不等额年值换算成等额年值的公式计算出 A'。根据公式 $A' = \sum_{t=1}^{n} A_t (1+i)^{n-t} \left[\frac{i}{(1+i)^n - 1} \right]$，可以求得：

$$A' = [100元 \times (1+10\%)^{5-1} + 200元 \times (1+10\%)^{5-2} + 500元 \times (1+10\%)^{5-3} + 400元 \times (1+10\%)^{5-4} + 400元 \times \left(1+10\%\right)^{5-5}] \times \left[\frac{10\%}{(1+10\%)^5 - 1} \right] = 304.27元$$

方法二：首先把不等额年值折算成现值 P，再根据不等额年值换算成等额年值的公式计算出 A'。根据公式 $A' = \sum_{t=1}^{n} A_t \left(1+i\right)^{-t} \left[\frac{i(1+i)^n}{(1+i)^n - 1} \right]$，可以求得：

$$A' = [100元 \times (1+10\%)^{-1} + 200元 \times (1+10\%)^{-2} + 500元 \times (1+10\%)^{-3} + 400元 \times (1+10\%)^{-4} + 400元 \times (1+10\%)^{-5}] \times \left[\frac{10\% \times (1+10\%)^5}{(1+10\%)^5 - 1} \right] = 304.27元$$

可见，不论用哪种方法，计算结果都是一样的。这也说明了这两种方法的本质相同。

小　　结

房地产投资是一种将资金或资产投入房地产开发、房地产经营、房地产中介服务、物业服务等特定项目，以获得最大限度收益的经济行为。根据不同的划分标准，可以把房地产投资分为不同的类型。与一般投资相比，房地产投资既有优点，也有缺点，房地产投资者应该对此有清醒的认识。

为了减少房地产投资风险，获得最大限度的投资收益，就要进行房地产投资分析。为此，还需要熟悉房地产投资的项目周期、计算期以及项目进度计划的编制，尤其是要掌握现金流量的基本概念、现金流量图的绘制以及资金时间价值的计算。在这个基础上，才能更好地进行后面知识的学习。

思 考 题

1. 房地产开发投资与房地产置业投资的区别是什么？
2. 房地产投资有哪些优缺点？
3. 房地产投资分析的内容主要有哪些？
4. 房地产投资分析的任务是什么？
5. 什么是房地产开发投资项目周期？它一般包括哪几个阶段？
6. 什么是建设工期？如何进行估算？
7. 什么是房地产投资项目计算期？如何选取？
8. 如何编制项目进度计划的甘特图？
9. 如何理解现金流量？房地产投资的现金流量有哪三种情况？
10. 什么是现金流量图？如何绘制？
11. 什么是资金的时间价值？如何计算？
12. 什么是资金等值？资金等值计算通常主要涉及哪三项内容？

练 习 题

1．已知某笔贷款的年利率为15%，按半年计息，问该笔贷款的实际利率是多少？

2．某房地产开发商向银行贷款3000万元，期限为5年，年利率为10%，按季度计息、到期后一次偿还本金，则开发商该笔贷款支付的利息总额是多少？若计算先期支付的利息的时间价值，则贷款到期后开发商实际支付的利息又是多少？

3．某家庭以10000元/m^2的价格，购买了一套100m^2的住宅，向银行申请了20年的住房抵押贷款，该贷款的年利率为7%，贷款成数为七成。如果该家庭在按月等额还款5年后，于第6年初一次提前还清了贷款本金8万元，那么从第6年开始的抵押贷款月还款额为多少？

第2章

房地产投资环境分析

学习目标

通过本章学习，了解房地产投资环境的内涵、房地产投资环境分析的意义以及房地产投资环境评价的原则；熟悉房地产投资环境评价的方法与衡量标准；掌握房地产投资环境的分类及其具体分析、房地产投资环境的具体评价操作。

关键词

房地产投资环境　冷热国对比法　特尔斐评价法　等级尺度法　多因素和关键因素评价法

2.1 投资环境与房地产投资环境分析

2.1.1 投资环境与房地产投资环境基本概念

1．环境与投资环境的含义

企业都是在一定环境中从事生产活动的，环境的特点及其变化必然会影响企业的活动方向、内容以及方式的选择。经济学里所说的环境是指存在于企业边界之外的，对企业有潜在影响的各类因素。

按照尼古拉斯·斯特恩的解释，投资环境主要是指现在和未来影响和制约投资主体投资动机、投资决策以及投资风险和收益的政策、制度和行为环境等一切外部条件的总称。投资环境包括与一定投资活动有关的政治、经济、自然、社会、科技等方面的因素，投资收益的高低与经济主体对投资环境认识的正确程度有很大关系，在不同的投资环境中，从事投资活动所获得的收益差别很大。

2．房地产投资环境及其特征

房地产投资是在一定环境下进行的投资活动，这项活动能否成功，能否达到投资者的目标，是与房地产投资环境分不开的。房地产投资环境是指房地产投资所必须依赖的政治、经济、自然、社会、科技等外部条件的总称，是某区域系统对房地产投资和房地产资本流动之间影响要素的总和。房地产投资环境是一个复杂的系统，它包括物质和非物质方面的，生产技术和组织管理方面的，基础设施和政策法令方面的，人为的和自然的等。

房地产投资环境具有系统性、区域性和动态性等基本特点。系统性是指房地产投资环境是一个由各因素组成的系统。各因素之间相互协调、相互作用，形成一个完整的有机投资环境系统。在这个系统中，不论哪个因素发生变化，都可能引起连锁反应，直至对房地产投资

的现金流出和流入产生影响。房地产投资是在一定的区域进行的，房地产市场是一个区域性市场，房地产投资环境的区域性是指房地产投资通常只需考虑投资区域的投资环境，而且，房地产投资环境的优劣好坏是一个相对的概念，是以不同地区横向作为对比参照的。动态性是指房地产投资环境是一个动态开放的系统，它总是处于不停地运动变化之中。所以，评价投资环境的标准也会因投资环境的变化而变化。因此，还需要加强对投资环境的动态预测分析，这样才能保证准确地掌握投资环境、利用投资环境。

对房地产投资环境进行分析，是房地产投资和开发的第一步，只有确认了投资环境的相对健康和稳定，真正的房地产投资才能开始。当然，只要是投资，就总会有风险，也不能等到房地产投资环境绝对稳定、没有风险的时候再去投资。

2.1.2 房地产投资环境的几种分类

构成房地产投资环境的各种要素可以根据其不同的功能从不同的角度进行分类。

1. 从投资环境所包含因素的多少来分类

从投资环境所包含因素的多少，可分为狭义的投资环境和广义的投资环境。狭义的投资环境主要指投资的经济环境，包括一国经济发展水平、经济发展战略、经济体制、基础设施、外汇管制、市场的完善程度、物价和经济的稳定状况等。广义的投资环境除包括狭义的投资环境外、还包括自然、政治、社会、科技等对投资可能发生直接间接影响的各种因素。通常所说的投资环境主要指广义的投资环境。

2. 按照房地产投资环境因素作用范围的大小分类

按照房地产投资环境因素作用范围的大小，可以分为宏观房地产投资环境、中观房地产投资环境和微观房地产投资环境。

宏观房地产投资环境是指影响房地产市场总体投资行为的要素系统，通常表示一国总的房地产投资环境。如一国的政治制度及稳定性、经济的发展水平、经济政策及对外资的态度、法制的健全程度、行政机构的办事效率、消费水平、该国居民的文化素质和传统观念等。

房地产中观投资环境即城市房地产影响因素相互作用所形成的城市房地产投资环境，是居于国家宏观环境与单宗房地产微观环境之间的一种中间层次的环境，它对房地产投资的影响集中体现在区域经济，特别是城市经济对房地产投资的影响。据统计部门公布，在全国房地产景气指数连续攀升的宏观大背景下，不同城市间房地产投资额、商品房销售额、销售单价及增长幅度相差甚远，特别是直接受供求关系影响的商品房销售单价及其变动在各城市间有着天壤之别。大小城市、东西部城市间单位房价差异可达10倍以上，个别城市房价年涨幅可达 20%～30%，有的却不涨反跌。房地产投资所具有的这种区域性、城市性特征是由中观环境因素作用的结果。因此，中观环境的研究对房地产投资十分必要。

微观房地产投资环境是指影响具体房地产投资项目的环境状况，也就是具体房地产项目所选择的建设地点及其周围的投资环境，如投资地点及周围的经济发展水平、地方性政策的取向、当地居民的素质、风俗习惯以及对投资的态度、当地的交通和通信等基础设施的情况、产业技术水平等。

一个国家或一个区域的房地产投资环境良好，不能保证微观房地产投资环境都良好，对

某些项目也可能存在不利条件。同样，宏观房地产投资环境不良，也不等于微观房地产投资环境都不好，对有些项目还是有利可图的。

3．按房地产投资环境因素的不同性质划分

按房地产投资环境因素的不同性质，房地产投资环境可以分为硬环境和软环境。

硬环境是指房地产投资环境的硬件方面，即与投资活动直接有关的物质条件，主要是指自然地理环境、基础设施等，一般包括地理位置、自然条件、资源条件、基础设施、技术与管理水平、工资水平、原材料的供应和产品销售、交通运输、通信和信息渠道等。软环境是指房地产投资环境的软件方面，即对房地产投资活动施加影响的非物质条件，主要包括政治环境、经济环境、文化环境、法律环境等。

硬投资环境对投资活动固然重要，但软投资环境也不可忽视。建设或改善房地产投资硬环境虽然需要消耗较多的财力和物力，但也容易在短时间内见效，相比之下，软投资环境改善却不是一朝一夕就能见效的。

4．按照房地产投资环境因素不同的内容划分

按照房地产投资环境因素不同的内容，或者说是按投资环境的构成要素，投资环境一般可分为政治、经济、基础设施和配套设施、法律、社会文化和自然地理六大方面，而每种因素又包含一些子因素。如政治因素包括拟投资地区的政治制度、政局稳定性、社会安定性、信誉度、政策连续性以及是否存在战争风险等方面的基本条件；社会文化因素包括民族语言、文字、宗教信仰、风俗习惯、文化传统、价值观念、道德准则、教育水平及人口素质等。

考虑到本书的侧重点和读者对象，我们按照该分类标准把房地产投资环境分为政策法规环境、经济环境、规划环境、自然环境以及设施环境五个主要方面。关于这几个方面的具体分析，详见“2.2 房地产投资环境要素分析”有关内容。

此外，还可以从投资环境的属性，把投资环境划分为自然投资环境和人为投资环境。自然投资环境主要指自然地理条件，如有观赏和游玩价值的自然山水、有开采价值的矿产资源等；人为投资环境主要指生产性、生活性及社会性基础设施等。

2.1.3 房地产投资环境分析的意义

房地产投资环境分析在房地产投资过程中具有重要的参考意义。房地产投资的第一步就是进行房地产投资环境分析，这一点随着中国市场经济的成熟和房地产市场本身的完善逐步显示出来。在国外成熟的市场经济体中，房地产投资环境分析的分析策略和分析方法已经非常成熟，在中国加入 WTO 以后房地产行业也已经呈现出了与国际接轨的态势。国际投资机构对中国的房地产投资行为都是建立在充分的分析和论证的基础上的，其中房地产投资环境分析就是非常重要的一环，特别是在选择投资区域时起到决定性作用。

投资环境对单个的投资者而言是无法改变也不可控制的。房地产投资者要想减少或规避风险，最大程度地达到自己的投资目标，他就必须充分认识和分析房地产投资环境，并及时采取措施积极地利用环境变化中提供的机会，同时也要积极采取对策，努力避开这种变化可能带来的威胁，只有这样，投资者才能制定正确的投资方案和投资决策。

2.2 房地产投资环境要素分析

2.2.1 政策法规环境分析

政策法规环境包括政策环境和法规环境两个方面。

政策环境是指房地产投资时期现有的政策规定与政策状况，主要是房地产投资的经济政策与产业政策，具体包括国民经济发展的政策、引进外资的政策、对外开放的政策、金融政策以及各种税收政策等的规定与状况。房地产投资政策可以分成框架性政策和衍生性政策两个层面。框架性政策指的是在房地产相关政策体系中起平台性、基础性并且长期运行的政策，通过这样政策的出台将改变房地产市场的运行模式，给房地产市场带来深刻的变革。例如《招标拍卖挂牌出让国有土地使用权规定》、《关于进一步加强房地产信贷管理的通知》（央行121号）等。衍生性政策是指在框架性政策的基础上对于某一阶段的房地产市场进行调控的阶段性的政策法规。2005年、2006年是我国出台宏观调控政策最多的两年，以国八条、国六条为核心的房地产调控政策一方面巩固了前两年调控的结果，另一方面又在巩固的基础上细化了调控内容。衍生性调控政策的主要侧重点在于对阶段性房地产市场进行调控。

法规环境在投资环境中占有很重要的地位。房地产的特殊性决定了房地产投资更需要得到法律法规的保护和制约。法规环境包括三个方面：① 法律法规的完整性，主要涉及房地产投资项目所依赖的法律法规条文的覆盖面，以及主要的法律法规是否齐全；② 法律法规的稳定性，即有关房地产投资的法律法规是否变动频繁，是否有效；③ 执法的公正性，也就是房地产投资过程中，如果发生法律纠纷与争议，相关仲裁与判决是否客观、公正。目前，我国有关房地产投资的法律法规，如《中华人民共和国宪法》、《中华人民共和国土地管理法》、《中华人民共和国城市房地产管理法》等对保护和制约房地产投资发挥了重要的作用。

对具体的房地产投资分析来说，政策法规环境的分析不必面面俱到，通常只需分析有实质性（直接影响）、现实性（最新的）、迫切性、关键性重要影响的有关方面。比如，可以分析房地产投资新的贷款政策的出台对房地产投资的影响，而一般不必分析我国土地所有制对房地产投资的影响；可以分析地方性政策法规对某项房地产投资的限制，而通常不必分析国家大法，如《中华人民共和国宪法》、《中华人民共和国土地管理法》等对该项投资的影响。

这里以2003年中国人民银行（以下简称央行）颁布的121号文件为例来分析金融政策对房地产开发投资的影响。“121号文件”的核心内容是：房地产开发企业申请银行贷款，其自有资金（指所有者权益）应不低于开发项目总投资的30%；商业银行发放的房地产贷款，严禁跨地区使用；商业银行不得向房地产开发企业发放用于缴交土地出让金的贷款；对土地储备机构发放的贷款为抵押贷款，贷款额度不得超过所收购土地评估价值的70%，贷款期限最长不得超过2年；承建房地产建设项目的建筑施工企业只能将获得的流动资金贷款用于购买施工所必需的设备，严格防止建筑施工企业使用银行贷款垫资房地产开发项目。在个人房贷方面规定：商业银行只能对购买主体结构已封顶住房的个人发放个人住房贷款；借款人申请个人商业用房贷款的抵借比不得超过60%，贷款期限最长不得超过10年，所购商业用房为竣工验收的房屋；购买第二套以上（含第二套）住房的，应适当提高首付款比例，并不再执行个人住房贷款利率，而按央行公布的同期档次贷款利率执行。

121号文件不仅规定了开发贷款，还对与房地产贷款有关的所有方面（包括住房按揭、土地储备、施工企业贷款和公积金贷款）都作了规定。

121 文件对房地产企业的影响主要表现在以下几个方面：

（1）改变了房地产开发企业原有的资金运作模式。房地产开发企业原有的主要依靠银行贷款、建筑单位垫款和消费者按揭贷款的资金运作方式在 121 文件发挥效力后将不复存在。121 号文件加大了开发企业前期的资金压力，这构成了未来房地产开发的更高的门槛，将对资金实力弱、资金链条脆弱的中小开发商起到隔离和驱散的作用。同时降低银行的信贷风险，促进房地产市场的基础夯实和结构优化。随着 121 号文件的执行和深化，土地资源将向一些专业化程度高、公司管理规范、土地资源储备丰富、资金实力雄厚的大公司集中，而身单力薄的中小公司将淡出房地产开发市场。

（2）抑制投资型客户的购房需求。通过提高第二套住房的首付比例以及上调高档房和第二套住房的贷款利率，将增加投资客户的资金压力，从而限制其进行住房的投资型购买。这一规定将极大地影响着市场上中高档楼盘的需求，因为在这一产品消费群体内投资型客户占的比重最大。银行的个人房贷风险将得到控制，而房地产的投资用途却受到了限制。

（3）限制政府和开发企业的土地储备。121 号文件提出，对土地储备机构发放的贷款为抵押贷款，贷款额度不得超过所收购土地评估价值的 70%，贷款期限最长不得超过 2 年。这将限制地方政府对土地进行开发，从而导致市场供应总量减少。而规定“商业银行不得向房地产开发企业发放用于缴交土地出让金的贷款”，会导致开发商土地储备不足，影响其进行连续生产的能力。

2.2.2 经济环境分析

经济环境是影响房地产投资决策的最重要、最直接的基本因素。经济环境包括的内容有很多，主要有宏观经济环境、市场环境、财务环境以及资源环境等方面。

宏观经济环境是一国或地区的总体经济环境，它是影响房地产投资开发的深层次因素，也是最实质、最关键的因素之一。房地产投资开发需要提前看三年、五年，甚至十年，看的重要内容之一就是宏观经济环境。宏观经济环境分析通常要分析以下指标：该地的国民生产总值、国民收入、国民经济增长率等反映国民经济状况的指标；当地的消费总额、消费结构、居民收入、存款余额、物价指数、利率以及通货膨胀水平等描述社会消费水平和消费能力的指标；反映经济周期的有关指标等。涉及到酒店、涉外公寓开发时还需要收集与分析国际贸易情况的信息等。

市场环境是指投资项目面临的市场状况，包括市场现状与未来趋势。如市场吸纳量的现状与未来估计、市场供应量的现状与未来估计、市场购买力的分布状况、同类楼盘的分布状况以及竞争对手的状况、市场价格水平及其走势等方面。关于市场环境将在第 3 章中详细介绍。这里不再赘述。

财务环境是指投资项目面临的资金、成本、利润、税收等环境条件。主要包括金融环境，如资金来源渠道、项目融资的可能性以及融资成本；经营环境，如投资费用、经营成本、优惠条件、同类项目的社会平均收益水平以及盈利水平等。

资源环境是指从人力资源、土地资源、原材料资源以及能源角度出发研究的投资环境。

对房地产投资分析顾问人员来说，经济环境的分析将主要侧重于宏观经济环境分析、市

场环境分析两个方面。至于财务环境、资源环境，如果委托方没有特别要求，通常是不需要分析的。而对于房地产投资者来说，这些经济环境都需要详细了解、分析和把握。

近几年，我国经济总体上保持高速发展，综合国力显著增强，为房地产企业进一步发展提供了更多的契机。城市化进程加快，给房地产市场带来巨大的潜在需求和提供了有利条件。由于人均国民生产总值、人均个人收入和个人可支配收入大幅度提高，居民用于住房和家庭日常开支的费用也在上升。居民住房支出已经成为房地产市场需求的主体，这是房地产业发展的根本动力。

对投资经济环境的分析除了从历史角度和现实角度来分析外，更重要的分析视角来源于将来。对经济发展趋势的判断是房地产投资经济环境分析的落脚点。由于房地产投资周期比较长，即使是针对一个开发投资项目，它从投资到资金的回收往往也要 2～3 年的时间，对这段时间经济发展的预期将构成投资决策的原始冲动之一，所以正确的把握未来经济的趋势，立足于未来投资经济环境分析才是该项工作最重要的方面。

基于经济指标历史数据预测未来数值，典型的方法就是时间序列。时间序列有许多变形，每类方法适合特定特征的数据，如平稳序列的 ARMA 模型、通过差分消除非平稳性的 ARIMA 模型、考虑非线性相关的混沌时间序列等。

在宏观经济环境分析中，有时也对经济周期进行分析。经济周期，也称为经济循环和商业循环，它是经济处于生产和再生产过程中经济扩张与经济收缩的交替更迭、循环往复。经济周期的变化，影响着房地产市场的供求关系和房地产价格的走势，使其也呈现出周期性的变化。通过对经济周期变化的研究，能够指导和提高人们对房地产市场行情变化规律的认识。如果整体经济持续向好，对房地产市场价格的稳定和上升是有利的，房地产行业投资的风险也相对较低；但如果经济处于经济周期的衰退和低谷阶段，房地产作为一个重要的固定资产投资行业，将受到较大的抑制作用，无论是房地产市场需求还是房地产投资需求，都难以保证投资的安全性和回报率。

目前，我国较权威和有指导性、借鉴性的经济分析成果主要有统计局、国务院发展研究中心等政府部门作出的统计分析以及各大科研机构的课题研究等。

2.2.3　规划环境分析

规划环境包括社会经济发展规划、城市与区域规划环境等。其中，社会经济发展规划是指政府制定的针对一个城市未来社会经济发展的计划。社会经济发展计划是一个城市发展的指针和依据，它对房地产投资具有极其重要的作用。

以《北京市国民经济和社会发展第十一个五年计划（2006～2010 年）纲要》（以下简称《纲要》）为例。该《纲要》确定了北京市未来五年内的主要奋斗目标、发展任务与政策取向：国民经济保持 9%左右的增长速度；财政收入年均增长 12%；城市居民人均可支配收入和农民人均纯收入年均实际增长 6%以上；推进产业优化升级，稳定提升具有比较优势的金融、文化创意、房地产等支柱产业，积极培育发展空间较大的旅游会展、现代物流等潜力产业，重点发展以软件、研发、信息服务业为主的高技术服务业，和以电子信息产业、生物产业为主的高新技术制造业；加强规划和政策引导，促进重点产业和新建项目相对集中发展，逐步形成与城市功能、资源环境相协调的产业空间分布格局等。《纲要》还针对以上目标、任务提出一些具体措施。

这些目标与措施，实际上已经为北京市社会经济的发展和各方面的投资指明了方向，分析与研究这些目标与措施，对房地产投资开发具有重要的参考意义。比如，奋斗目标中的“城市居民人均可支配收入和农民人均纯收入年均实际增长6%以上”，意味着北京城市居民的购买力会稳步提高，因而投资开发住宅就有了较高收益的基础，等等。

城市与区域规划是影响房地产投资的另一个非常重要的规划环境。房地产投资是在一定地块上进行的，而该地块的规划，乃至整个区域与城市的规划情况，直接决定着房地产投资的潜力与成败。一般来说，城市与区域规划对房地产投资的影响主要体现在以下三个方面：① 城市规划通过对城市用地数量结构，用地性质、用地功能布局，各地块开发顺序、开发强度和建筑用地技术规范等的规定与管理，来决定或影响城市与区域未来房地产开发的价值和最有效利用的程度。如：城市与区域规划规定，某地块只能作为绿化用地，则投资开发商就不应该冒险在这块土地上进行住宅或写字楼等物业的开发；规划规定该地块的建筑的限高为100m，则投资开发商就不能把建筑建到100m以上等；② 具有法规作用的城市与区域规划及规划管理通过对地价的影响，进而对房地产投资开发的效益产生着重大的影响。我国城市可利用的土地资源紧张，土地供给弹性很小，政府往往都要通过控制地价来调节土地供给。城市与区域规划及规划管理一般都会根据城市建设的具体要求，提出每年的城市增量用地投放及存量土地，这对房地产投资开发土地取得以及市场竞争的带来一定的影响；③ 城市与区域规划还直接决定着城市土地利用的发展趋势与利用重点地区。这主要是指城市与区域目前土地利用热点、未来城市建设重点与土地开发利用的热点区域等。分析土地利用的现状与趋势，有助于投资开发商正确选择土地区位、产品开发类型以及及早采取对策面对市场竞争等。

以下是前些年对北京市土地利用现状与趋势的预测与分析：

北京土地利用热点地区主要集中在朝阳商务中心建设区、西城金融街地区、海淀中关村科技园区、北城奥运体育场馆建设区以及昌平、大兴、丰台、石景山、密云、房山等地的住宅项目建设区。

城市建设的重点逐步从市区向郊区转移，与此相适应，未来北京城市土地开发与利用将主要集中在远郊区（县）。

泛中关村地区、泛亚运村地区、泛CBD地区以及京沈、京开、京津塘高速及公路一环隔离带三线一环沿线将成为新的土地开发利用热点。

从总体上看，未来北京土地利用仍倾向于以住宅和写字楼用地为重点，尤其是经济适用房用地，北京市将在政策上予以保证。从这个角度分析，投资开发商适宜选择一些热点地区，利用其“热”的效果，开发热销的项目，特别是政府政策支持的经济适用房项目等。

2.2.4 自然环境分析

房地产涉及房产和地产两部分，这使得房地产投资离不开自然环境因素。自然环境是指投资项目所在地域的自然和风景等地理特征。由于自然环境是一种投资者无法轻易改变的客观物质环境，具有相对不变和长久稳定的特点，而房地产投资项目具有地理位置的固定性和不可逆的特点，因而房地产投资就必须重视自然环境的分析研究。

自然环境主要包括地理位置、地质地貌、自然风光以及气候等方面，尤其是其中的土地

状况、环境质量、绿化等要素最为重要。土地状况以地质条件、地形地貌，甚至地块面积、形状等条件为主；环境质量则包括大气质量、水质量、噪声污染、废渣处理等状况；绿化方面主要以绿地覆盖率指标进行评价。在房地产区域投资评价的几个层次中，评价层次越微观，对自然条件评价的依赖程度越高，其指标也越细。一个好的房地产开发投资项目，必然十分重视项目所在地的地貌特点、自然风光、气候风向等自然环境条件。与此同时，人们对生活环境的要求越来越高，也从客观上促使房地产投资尤其是住宅投资对自然因素的重视。当今世界日益追求生存质量，保护环境、优化人居环境成为共识，房地产开发投资中也日益注重绿化，将环境绿化作为重要的卖点。

前些年，《南方日报》的"南方楼市"所作的广州十大明星楼盘评选中，入选的明星楼盘的位置都不一定优越，但普遍具有优美的生态环境，这就给我们一个启示，时代发展到今天，环境质量已是影响到人类发展的主要指标之一，环境状况的重要性会越来越高。因此，对于房地产投资者来说，一定要注意所投资房地产所处地域的自然环境。尤其是房地产开发投资者，要充分利用自然环境中有利的一面，想方设法弥补其不足的方面，使房地产项目无论在外观造型、结构布局，还是使用性质、使用功能上，都与外在的自然环境协调起来。

2.2.5　设施环境分析

房地产投资设施环境范围很广，涉及到城市生活的方方面面，由于各大类项目的特点存在较大的差异，因此不同项目评价中涉及的重点研究因素也各不相同，依据其用途不同可把城市设施环境分为生活设施环境、商务设施环境、教育设施环境以及基础设施环境四大类。

1．生活设施环境分析

生活设施环境主要指项目周边区域的生活设施，如商场、饭店、娱乐场所、邮局、银行、医院等。生活配套的完善与否决定了该区域生活氛围的优劣，对项目定位和开发策略有较大影响。生活配套的水平和数量，反映了区域消费群体的层次和特征。在一个生活配套数量不足、经营规模小、层次低、缺少品牌店的区域，如果要开发高档社区难度就比较大，但难度大小与项目规模成反比。

因此，进行房地产开发，必须认真考察周边生活配套，不仅是要依据调查结果调整自己的物业配比，同时也要保证生活配套的水平和质量与所开发的项目定位保持一致。

2．商务设施环境分析

商务设施环境的成熟度对房地产需求的影响是非常明显的。一个繁荣的商务中心，其内部和周边的写字楼市场、公寓市场和商铺市场都有较高的价格和旺盛的需求。这可从北京CBD、金融街、中关村等区域的房地产市场的发展情况看出。

北京CBD一流的商务环境创造了巨大的产业增长动力，同时，优秀的商务环境和强劲的产业增长也促进了房地产市场的繁荣。CBD区域内有着北京市最高租金的写字楼，CBD内公寓项目均价超过10000元/m^2，商业地产也一样火爆。就连与CBD有高速公路相连的通州区，住宅的价格都因此大幅上升，仅2001～2003年，通州住宅项目就普遍上升了500～1000元/m^2，甚至有的楼盘出现了与一期相比翻倍的巨大涨幅，为房地产开发商带来了丰厚的利润回报。

3．教育设施环境分析

教育设施环境即房地产投资项目周边的学校、图书馆等文化教育设施的多少、档次、远近等情况。教育设施的内容随市场需求而变化。随着人们生活水平和方式的改变，教育概念随之更新，教育设施项目有了相应变化。调查发现，住宅区中出现了很多学校以外的其他类教育设施，如小区内的学生课外辅导班，英语学校；居委会举办的舞蹈学校和电脑学校等，这些项目都不是城市规划规定的内容。

教育设施环境对房地产投资的影响是非常明显的。通常来说，在重点学校附近的房屋特别好卖，也特别好出租，价格也高于其他一般地区。以天津为例，2007 年《楼市》针对天津市市内六区重点小学和中学附近的 30 个项目进行的调研发现，项目区域内拥有重点学校的项目，受到买房人的热切关注，名校周边的项目平均价格普遍在 9000/m^2 元以上，比同区域普通住宅价格贵了约 1000 元/m^2，而且很多都是 90m^2 以上的大户型，总价大多接近百万元。据多家中介公司的业务统计，实验小学、上海道小学、岳阳道小学周边，二手房每平方米的平均价格相比同区域、同档次的二手房价要高出 20%左右，租金落差最高达到 50%左右。正是基于良好的教育资源的稀缺为拥有好教育资源的楼盘升值打下了基础，使投资教育地产成为一种不错的选择。

4．基础设施环境分析

一般来讲，城市基础设施包括六大系统：城市能源系统、城市水资源和供水排水系统、城市交通运输系统、城市邮电和通信系统、城市生态环境系统以及城市防灾系统。这六大系统构成了城市基础设施的整体，它们相对独立，又互相协调，从而保证了城市生产和生活的顺利进行。

完备的市政基础设施是区域房地产市场健康发展的基础。市政基础设施在成熟区域很少出现问题，而对于快速成长的中小城市和大城市的边缘地带，问题则比较复杂和频繁。例如，在我国的一些中小城市，城市长期以来只在一个很小的核心区域成长，市政基础设施只在这一中心区域比较完善。而近年来随着城市化速度的加快，城市核心区域已经不能满足其空间要求，迫切需要开拓新的土地用于城市建设，但却遇到了市政基础设施条件严重缺陷的瓶颈。这对于异地开发房地产项目的开发商是应该慎重对待的问题，必须事先调查清楚，避免已经开始开发才发现没有热力管线、没有煤气。这样的失误，在目前是非常常见的。

以北京为例，尽管市政建设投资力度大，建设时间长，但是由于城市发展速度过快，也存在着基础设施瓶颈问题。目前北京南城和远郊地区发展的最大阻力就是市政配套和交通设施不到位。

城市基础设施完善，则可节省经济活动中的费用成本，方便居民生活。这一因素直接影响房地产所在区域好坏，使用是否方便、舒适、完备，物业价值提升以及投资的经济效益。因此，分析房地产投资环境时，必须将市政基础设施作为一个非常重要的影响因素加以考虑。

[**案例**]下面内容摘自北京市某房地产开发公司为某住宅项目作的可行性研究报告的目录部分。它在对项目地块周边环境分析时列出了如下的结构框架：

项目地段分析：

1. 交通内部通达性分析
2. 交通因素对本项目影响
3. 地铁对本项目影响的综合评论
4. 项目的可行性分析

案例分析：该案例来源于一个住宅项目周边环境研究。通过前面的学习知道了对不同的投资项目的周边设施环境分析侧重点也是不同的。对于一个住宅项目来说应该把研究的重点放在对项目区域的生活设施、教育设施、基础设施状况的深入挖掘上，因为在消费者购买住宅的时候更关心的是这些和生活密切相关的因素。

在本案例中对于地块的微观环境分析思路基本上是模糊不清的。前三项属于基础设施环境的分析，而第四个因素则往往出现在对商业项目的环境研究中，在消费者购买住宅的过程中对住宅的可视性要求是很弱的。

范例参考：某大型房地产开发公司住宅项目投资环境分析提纲

一、项目位置

项目所处城市的地理位置

二、项目周边的社区配套

（一）周边 2000m 范围内的社区配套

1. 交通状况

（1）公交系统情况，包括主要线路、行车区间等。

（2）项目出行主要依靠的交通方式。

（3）近期或规划中是否有地铁、轻轨等对交通状况有重大影响的工程。

2. 大中小学及教育质量情况

3. 医院等级和医疗水平

4. 大型购物中心、主要商业和菜市场

5. 文化、体育、娱乐设施

6. 公园

7. 银行

8. 邮局

9. 其他

（二）项目周边 2000m 外或可辐射范围内主要社区配套现状

三、项目周边环境

1. 治安情况

2. 空气状况

3. 噪声情况

4. 污染情况

5. 周边景观

6. 其他

四、大市政配套

1. 道路现状及规划发展

2. 供水状况

3. 污水、雨水排放

4. 通信

5. 永久性供电和临时施工用电

6. 燃气

7. 供热及生活热水

2.3 房地产投资环境的评价

2.3.1 房地产投资环境评价的原则

房地产投资环境评价是对项目投资环境的优劣所作的综合性与系统性的判断。由于项目投资环境内容上的复杂性，这种评价就必须遵循一般的原则。这些原则包括：

1. 主观与客观相结合的原则

客观公正地评价某区域的投资环境是行业投资决策中投资环境评价的客观性所决定的。在进行投资环境评价时，必须坚持辩证唯物论的全面、联系和发展的观点，克服形而上学的片面、孤立、静止地看问题的方式方法，做到从实际出发、实事求是；另一方面，投资环境的评价工作一般由受委托的机构或个人通过一定的方式结合服务对象作出考察和评价，或多或少会带有个人主观色彩，因此房地产投资环境的评价也必须坚持主观和客观相结合。

2. 全面与重点相结合的原则

投资环境要素系统是一个多因素、多层次、复杂的要素系统，需要运用系统分析的方法全面综合地把握投资环境的诸多要素。房地产行业投资环境评价选取的投资环境要素主要针对房地产行业的实际，要素构成相对简化，要素选取更加有针对性。即便如此，房地产投资环境要素仍然是一个复杂的要素系统，仍然需要坚持全面与重点相结合的原则。

3. 静态与动态相结合的原则

投资环境要素系统是一个动态的系统，每时每刻都在发生变化，各种要素不断地按照自身的规律运动并不断地改变同其他要素之间的排列组合关系。投资环境评价现有的结论，随着时间的推移可能发生变化，投资环境评价因此具有很强的时效性。对行业投资环境进行评价时，不仅要作静态分析，更重要的是进行动态评价。

4. 定性与定量相结合的原则

定性与定量相结合是房地产投资环境评价中一个极其重要的原则。房地产投资环境要素中许多要素难以用数量表示，要素的分析也只能偏重于定性方面，如对政策法规环境等要素的评价都要求对具体的资料作详细深入的分析研究，然后再作出是否有利的判断。有些方面虽然也存在一些数量指标，但这些指标只是为进一步研究提供的参考性数据，而整个分析过程和结论都是采用定性分析的方法。定量分析建立在大量数据基础之上，更为直观，更能把握系统的逻辑性，也更易于得出综合性评价比较结论，因此定量分析逐步得到广泛青睐，成为投资环境评价的主流分析方法。

5. 普遍性与特殊性相结合的原则

普遍性即是指房地产投资环境评价必须遵从区域经济和区域投资环境评价的一般理论、观点和方法，无论是指标体系的建立，还是具体运算方式等都必须借鉴现有的投资环境评价模式。特殊性即是指房地产投资环境评价必须带有房地产行业色彩，要能为房地产行业投资决策所用。指标体系和评价要素更要简洁、更加行业化，具体运算程序、运算模式也不必故

意复杂化，越是简明的东西，在房地产行业应用上也越有实用效果。

2.3.2 房地产投资环境评价的方法

文献资料表明，投资环境评价方法多达30余种，但对投资环境的评价还没有形成一种规范的模式，现存的各种方法都有自己的特点和不足。目前较常见的方法大约有10余种，这里主要介绍以下4种常用的房地产投资环境评价方法。

1．冷热国对比法

冷热国对比法是美国学者伊西柯·利特瓦克和彼得·拜延在《国际商业安排的概念构造》一文中提出来的。他们把投资环境分为政治稳定性、市场机会、经济成长和成就、文化一元化、法令障碍、实质阻碍以及地理与文化差距等七大因素，并将这些环境因素由热至冷依次排列，当这些因素处于有利于投资和获取利润的状况时，称之为热因素，反之为冷因素。在这七大因素中，以冷热因素所占的比重大小，来决定一国在投资环境方面是冷国还是热国。

（1）政治稳定性。有一个由社会各阶层代表所组成的、为广大人民群众所拥护的政府。该政府能够鼓励和促进企业的发展，创造出良好的适宜企业长期经营的环境。当一个地区的政治稳定性高时，这一因素被称为“热”因素。

（2）市场机会。有广大的顾客，对开发商提供的产品和服务有尚未满足的需求，且有较大的购买力。当市场机会大时，它就被称为“热”因素。

（3）经济成长和成就。一个地区所处的经济发展阶段、增长率、经济效率及稳定性等，是投资环境分析的重要方面之一。

（4）文化一元化。一个地区内各阶层人民相互关系以及风俗习惯、价值观念、宗教信仰等方面的差异程度，都要受到他们传统文化的影响。当文化一元化的程度高时，那它就是一个“热”因素。

（5）法令阻碍。一个地区的法规繁复，法律制度不健全，并有意无意地限制和束缚现有企业的生产和经营，这将会影响今后的投资环境。若法令阻碍大，这就是一个“冷”因素。

（6）实质阻碍。一个地区的自然条件，如地形、地理位置、气候、降雨量、风力等，往往会对企业的有效经营产生阻碍。如果实质阻碍高，就是一个“冷”因素。

（7）地理与文化差距。与开发企业总部所在地距离遥远，文化迥异，社会观念、风俗习惯和语言上存在差异等，都会对相互之间的沟通和联系产生不利的影响。如果地理与文化差距大，就是一个“冷因素”。

总之，政治稳定、市场机会大、经济成长快、文化统一、法令限制小、实质阻碍小、地理与文化差距小的国家或者地区就称为“热国家”或“热地区”，反之，称为“冷国家”“冷地区”。一个地区的投资环境越好，开发企业在该国的投资参与成份就越大；相反，若一个地区的投资环境越差，则开发企业参与该地区投资的成份就越小。

冷热国对比法侧重于房地产投资环境的宏观因素考察，而对于投资环境的微观因素考虑得很少，这是它的主要缺陷。对于外来投资者来说，还要对投资的目标国或地区进行更为细致的评价。

2．特尔斐法评价法

特尔斐法是一种实用性广和技术成熟的决策方法。该方法是一种客观地综合多数专家的

经验和主观判断技巧，对成组信息进行意见征询和评估，并最终取得协调一致的评估结果的方法。

特尔斐法是 1964 年由美国兰德公司的道尔奇（N • Dalkdy）和赫尔曼（O • Helmer）发明的，是经过诸多领域实践证明的一种科学的技术测量方法。特尔斐法测定的可信度较高，是系统工程中一种很重要的测定方法，其最大的优点在于能对大量非技术性的无法定量分析的因素进行概率估算，并将估算结果告诉专家，再次经专家们独立估值并反馈，最终集中专家们分散的评估意见并逐步收敛为一致。运用该法进行房地产项目选址，不仅要求专家确定影响的因素和其权重，还要求专家根据研究投资区域相应因素的状况，给出单项作用分，然后根据加权汇总值作出投资环境总体评价。

特尔斐法一般要经过四轮基本咨询程序，才可得到较为满意的结论。但有时只需两至三轮也能解决实际问题。但过程相对复杂，这是它的不足。其基本程序为：

（1）预先调查。发出第一轮的询问调查表。无任何限制框架，自由回答。调查者用简练而准确的专业术语，进行综合整理，列出一览表。

（2）首次反馈。将第一轮整理的一览表再发给每位专家，请他们再次对一览表中的问题作出评价并阐明理由，随后将这轮意见集中。调查核对有关问题及对数据加以统计，求出相应中位数和上下四分位点，并写出综合报告，再反馈给各位专家。

（3）二次反馈。请专家再次对上轮综合材料报告进行判断和陈述理由并重新评价，然后将这些新材料集中。调查者第二次计算新材料对应数据的中位数和上下四分位点并推出这一轮的综合论证，再次反馈给每组专家。

（4）作出决断。各位专家对上轮材料最后加以评判、根据需要作出或不作出最后退证，调查者最后统计汇总，得出最后评判意见的总一览表。

3．等级尺度法

等级尺度法也称罗氏多因素分析法，它是由美国经济学家罗伯特 • 斯托伯在 1969 年发表的《如何分析国外投资环境》的论文中提出的。其特点是从东道国对外国投资者的限制和鼓励政策对投资者造成的影响的角度，将投资环境分为八大类因素（资本抽回限制规定、外资股权比例、对外商的管制和歧视程度、货币稳定性、政治稳定性、给予关税保护的态度、当地资本供应程度、近五年通货膨胀率的高低），对每一个因素再分成 4～7 个子因素，根据各因素和子因素对投资环境的影响程度，定出从最差到最好的各种情况的分类标准，最好的情况按其因素影响力的大小评分为 12 分、14 分、20 分不等，最差的情况评分为 0 分、2 分、4 分不等。先按各种情况打分，然后将各方面分数相加，计算出投资环境总分（在 8～100 分之间），总分越高，投资环境越好。

等级尺度法主要着眼于东道国对外商投资的优惠态度、限制以及吸收外资的能力。它主要考察了外国投资者在生产经营过程中直接与投资使用有关的影响因素，但是没有考虑影响项目建设和企业生产经营的外部因素，如投资地点的基础设施、法律制度和行政机关的办事效率等因素，而这些因素正是发展中国家需要提高的，所以采用该方法评估发展中国家的投资机会有明显的片面性。

4．多因素和关键因素评价法

多因素和关键因素评价法是香港中文大学闵建蜀教授提出的，它又可以分为前后关联但

又有一定区别的“闵氏多因素评估法”和“闵氏关键因素评估法”。

（1）闵氏多因素评估法。闵氏多因素评估法将影响投资环境的因素分为 11 类，即：政治环境、经济环境、财务环境、市场环境、基础设施、技术条件、辅助工业、法律制度、行政机构效率、文化环境和竞争环境。每一类因素又由一系列子因素构成，如政治环境包括政治稳定性、国有化可能性、当地政府的外资政策等，具体见下表 2-1。

表 2-1　闵氏多因素评估法

影响因素	子因素
1. 政治环境	政治稳定性、国有化可能性、政府的外资政策
2. 经济环境	经济增长、物价水平
3. 财务环境	资本和利率汇出、汇率、集资和借款的可能性
4. 市场环境	市场规模、分销网点、营销辅助机构、地理位置
5. 基础设施	国际通信设备、交通与运输、外部经济
6. 技术条件	科技水平、合适的劳动力、专业人才的供应
7. 辅助工业	辅助工业的发展水平、辅助工业的配套情况
8. 法律制度	各项法律是否健全、法律是否得到很好的执行
9. 行政机构效率	机构的设置、办事效率、工作人员的素质
10. 文化环境	投资双方信任和合作程度；外国公司是否适应当地的社会风俗
11. 竞争环境	当地竞争对手的强弱、同类产品进口配额在当地市场所占份额

（资料来源：王慧炯等.《中国投资环境》. 国务院发展中心、京港学术交流中心，1987 年 8 月）

在具体评估该地区的投资环境时，首先对各类因素的子因素作出综合评价；然后据此对该类因素作出优、良、中、可、差的判断；最后，在此基础上计算该国投资环境的总分数。其计算公式为：

$$P=\sum_{i=1}^{n}W_i(5A_i+4B_i+3C_i+2D_i+E_i)$$

式中　G——投资环境总分数；

W_i——第 i 类因素的权重；

A_i、B_i、C_i、D_i、E_i——为第 i 类因素被评为优、良、中、可、差的百分比。

投资环境总分数的取值在 1～5 之间，越接近 5，则说明投资环境越好；反之，越接近 1，则说明投资环境越差。

（2）闵氏关键因素评估法。关键因素法与多因素评估法不同，它从具体投资项目的投资动机出发，从影响投资环境的一般因素中，找出影响具体投资项目动机实现的关键因素，依据这些因素，对某国投资环境作出评价。投资动机不同，所考虑的关键因素也各异。依据挑选出的关键因素，仍采用上述计算总分的方式来评估投资环境。

关键因素评估法把外商投资的动机划分为 6 种，每种投资动机又包含若干影响投资环境的关键因素。根据挑选出的关键因素，并采用前述的计算总分的方法来评价投资环境，具体见表 2-2。

表 2-2　闵氏关键因素评估法

投资动机	影响投资环境的关键因素
1．降低成本	劳动生产率、土地费用、原料及元件价格、运输成本
2．开拓当地市场	市场规模、营销辅助机构、文化、位置、运输条件、通信条件
3．获得原料和元件供应	资源、当地货币汇率的变化、当地的通货膨胀率、运输条件
4．分散风险	政治稳定性、国有化可能性、货币汇率、通货膨胀率
5．追随竞争者	市场规模、地理位置、营销辅助机构、法律制度
6．获得当地的相关技术	科技发展水平、劳动生产率

（资料来源：王慧炯等.《中国投资环境》. 国务院发展中心、京港学术交流中心，1987 年 8 月）

对于房地产开发项目，投资动机没有那么复杂，需考虑的因素也远远不止以上几种。比如对于我国普通住宅区的投资开发，其环境评价的关键因素可以按以下方法分类：

第一类因素，即重点因素。重点因素包括：市场环境中的购买力水平、吸纳量、供应量、同类楼盘的分布及其现状等；财务环境中的项目融资可能性、融资成本、税费负担、同类项目盈利水平等；自然环境中的地理位置、风景地貌、自然景观等；设施环境中的电力、通信、给排水、交通、教育以及其他生活设施条件等。第一类因素的权重系数 W_i=0.6。

第二类因素，即一般因素。一般因素包括：经济环境中的消费结构、居民收入、物价指数等；资源环境中的劳动力资源条件、原材料供应等；政策法规环境中的争议仲裁公正性等。一般因素的权重系数为 W_i=0.3。

第三类因素，即次要因素。次要因素包括社会秩序、社会信誉、社会服务以及文化传统和教育水平等因素。次要因素的权重系数为 W_i=0.1。

对于其他类型的房地产开发投资项目，则应根据具体情况作适当调整。如在其他国家开发的房地产项目，则要把政权稳定性、政治局势、经济政策、价值观念、文化传统等作为第一因素。对于高档住宅，尤其是高级别墅之类的房地产开发投资项目，则要把拟开发地块的自然环境，如植被、气候等因素作为第一因素。

总之，关键因素分析法中的关键因素的划分及权重系数的确定，应视投资项目的具体要求及投资对象的具体情况而定，不能千篇一律。

上述 4 种房地产投资环境评价方法各有优缺点。在实际中，应该依据项目决策的需要，选取最适合的方法对投资环境进行综合评价，有条件的话也可以同时选取不同的方法，不同方法下的评价结果可以相互印证，以提高房地产投资环境评价的准确度。

方法只是提供一种研究问题的路径，在房地产投资环境分析过程中，对于投资环境的各方面数据的采集和得到权威性的评价因子才是工作投入的重点，有了前两阶段工作的基础，对于以后的应用具体研究模型就很简单了，如果前面的工作没有做好，应用再先进的模型也是没有用的。

2.3.3　房地产投资环境的衡量标准

房地产投资环境的衡量标准是构成房地产评价结论的基础，究竟一个房地产项目是否可行，一方面在于评价的过程，另一方面也在于如何衡量评价的结果。微观经济学里面把经济

学主体分成风险偏好者、风险厌恶者和风险中立者，房地产投资根据其行业特征属于高风险高回报的行业，在承担宏观经济系统风险同时，从事房地产投资行为还要承担房地产行业的非系统风险。

究竟什么样的项目才值得投资，这与投资主体对房地产投资环境的衡量标准密切相关。而制定什么样的投资环境的衡量标准又与企业本身的长期战略、近期计划有直接的关系。又安全回报又高的投资项目在成熟的市场经济条件下是不存在的。投资主体只能在风险和回报率中进行选择。常见的房地产投资环境衡量标准有：

（1）风险小。风险小的房地产项目往往回报率也不高，倾向于选择风险小的房地产投资主体可归于风险厌恶型投资者，风险小的投资比较适合政府投资、基金投资、养老基金投资等。

（2）机会多。机会多标准主要适合风险中立主义投资者，机会多的投资环境可以提供分散风险的条件，通过分散风险而不至于因为一个项目的失败而遭受巨大损失。机会多标准比较适合资金雄厚并且已经进入稳定发展状态的大型投资主体。

（3）盈利能力强。盈利能力强就意味着风险大，乐于投资盈利能力强的房地产投资主体属于风险偏好型企业，这样的企业一般处于房地产投资的起步阶段，由于资金实力、经验等原因，只能选择迅速见效的高回报率项目。

[阅读资料]2005年6月26日，由国务院发展研究中心企业所、清华大学房地产研究所、中国指数研究院共同组建的中国房地产研究组，公布了2005年中国房地产开发投资吸引力十强报告。据介绍，此次研究对住宅、办公楼、商业用房等三大物业类型以及城市房地产市场投资环境分别设计评价指标体系，采用因子分析法和相关数学模型，定量计算了35个城市三大物业类型以及城市房地产投资环境的开发投资吸引力，最终再通过因子分析法综合各城市的各分项得分，得到“中国房地产开发投资吸引力十强城市”排名。

表2-3 房地产开发投资环境评价指标体系及TOP10城市

评价项目	评价指标	TOP10城市
住宅开发投资环境	人均可支配收入、城乡居民人均储蓄余额、销售面积、施工面积、竣工面积、新开工面积、总人口、销售增长率、竣工增长率、销售面积/竣工面积、销售面积/新开工面积、吸纳率等	上海、北京、重庆、南宁、合肥、天津、南京、广州、南昌、成都
办公楼开发投资环境	进出口总额、施工面积、竣工面积、销售面积、新开工面积、吸纳率、就业人口、城镇居民人均可支配收入、销售面积增长率、竣工面积增长率等	北京、上海、广州、天津、深圳、重庆、合肥、南京、西安、杭州
商业用房开发投资环境	出租面积、销售面积、竣工面积、新开工面积、就业人口总数、社会消费品零售总额、施工面积、人均可支配收入、人均社会消费品零售总额、GDP增长率、出租率、吸纳率等	上海、重庆、北京、深圳、广州、天津、杭州、哈尔滨、宁波和成都
房地产市场投资环境	固定资产投资、土地开发投资、建成区面积、总人口、就业人数、房地产开发企业个数增长率、土地开发面积／购置面积、实际利用外资、人均GDP、固定资产投资／GDP、固定资产投资增长率、GDP增长率等	北京、上海、广州、南京、呼和浩特、深圳、天津、青岛、宁波和重庆

综合上述三类物业市场开发投资吸引力和房地产市场投资环境吸引力评价，按照因子分

析法得出房地产开发投资吸引力排名为：上海名列第一，北京名列第二，广州名列第三。从区域分布来看，三大都市圈的代表城市仍然是当前房地产最具投资吸引力的城市。

（资料来源：《经济参考报》、《中国经济时报》等）

小　　结

房地产投资环境，是指房地产投资所必须依赖的经济、社会、文化、科技等外部条件的总称，是某区域系统对房地产投资和房地产资本流动之间影响要素的总和。房地产投资环境具有系统性、区域性和动态性等基本特点，可以按照不同的功能从不同的角度划分成不同的类型，这样划分也有利于对房地产投资环境的分析。

在进行一般的房地产投资环境要素分析时，要特别注意政策法规环境、经济环境、规划环境、自然环境以及设施环境的了解与分析。当然，这些主要要素都有自己的具体内容和分析要点。尽管如此，对不同的房地产投资项目，也不能千篇一律、面面俱到。

对房地产投资环境的分析需要遵循一般的原则，掌握一定的方法，注意具体的衡量标准。房地产投资环境的评价原则包括：主观与客观相结合的原则、全面与重点相结合的原则、静态与动态相结合的原则以及定性与定量相结合的原则；房地产投资环境评价的方法常见的约有 10 余种，本书主要介绍了冷热国对比法、特尔斐法评价法、等级尺度法以及多因素和关键因素评价法等 4 种常用的房地产投资环境评价方法。在使用这些方法进行评价后，注意房地产投资环境好坏的衡量标准是风险小、机会多以及项目盈利能力强。

思　考　题

1. 房地产投资环境的类型具体有哪些？
2. 如何进行房地产投资环境的要素分析？
3. 房地产投资环境评价的原则有哪些？
4. 详细说明多因素和关键因素评价法的评价原理与操作。
5. 房地产投资环境的衡量标准包括哪些方面？

练　习　题

假设你所在的城市有一住宅开发项目，试编制该住宅开发投资环境分析的简要提纲并进行投资环境分析。

第3章 房地产投资市场分析

学习目标

通过本章的学习，了解房地产投资市场分析的类型；熟悉房地产投资市场分析的依据、注意事项，以及各类物业市场供求变动的影响因素；掌握房地产投资市场分析的要点与方法，以及常见类型物业市场分析的思路与方法。

关键词

房地产投资市场分析　商圈　商圈饱和度指数

3.1 房地产投资市场分析基本问题

3.1.1 房地产投资市场分析的类型

房地产投资市场分析是通过信息将房地产投资市场的参与者与房地产投资市场联系起来的一种活动，即通过房地产投资市场信息的收集、分析和加工处理，寻找其内在的规律，预测市场未来的发展趋势，用以帮助房地产投资市场的参与者掌握市场动态，把握市场机会或调整其市场行为的一项活动。

根据不同的标准，可以把房地产投资市场分析分成不同的类型。

1．按照房地产投资市场分析的内容划分的类型

按照房地产投资市场分析的内容，可把房地产市场分析分为房地产投资市场供给分析、房地产投资市场需求分析以及房地产市场供求状况分析三大类型。

房地产投资市场供给分析，就是对房地产市场上的房地产供给总量现状与潜力、不同类型房屋的供给结构、供给价格、供给分布、供给特征、营销与经营状况，以及房地产商品提供者的竞争能力等方面的分析，目的在于为某个投资者提供供给信息，便于采取相应投资决策，应对市场竞争。

房地产投资市场需求分析，就是对市场上的房地产需求总量与潜力、不同类型房屋的需求结构，需求者对市场价格、房屋分布、营销手段等方面的具体反映以及需求者的购买与决策行为等基本特征的分析，目的在于找出市场需求总量与变化规律，为投资者决策服务。

房地产市场供求关系分析，就是通过空置量等一系列指标，分析房地产市场是否均衡，如果不均衡，那么是供大于求还是需大于供，其内在原因是什么等相关问题。通过房地产市场供求状况的分析，可以给房地产投资者以警示，帮助投资者采取相应的对策。

2．按照房地产投资市场分析的层次划分的类型

按照房地产投资市场分析的层次，可以把房地产投资市场分析分为三个层面。

1）城市房地产投资市场分析。城市房地产投资市场分析是对项目所在城市内的房地产市场总体状况及各专业市场总供需状况的综合分析。它侧重于城市经济分析、市场发展现状及未来发展趋势分析等内容。

2）区域房地产投资市场分析。区域房地产投资市场分析是在前一层次的基础上，对项目所在地区或城市内某一区域的房地产市场总体状况及各专业市场总供需情况的综合分析。它侧重于区域经济分析、区位分析、市场概况分析、未来发展潜力分析等内容。

3）项目房地产投资市场分析。项目房地产投资市场分析是在前两个层次的基础上，对特定地点特定项目作竞争能力分析，预测一定价格和特征下的销售率及市场占有率情况，对项目的租金及售价、吸纳量及吸纳量计划进行预测。它侧重于项目竞争能力分析等内容。

此外，还可以把房地产投资市场分析划分为房地产综合市场分析、房地产专业市场分析以及房地产项目市场分析三个层次。房地产综合市场分析侧重于所有类型物业市场的总体情况分析；房地产专业市场分析侧重于某一类型物业市场，如居住物业、写字楼物业市场的分析；而房地产项目市场分析则侧重于某个项目的市场状况分析。

3．按照房地产投资市场分析的服务主体划分的类型

按照房地产投资市场分析的服务主体，可以分为房地产开发投资市场分析、房地产置业投资市场分析、房地产间接投资市场分析三大类型。

房地产开发投资市场分析是为房地产开发商服务的，其主要目的在于根据市场需求，寻找市场机会，选择正确的位置、合适的开发时间，以保证项目开发完成后在一定的价格下有良好的市场需求。

房地产置业投资市场分析是为房地产置业投资者服务的，通过对房地产商品基本情况及市场供求的分析，明确市场前景及预测项目租金，确保置业投资者所投资项目的经济盈利能力。

房地产间接投资市场分析是为房地产间接投资者服务的，通过对房地产开发商、房地产开发项目以及房地产股票证券市场的分析，明确房地产证券投资的盈利前景，为房地产间接投资者决策参考。

4．按照房地产投资市场分析的不同阶段划分的类型

开发投资、置业投资及间接投资三类不同类型的房地产投资者，他们投资的产品不同，所发生的投资阶段也会不同。按照房地产市场分析的不同阶段划分，房地产投资市场分析一般可分为投资前房地产市场分析以及投资中房地产市场分析两种类型。

投资前房地产市场分析，其主要目的在于明确能不能投资，什么时候投资，投资什么房地产项目，按照什么价格投资等问题，帮助投资者进行投资前决策。

投资中房地产市场分析，其主要目的在于明确投资项目的市场状况、风险情况、盈利潜力等问题，帮助投资者决定是否继续投资或退出市场，以及如何应对市场风险等。

5．按照房地产投资市场分析的物业功能划分的类型

按照物业功能不同划分，可以把房地产投资市场分析分为居住物业投资市场分析、办公物业投资市场分析、商业物业投资市场分析、酒店物业投资市场分析以及其他物业投资市场分析等类型。

上述几类投资市场分析中，居住物业投资市场分析、办公物业投资市场分析、商业物业投资市场分析、酒店物业投资市场分析是常见的几种。其他物业投资包括工业厂房、高尔夫

球场等物业投资则较少见。

不同类型物业投资市场分析，其侧重点有所不同，分析方法也有些差异；但主要都是通过对投资市场上的供给分析、需求分析以及供求关系的分析，为投资者决策提供依据。

3.1.2 房地产投资市场分析的依据

房地产投资市场分析的依据就是各类信息，这些信息大致包括四大方面。

1．房地产市场供给方面的信息

房地产市场供给方面的信息主要包括以下类型：

（1）房地产供给总量方面的信息，如：房地产供给企业数量；现有房地产数量（存量）；使用中的建筑物的物理状况；新开发房地产面积（计划、新开工、在建、竣工面积）；拆除、改建或改变用途数量；每年房地产企业向社会提供服务的数量、质量、规格及档次；目前正在租售的房地产的租售期间、租售区域、登记用途、面积、套数等。

（2）房地产供给产品方面的信息，如：供给产品的类型，各类型房屋比例状况、地区分布、租金及租金指数（含平均租期、租金折扣等）、售价及价格指数（含价格变化情况），房地产商品的地区分布情况，各类房地产商品的开发建设时间、竣工日期、开盘时间，房地产商品的体量大小、楼层高度、功能布局、户型划分、内外装修等情况。

（3）房地产供给主体营销与经营状况方面的信息，如：分类物业的市场成交量，历年经营状况，土地地价、拆迁安置补偿成本、建造成本和其他成本费用、房地产开发成本及成本指数、房地产开发经营过程中的税费，房地产投资收益率和资本化率等。

（4）房地产供给竞争对手方面的信息，如：房地产竞争对手数量、各自的竞争实力，竞争者的营销方略、推出的新技术、新产品情况，竞争对手的专业化程度、品牌知名度、成本状况、开发经营方式、价格策略、历来的项目开发情况、土地储备情况以及未来的开发方向、开发动态，潜在的竞争对手情况等。

（5）竞争楼盘方面的信息。竞争楼盘的信息包括楼盘的产品特点、楼盘质量、价格、广告、销售推广策略以及物业服务等各方面。具体内容见表3-1。

（6）房地产市场供给未来趋势方面的信息，如：新增房地产开发企业；已批租和待批租的土地面积、用途、可建筑面积、楼面地价和单位地价信息；可供开发的土地资源及规划要求信息；单宗土地转让信息，包括土地使用权的受让方、坐落位置、用途、四至范围、占地面积、建筑面积、土地价格、土地使用年限、开发建设总投资、土地利用要求、土地使用费标准、项目投资情况和成交日期等。

2．房地产市场需求方面的信息

房地产市场需求方面的信息大致包括以下类型：

（1）房地产市场需求总量方面的信息，如：现有人口数量、使用中的房地产数量、空置量信息；现实和潜在的房地产需求量，包括各种不同规格、档次和质量的房屋；当地居民的住房情况，包括总人口、总建筑面积、人均居住面积、房屋新旧程度、无房户和困难户的比重；不同行业的住房水平以及办公条件状况；住房消费水平；潜在新职员数量、大学毕业就业人口数、拆迁及城市化带来的潜在新租户或业主数量、搬进或搬出市区的企业数量；城市出生率与死亡率等。

L17 =

	A	B	C	D	E	F	G
1	表3-1　竞争楼盘信息调查表						
2	物业名称			调查日期			
3	区域			建筑类型			
4	物业位置			售楼电话			
5	开发商			投资商			
6	建筑单位			设计单位			
7	总建筑面积			占地面积			
8	销售代理			车位情况			
9	绿化率			容积率			
10	物业服务			物业服务费			
11	按揭银行			最高按揭比例			
12	预售证号			开盘时间			
13	交通状况						
14	周边配套状况						
15	项目配套设施						
16	装修状况						
17	外墙			门窗			
18	内墙			天花板			
19	地面			厨厕			
20	户型及销售状况						
21	户型	单间	一室一厅		两室两厅	三居室	四居及以上
22	比例（套数）						
23	均价						
24	最高价						
25	最低价						
26	总价范围						
27	已销售比例						
28	付款方式						
29	种类	一次性付款		银行按揭		分期付款	其他付款方式
30	折扣						
31	订金			手续费			
32	营销推广方式						

（2）房地产市场需求倾向方面的信息。如：消费者对房屋的类别、品牌、地理位置、面积、设计、户型、档次、功能、质量、价格、装修、区域、楼层、物业服务、环境等的需求情况等。

（3）房地产市场需求客户特征方面的信息，如：需求客户的亚文化、职业、地位，家庭规模与结构、决策模式，年龄、受教育程度，原居住状况、现居住或工作地点的区位分布，家庭年收入或月收入水平与稳定性、储蓄和资产、债务、借贷能力及对消费和储蓄的态度，生活方式、个性和自我观念，购房动机、贷款比率、最关心的问题等。

（4）房地产市场需求未来趋势方面的信息，如：政策法规方面的信息，财政收入与支出的变化信息，居民平均收入与可支配收入，可能的需求条件变化（贷款条件、营销条件、吸收率等）信息，住房消费在各类家庭消费支出中的比例变化方面的信息，城市产业结构变化方面的信息，客户对房地产使用功能需求的潮流与趋势等方面的信息，市场吸纳周期和吸纳量的变化信息，城市就业率与失业率变化方面的信息，物价、居民收入变动信息等。

3．房地产供求关系方面的信息

房地产投资市场供求关系方面的信息大致包括：

（1）供求关系状况方面的信息，如：供给量的缺口程度或空置率、空置量，价格上涨或下跌幅度及比率，成交量与需求量，市场吸纳能力与速度等。

（2）供求关系未来趋势方面的信息，如政策法规信息，房地产税收信息，城市建设与发

展规划信息，城市化状况及其趋势方面的信息，产业发展及其趋势方面的信息，GDP 及其增长率方面的信息，通货膨胀率、利率水平、获取贷款的可能性方面的信息，城市经济结构、产业结构、消费结构和消费水平方面的信息，房地产投资收益率及房地产开发利润率变化的信息等。

4．房地产投资项目方面的信息

房地产投资项目方面的信息，就房地产开发投资来说，主要包括两方面。

（1）地块信息。地块信息主要包括：地块的土地性质、面积大小、宽度、形状、地势、地形、容积率等；地块的地理位置，依次是城市、行政区、具体区域以及四至；地块的交通状况，如对内对外交通、内外交通的连接，道路的通行限制、通行能力，道路现状、建设中及未来规划道路等；地块的周边环境，如自然环境、人文环境、生活居住环境、办公环境、商业环境、商务环境等；地块的周边市政设施情况，如上水、雨水、污水、供热、煤气、供电、电信等；地块距离某商业街、某火车站和某城市标志性建筑等主要商业中心、主要交通集散地的相对直线距离；土地取得代价及地块的地质、水文、噪声、空气污染等因素。

（2）项目信息。项目信息主要包括：项目的开发现状，如土地拆迁现状及拆迁安置难度（含居民住户数、人口数、职业及其单位，拆迁住房的产权类别、居住面积、房屋结构、类型及新旧程度等）、开工情况、建设情况等；项目的规划情况，包括现规划情况、规划用地性质、规划指标（用地面积、容积率、限高、土地使用年限）及规划要点（如居住户数、总居住人口数、建筑密度、各类用途建筑构成）等；项目的总体评价，如环境状况、配套、品牌、市场变化等方面；项目的发展前景，如未来租售情况、可能的风险及困难等。

上面信息的归类未必科学，每个方面的信息归纳也未必全面、完美，但总体上可以反映房地产投资市场分析所需要的大致信息。当然，这些信息还不全面。而且，即使这些不全面的信息，具体到每一个投资项目，也不必都搜集上来，因为这既不可能，有时也不必要。由于房地产项目所处的阶段、用途或经营方式的不同，实际操作过程中，其分析的内容会有所选择和侧重，所以，需要的信息内容、使用强度也就各有不同。

3.1.3 房地产投资市场分析的注意事项

1．房地产投资市场分析要有明确的思路

房地产投资市场分析所涉及的内容通常都比较复杂。由于受分析的成本与时间的约束，特别是信息或资料的缺乏，使得任何一个市场分析都不可能是无懈可击的。

实际的市场分析并不存在统一的思路和分析流程；但一般而言，进行房地产投资市场分析的逻辑思路可以归纳为六个字，即“比较、假设、类推”。“比较”，就是通过与可比投资项目进行比较并进行修正，用来估计和预测某个投资项目的价格、租销情况（或经营状况）以及盈利水平；“假设”，就是假设房地产市场将有某种发展趋势，例如供给和需求按某种趋势变化、价格或租金按某种速度增长等，在此趋势假设下，分析未来的市场状况和投资项目的成败；“类推”，就是通过对整个市场的现状的分析，类推未来的市场情况，在此基础上为投资项目提供建议。

在“比较、假设、类推”思路下，房地产投资市场分析者，一定要注意搜集并正确使用相关信息，特别是要注意对供求的细致分析，包括供求的现状、供求关系及未来走势的分析，因为供求的分析才是市场分析的真正关键所在。

2．房地产投资市场分析要根据分析目的确定研究内容和角度

目的是市场分析存在的原因，也是市场分析发展的条件。所以，在进行房地产市场分析之前，一定要弄清分析的目的是什么，或者市场分析要达到什么要求。有时由于投资分析人员没有和委托者充分交流，或者由于误解及委托方自己的目标不明确，导致投资分析漫无目的，或者市场分析“深到底”、“宽到边”、“远到头”。这样的市场分析事实上并不能发挥针对性的、有益的作用。

明确市场分析的目的，首先需要细分和界定要分析的市场类型，也就是说，投资分析的市场是什么样的市场（什么层次的市场、什么时间的市场、什么地点的市场），弄清这点非常重要。在这个基础上，确定市场分析的内容和角度。房地产投资市场很大，分析人员不可能、也没有必要把所有的市场都进行详细分析，而是要侧重于某一个细分的市场、某一个层次的市场的分析。

目前，很多市场分析对要分析的房地产市场都没有进行详细的市场细分，甚至根本不进行市场细分；同时，一些分析人员对研究内容的界定主观性太强，没有尊重市场分析的客观内容，结果导致市场分析的内容很宽泛。

3．房地产投资市场分析要把多种分析方法结合起来

房地产投资市场分析方法有多种，归纳起来可以分为定性分析法和定量分析法。

定性分析和预测主要依靠人们的主观经验、专业知识和分析能力。分析人员参照已有资料，通过主观判断，对事物的未来状态，如总体趋势、发生的各种可能性及其后果等作出分析和判断。由于目前我国房地产市场缺乏客观数据，因此定性预测在房地产市场分析中就显得非常重要，尤其是对市场的中长期预测。

定量分析和预测的基本思路是根据过去和现在的有关客观历史数据，从中鉴别出其发展的基本模式，并假设其不变，由此建立数学模型，用以定量描述预测对象未来的状态或发展趋势。如商品住宅的需求数量预测、写字楼租金标准等。定量预测主要用于短期和中期预测，往往要借助数学模型和现代统计分析方法。

在房地产市场分析中，要注意这两种方法的结合使用，既要避免纯外推型市场分析倾向，又要避免学院式的分析倾向（即运用数学模型进行宏观预测），因为任何数学模型也不能涵盖宏观经济环境中数不清的影响因素。

4．房地产投资市场分析数据要真实可靠

市场数据的搜集是房地产市场分析的开始。市场分析中经常涉及到的原始数据包括企业内部数据和外部数据两个方面。企业内部数据指企业从事房地产经营过程中所产生的信息，包括会计报表与财务报告、销售业绩报告、顾客反馈意见等方面所记载的数据，它是市场分析的基本信息，市场研究人员应充分利用这些内部数据。外部数据主要包括加工信息和通过市场分析人员的市场调查所获得的原始信息。加工信息的来源包括政府统计部门和房地产主管部门发布的统计资料，学会或商会组织提供的报告、报刊、企业或非营利机构的年度报告，网络信息以及咨询机构的市场研究报告等；原始信息则需要由市场分析人员根据市场分析的目的，通过专家访谈、座谈会、问卷调查、电话访问等方式收集。

市场分析结论来自市场信息和市场分析人员的市场洞察力。其中市场信息是第一位的。

只有保证通过以上各种渠道收集的数据真实可靠，市场分析的结果才能科学准确地指导项目投资。但是，在实际市场分析实践中，一些分析人员出于节省成本、时间及逃避麻烦的原因，有意无意地使用一些虚假或过时的数据，或者过分偏重二手资料的运用，结果使得市场分析结论丧失说服力及应用价值，甚至会带来错误的投资决策和投资的巨大损失。

5. 房地产投资市场分析要避免陷入不必要的误区

房地产投资市场分析的误区有很多，主要体现在以下方面：

（1）对需求的分析明显不足。由于我国房地产投资市场分析中对需求的分析还没有成熟的经验，同时需求的资料通常也比较难以得到，例如房地产投资项目周边人口资料缺乏，对于人口的具体描述，包括收入、年龄、婚姻、家庭规模、现有居住或办公面积等都停留在全市或全区的总体水平上，所以对消费群体的分析很难有针对性。

（2）对未来的预测还很不够。房地产投资分析的一个重点就是对未来的分析，它是房地产投资决策的直接和重要的参考。但是，由于我国缺乏比较完整的诸如历年的空置率水平、租售价格、实际租售面积、未来供地数量等数据，使得对未来的分析只能建立在一系列假设之上，这样的市场预测显然不能满足要求。

（3）投资分析的深度不够。一些投资分析人员还缺乏市场分析的经验，他们对市场的分析往往更多地是看到市场的表象，利用一些并不一定准确的数字，来得到自己的分析结论。而事实上，房地产投资市场的表象有其内在和外在的影响因素，如果不能把握市场表现的实质，是不可能得到正确的结论的。

（4）缺乏市场供求关系的分析研究。目前，很多房地产投资分析都是房地产投资供给分析、房地产投资需求分析。由于资料的限制，或者是投资分析人员对市场分析要点或内容的把握不够，对房地产市场的供给和需求很少进行对比。这样做当然不能分析供求缺口，也就无法计算投资的市场份额，更不能准确预测投资的未来市场好坏和投资的成败。

除此之外，房地产投资分析误区还包括定量研究不够、分析层次不清、分析方法使用不当等方面。作为投资分析人员，对于房地产投资分析中的误区，既要熟悉，更要注意避免陷入。

3.2 房地产投资市场分析的要点与方法

3.2.1 房地产投资市场供给分析

房地产投资市场供给分析包括供给总量的分析、供给产品的分析、供给主体营销或经营状况分析、竞争分析及供给预测分析几个方面。

1. 供给总量分析的要点及方法

进行供给总量的分析不仅要分析已经上市的供给量（即现实供给量），还要分析准备上市的供给量（即潜在供给量）。

进行现实供给量的分析主要运用已竣工量和售销量的数据资料来估算。现有市场商品房屋存量以获得销售许可证的商品房屋面积为主要分析对象，根据平均销售周期分摊到各年进行累计计算。实际计算中，可以将获得销售许可证的商品房屋面积作为现有市场商品房屋存量（K），而将未出让土地使用权的土地供给量作为新增商品房屋面积总量（S）。以住宅商品为例，假定现有市场商品住宅存量为 K，某年商品住宅竣工面积总量为 S，在售面积总量为 Q，那么现有市场商品住宅存量 $K=S+Q$。

[案例 3-1]根据国家统计局 2000 年上半年的统计，北京市商品住宅施工面积总量为 2486.53 万 m^2。表 3-2 为北京市历年竣工和销售面积统计数字。在统计已竣工面积时参考历年平均销售周期（北京市优秀项目的销售周期为 0.499 年），忽略 1994 年以前的竣工面积，同时考虑到二手房市场还未成熟。假定目前购房者的购买力不会向二手房市场转移，这样历年在售面积之和为 1914.95 万 m^2。这样，现有市场商品住宅存量为（2486.53+1914.95）万 m^2=4401.48 万 m^2，在 2000～2010 年 10 年内消化这些住宅，每年市场平均需要吸纳约 440 万 m^2。

综合以上分析，每年市场潜在供给量应为新增商品住宅面积总量与现有市场商品住宅存量之和，即为（548+440）万 m^2=998 万 m^2。

据估计，2000—2010 年每年新增商品房面积约 548 万 m^2。

表 3-2　北京市历年竣工和销售面积　（单位：万 m^2）

年　份	当年商品房竣工面积	当年商品房销售面积	历年剩余在售面积
1994 年	383.53	149.03	234.50
1995 年	503.56	186.28	317.28
1996 年	441.86	188.13	253.73
1997 年	483.31	241.91	241.40
1998 年	588.71	376.84	211.87
1999 年	908.26	484.71	423.55
2000 年上半年	453.03	220.41	232.62
合　计	3762.26	1847.49	1914.95

潜在供给量的分析则比较复杂。在不能获得审批项目的数据或政府所提供资料不完善的情况下，投资者就需要花费较多的精力搜集信息。比较简化的方法是可以通过政府提供的有关未来土地供给量及土地利用结构方面的资料进行估算。

潜在土地供给量的来源包括三个部分：

（1）新建城区的土地供给量（M_1）。

$$M_1=\text{规划城区面积}-\text{已开发建成区的面积}-\text{已出让的面积}$$

（2）旧城区改造过程中可供开发的土地量（M_2）。

$$M_2=\text{规划改造面积}-\text{已改造面积}$$

（3）工业仓储改变用途可供开发的土地量（M_3）。

$$M_3=\text{工业仓储实际面积}-\text{工业仓储规划面积}$$

潜在土地供给量为：

$$M=M_1+M_2+M_3$$

以住宅用地为例，根据居住用地占城市建设用地（M）的比例构成，就可以计算出未来一段时期内居住用地供给总量；然后居住用地供给总量乘以平均的容积率，便可以估算出此段时间内住宅市场的潜在供给量了。

2．供给产品分析的要点与方法

进行供给产品分析可以详细了解区域范围内某一物业类型产品的供给特点。通过调查某

一区域某一产品供给的详细资料，可以得出有关于该区域该产品的供给结构、产品户型、面积、价格、区位、分布、功能布局、档次、内外装修等各方面的特征。

现实房地产投资市场分析中，对房地产市场产品供给结构分析比较重视。供给结构就是某一类物业中某一类型产品供给量的大小以及这一类型产品在周边区域内供给量的大小。对房地产市场产品供给结构的分析有两种情况。第一种情况是对区域内供给量的结构分析，这要求在供给量分析的基础上搜集某一区域的资料，然后对该区域内的产品按户型、面积、价位等进行分类，分别计算其供给量（参见案例 3-2）。第二种情况是对不同区域市场供给量结构的比较分析。这方面的分析类似于第一种情况的分析，差别在于选择的区域不同。通过不同区域市场供给量结构的比较分析，可以得到各区域房地产市场供给的各自特征。

供给产品分析通常需要借助于表格以及统计图形，通过这些表格或图形，能非常好地表现出房地产投资市场供给产品的特点。

[案例 3-2]　某区域商品住宅供给结构分析

在该分析中选择了某区域内具有典型意义的 12 个项目，其具体情况见表 3-3。

表 3-3　某区域供给结构分析选择项目列表

项目名称	项目均价/（元/m^2）	项目建筑面积/万 m^2
项目 A	6500	40.7
项目 B	4800	16
项目 C	4500	17
项目 D	5308	14
项目 E	5600	80
项目 F	6500	50
项目 G	6000	18.68
项目 H	6400	86.37
项目 I	7100	83
项目 J	4280	86
项目 K	4300	100
项目 L	5900	29.51

通过对表 3-3 的分析可以看出，该区域住宅的均价是 5590 元/m^2。该区域住宅价格主要集中在 5000 元/m^2 以下以及（6000～7000）元/m^2 两个区间段，这两部分价位住宅面积的供给达到了区域面积供给总量的 66%以上。具体情况见表 3-4。

表 3-4　区域项目价格水平分析

价格水平/（元/m^2）	5000 以下	5000～6000	6000～7000	7000 以上
面积/（万 m^2）	219	123.51	195.75	83
比例（%）	35.25	19.88	31.51	13.36

该地区目前供给的住宅面积主要集中在 90～120m^2 之间，超过 90m^2 以上住宅的供给总量占到了 80%以上。由此可以看出，该地区户型面积普遍较大，小面积户型供应相对不足。具

体如图 3-1 所示。

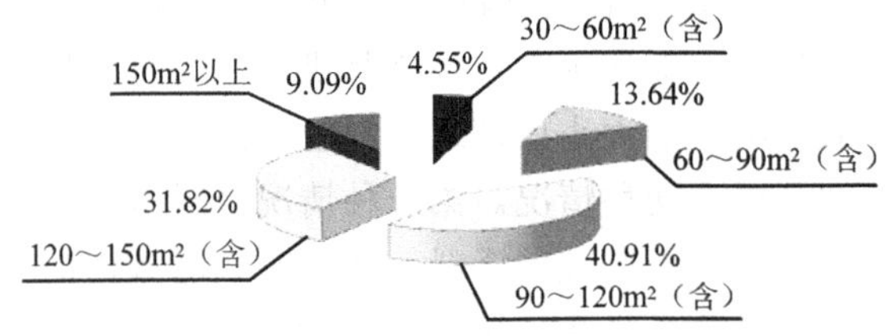

图 3-1　区域商品住宅面积分类统计图

该区域商品住宅两居、三居所占比例高达 80%以上，区域内两居、三居面积都比较大，各种附属设施配套齐全，户型设计也较为灵活。具体如图 3-2 所示。

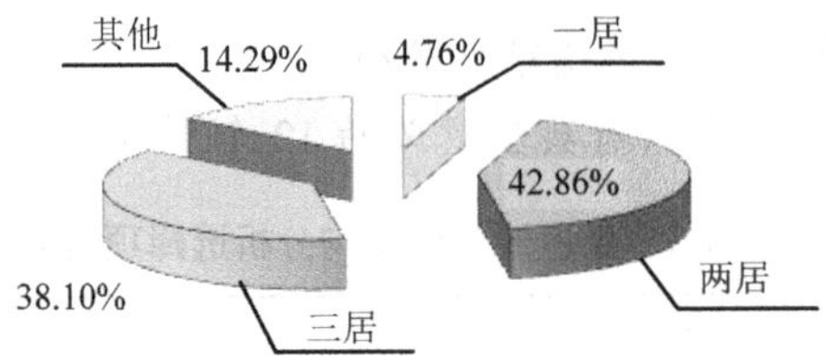

图 3-2　区域住宅户型状况分类统计图

3．房地产供给主体营销或经营状况分析要点与方法

房地产投资市场营销或经营状况分析可以直接反映某一物业类型产品的市场认可度。房地产营销或经营状况的好坏，直接影响着投资者投资决策的判断及进行项目投资的信心。

房地产营销或经营状况分析的内容主要包括房地产的租售价格、租售数量、租售速度、租售比例、空置率以及关于这些指标变化的分析。较高的租售价格、较快的市场租售速度和较低的空置率，反映着市场供给的缺乏和需求潜力的巨大。

房地产营销或经营状况分析同样可以借助于表格以及统计图形，通过这些表格或图形，能非常直观、生动地表现出房地产营销状况或经营状况。

4．房地产投资市场竞争分析的要点与方法

房地产市场竞争分析主要包括竞争对手分析和竞争项目分析两个方面。

（1）竞争对手分析。狭义的竞争对手是指以类似价格提供类似产品给相同顾客的其他公司；广义的竞争对手是指制造相同产品或同级产品的所有公司。一般而言，竞争对手分析主要包括目标分析及优劣势分析两个方面。一是竞争对手目标分析。竞争对手的目标选定是由多种因素决定的，包括企业的规模、所有制性质、历史背景、决策人物的经历和社会经济现状。竞争对手在市场上追求的目标是企业十分关心的问题，比如竞争对手是否追求利润最大化？是追求长期利润还是短期利润？等等。弄清竞争对手的目标，将有助于投资者自己的投资决策。二是竞争对手优劣势分析。一般而言，可以从竞争对手的产品、营销与销售状况、投资运作、研发与工程能力、组织与管理能力、快速反应能力、适应变化能力、业务组合以及财务状况等方面，对竞争对手进行全面的优劣势分析评估。

（2）竞争项目分析。竞争项目也称竞争楼盘。竞争楼盘分为两种情况，一类是与项目处

在同一区域的楼盘，另一类是不同区域但是定位类似的楼盘。通过对竞争项目物业的产品定位、房型组合、规划特色、定价方式及具体定价、付款方式、配套、推广策略以及销售状况等方面的分析，找出其竞争优势以及存在的问题，可以为自身项目定位提供建议，为投资者决策提供参考依据。

5．房地产投资市场供给预测分析的要点与方法

由于项目开发通常需要一段时间，供给预测分析显得非常重要。在项目开发期内，是否有新增加的供给以及新增加供给的数量、类型、档次等都会对房地产投资者的投资决策产生影响。所以，分析人员一定要通过各种渠道，搜寻各种信息，并结合实际情况予以预测。

关于房地产市场供给预测的分析方法，将在“3.2.4 房地产投资市场预测分析”中予以详细介绍。

3.2.2　房地产投资市场需求分析

房地产投资市场需求分析，一般包括房地产市场需求总量分析、房地产市场需求客户特征分析以及房地产市场需求未来趋势分析（未来趋势分析见 3.2.4）等内容。

1．房地产市场需求总量分析的要点与方法

房地产市场需求总量分析又称需求潜力分析。不同物业类型的市场需求总量分析方法不尽相同，要根据产品特性进行分析。以住宅为例，常见的分析方法有三种，一是运用人口资料进行分析；二是运用家庭资料进行分析；三是运用收入资料进行分析。

（1）运用人口资料分析法。人口资料分析住宅潜在需求的方法在实际中应用比较广泛。此种方法的关键是要掌握新增人口数量及人均居住面积的数量。

具体公式如下：

住宅面积需求总量（S）=每年新增人口需求面积（S_1）+原有人口需求增加面积（S_2）+年拆迁住户需求面积（S_3）

其中

每年新增人口需求面积（S_1）=新增人口数量×人均居住面积

年拆迁住户需求面积（S_3）=年拆迁住户数量 ×安置拆迁用房户均建筑面积

（2）运用家庭资料分析法。家庭与住宅需求有着直接的关系，家庭规模与结构直接影响住宅户型和种类，即除家庭的人口数外，还必须考虑家庭成员的性别、代际关系、年龄大小、是否结婚等方面的因素。运用家庭规模与结构的资料可以分析出家庭规模和结构的变化趋势，进而可以推断需求客户对住宅户型和种类的要求发展趋势。

（3）运用收入资料分析法。收入与住房需求有密切关系。通过市场调查可以发现住宅需求与收入之间的关系，从而能够得到住宅需求潜力的一些数据。

2．房地产市场需求客户特征分析的要点与方法

需求客户特征分析是进行项目投资的重要环节。如何满足消费者的需求，是房地产开发商和其他投资经营者能否生存的关键。一般而言，需求客户特征分析就是回答 5 个 W 和一个 H，即分析谁是使用者和购买者（Who)，购买与使用何种类型的房地产产品（What)，购买使用的动机是什么（Why)，何时（When)、何地（Where）以及如何购买（How)，具体见表 3-5。

表 3–5　某项目消费者研究调查分析表

Who	人口数量		居住形态	
	性别比例		社会阶层	
	教育程度		谁是使用者	
	职业		谁是决策者	
	收入水平			
Where	购买者区域分布		地点区位	
Why	购买动机		购买理由	
What	产品规划		购买用途	
	外观造型		公共设施	
	面积		价格	
	环境		付款方式	
When	购买时机		购买季节	
	购买时间			
How	客户反应		销售顺序	
	购买额度			

房地产投资市场需求客户特征分析的内容，大致包括需求客户的文化特征、社会特征、个体特征、心理特征以及购买倾向特征等方面。

（1）需求客户文化特征分析。这方面的分析涉及需求客户的文化、亚文化以及社会阶层。

（2）需求客户社会特征分析。需求客户社会特征的分析包括消费者对示范群体的追随、家庭购买决策模式以及消费者的社会角色与地位等方面的内容。比如，在中国传统的家庭中，购房决策通常由夫妻双方共同做出；而对住房的一些细节，则往往由妻子的偏好决定。

（3）需求客户个体特征分析。需求客户个体特征分析包括对消费者的年龄、性别、生命周期阶段、职业、受教育程度、购买力状况、现居住或工作地点的区位分布、生活方式、个性和自我观念等方面的分析。

（4）需求客户心理特征分析。需求客户的心理特征包括消费者消费的动机、感觉、态度等方面的内容，如客户对房屋价格的感觉。4990 元/m^2 和 5000 元/m^2 虽然差距不大，但很多需求客户却感觉到前者便宜很多。

（5）需求客户购买倾向特征分析。需求客户购买倾向分析就是分析消费者对房地产商品的租买偏好，具体来说就是分析消费者对物业类别、品牌、户型、面积、楼层、档次、装修、区位、环境、价格、物业服务等方面的消费倾向以及消费者是租是买或其组合的倾向。

需求客户特征分析的方法主要有三个，一是分析人员到售楼处、房地产市场交易所等实地观察、询问、查阅租卖资料等以了解不同的客户的消费行为及其特征；二是通过设计调查表格，请需求客户填写，再根据调查表格中的相关内容，统计分析消费者的各种特征；三是理论分析，尽管需求客户千差万别，但都有一些共性特征，如不同文化国家的消费者就有其一致的文化特征，这些共性特征是可以理论化分析的。实际中，这三类方法应结合起来使用。

[案例 3-3]　北京市××年公寓市场需求的客户特征分析

按客户的构成来分析，公寓客户分为以下七类：

（1）国内有经济实力的高层管理者，可承担的购房总价在100～200万元（人民币，以下相同）。这类客户经济实力雄厚，对于位置优越、大户型高档公寓的需求依然旺盛，对住宅的综合品质要求高，基本是二次、三次置业以改善居住条件。

（2）从海外归来的人士或有国外生活经历的人士，可承担的购房总价在100万元左右。这类客户崇尚自然休闲的居家生活，注重生活品位，看重社区环境，不仅是小区的自然环境、交通环境，更看重人文环境，他们会选择自己喜欢的环境和氛围的项目，既不奢侈也不放弃自己的追求。

（3）港、澳、台商及东南亚外商，可承担的购房总价在200万元以上。这类客户购房置业一方面是为自住，显示身份地位；另一方面是为投资，为物业的保值增值。黄金位置的高档、豪华公寓以及具有外资背景的开发商开发的公寓项目是他们的首选。

（4）年轻高级白领和中产阶级，可承担的购房总价在50～100万元左右。小户型符合年轻购房者低积累、高收入、收入上升预期稳定的特点，同时繁忙高效的工作，较大的工作压力，使他们对住宅的配套服务功能提出更高要求，因此他们中意小户型、中高档次的服务式公寓。

（5）小型文化、商贸、咨询服务公司和自由职业者，可承担的购房总价在100万元以上。小型企业在创业初期缺乏资金，主要从事脑力劳动，同时企业性质及规模也不需要大面积工作间，购买商住公寓符合他们的需求特点。临近商贸区，交通便利的商住公寓是这类客户的首选。

（6）外地来京短期或长期工作的年轻白领，可承担的租金在2000～5000元/月。这类客户以租用公寓为主，他们的需求特点将直接影响投资者。他们希望租用临近工作地点，周围配套设施完善，靠近繁华商业区的小户型中档公寓。同时对于投资型客户，小户型公寓的首付低、回报快，易出租，成为大多数投资者的需求指向。

（7）外资公司的外籍雇员，可承担的租金在5000元/月以上。外籍雇员会根据公司给予的住房预算来安排自己的住房，他们仍以租用服务式公寓为主。

3.2.3　房地产市场供求关系分析

房地产市场供求关系分析，就是将市场供给量与需求量进行比较分析，一方面确定目前的供求是否存在缺口，缺口出现在什么方向上，大小如何，如果能够发现有未被满足的需求，就等于找到了市场机会之所在；另一方面，还要分析未来的供求缺口及缺口方向、时间及大小，以确定未来的房地产商品的需求量。

具体操作中，可以计算各类房屋的供求比，即用需求量除以供给量，当供求比大于100%时，表明需求量大于供给量，即存在供求缺口，该值越大意味着需求潜力越大。反之，当供求比小于100%时，表明需求量小于供给量，即存在需求缺口，在该类房屋市场上不存在投资机会，或者投资该类房屋的市场竞争将非常激烈。

3.2.4　房地产投资市场预测分析

1．房地产投资市场预测分析的主要内容

房地产投资市场预测分析是指运用科学的方法和手段，根据房地产市场分析所提供的信息资料，对房地产市场的未来及其变化趋势进行测算和判断，以确定未来一段时间内房地产市场的走向、供求量以及相应的租金售价水平等。一般来说，房地产投资市场预测分析的内容主要包括对未来市场供给、需求以及总体趋势等方面的分析。

（1）房地产投资市场未来供给分析。房地产投资市场上各类物业的供给分析有五方面的内容：一是预测房地产开发投资者的数量以及投入开发的物业数量；二是预测房地产存量的供应量；三是预测房地产价格变动及其影响；四是预测房地产市场的竞争趋势；五是预测宏观环境变化对房地产市场供给的影响。

（2）房地产投资市场需求预测分析。房地产投资市场需求预测分析包括购买力预测、房地产投资价值预测、市场潜在需求预测等方面的内容。

（3）房地产投资市场总体趋势预测分析。总体趋势预测分析就是预测未来房地产的总体走势如何。

2. 房地产投资市场预测分析的技术方法

房地产投资市场预测分析方法有多种，如在预测房地产投资市场总体趋势时使用的指数分析法、景气分析法、区位商方法、投入产出分析法等；在需求预测分析时使用的购买力估算法、人均标准推算法、等距抽样调查法以及一般预测分析的德尔斐法、时间序列分析法、回归分析法以及灰色系统预测法等。受篇幅所限并考虑本书的安排，这里只简要介绍时间序列分析法以及回归分析法两种预测方法。

（1）时间序列分析法。时间序列是对事物观察统计的数据按照时间顺序排列的数据列。时间序列分析法是运用数理统计方法寻找数据随时间变化的规律，按此规律推测未来。时间序列分析法主要包括简单移动平均法、加权移动平均法以及指数平滑法三种类型。

1）简单移动平均法。简单移动平均法是将过去时间序列的各期实际数据简单平均，将平均值作为下一期的预测值。其计算公式为：

$$x_{n+1}=\frac{x_1+x_2+x_3+\cdots+x_n}{n}=\frac{\sum_{i=1}^{n}x_i}{n}$$

式中　x_{n+1}——下一期的预测值；

n——实际期数；

x_i——第 i 期的实际数。

这种预测方法只能在各期数据比较平均的情况下采用。

2）加权移动平均法。加权移动平均法是先确定各期的权数，然后根据权重予以平均，确定下一期的预测值。其计算公式为：

$$x_{n+1}=\frac{\sum_{i=1}^{n}x_i w_i}{\sum_{i=1}^{n}w_i}$$

式中　w_i——第 i 期的权重；

x_i——第 i 期的实际数据。

3）指数平滑法。指数平滑法又称指数修匀法，是以本期的实际值和本期的预测值为根据，

经过修匀之后得出下一时期预测值的一种预测方法。指数平滑法的计算公式为：

$$V_{i+1}=V_i+a(P_i-V_i)=aP_i+(1-a)V_i\ (0\leqslant a\leqslant 1)$$

式中 P_i—— 第 i 期的实际值；

V_i——第 i 期的预测值；

V_{i+1}——第（i+1）期的预测值；

a——平滑系数或修匀系数。

（2）回归分析法。回归分析法建立在大量实际数据的基础上，寻找随机现象的统计规律。在采用回归分析法进行预测时，预测对象和影响因素之间一定要存在因果关系，且样本数量要达到15～20个以上；样本数据的分布若存在线形趋势，则可采用线性回归分析法进行预测。

一元线性回归预测计算公式为：

$$y=a+bx+u$$

式中 u——随机误差，通常忽略不计。

则公式变为：$y=a+bx$

多元回归预测计算公式为：

$$y=b_0+b_1x_1+b_2x_2+\cdots+b_nx_n$$

式中 y——预测值；

x——自变量；

a、b——未知的常数，此处为回归系数。

对于一元线性回归模型，根据最小二乘法，可求得的 a、b 的值分别为：

$$a=\frac{\sum y_i-b\sum x_i}{n}\ ;\quad b=\frac{n\sum x_iy_i-\sum x_i\sum y_i}{n\sum x_i^2-(\sum x_i)^2}$$

[案例 3-4] 假设影响某商品房销售额的直接因素是价格，2000 年上半年的价格见表 3-6所示，假设2002年7月该商品房售价为2000元/m²，试用一元线性回归模型预测该房地产2002年7月份的销售额。

表 3-6 某房地产 2000 年上半年的销售额与价格情况

月 份	销售额（y_i）/万元	价格（x_i）/（元/m²）	x_iy_i	x_i^2
1	140	1500	210000	2250000
2	150	1400	210000	1960000
3	100	2500	250000	6250000
4	110	2400	264000	5760000
5	120	1800	216000	3240000
6	160	1200	192000	1440000
n=6	Σy_i=780	Σx_i=10800	Σx_iy_i=1342000	Σx^2=20900000

解：将表中数值代入公式，得：

$$b=\frac{n\sum x_i y_i-\sum x_i\sum y_i}{n\sum x_i^2-(\sum x_i)^2}=\frac{6\times1342000-10800\times780}{6\times20900000-10800^2}=-0.04247$$

$$a=\frac{\sum y_i-b\sum x_i}{n}=\frac{780-(-0.04247)\times10800}{6}=206.44$$

因此，y=206.44–0.04x

根据这个模型预测该房地产2002年7月的销售额为：

y=126.44 万元

3.3 常见类型房地产投资市场分析

3.3.1 居住物业市场分析

居住物业市场即住宅市场，是房地产市场的主要组成部分。进行住宅市场分析，首先要对整个住宅市场进行细分，划分出若干个住宅子市场。其次，要对区域住宅市场的供给总量、供给结构进行分析和预测。最后，再进行住宅需求总量和需求结构分析，寻找出市场供求缺口，对拟开发投资项目进行市场定位。

1．居住物业市场细分

对于居住物业市场而言，根据不同的细分标准，所得出的子市场也不相同。

（1）根据建筑层数划分，居住物业可以划分为低层、多层、中高层和高层等类型。

（2）根据档次划分，居住物业可划分为经济适用房、普通商品住宅、高档公寓、花园别墅等。

（3）根据位置划分，居住物业大致可以划分为市区住宅、郊区住宅、农村住宅等。

2．居住市场供求分析方法

（1）物业市场需求总量的测算。居住物业需求总量，即住宅市场需求总量，它是用人口和住户规模资料进行推算的，即用以下的公式计算市场所需住宅的数量：

$$N_d=P/(Hn)$$

式中 P——人口总量；

H——住户规模，即平均每一住户的家庭成员人数；

n——平均每一单位住宅中的住户数目；

N_d——所需住宅的总数量。

（2）居住物业市场供给总量的估计。某一年度居住物业总供给量，即住宅总供给量，它应该包括以下几个部分：年底住宅存量、竣工量、预计竣工量、拆除量、空置量。可以用以下公式计算：

某年住宅总供给量=上年年底住宅存量+上年年底住宅竣工建成量+该年预计住宅竣工建成量–上年住宅拆除量–上年住宅空置量

（3）居住物业市场供求缺口分析。在得出住宅市场需求总量和供给总量的基础上，将两

者进行对比，差额便是供求缺口。在实际的市场分析过程中，可以通过市场细分，分析不同住宅子市场的供求缺口，为投资决策及目标市场的选择提供依据。

比如把某一区域的住宅市场细分为三个层次，对应于不同档次的供给有不同层次的需求，经过供求分析可能发现高档住宅的供给量已经大于需求量；而低档住宅供不应求，那么就可以把低档住宅的供求缺口当作目标市场选择的方向。

3．居住物业市场分析的要点

（1）影响居住物业市场供给的因素分析。对住宅市场供给的分析必须同时考察新建住宅和二手房。这两种住宅商品的消费者是不同的，它们的供给分别受到不同经济变量的影响。

影响新建住宅（增量房）市场供给的因素包括：建造过程中所有要素的价格；生产要素和技术要素的生产率；市场中开发商的数量及竞争程度；开发商对未来市场走势及项目的预期等。

影响二手房（存量房）市场供给的因素主要是市场上愿意出售其住宅的住户的数量。其可能因素包括：住户家庭的生命周期（家庭在不同的阶段对住宅的需求偏好不同）；住户工作地点的变动；住户家庭收入的减少（对按揭贷款买房的住户影响力明显）等。

（2）影响居住物业市场需求的因素分析。影响居住物业市场需求的因素分析主要包括：

1）消费者家庭的生命周期分析。家庭生命周期可分为初婚期、生育期、满巢期、空巢期、鳏寡期五个阶段。处于不同发展阶段的家庭，对住宅有不同的要求和需要。比如说，一个年轻的两口之家可能购买一套面积相对较小的住宅；随着孩子的出世和年龄的增加，他们倾向于出售第一套住宅，并且购买一套面积更大的住宅。

2）消费者的年龄结构分析。不同年龄段的消费者倾向于选择不同类型的住宅。比如说，比较年轻的住户（18～25岁），一般选择租房；年龄增加后，他们倾向于购买住房。即使同样选择买房，青年人、中年人和老年人对户型设计以及购房区域等也会有不同的偏好。

3）消费者的收入和职业分析。一般来说，消费者的收入提高，其对住房的需求也会提高，直接表现为购房面积的增大和档次的提高。不同职业的消费者对住宅的需求也会不同。如教师往往倾向于购买带有书房的住宅，而SOHO一族则倾向于购买带有工作室的住宅。

4）替代性住宅的价格及花费成本分析。每一种住宅都会有替代产品，每一种住宅产品的需求都会受其替代产品市场变动的影响。比如，由于CBD房价高，相同的购房总价，消费者可以选择到与之相邻的通州或者亦庄购买规格档次更高的住宅。

5）消费者对未来的预期分析。消费者对未来经济发展形势、抵押贷款利率、收入水平以及价格的预期，都会极大地影响市场中住宅的需求水平。如果消费者预期未来市场价格和银行贷款利率会提高，他们会在现期购买住宅；反之，则会推迟购房行为。

3.3.2　写字楼物业市场分析

进行写字楼物业市场分析，首先必须对写字楼物业市场的总供给和总需求状况进行分析，了解市场发展状况；其次，在进行市场细分的基础上，通过市场调查，寻找可能存在竞争对手的区域；最后，对各竞争区域写字楼物业的供给规模、供给价格、物业档次、客户构成、租售状况等方面进行比较分析，发现市场吸纳缺口，为产品的市场定位和项目策划提供依据。

1．写字楼物业市场细分

写字楼物业市场的分类在我国还没有一个规范的标准。不同地区、不同城市、不同的项目有不同的分类方法，一般有以下几种分类方式：

（1）按照物业档次分类。虽然目前我国对写字楼物业档次划分没有全国统一的标准，但是市场上约定俗成地将写字楼划分为甲级、乙级、丙级三个档次。划分这三种档次的标准，也没有统一的规定。

（2）按照区域分类。写字楼市场受区域、环境、交通等因素影响较大。以北京地区为例，形成了几个写字楼集中的热点区域，写字楼的租金相对也较高，主要包括 CBD 区域、亚运村区域、燕莎区域、中关村区域等。

2．写字楼物业市场供求分析的要点

（1）界定写字楼物业市场的地理区域。写字楼物业市场位于不同的区域，有不同的特征体现，对项目进行具体分析，就必须首先界定项目所处的地理位置和区域范围。需要说明的是，写字楼市场一般没有明显的市场边界，只能划定一个大致把写字楼的服务对象全部包括进去的一个范围。

（2）写字楼物业市场供给分析。写字楼物业市场供给量的分析必须同时考虑区域内写字楼的现实供给量和潜在供给量。

供给量分析的内容应该包括：① 正在被使用的写字楼供给量；② 空置的可供出租的写字楼供给量；③ 在建的写字楼供给量；④ 已竣工但尚未投入使用的写字楼供给量；⑤ 预立项的写字楼供给量；⑥ 其他可改建扩建为写字楼的供给量。通过对以上供给量资料的收集汇总，可以得到市场中写字楼的总供给量。

（3）写字楼物业市场需求分析。写字楼物业市场需求分析不仅要对区域写字楼需求量进行预测分析，同时要对写字楼用户的需求特点进行分析，从量和质两方面全方位地了解市场需求。

1）写字楼物业市场需求量的预测。一般计算公式如下：

预计写字楼物业市场需求量=区域内使用写字楼办公的总人数×人均占用面积

其中，区域内使用写字楼办公的总人数可以通过区域就业总人口与各行业使用办公室办公人数的比例来计算得出。按照我国现行的写字楼设计标准，一般的写字楼人均占用建筑面积是 $10m^2$；不过，随着社会经济的发展和科技进步，这个指标还会有变动。

2）写字楼物业用户的需求特点分析。写字楼物业市场区别于其他类型房地产市场的一个重要原因是它的使用者分为两大类：一类是主要为本地区提供服务的使用者；另一类是不仅限于为本地区提供服务的使用者，诸如跨国集团的办事处和公司分支机构等。

不同的使用者，导致了对不同区域写字楼的偏好；同时，同一地区的使用者，对写字楼类型的偏好也未必相同。因此，需要对项目区域内写字楼用户的需求特征作出判断。以北京的中关村市场为例，该区域写字楼的使用用户主要从事 IT 行业，公司规模比较小，一般租用小面积写字楼单位。

3．写字楼物业市场分析注意问题

目前绝大多数写字楼物业市场分析报告在分析市场需求时，往往并不关注（或者说没有充分关注）区域产业结构的演变（过去、现在和将来）。而事实上，追本溯源，写字楼物业需

求的诞生来源于产业结构的演化。

产业结构是决定写字楼物业需求的内生要素。产业结构的转变不仅仅是城市写字楼物业需求产生的源动力和第一推动力，而且还是写字楼物业需求特征的决定性因素。以深圳为例，其产业结构与上海等城市就存在较大的差异，从而导致其写字楼物业需求与其他城市的差异。深圳聚集了大量创业型的高科技企业和服务型小企业，这一部分企业对写字楼物业的需求在中心区往往得不到很好的满足。而中心西区的自由之光推出的“创业专区”概念，力推SOHO工作方式，吸引了大量的创业者，便是从一个侧面反映了针对这一部分企业的写字楼供应不充足。住宅物业市场的细分已经发展到了一个淋漓尽致的地步，出现了不少量身定做型的楼盘（如“丁克家庭”楼盘），但遗憾的是写字楼市场却一直在走同质化道路。在同质化的背后，反映了开发商们普遍对写字楼市场的分析和挖掘不够。

因此，在分析写字楼物业的需求时，必须注意一个城市产业结构的转变，包括对城市第一产业、第二产业以及第三产业的比例关系的分析。

[案例3-5]　北京市2004年写字楼物业市场分析

一、总体分析

2004年北京写字楼物业市场平均售价为14162元/m²，与2003年相比上涨4.3%；平均租金21.2美元/（m²·月），与2003年相比上涨2.9%；空置率19.8%，与2003年相比下降18%。总体上看写字楼物业市场仍旧是供过于求的局面，区域差异依然存在。另一方面，亚奥商圈、望京商圈、上地商圈、东二环商圈的兴起，标志着北京多中心商务格局的形成。

（一）供给分析

2004年新推出写字楼租售项目（包括商住公寓）数量达50家，平均每月4.2家，与2003年同比上升0.2家。总供应量达358万m²，同比增长8%。供给量具体分布如图3-3所示。

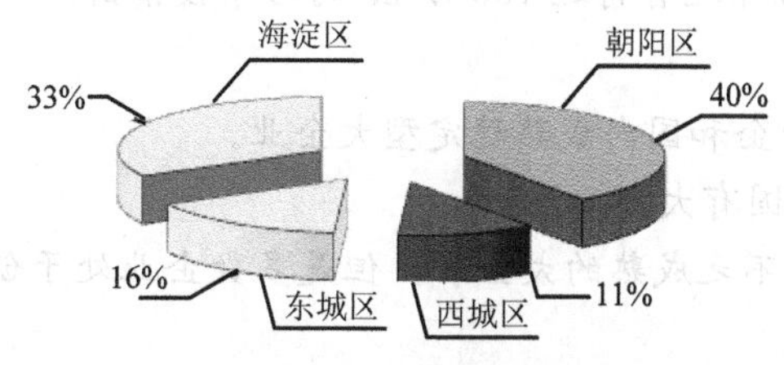

图3-3　供给量具体分布图

东部地区分布有200万m²，包括朝阳区以华贸中心、北京财富中心、光华国际中心、佳程广场、风林西奥中心及兰华国际为代表，供应量达142万m²，占总供应量的40%；东城区以新保利大厦、天恒大厦、南新仓国际大厦为代表，供应量58万m²，占总供应量的16%。

西部地区分布有158万m²，包括西城区以长安兴融中心、德胜置业大厦为代表，供应量40万m²，占总供应量的11%；海淀区以理想国际大厦、融科资讯中心C座、锦秋国际大厦、中国电子大厦、枫蓝国际中心、城建大厦、首创CEO拓展大厦、1+1大厦、世纪科贸大厦、嘉华大厦为代表，供应量118万m²，占总供应量的33%。

（二）需求分析

租赁市场以外企为主，销售市场上以中资机构为主角。

外资企业仍然是北京甲级写字楼租赁市场主力，这种趋势在2004年得以沿续。CBD区域之内共有2500家企业入住，其中外资企业达到了800多家，入住CBD及周边地区世界500强企业有120多家，占在北京的世界500强企业的75%左右，而这其中有85家直接在CBD核心区里。另外，普华永道租用北京财富中心A座19000 m^2的案例也说明了外企在租赁市场的主力地位。

2004年写字楼主要买家是电信、金融、教育等行业企业。随着中国经济的强劲发展，电信、金融等盈利能力强，在行业中处于垄断地位的中资机构成为甲级写字楼销售市场的主要吸纳力量，如中国网通购买金融街中证大厦整栋的147000 m^2。同时，经过几年的稳健发展，实力不断膨胀的民营企业加入大单购买行列，如新东方教育集团购买中关村金融中心B座。

2004年北京写字楼市场租售吸纳量超过55万m^2，与2003年相比略有下降。国内机构大单购买减少，但中小机构的投资购买活跃，阻止了吸纳量的下滑。

二、三大商圈情况

（一）供给分析

CBD商圈。从全年市场供应看，CBD区域今年集中供应了富尔大厦、北京财富中心、中环世贸以及世纪财富中心等高档项目，这也成为今年东部区域中的主要供应区域，而即将在今、明两年入市的还有国贸三期、银泰中心、万通中心、光华国际等大型项目，市场供应量相当可观。

金融街商圈。区域内入市的新盘有盈创大厦、新盛大厦、英兰大厦以及国际金融城等项目，并且还有A5等规划设计阶段的项目，今后3年内将是金融街写字楼供应的高峰期。

中关村商圈。按总体规划，中关村区域的写字楼总供应量将达到500万～600万m^2，基本会在2007年之前全部建成。2004年年底预计开盘的写字楼还有新中关、中关村金融中心A座等，预计在2005～2006年还有将近100万m^2的写字楼推出。

（二）业主特征

CBD商圈业主属于外企和国内成熟稳定型大企业。

金融街商圈业主多为国有大企业。

中关村商圈业主虽然不乏成熟的大企业，但是多数企业处于创业阶段。中关村属于创业型企业区。

（三）市场状况

中关村商圈。2004年租金价格第一季度下降2.5%，第二季度下降0.6%，第三季度下降2.1%。其主要原因在于供应量大。目前中关村地区写字楼面积在250万m^2以上（含已租、已售、在租、在售物业）。庞大的供应量导致市场竞争的加剧，从而导致租售价格下降、空置率增高。

CBD商圈。区域内2003年甲级写字楼的空置率仅为3.8%，且平均租金上涨了5.0%，并有继续增长的趋势。其主要原因是，2003年以来CBD地区写字楼市场供应量较小，使CBD的写字楼市场呈现供不应求态势，租金普遍上涨；预计未来一段时间内写字楼的需求还将进一步扩大。

金融街商圈。地区写字楼市场表现平衡，市场供应量有限，新的供给项目有限，未来一段时间租金仍将保持平稳态势。

三、产品趋势

无论是硬件设施的改进还是软件设计的提升，都表明了京城写字楼市场正走向“新产品时代”；而从市场的反应来看，这种具有新产品烙印的写字楼也成为了投资者热捧的对象。

高端写字楼追求“地标”（如银泰中心、佳程广场）、“纯度”（如新保利大厦、中关村金融中心）和“规模”（如华贸中心、北京财富中心）。

最值得关注的是，一些项目在设计理念上融入的中国传统因素，在建筑形式上强调中西合璧，项目推广方面强调“中式写字楼”或“京派写字楼”，并形成一种新的趋势。其代表性项目如下：

总部基地。它借鉴中国传统建筑围合式空间与西方开放式街区形式，在公共和私密建筑空间中，对庭院空间与街区空间加以运用，令各个独立楼宇既相对开放，又共享庭院空间。

北京银泰中心。其建筑设计融合了中国传统美学与现代建筑思想，中央主楼的顶端设计成中国灯笼形状，独具特色，并且整体三座建筑形成一个“山”字。

新南仓国际大厦。它是北京第一个由皇家粮仓与现代写字楼共同构筑的商务办公空间，一边是拥有 600 年历史的古仓，一边是进口干挂陶土板幕墙的现代化写字楼，以“北京古代建筑与现代元素结合的最完美建筑”和“京派写字楼”的形象定位推出市场。

德胜置业大厦。其在设计思路上引入中国传统“明”式建筑的设计风格和建筑美学原则，在内部装饰上，采用具有出众气质的中式大堂，让商务门面提前显露。宣称是“中国内涵的现代办公建筑”。

3.3.3 商业物业市场分析

进行商业物业的市场分析，首先要以商业活动的类型、提供商品和服务的种类等为依据，对市场进行细分；其次，对项目区域客流来源进行分析，划定商圈范围；最后，对商圈范围内商业物业的需求量进行预测，通过与现有商业配套总量和特征的比较，寻找出商业物业的市场缺口和空白点，实行差异化营销策略，为商业物业提供生存和发展的空间。

1．商业物业的市场细分

按照不同的标准可以将商业物业市场划分为不同的类型。

（1）按照区域分类。按照区域对商业物业进行划分，可以分为社区型商铺物业、区级型商铺物业、市级型商铺物业、省级型商铺物业乃至全国型商铺物业。

（2）按照行业类型分类。按照行业类型进行划分，商业物业可以分为零售、娱乐、餐饮、健身以及休闲物业。其中零售物业又包括：百货店、超市、商业街、商品批发市场、大型购物中心等。

（3）按照规模分类。按照规模进行划分，商业物业可以分为小型商场、中型商场、中大型商场、大型商场、超大型商场等。

（4）按照建筑形式分类。按照建筑形式划分，商业物业可以分为单体建筑和综合建筑。单体建筑是指商业物业项目独立在地块上进行建设，自成一体。综合建筑是指商业物业项目是综合物业项目功能中的一部分，例如写字楼或酒店项目中的商场等。

（5）按照经营方式分类。按照经营方式进行分类，商业物业可以分为百货店、超市、连锁店、专卖店、购物中心、折扣店等。

商业物业的类型不同，其分布规律就不同；由于人们购物行为的差异性，对商业物业就会有不同的要求。这些要求体现在商业的空间规划、交通规划、环境设计等方面，开发商必须充分调查消费者的偏好，根据需求来设计商业物业。

2．商业物业的商圈范围界定

商圈是指商业物业所吸引顾客的区域范围。商圈对企业而言，是指客流的来源范围。

（1）商圈分析的三个层次。在实际的商圈分析中，一般把商圈分成三个组成部分：核心商圈、次级商圈和边缘商圈。它们之间的差异主要表现在车程、占总销售额的比例和吸引顾客到目标物业的消费者比例等方面。

核心商圈是指紧邻目标物业的地理区域，其消费者中大约 60%～70%的部分来自于该区域，总销售额中的 60%～70%来自该区域。若用车程来衡量，不同的商业物业应使用不同的车程时间来确定。对于超市，可以用 5 分钟的车程来确定其核心商圈，而对于大型购物中心而言，其核心商圈可能扩大到 20～30 分钟车程所包含的范围。

次级商圈与核心商圈相邻，其销售额或消费者数量占到总销售额及顾客数量的 20%。若用车程来衡量，对超市来说，次级商圈是由目标物业出发 5～12 分钟车程之间的区域；对于大型购物中心，次级商圈则是车程在 30～45 分钟之间的区域。

边缘商圈是指占据剩余 5%～10%销售额的地理区域。它紧邻次级商圈，并且车程最长。

（2）商圈界定的方法。在国外的研究中，确定商圈边界的方法有很多种。在此简要介绍以下几种：

1）雷利（Reilly）模型。商圈界定的典型模型是“零售引力模型”，又称为“雷利模型”，它说明了位于两个城市商业中心之间的某一聚集区的居民是如何选择购物地点的。该方法指出：在正常条件下，两个城市商业中心吸引的零售贸易额与大城市的人口比重的一次方成正比，与两城市之间的居民聚集区到城市的距离的二次方成反比。用数学形式表示雷利模型为：

$$\frac{B_a}{B_b}=\left(\frac{P_a}{P_b}\right)\left(\frac{D_b}{D_a}\right)^2$$

式中 B_a——到 a 城市的顾客比重；

B_b——到 b 城市的顾客比重；

P_a——a 城市的人口；

P_b——b 城市的人口；

D_a——城市之间的居民聚集区到 a 城市的距离；

D_b——城市之间的居民聚集区到 b 城市之间的距离。

这个公式表示的是在商圈内的消费者总数中，吸引到 a 城市和吸引到 b 城市的比值。如果这个比值是 1.5，就是说 a 城市吸引的客源是 b 城市吸引客源的 1.5 倍，或者说，城市 a 吸引 60%的顾客，城市 b 吸引 40%的顾客。用这种方法，可以计算出任何两个商业中心吸引的居民聚集区人口数量的比值；然后，通过把某商业中心对所有具有相同吸引力比值的居民聚集中心点连接起来，如把比值为 60%的地点连接起来，就得到了该商业中心的核心商圈。

2）雷利模型的修正模型。该模型是在雷利模型的基础上，已知两个商业中心的规模和它们与居民聚集区之间的距离，令 $B_a/B_b=X$，当 $X=60\%$时即可推测为核心商圈。

3）埃尔伍德（Ellwood）的模型。该模型中，商业中心的贸易量应该是与商业中心区规

模成正比，而与每个居民聚集区到商业中心区的行程时间成反比，其模型为：

$$\frac{B_a}{B_b}=(\frac{S_a}{S_b})^N(\frac{T_b}{T_a})^n$$

式中　N，n ——N=1，n=2；

S——商业中心区的面积；

T——行程时间（分钟）；

a、b——两个商业中心区。

（3）影响商圈规模和形状的主要因素。从理论上来看，商圈应该是形状规则、分布均匀的；但在实际生活中，除了人口规模、行程（距离）之外，还有很多因素影响着商圈的规模和形状。

从交通方面看，高速公路增加了交通的可达性，会扩大商圈；而交通拥挤会影响出行时间，减小商圈规模。此外，道路接口的质量、有无禁行和禁拐的交通管制，道路表面的质量以及道路周围的环境等都会影响商圈的规模和形状。

从经济方面看，商圈的规模还取决于商圈内竞争对手的数量。如果竞争对手较多，商圈的规模就会缩小。

从经营产品的类型和产品的竞争力来看，由于人们的消费习惯、消费偏好和口味不同，经营有竞争力、有吸引力、适合消费者口味和消费习惯产品的商业物业势必会成功，商圈规模也会比较大。

从服务质量来看，完善的客户服务（包括售前、售中、售后的服务）是消费者需要和受欢迎的。在竞争激烈的商圈内，要使商业经营有利可图，在竞争中脱颖而出，商家不但要在产品上竞争，还要在服务上竞争，提供高水平的服务质量。

3．商业物业的供求分析要点

商业物业的供求分析，首先要分析商业物业可供给量，并对消费者所需商业物业的需求量进行预测，然后用总需求减去商业物业的可供给量，得出商业物业的需求缺口。

（1）商业物业的供给分析。商业物业的供给分析要分析潜在的和现在的供给量。供给量分析的主要内容包括：① 确定商圈内商业物业的数量及其营业面积；② 确定计划期和在建的项目的营业面积；③ 确定潜在的扩建面积，即现在商业网点可能在原有基础上进行的改扩建。此外，分析人员还应该了解商圈内及附近用地的规划情况，调查可能变成现实供给的用地和项目情况。

（2）商业物业的需求分析。要分析商业物业的需求潜力，就要对零售产品和服务的消费需求作出判断。影响零售需求的主要因素有：

1）购买力的大小。消费者数量与购买力成正比，与零售物业的需求量成正比。随着消费者购买力的增长，对商铺物业的需求就会增加。

2）能否提供满足消费者口味的产品和服务。商家是否能提供满足不同年龄、不同职业消费者的产品线组合，是否提供便利的付款结算方式等决定了对零售空间的需求。

3）消费者的年龄、职业等非经济因素。消费者的年龄、职业等因素会影响消费者的口味和偏好，会通过影响其对零售物业的光顾频率和价值认可度进一步影响物业的价格水平。

4）竞争性商铺物业的特色。替代性或竞争性的商铺物业会通过其某些优势或特色来降低目标物业的市场竞争力，进一步影响商铺物业的需求。

了解影响商业物业需求的因素之后，对需求总量进行预测的基本步骤如下：① 计算商圈内不同收入阶层人们对不同商品的购买力。购买力水平=收入水平×消费者的数量；② 计算不同商品的销售额与营业面积的比值；③ 计算总的商铺物业的市场需求。

（3）商圈的商业饱和度分析。商业物业市场分析的重点是确定商业物业的需求数量或开发规模。零售商是商业物业的消费者，其消费需求取决于最终消费者对零售商品和服务的需求，后者又决定了零售空间的种类和数量。

在商业物业市场分析的实际过程中，通常会应用商业饱和度理论来确定商业物业的开发规模。该理论通过计算商业物业市场的饱和系数，以了解某个地区内商业面积的供给是否充足。一般来说，饱和程度低的地区的商铺经营的成功率必然高于饱和程度高的地区。

商圈饱和度计算的公式如下：

$$IRS=（C \times RE）/RF$$

式中 IRS——某地区的商品饱和度，即 $1m^2$ 营业面积的某类商品所能实现的销售额；

C——某地区商品的潜在顾客；

RE——某地区每一顾客每周平均购买额；

RF——某地区同类商业物业营业总面积。

由上式，可以得到如下计算公式：

$$RF=（C \times RE）/IRS$$

这样，可以通过某商圈的购买额和合理的饱和程度系数，来确定该商圈合理的商业面积。通过与现在商业面积的比较就可以得出该商圈内商业面积是过剩、恰好还是不足的结论。

4．商业物业租售状况分析

商业物业租售状况的影响因素有很多，这种影响是综合的，租售状况的好坏并不能单纯的依据某一个因素来判断。其主要影响因素包括：

（1）区位。房地产市场有一名言：地段、地段、还是地段。区位因素对商业物业的租售价格影响很大，在评价地段优劣时，商业物业更注重繁华程度的影响，以及区位与该区域商业业态类型的关系。

（2）交通。交通条件往往直接影响着该商业物业的到访客流量。

（3）硬件配套。商业物业的硬件配套情况具体是指该物业的规划设计状况（比如说面宽、进深、层高等）和配套设施状况（比如物业的水、电、停车、电梯、卫生间等配套）。这些因素对商业物业的租售状况影响很大。

（4）楼层。楼层从一定程度上可以体现消费者的关注和到访程度。对于大型的购物广场而言，人流总是呈现逐层递减的现象。一层的租金和售价要比二层、三层高出许多。

（5）经营管理水平。经营管理水平是保障商业物业良好运作的关键，只有适应消费者的需求，商业物业才会获得长期稳定的收益。

（6）周边房地产发展趋势。商业物业价值的提升是一个长期的动态的过程，其周边房地产市场的发展状况对商业物业的发展潜力起到很关键的影响作用。

［案例 3-6］ 北京市商业物业市场供需简要分析

一、北京市商业物业总体供需状况

在逐步开放和激烈竞争的宏观形势中，北京市商业物业市场已经进入高速发展阶段，在

其自身进行多次结构调整的推动下，现阶段北京商业物业市场发展水平已明显升级，个性鲜明的特色商业街、大型现代化购物场所、连锁超市、便利店等商业物业星罗棋布，商业物业市场呈现代化、市场化、多元化的发展趋势。

根据2004年北京市统计局统计数据显示，北京市商业零售业市场总建筑面积998.5万m^2，营业面积529万m^2；餐饮业建筑面积206.8万m^2，营业面积130万m^2；各类商业机构28.9万个，其中零售贸易业网点数量约19.3万个。

按1200万m^2的总体供应量计算，北京市人均零售商业面积约为0.78 m^2，远低于国外发达国家人均1.2m^2商业面积之标准，同时少于上海人均1m^2的商业面积。根据北京市商委的商业发展规划，在2005年人均商业面积将达到0.9 m^2，到2010年达到1m^2。

随着房地产市场竞争日趋激烈，商业物业开发由于其高额的投资回报逐渐得到重视。根据近期北京市商业物业市场现状可以发现，未来一段时间内商业物业供应将出现高峰并持续发展，北京市人均商业面积将在房地产市场的积极推动之下得到快速提升。

二、北京市商业物业供需状况分析

现阶段，北京市商业物业市场供应结构呈现出多元化趋势，从现代化大型购物中心，中档、高档综合性商场，大型、中型、小型超级市场，不同业态之专业市场等到各种中、小型专业店、专卖店都有不同程度的供应和需求。

大型商场的数量增长有限，但所占面积比重相对较大。相对而言，小型商业场所和中、小型店铺的数量增长速度较快，同时年租赁成交量较大。按行业划分，北京市对商业物业的消费集中在超市连锁业、餐饮服务业、服装服饰业等行业。

三、北京市商业物业未来市场供应分析

目前北京市商业物业市场尚处于高速发展阶段，供给和需求均远未达到饱和状态，预计未来一段时间内市场容量相对较大。同时，在未来北京市商业物业市场需求方面，可以肯定在众多利好因素的推动下，仍将继续保持持续、稳定的需求状况。

2005年将是北京市各类商业面积新增供应量最大的年份，供应量共有149万m^2。新增供应量主要集中在中央商务区，越来越多的商业面积集中在含有写字楼、公寓和酒店的综合项目之中，尤其在中央商务区和中关村地区。同时，北京市未来将出现数量较多的大型购物设施和购物街，面积多在15万～30万m^2之间。

3.3.4　酒店物业市场分析

1．酒店物业市场细分

酒店物业分类的标准很多，按照不同的分类标准，可以得到不同的细分市场。

（1）按照酒店规模分类。目前对酒店的规模，旅游管理行政部门还没有一个统一的划分标准。较通行的分类方法是以客房和床位的数量多少，分为小型酒店（客房在300间以下）、中型酒店（客房在300～600间之间）、大型酒店（客房在600间以上）三种类型。

（2）按照客源类型及特点分类。按照酒店的客源类型及特点，酒店可以分为商务型酒店、度假型酒店、长住型酒店、会议型酒店、观光型酒店等。

（3）按照酒店经营方式分类。按照酒店的经营方式分类，酒店可以分为独立经营、集团经营和连锁经营酒店三类。

(4) 按照等级分类。根据《旅游涉外饭店星级的划分及评定》，酒店是按一星、二星、三星、四星、五星来划分等级的。五星级为最高级，在五星级的基础上，再产生白金五星。酒店的星级是按其建筑、装潢、设备、设施条件和维修保养状况，管理水平和服务质量的高低，服务项目的多少，进行全面考察，综合评价后确定的。

2．酒店物业市场需求分析

酒店物业市场需求状况分析的内容不仅应该包括酒店物业市场需求量状况的分析，而且应该包括酒店物业消费群需求特点的分析。

影响酒店市场需求量的因素主要包括：

1）地区旅游业、会展业等酒店相关行业的发展状况。以北京市为例，2008 年奥运会的举办必将极大地加快北京市酒店物业的发展。

2）地区旅游行业的接待状况。地区旅游行业的景气状况及接待游客人数与酒店市场的发展状况息息相关。地区旅游业越发达，酒店物业的市场需求量就越大。

3）竞争性酒店物业的特色。替代性或竞争性的酒店物业会通过其某些优势或特色来降低目标物业的市场竞争力，进一步影响酒店物业的需求。

酒店主流消费群体需求特点分析的主要内容包括消费者的年龄、职业、收入等因素。此类因素会直接影响消费群体对酒店物业的光顾程度、对酒店服务设施的偏好、入住时间的长短等方面，进一步会影响酒店的价格水平及收益状况。详见表 3-7。

表 3-7　北京市酒店的需求主体及特点

需求主体		需求主体特点
商务人群	来京出差的商务人士	较看中酒店的品牌及服务质量 有较高的酒店花费预算 选择四星级酒店以上的人士居多 对酒店的商务设施要求高
	参加会议、会展的商务人士	以国内人士为主，有部分外籍人士 选择方便到达会展中心的酒店 有较高的酒店花费预算 在京停留时间不长（根据会展召开时间长短而定） 选择四星级酒店以上的人士居多
	参加休闲性会议的商务人士	以国内人士为主 具有商务休闲兼顾的特点 多选择郊区某一度假场所的度假酒店 要求酒店休闲设施齐备，并具有地方特色
旅游人群	旅游度假的国内游客	大多选择黄金周等集中时段；公司福利性旅游 多选择三星级或以下经济型酒店 对服务设施要求没有商务人士高，倾向于选择环境干净舒适的环境居住
	旅游度假的海外游客	大多倾向于选择三星级以上的酒店 较看中酒店环境及配套设施 选择离景区近的有特色的酒店

3．酒店物业市场供给分析

酒店物业市场供给分析包括酒店物业供给量的分析、酒店物业供给结构的分析以及未来酒店物业供给趋势三大部分。

关于现有酒店物业供给量及供给结构的资料可以直接通过咨询相关旅游部门或者查阅统计年鉴来获得。酒店供给结构分析的内容主要包括历年酒店供给量的变化状况、现有酒店供给区域的分布状况、不同星级酒店供给量状况及酒店所提供服务特征的状况分析等。未来酒店市场供给状况的分析则应该结合当地旅游、会展等行业的发展状况、消费群体的需求状况以及现有酒店物业的供给状况等多方面因素来综合考虑。

4．酒店物业经营状况分析

酒店物业经营状况的好坏主要通过其入住率以及租金价格来体现。由于酒店产品的特性，影响酒店入住率以及租金价格的影响因素主要包括：

（1）地区经济发展状况。地区宏观经济的运行状况会在一定程度上影响地区旅游、会展等与酒店相关行业的景气状况，进一步影响酒店的经营状况。

（2）季节性因素。对于以旅游业为重点发展行业的地区而言，该因素的影响作用将更加显著。

（3）市场供需状况。市场上酒店产品供给或需求状况都会影响酒店的经营状况。如果某一年酒店供给总量过多或者需求总量过少，该年度酒店的入住率以及房间平均的租金价格都将维持在较低的水平。

（4）配套服务设施。酒店的配套服务设施状况一定程度上体现了酒店的档次。配套服务设施越完善，酒店经营成本就越高，其租金价格也会相应的提高。相同的价格条件下，为消费群体提供的服务越完善，该酒店的入住率肯定就越高。

（5）经营管理水平。在现今以满足客户需求为主的时代，酒店的顾客满意度成为影响酒店经营状况的关键因素之一。酒店的经营管理水平越高，为顾客提供的服务越周到，该酒店的经营状况自然就会越好。

[案例3-7]　2004年北京市酒店市场简要分析

一、北京市酒店市场概况

近几年来，受经济加速发展，CBD、金融街等各大城市功能区建设加快及奥运经济等因素的共同影响，北京市酒店建设呈加速发展态势。酒店市场的发展对拉动经济增长、完善城市功能起到了显著的作用。

北京市酒店市场总体数量和规模都较大，酒店总量占了全国酒店量的1/10。截至2004年底，全北京市共有星级酒店613家，客房总数9.1万间，床位总数16.3万张；社会各单位的招待所和内部培训中心等4000余家，床位50多万张。全市酒店的日接待能力已达到60万～70万人次。

二、北京市酒店供需状况分析

1．酒店供给状况分析

（1）酒店供应量逐步增加。北京市星级酒店数量近几年来增加较快。2002年星级酒店总数为390家，其中包括四、五星级酒店64家；2003年星级酒店总数为441家，其中包括四、五星级酒店82家；2004年星级酒店总数613家，在建星级酒店数量为24家，照此计算，北京酒店数量将达到637家。近几年酒店供应数量变化如图3-4所示。

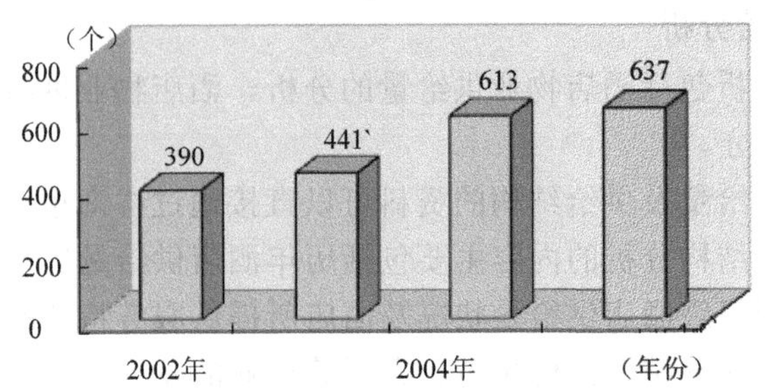

图 3-4　近几年酒店供给总量变化表

(资料来源：2004 年《北京统计年鉴》)

(2)枣核型的酒店市场结构。北京酒店市场形成了一个枣核型的结构，呈现两头小中间大的态势。高级星级酒店和低级酒店都比较少，二、三、四星酒店所占比例较大，形成一个比较稳定的主体。

目前在北京市的 613 家星级酒店中，5 星级酒店 34 家，4 星级 70 家，3 星级 207 家，3 星级以下酒店 302 家，如图 3-5 所示。

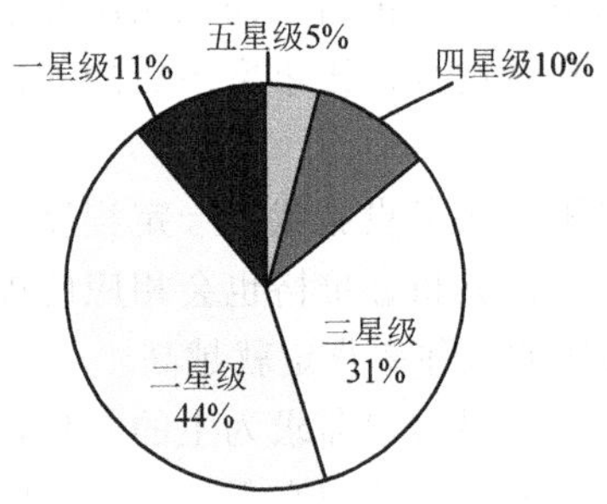

图 3-5　北京市星级酒店比例图

(3)酒店供给区域集中化特征明显。由于环境、交通等因素的影响，北京酒店大多数分布在朝阳区的 CBD 、国贸、燕莎区域，海淀区的中关村、亚运村等周边区域。其他酒店聚集的区域则有东城区的王府井地区，长安街沿线等区域。其具体分布如图 3-6 所示。

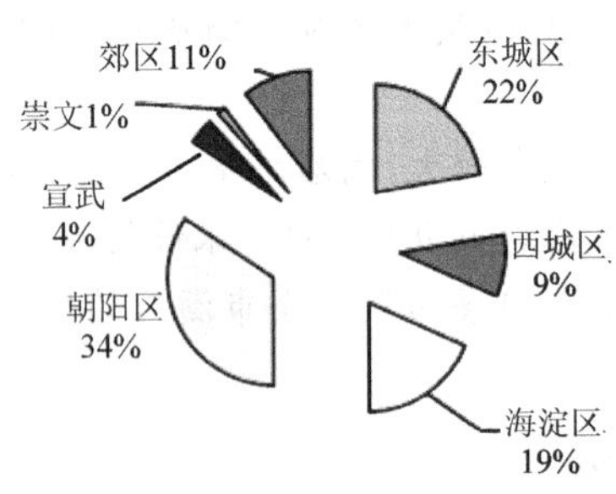

图 3-6　2004 年北京市 4、5 星级酒店区域分布图

(4)酒店配套服务设施日趋完善。酒店一般都有非常完善的生活、商务配套设施，包括餐饮、娱乐、会议、游泳等。这些服务在高档酒店体现得更为明显，高档酒店可以为客人提供酒店特有的 24 小时商务中心、24 小时秘书服务、24 小时翻译服务以及 24 小时会议服务等。

完善的配套服务设施可以满足消费者多方面的需求，为酒店增加收益。表3-8为北京部分酒店提供的配套服务。

表3-8 北京部分酒店的配套服务设施情况表

酒店名称	配套服务设施
北京饭店	餐厅、咖啡厅、会议厅、商务中心、洗衣房、舞厅、卡拉OK厅、保龄球场、健身室、网球场、浴室、棋牌室、商场、桌球室、游泳池
建国饭店	游泳池、餐厅、商务大厅、健身中心、聚会设施、24小时商务中心、美容中心、客户服务中心、商店
中服大酒店	餐厅、商场、商务中心、停车场、康体中心、桑拿房、保龄球室、健身房、乒乓球室、沙壶球室、歌舞厅
凯富酒店	餐厅、会议厅、健身房、游泳馆、棋牌室、桑拿房、卡拉OK厅、美容美发中心、台球厅、按摩房、夜总会

2. 酒店需求状况分析

（1）以国内客源为主的消费群体。从总体的客源来看，还是以国内的客源为主体，几年统计下来，国内住宿客人占了酒店住宿总量的72.9%。以2004年为例，北京的海外旅游者315.5万人次，外汇收入262.16亿元；国内旅游者11950万人次，收入1145亿人民币；入境旅游的人均消费大约是国内旅游人均消费的8.7倍。详见表3-9所列。

表3-9 2004年北京市接待旅客及收入情况一览表

项　目	人数/万人次	收入/亿元	人均收入/元
接待入境旅游人数	315.5	262.16	8309.35
国内旅游人数	11950	1145	958.16

（资料来源：北京市统计局）

（2）商务客源变成酒店市场集中追求的对象。由于北京的对外开放和经济增长，尤其是科技产业、制造业、外经外贸这些产业的发展，使北京商务客源已经变成了酒店市场集中追求的对象。

众多商务人士、行政人员、企事业高级管理人员、私营企业主对商务、社交等方面的物业使用需求的增长，使得市场对酒店的需求激增。

（3）旅游需求稳步增长。随着人们生活水平的提高，来北京休闲度假、旅游观光的人数不断增长；同时，作为国际化的大都市，北京对于来华旅游的海外游客也有极强的吸引力。北京的申奥成功，使得入住高档酒店的海外旅游及公务游客将会以较高的增长率增长。

图3-7所示是北京近年来接待游客人数情况，其中2003年由于非典的影响，人数下降。但从趋势线仍可以看出，入境旅游人数的增长变化情况。

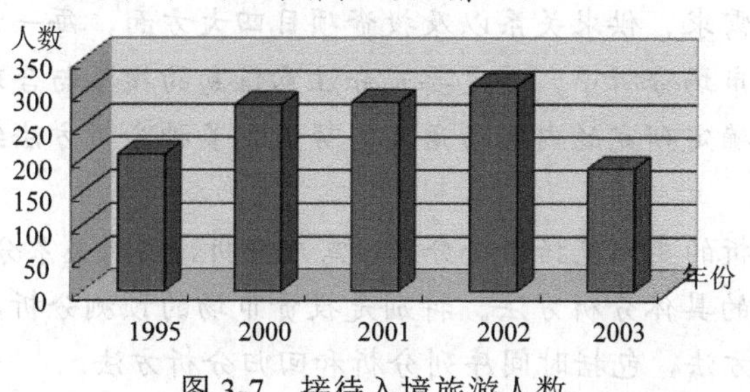

图3-7 接待入境旅游人数

（资料来源：2004年《北京统计年鉴》）

三、酒店经营状况分析

现阶段，随着申奥成功，北京经济的繁荣发展以及与国际的交流日渐频繁，酒店业的发展前景比较乐观，酒店市场的价格也较为稳定。

1．客流量

自2001年以来，北京平均日接待人数量为45万人左右；而在黄金周期间，酒店最高平均日接待量为55万人左右。庞大的人流量给予了酒店日常盈利的最有效支撑。

2．酒店的入住率

北京星级酒店入住率为60%左右，比香港、东京、首尔和巴黎等著名国际城市的入住率低10个百分点左右。据统计，2003年北京市5星级酒店的入住率为52%，4星级酒店的入住率达到56%。

3．酒店的总体盈利状况

虽然北京聚集了不少连锁经营、高品质服务的国际化大酒店，但北京酒店整体管理水平低，经营效益不高是不争的事实。比如，客房平均的收入额，北京是12.36万元，上海达到了17.36万元，广东达到了22.5万元，比北京高了10万元，这是一个非常大的差距。

四、北京酒店市场的未来发展趋势（部分省略）

1. 酒店的高需求引发供给量持续增长。
2. 高档酒店仍为热点。
3. 酒店出租率保持基本稳定，出租价格略有上扬。

根据北京对国际奥组委的承诺，北京承担奥运接待的五星级酒店的门市房价将为340美元/（间·天）（特别优惠价）；370美元/（间·天）（优惠价）和420美元/（间·天）（普通价）三档。以此推算，在2008年之前，北京多数五星级酒店的门市房价将以6%左右的年增长速度上扬。经历过2008年之后，北京的酒店业经营管理水平会得到大幅度提高，这既是机遇也将是挑战。

小　　结

房地产投资市场分析是通过信息将房地产投资市场的参与者与房地产投资市场联系起来的一种活动；即通过房地产投资市场信息的收集、分析和加工处理，寻找其内在的规律，预测市场未来的发展趋势，用以帮助房地产投资市场的参与者掌握市场动态，把握市场机会或调整其市场行为的一项活动。根据不同的标准，可以把房地产投资市场分析分成不同的类型。不同类型的房地产投资市场分析，其所依据的信息有所不同。一般而言，对房地产投资市场分析的信息包括供给、需求、供求关系以及投资项目四大方面，每一方面都有自己具体的信息内容。在房地产投资市场分析中，一定要充分注意信息的搜集与合理利用，明确分析的思路，根据分析的目的来确定研究的内容与角度，努力把多种分析方法结合起来，避免陷入误区。

房地产投资市场分析的要点包括供给分析、需求分析、供求关系分析以及市场预测分析，每一分析要点都有自己的具体分析方法。特别是投资市场的预测分析，该方面的分析一般会涉及数学或统计的分析方法，包括时间序列分析和回归分析方法。

常见类型的房地产投资市场分析，包括居住物业、办公物业、商业物业以及酒店物业的

投资市场分析。它们各有其特点和分析要点。

思　考　题

1. 房地产投资市场分析的类型有哪些？
2. 房地产投资市场分析的依据具体包括哪几方面的信息？
3. 房地产投资市场分析应注意哪些问题？
4. 房地产投资市场供给分析包括哪些内容？具体要点与方法如何？
5. 房地产投资市场需求分析包括哪些内容？具体要点与方法如何？
6. 如何进行房地产供求关系的分析？
7. 房地产投资市场预测分析的主要内容有哪些？
8. 房地产投资市场分析的主要方法有哪些？
9. 各类物业投资市场分析的要点是什么？
10. 什么是商圈？其界定方法主要有哪些？

练　习　题

1．接第2章练习题，假设你所在的城市有一住宅开发项目，试根据本章的有关内容，编列该住宅投资市场分析的简要提纲并进行市场分析。

2．某城市自1999～2006年的普通住宅需求量见表3-10，试用一元回归分析法预测2007年该市对普通住宅的需求量。

表3-10　某城市各年普通住宅需求量　　（单位：万 m^2）

年　份	1999	2000	2001	2002	2003	2004	2005	2006
需求量	105	116	127	141	163	180	200	230

第4章

房地产投资产品定位策划

学习目标

通过本章学习，了解房地产投资分析策划的主要内容、房地产投资分析策划的基本过程、现代房地产产品的概念、房地产投资项目产品定位的内涵与意义等内容；熟悉房地产投资分析策划的环境分析方法、房地产开发产品定位的时机与范围以及房地产开发产品定位的一般流程；掌握房地产开发产品定位的要点。

关键词

房地产投资分析策划　PEST 分析法　NAP 分析法　SWOT 分析法　房地产产品定位

4.1 房地产投资分析策划

4.1.1 房地产投资分析策划的主要内容

房地产投资分析策划，是指从事房地产投资经济评价的工作人员，根据房地产投资项目所在国家、地区、城市和项目本身的各方面情况，参考项目投资开发商的目标要求，从不同的角度出发，通过对房地产投资项目进行系统分析，从而对房地产项目投资的关键点做出的预先考虑与设想的过程。

这里的房地产投资分析策划，不同于房地产投资项目的营销策划。房地产营销策划对房地产开发投资、经营与管理进行的策划，比此处的房地产投资分析策划更全面、更深入、更具体。房地产营销策划人员通常主要关注于项目的营销策划，而房地产投资分析策划人员则主要从事经济评价。当然，房地产投资分析策划与项目的营销策划有时可以结合在一起，如由专职的营销策划人员进行，或者由营销策划人员与投资经济评价人员共同商定策划方案，再由投资经济评价人员应用于经济评价过程。

进行系统的项目分析策划是房地产项目投资过程的必要环节，通过该过程可以形成和优选出较具体的项目投资经营方案。房地产投资分析策划过程能尽可能保证项目在完成后获得满意和可靠的经济效益。同时，房地产投资分析策划的结果也是项目投资经济评价的重要依据。

参照建设部《房地产开发项目经济评价方法》的规定，考虑相关实践和本书的重点，可以把房地产投资分析策划的主要内容归纳为以下方面：

1．产品定位策划

这里的产品是指房地产开发的最终表现形式——房屋建筑产品。房地产项目产品定位策划，主要是对项目开发的内容或类型，即何种房屋的分析与选择。

产品定位策划应在符合城市规划的前提下，按照最高最佳使用原则（即法律上允许、技术上可能、财务上可行，经过充分合理的论证，能够带来最高收益的使用），选择最佳的用途、最合适的物业档次和最合理的平面布置等。

2．开发时机策划

开发时机策划即对房地产项目开发时机的分析与选择。开发时机策划通常应在考虑开发完成后的市场前景的前提下，倒推出应获取开发场地和开始建设的时机，并充分估计办理前期手续和征地拆迁的难度等因素对开发进度的影响。

有时候，开发商虽占有足够的土地，但由于目前市场情况不好或未来市场情况还不明朗，因此，可以根据市场情况考虑是一次开发，还是分期分批开发（滚动开发），以及每次开发的产品类型、规模及地块分布（涉及产品策划）等。

3．开发合作方式策划

开发合作方式策划即对房地产项目开发合作方式的分析与选择。

开发合作方式策划主要应考虑开发商自身在土地、资金、开发经营专长、经验和社会关系等方面的实力或优势程度，并从分散风险的角度出发，对独资、合资、合作（包括合建）、委托开发等开发合作方式进行选择。

4．融资策划

融资策划即对房地产项目融资方式与资金结构的分析与选择。

融资策划主要是结合项目开发合作方式设计资金结构，确定合作各方在项目资本金中所占的份额，并通过分析可能的资金来源和经营方式，对项目所需的短期和长期资金的筹措做出合理的安排。

5．价格策划

价格是房地产项目经济评价中的一个非常重要的要素，它包括待开发完成或已开发完成房屋的销售价格和出租价格，也可以包括开发投资房屋价格和置业投资房屋价格两种类型。价格策划就是为了实现一定的营销目标而协调处理各种房地产产品价格关系的活动。

价格策划即包括房地产产品的价格确定，而且包括根据项目和市场的实际情况对价格进行适时地调整。价格策划不但要求在不断变化的市场中及时、准确地调整楼盘的价格水平，保证楼盘价格的有效性。同时也要在对目前楼市细致分析的基础上，加强对未来楼市的分析，使楼盘的价格保持适当的弹性和预期性。

6．经营策划

经营策划即对房地产产品经营方式和规模的分析与选择。

经营策划主要是在考虑项目投资近期利益和长远利益的兼顾、资金压力、自身的经营能力以及市场的接受程度等，对出售（包括预售）、出租（包括预租、短租或长租）、自营、先自营后租售等经营方式以及出售、出租及自营的面积规模组合的分析与选择，另外还包括对房地产产品租售计划的分析、选择与制定等。

当然，考虑到本书的内容体系及重点，本章以下各节将以房地产开发投资项目为重点，兼以置业投资项目为例，来介绍房地产产品定位策划的相关内容。开发时机策划及开发合作方式策划方面的内容不再介绍，项目融资策划、项目价格策划以及项目经营策划方面的内容则在本书“第 5 章房地产投资成本与税费估算”、“第 6 章房地产投资收入估算”等相关章节中适当介绍。

4.1.2 房地产投资分析策划的环境分析

环境分析就是分析项目策划的约束条件，包括技术、资源、组织及法律等各种环境约束。环境分析是房地产投资项目策划的基石。预先对策划环境进行细致分析，找出各种可能的约束条件，是拟定实际可行策划方案的前提条件。

房地产投资分析策划的环境分析与投资环境分析有所不同。前者侧重于策划，也就是从策划的角度看，要获得一个好的策划方案应该考虑的外部投资环境与投资者内部情况等；后者则更侧重于外部投资环境的分析，也就是本书第 2 章、第 3 章介绍的投资环境与市场分析。

房地产投资分析策划的环境分析方法主要有 PEST 分析法、NAP 分析法以及 SWOT 分析法。

1. PEST 分析法

PEST 分析，即政治（Politics）因素分析、经济（Economy）因素分析、社会（Society）因素分析以及技术（Technic）因素分析。

PEST 分析法中的技术因素主要是建设与管理技术。技术的进步有利于成本的下降和投资者竞争力的提升。其他三个因素分析，在第 2 章中已有提及，这里不再赘述。

2. NAP 分析法

NAP 分析，就是对待策划项目所在国家、城市及区域以及待策划项目的投资开发商内部的现状（Now）、目标（Aim）和计划（Plan）的分析。

NAP 分析包括投资开发商的 NAP 分析以及拟投资地 NAP 分析两个方面。

（1）投资开发商的 NAP 分析。一是现状分析，主要是对以下方面的分析：投资开发商的性质与资金实力、管理人员及公司的管理水平、公司的社会形象、公司的开发经营经验和所开发经营的物业的具体情况、公司与相关公司的合作情况、公司与政府的关系、公司的融资能力及融资可能性、公司对拟投资开发项目的态度或实际想法等。二是目标分析，即对公司的投资目标、公司的发展战略和具体措施的分析，三是计划分析，即对公司拟投资开发项目的计划及其科学性和合理性等的分析。

通过对投资开发商的 NAP 分析，可以让策划者根据投资开发商的实际情况进行思考与策划，这样才能保证对待开发项目的策划更科学、更准确。否则，项目策划人员心中无数，不能从投资开发商的实际出发，无的放矢，即使对其他资料掌握的很详细，也很难保证项目策划方案的成功。

（2）拟投资地的 NAP 分析。一是现状分析，主要是对以下方面的分析：拟投资地国家与城市的政治经济、社会文化、政策法规等各方面的情况；拟投资区域的特征与其在城市中的地位及功能划分；拟开发地块的地理位置、交通状况、周边环境、市政设施及开发现状等。二是目标分析，主要是对拟开发地块所在的国家与城市的社会经济发展战略、城市的总体规划与分区规划以及地块未来的建设目标的分析。城市与区域的发展目标直接关系到交通干线的调整与兴建，区域特性与功能的调整和重新设定，以及进而引起的本项目地块的优势与劣势的发展变化。这些将最终影响到项目的策划定位。三是计划分析，主要是拟投资地国家与

城市为实现社会经济发展战略及城市规划已经或即将采取的具体措施与方案，以及这些措施的科学性、合理性及其对项目开发的影响分析。

通过对拟投资地的 NAP 分析，既可以对拟开发项目的国家、城市、地块的现状有了比较清晰的认识，又可以对项目所在的国家、城市及地块未来的发展情况或可能的变化了然于胸，并及时采取相应的对策，或提前确定未来需要的项目开发定位。

3．SWOT 分析法

SWOT 分析，即优势（Strength）分析、劣势（Weakness）分析、机会（Opportunity）分析以及威胁（Threat）分析。

（1）优势劣势分析。SWOT 分析的优劣势分析包括三个方面：一是投资者竞争对手的优劣势分析，二是投资者投资项目的优劣势分析，三是投资者自身在资金、投资管理经验等方面的优劣势分析。

通过优势与劣势的分析，可以让投资者看到投资好的一面，也能看到不好的一面，从而积极趋利避害，更好地实现投资目标。

（2）机会威胁分析。就是投资者在投资过程中，可能会遇到的在政治经济形势、政策变化、市场形势、竞争对手以及消费偏好等方面诸多不确定因素可能发生变化的情况下，投资者可能会受到的有利及不利的影响进行的分析研究。

通过机会与威胁的分析，可以帮助投资者坚定投资信心，同时也提醒投资者可能会面临的风险，帮助他们想办法、出点子，采取切实有效的措施解决一些实际问题。

当然，对房地产经济评价来说，项目的 SWOT 分析并没有提供直接的定性和定量数据，如到底开发什么项目，以及项目的规模是多大等。但它为策划的定性和定量提供了依据。

以上三种技术思路中，PEST 分析及 NAP 分析主要是从宏观角度进行的分析，而 SWOT 分析则主要是微观分析。投资策划中，这三种分析有时是分开的，有时又是交叉进行的。

4.1.3　房地产投资分析策划的基本过程

房地产投资分析策划的基本过程大致包括以下步骤：

1．项目策划构思

策划构思简单地说，就是策划前的筹划与准备，即策划人员在接到策划任务后，对待策划项目的大致考虑。比如该项目与自己以前或可借鉴的策划项目有什么类似或不同之处？该项目在既定地块的可能地位如何？根据经验，对该项目的策划可能的突破口在哪里？可能会遇到哪些难题？如何应对这些难题？需要从哪些方面入手？大概需要收集哪些资料？这些资料得到的可能性及从哪里、通过什么途径能够得到？哪些是本项目策划的关键因素？需要哪些人协助和配合策划工作？这些人各自的特长在哪里？如何分工？如何讨论？等等。这些方面的情况通常需要通过策划前的会议来商讨和确定。

2．信息收集与分析

信息分析主要就是对收集来的信息的真伪、信息反映的方面作出的分析与预测。信息收集实际上包括几个方面的问题：哪些人来收集？如何收集或通过什么途径收集？收集信息过程中应注意什么？收集哪些信息？等等。

一般来说，房地产投资分析策划通常需要收集和分析以下三大方面的信息：

（1）投资开发商的内部信息，主要是投资开发商的 NAP。特别需要注意的是开发商的管理模式、资金能力（包括融资能力）。有些投资开发单位是市场化的开发公司，其管理模式也是市场化的，这种单位通常具有市场化的眼光，因而策划者的策划也能比较好地落实。而另外还有一种投资开发单位，它本身可能并不具有决策权，但它是直接的委托者。策划人员既要考虑到市场情况，又要考虑委托者和真正投资开发商的意见。很多时候需要数次的磨合才能最终确定一个定位，这种定位显而易见是市场和投资开发商意见的复合体。投资开发商的资金实力和融资能力也是需要关注的问题。由于房地产投资额通常都非常大，比如几千万、几亿、甚至数十亿元，绝大多数开发商都不可能不借助融资手段来进行房地产开发。所以，投资开发商的融资能力往往更是策划人员需要考虑的因素。投资开发商的融资能力既包括它能否直接从银行借款的能力，也包括它是否有足够的信心和魄力来利用自己的土地或房产取得抵押贷款，以及公司能否上市融资的能力等。

（2）拟投资国家、城市及区域的信息。拟投资国家、城市及区域的信息是比较宏观的信息。前面在 PEST 分析及 NAP 分析中，已经提到了这方面信息的主要内容。所以不再赘述。

（3）拟投资区域的地块与项目信息。如地块的容积率、对内对外交通、地块的周边环境以及项目的开发现状、项目的规划情况等。具体可参见“3.1.2 房地产投资市场分析的依据”。

3. 实施项目策划

经过策划构思和有关信息的收集与分析之后，就可以进入项目的具体策划阶段，即项目机会识别、捕捉、创造以及策划报告拟定与组织实施阶段。

这个阶段中，项目策划人员首先要围绕投资开发目标、问题障碍以及策划环境来确定项目策划的大致方向。能否发现问题，设立目标，直接决定着策划方向是否准确，也影响着策划的可行性。

在确定策划方向后，策划人员就应该熟练运用自己所掌握的策划理论并结合实践经验，产生系列假设，而后汇集排列，组合成项目策划的构想轮廓，最后把这个轮廓发展成一个完整的构想。当把这些构想文件化、规范化以后，就形成了策划报告。策划报告必须能够完全表达投资开发商及项目策划人员的意图，这样的策划报告才有可能进入实施阶段。

通过实施项目策划，初步得出项目的产品定位、价格定位，并初步确定开发进度、开发合作方式、融资安排及经营模式的选择等。在这个基础上，房地产投资经济评价才能开始。

4.2 房地产开发产品定位基本原理

4.2.1 房地产产品及房地产开发产品定位

1. 房地产产品的现代概念

随着社会经济的不断进步和科学技术的不断发展，房地产产品已经不再像过去那样，只要有基本的生活、工作、学习空间就可以了。现代的房地产产品是由核心产品、形式产品和附加产品所组成的立体复合体。具体如图 4-1 所示。

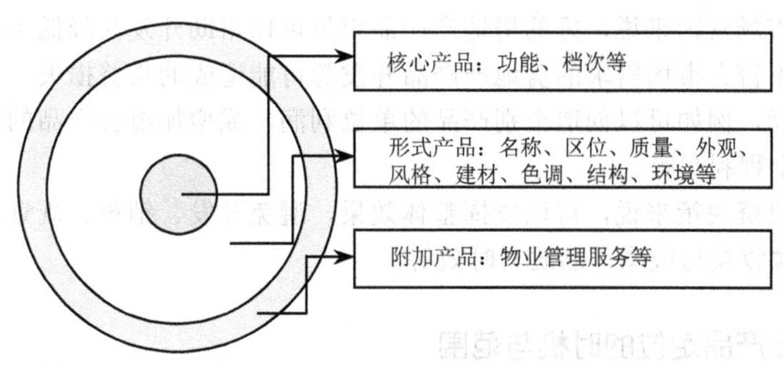

图 4-1　现代房地产产品构成图

房地产核心产品是能够满足消费者的基本利益和使用功能的房地产产品，具体来说，就是房地产产品的主要功能、辅助功能以及档次高低。房地产核心产品是房地产产品中最基本的层次，是满足消费者生活居住、办公及生产经营、投资收益、获得税收好处、保值增值、积累财富以及炫耀心理等方面需要的核心内容。

房地产形式产品是房地产核心产品的基本载体，是房地产各种具体产品形式，一般包括以下几个方面：房地产的名称、区位、质量、外观造型、建筑风格、建筑材料、色调、建筑结构与平面布局、室外环境等。形式产品是消费者识别房地产产品的基本依据。比如，同是普通住宅，北京的和上海的不同，北京西城的和东城的不同，西城的甲小区和乙小区不同，它们的不同主要就是形式产品的不同而不是核心产品的不同。

房地产的附加产品是消费者在购买房地产产品时所得到的附加服务或利益，主要就是物业服务。物业服务的好坏和价格的高低，有时对房地产投资具有极其重要的作用。

现代房地产产品的整体概念体现了现代房地产投资营销的理念，只有真正领会现代房地产产品整体概念的要求，才能开发出全方位满足消费者需求的产品，也才能提高房地产开发投资的胜算和取得更高房地产开发投资收益的机会。

2. 房地产开发产品定位的含义

一般认为，房地产产品定位就是站在投资开发商或土地使用人的立场，针对特定目标市场的潜在客户，决定其所持有的土地，应以何种方式，提供何种产品及用途和规模，以满足潜在客户的需求，并符合投资开发商或土地所有人的利益。

由上述概念界定可以发现，房地产产品定位至少包含以下方面的含义：

1）以开发商或土地使用人的立场为出发点，满足其利益的目的。

2）以目标市场潜在客户需求为导向，满足其产品期望。

3）以土地特性及环境条件为基础，创造产品附加价值。

4）以同时满足规划、市场、财务、技术四者可行的原则，设计供需有效的产品。

3. 房地产开发产品定位的价值所在

房地产开发产品定位的价值主要体现在以下几个方面：

（1）就房地产投资分析来说，确定了房地产产品的定位，就等于确定了房地产的开发成本、房地产的价格与各种收益，也就等于确定了房地产开发的各种指标。没有房地产产品定位，也就谈不上对房地产开发投资进行投资分析。尽管房地产开发产品的定位也要依赖于房地产投资的环境分析、市场分析和财务指标分析，但它又是房地产投资分析的基础依据。

（2）就房地产市场营销来说，好的房地产产品定位可以帮助开发商降低市场销售风险，避免供过于求、或不符合市场需求的房地产产品开发等可能造成的收益损失。相应地，可以增加投资报酬或利润，例如可以创造个别产品的单位利润，或增加组合产品的整体利润，或通过分期销售获得全程利润等。

（3）就房地产投资决策来说，可以发挥整体效果，避免开发、销售、规划及财务等方面的冲突，能同时兼顾收益与成本、品质与时效等。

4.2.2 房地产开发产品定位的时机与范围

房地产产品定位的范围，通常取决于房地产开发的几个主要过程。一般说来有三种：

（1）取得、开发或处分土地前，可进行产品定位，以确定土地的使用方向。例如一块土地可能宜建办公大楼、商业大楼或住宅大楼，但到底建什么物业的定位等。

（2）兴建、销售、出租或经营建筑物前，可进行产品定位，以确定产品的规划方向。例如，住宅产品是规划为豪华别墅、高级公寓还是普通住宅等。

（3）变更或调整土地及建筑物用途前，可进行产品定位，以确定房地产变更用途的方向，例如厂房迁移后，原址是改建为写字楼还是商场；调整用途的计划，例如重建、改建或修建，以及变更用途可能获得的利润等。

就我们介绍的房地产投资项目经济评价来说，上述三种定位基本上都有涉及，但主要是第一种和第二种情况，特别是第一种情况更为重要，也最为经常。

4.2.3 房地产开发产品定位的一般流程

房地产开发项目产品定位是一个策划过程，这个过程大致包括以下方面：

1．确定定位的目的

在进行房地产开发产品定位之前，首先必须先确定定位的目的，例如是为了降低销售风险，或者是为了增加利润，或是为了增加公司资产，树立公司形象？不同的目的，可能需运用不同的产品定位方法，产品定位的结果也可能有所不同。

2．确定定位的范围及方法

房地产产品定位的范围包含房地产产品的功能、档次、规模、规划设计等方面的部分或全部。而房地产产品定位方法，则是指从资料收集、分析、处理、运用，直到获得结论的推演过程。不同的定位范围及方法，直接影响需要耗用的成本及可能发挥的效益，最终影响房地产开发项目的财务指标甚至可行性结论。

3．进行现况及趋势分析

房地产开发项目产品定位的现况及趋势分析，其主要内容就是前面提到的 PEST、NAP 以及 SWOT 的各个方面。项目策划应在确定的定位动机、目的、范围及方法基础上，收集全面的信息，认真进行 PEST、NAP 以及 SWOT 分析，以获得正确的定位结论。

4．确定产品定位的目标

根据上述的现状及趋势分析结论，投资项目的策划人员就可以比较顺利地确定产品定位的目标。当然，这个目标必须尽可能具体，例如高档酒店、采用开放空间设计、楼高不超过

10 层等，这样才有利于策划方案的具体实施或执行。

5．优选产品定位方案

通过评估预选方案，可以优选出最佳的房地产产品定位方案及相关的执行计划。项目产品定位的优选，需要综合考虑市场可行性、财务可行性、规划可行性、技术可行性以及管理可行性等各个方面，努力避免各个角度间出现冲突而导致减损了产品定位的效果。

4.3　房地产开发产品定位要点

4.3.1　房地产核心产品的定位

房地产核心产品定位主要就是产品类型与档次的定位，它大致包括房地产产品的类型或功能定位、产品辅助功能的定位以及房地产产品的档次定位三个方面。

1．产品的类型或功能定位

产品的类型定位，或者说主体功能的定位，即决定土地的最佳使用方向。换句说，就是决定要在既定的土地上建设什么类型或性质的物业产品。

对于土地最佳用途的定位，单独的物业应从局部和整体分别考虑。定位人员应根据项目的特征、市场环境和资金能力为客户确定各个物业类型和整个项目的最佳开发方案。

产品类型定位既要确定诸如是建设居住物业或者酒店物业，还是建设写字楼物业或者工业物业等问题，还要确定诸如选择建设什么形式或结构物业的问题。比如是选择建设单一功能的物业，如写字楼物业，还是选择建设多功能的综合体物业？又比如就住宅来说，是选择建设普通住宅、高层公寓还是选择建设花园别墅？就普通住宅来说，是选择塔式还是板式？就别墅来说，是选择独立式、毗连式还是选择联排式等。

2．产品辅助功能的定位

产品辅助功能的定位，即在主要功能（体现为类型）的基础上，各种辅助功能的选择与确定，也就是人们常说的配套设施的定位，即在主要功能的基础上，选择哪些配套功能，如车库、银行、邮局、商业、娱乐等设施。

辅助功能物业如果选择得当，将非常有利于主体功能的发挥，帮助主体物业顺利租售，并取得最佳的经济效益。否者，物业主体功能类型定位再准确，也很难进入市场和取得好的租售业绩。

3．产品的档次定位

产品的档次定位，即对房地产产品的高、中、低档次的选择与确定。产品档次定位，往往更多地是考虑地块的周边环境，包括自然环境、商业环境、文化环境，以及地块在整个城市或区域中的地位与功能等。

就北京来说，一般来讲，城北可能更适合建设高档物业，而城南则更适宜建设中低档物业。如果违背这个规律，就可能会影响项目的开发成功。

4.3.2　房地产形式产品的定位

房地产产品形式定位主要就是其建筑规划定位，具体包括项目总体布局定位、项目各种功能的布局定位以及建筑规划具体设计定位等方面。

1．项目总体布局定位

项目的总体布局定位，简单地说，就是在既定面积、既定位置、既定形状的土地上，对即将建设的各种功能，包括主体功能和辅助功能物业的具体地点的选择。比如，在一块土地上，可能需要建设写字楼、酒店、商业及高档公寓等多栋不同功能的物业，那么在开发前，就需要根据地块的具体情况来确定这些物业分别建设在这个地块的哪个位置或哪个方向，以增强这些物业的综合功能，并加强这些物业的相互联系，保证这些物业实现最高的价值。

2．项目各种功能的布局定位

项目各种功能的布局定位，即是说在确定了项目的总体功能（类型）以及各种辅助功能的基础上，对总体功能物业空间与辅助功能物业空间在建筑空间，如楼层、方向、面积多少等的不同组合与安排上的选择与确定，即平面布局的定位。比如，在确定项目的总体功能为办公，即物业的类型为写字楼，辅助功能物业是为写字楼客户提供办公所需各种服务的物业，如车库、银行、邮局、商业、娱乐等设施，在这个基础上，还需要确定辅助功能物业分别放在第几层、朝向如何（放在楼层的东、西、南、北哪个方向）以及分别占据多大面积等。

3．建筑规划具体设计定位

建筑规划具体设计定位主要内容大致包括以下方面：① 结构和布局设计；② 外观造型与建筑风格定位。如立面风格、色调、名称；③ 格局与面积配比定位。如户型与面积配比，主力户型、主力面积选择与安排；④ 室外环境。如景观设计、绿化及街景选择；⑤ 采光、通风要求；⑥ 装修标准、设备要求、建材要求、管线设计要求等。

4.3.3 房地产附加产品的定位

房地产附加产品定位主要就是产品的物业服务定位。物业服务定位是产品功能、档次及建筑规划定位的附属定位。前两者定位好了，物业服务定位也就基本可以确定了。项目的物业服务定位主要包括：

1．物业服务的模式定位

物业服务的模式包括委托管理和自主经营管理两种主要类型。住宅小区通常适合委托管理模式，而写字楼、商业物业则通常是自主经营管理。不同的服务模式，既对应着不同的物业档次，也反映了物业的价格高低，同时也影响着经济评价的报表类型与经济评价难度。

2．物业服务的品位定位

物业服务的品位定位，主要就是物业服务的高、中、低不同的档次定位。高档酒店、高级写字楼的物业服务通常档次较高，而普通住宅，特别是旧有公房住宅区，其物业服务档次则通常较低。对于新开发的物业来说，选择何种品位的物业服务，需要结合物业的功能和档次来确定。

3．物业服务项目定位

各种服务项目选择定位是物业服务定位的一个重要内容。物业服务项目通常有公共性的服务、专项性的服务以及特约性的服务三种类型。公共保安、绿化、保洁等公共性的服务通常是必须提供的，专项性的服务以及特约性的服务则可以进行认真地策划定位，以保证项目

的正常运行。尤其是商业物业项目，没有好的物业服务服务项目定位，将直接影响租金的高低及其足额收缴，进而影响项目的现金流。

4．物业服务价格定位

物业服务价格定位直接关系到项目经济评价的财务指标，但物业服务价格也最敏感，需要策划人员在进行审查调查的基础上，通过借鉴对比运行状况良好相似项目的物业服务价格，确定本项目的物业服务价格。

4.3.4 房地产产品开发规模定位

在项目产品策划中，产品的规模通常是指项目的容积率、建筑覆盖率以及建筑高度等，这些在城市总体规划中都有控制性指标。但进行房地产开发，不能完全按照这个指标来进行。要把开发出来的房地产产品租售出去，并最可能地获得最大的收益，就必须在控制性指标的基础上，进行产品规模的定位策划。

房地产产品规模分为总体规模、分功能规模及最佳搭配两个方面。进行房地产产品规模定位，既要确定合理的总体规模，也要考虑不同物业使用功能的规模及最佳搭配问题。总体规模的确定，需要认真研究策划环境，包括投资的外部环境以及投资者内部的情况等。在确定分功能规模及最佳搭配（如户型）时，还要考虑以下几个方面：

（1）规模与经济性问题，或者是最佳规模与最佳财务指标的问题。要通过经济核算，找出最优的方案，更好地达到开发决策所拟定的目标，实现综合效益的最大化。

（2）经济性与“卖点”的问题。“卖点”隐藏在规划设计的每一个步骤、每一个细节里。当然，前面提到的经济性也会影响项目的“卖点”。如何处理好经济性与“卖点”的关系，是策划人员需要认真解决的问题。

（3）规模与市场接受度的问题。不同的城市，不同的目标客户群对不同规模的房地产产品，尤其是分功能规模与搭配的产品规模的接受度是不尽相同的。但一般来说，环境好、日照通风好、间距大、容积率适宜、建筑密度相对小、户型设计新颖实用、大小合适的房地产产品，通常会受到消费者的青睐。

房地产产品定位直接决定了房地产开发投资经济评价中的成本费用、价格与利润。同一个房地产开发项目，房地产产品定位不同，房地产产品对应的市场客户就会不同，其投资经济评价的成本费用表、投资开发进度表、租销收入表、利润及利润分配表、现金流量表等表格的数字也会有所不同，甚至有较大的区别；它们的经济评价指标，如利润、投资利润率、净现值（本书所指净现值即财务净现值）、内部收益率、投资回收期等也会有所不同，甚至是否值得开发的结论也可能正好相反。因此，作为项目经济评价人员，必须熟悉房地产产品的定位策划，作好房地产产品的定位策划，特别是房地产产品的功能与档次定位策划。

[案例] 某房地产开发项目产品定位分析

一、项目功能组合策略分析

（一）物业的功能模式

对本项目来说，物业的主要功能模式不外乎商场、写字楼、饭店（酒店）、住宅、商住楼五种，其功能及位置要求一般是：

商场。商场一般应位于城市繁华区、交通要道、居民区、商业区、娱乐场所、企事业单

位所在地。

写字楼。写字楼一般应位于商业活动较频繁、办公气息浓厚及交通较方便的区域。

饭店（宾馆）。饭店一般应位于商务中心区、城市繁华地带或者海滨、山区景点、温泉、海岛和森林等度假区域。

住宅。普通住宅和公寓一般要选址于离公交线路较近、宁静、安全的区域，而别墅则一般修建在自然环境好、风景优美的地方。

商住楼。商住楼一般应位于交通比较方便，周围商务气氛较浓的区域。

（二）组合模式分析

根据调查分析及以上对物业功能模式的介绍，考虑业主的实际需求和其他具体情况，本项目的可能组合模式主要有：

1．商场为主的组合

即地上一至四层或五层主要为商场，四层或五层以上楼层安排其他功能的组合模式。这种组合模式主要有四种具体组合：① 商场+写字楼+基本配套；② 商场+公寓+基本配套；③ 商场+饭店（酒店）+基本配套；④ 商场+会展中心+基本配套。

根据调查分析，项目所在地区因历史及规划上的原因，商业氛围有欠浓厚，发展商场条件潜力不大，而本地区超市的潜在供给规模很大，本项目如以商场为主，建成大面积的商场或超市，必然面临较大的竞争和生存威胁，项目运作风险很大。因此，这种组合模式应尽量避免。

2．写字楼为主的组合

这种组合模式主要有以下四种具体组合：

（1）写字楼+商场+基本配套。即地下以车库为主，地上一层至二层为商场（超市）+其他配套，地上二层以上为写字间。

同商场为主的原因一样，本项目如安排一层商场（超市），一方面会面临周边的激烈竞争，风险非常巨大；另一方面，也会因为商场（超市）的人流繁杂，档次较低而影响写字楼的办公环境，甚至直接影响写字楼的形象与档次。因此，这种组合模式也应尽量避免。

（2）写字楼+宾馆+基本配套。即地下以车库为主，地上一层至二层安排基本配套，地上二层以上安排写字间和宾馆。

根据项目委托方的信息与意见，宾馆是本项目功能的一个可考虑的方面。即在项目的功能上，安排一定规模的宾馆具有一定的可行性。

（3）写字楼+基本配套。即地下以车库为主，地上一层至二层安排基本配套，地上二层以上为写字间。

根据调查分析，本项目采取该模式将有较大的可行性：一是处于中关村科技园区核心区域，写字楼需求强劲；二是周边商务活动较多，而相对有规模上档次的写字楼却相对缺乏。

3．饭店（酒店）为主的组合

这种组合模式可以避免，其理由主要是周边供给大，档次齐全。

项目周边有银泉大厦（饭店）、香格里拉饭店、青竹宾馆以及一些较小的饭店等，总供给面积超过 10 万 m^2，还有数量极大的外销公寓对客源产生一定的分流。从档次看，香格里拉饭店为高档，银泉大厦（饭店）、中建大厦（饭店）、青竹宾馆为中档，其他一些为低档。这

些项目可以基本满足各种层次的旅居、餐饮、商务居住等需要。如果没有特殊的理由，如特殊客户的长期、固定使用，建议尽量避免选择该种模式的功能组合。

4. 住宅为主的组合

根据项目本身的位置情况，住宅为主的组合具体有两种模式，即公寓+商场+基本配套和公寓+基本配套。

根据调查分析，项目周边住宅供给量很大，竞争比较激烈，本项目又有占地面积小，难以形成规模（只能建成单栋公寓）等缺点，很难与周边的住宅项目竞争。因此，该组合模式也应避免选择。

5. 商住楼为主的组合

商住楼为主的组合即地下以车库为主，地上一层至二层安排基本配套，地上二层以上安排商住楼。

该组合模式虽有一定优点或可行性，但其缺陷很多，在市场条件下，如无特殊情况，建议尽量避免选择该种组合模式。

（三）建议组合模式

建议本项目功能尽量选择“中档写字楼+基本配套”的功能组合模式；一定条件下可以选择“中档写字楼+宾馆+基本配套”或者“商住楼+基本配套”的功能组合模式。

1. 中档写字楼+基本配套

建议选择中档写字楼的理由如下：

（1）周边中档写字楼缺乏，而需求相对较多；同时，未来几年内，需求还会有较大数量的增长。

（2）周边住宅、商场及饭店的供给都较大，且竞争激烈，而北京对中关村科技园区建设的大力扶植，给了该区域写字楼很多极好的发展机会。

（3）项目面积较小，建设商住型或综合型的写字楼都将影响其办公功能的正常发挥，而建成纯写字楼则能有效避免这些缺陷。

当然，选择中档写字楼也面临可能的风险：

1）本项目规划建设过程中，如果不能迅速有效地提高知名度，以争取更多的客户租购和入住，就可能增加营销费用和资金回收的压力。

2）本项目如在智能化水平上有较大缺陷，就可能失去相当部分潜在的高科技租购客户，以至在吸引大客户方面失去机会。

2. 中档写字楼+宾馆+基本配套

选择中档写字楼的原因同上，选择宾馆功能的理由如下：

（1）写字楼既是市场之需，也是委托方及下属各办事处内部办公、进行商务活动的需要。

（2）安排一定面积的宾馆，可有效解决委托方内部会议住宿的需要，既避免了委托方资金的浪费，也利于相关工作的安排。

（3）宾馆的固定使用主要是内部开会住宿，开会住宿以市场为基础收费，这样既可以解决宾馆物业自身的养护问题，又可以保证内部资金在委托方单位内部流动，还可以减少会务费用的开支。

当然，选择安排宾馆的功能也有一些缺陷：

（1）面临较长时间、较大面积空置的危险，相应地也就面临着项目投资的资金回收压力。

（2）宾馆与写字楼同处一楼，不便于本项目的统一管理；同时，对写字楼的办公环境也带来一定程度的损害。

（3）内部开会住宿收费的形式能否为集团内部各单位、各部门认同和接受还需时间的检验，目前作肯定的结论还为时过早。

3．商住楼+基本配套

选择商住楼的可行性或优点是：

（1）就委托方单位内部来说，商住楼在满足办公需要的同时，还可以作为宾馆的替代品，解决委托方单位内部开会住宿的问题。另外，委托方单位内部的一些办事处可能对商住两用物业也有一部分需求。

（2）从市场来看，周边除华澳公寓为商住楼外，还没有其他商住楼的供给。

（3）商住楼比一般纯写字楼的租金或售价要低，能吸引一些实力较弱又需要商住两用物业的小型公司。

（4）商住楼能够满足一部分外地或一些商业公司的办公与住宿需要。

但是，选择该功能组合模式的缺陷很大：

1）商务能力差，不利于管理。商住楼都是按住宅的规范来设计的，用来办公时，在通信、网络、电梯、水电、停车、消防等方面很难完全满足需要，同时，要搞好商住楼的物业服务也很困难。

2）商住楼办公形象差，不利于吸引一些有实力，重形象、业务发展好的中型、甚至大型高科技及相关公司的租购。

4．基本配套的选择

建议选择车库、银行、商务中心、餐饮以及娱乐健身等设施。理由如下：

（1）这些配套基本上都具有收益机会，不仅有利于确保项目的价值及未来的增值潜力，而且也增加了投资开发者，甚至未来购买者的投资收益。

（2）这些配套的实用性及公共性很强。缺少这些设施，写字楼的正常办公可能会出现一些困难。

（3）写字楼内客户基本上可以保证这些设施的消费市场，外部相关设施难以对其构成大的威胁。

二、项目定位分析

（一）对外出售部分目标客户定位

1．主要目标客户来源与特征

（1）本项目地处中关村边缘地带，从项目的自身条件及所处的市场环境等方面来分析，写字楼出售部分的目标客户应当以中小型高科技创业或贸易公司及金融、咨询企业为主。

（2）中小型高科技公司需求膨胀。从目前中关村写字楼销售市场的情况来看，中关村及周边地区以电脑通信和金融业为主的公司数量增长较快，中小公司寻找价格与品质适合的写字楼相对比较困难。本项目正可以利用目前的市场机会，在价格与品质上满足这部分公司要求，以赢得市场。

（3）大客户市场不容忽视。本项目规模适中，形象独立，比较适合中外大型企业买断，

本项目在考虑散售的同时，应该借助代理公司或自身有效途径关注大型公司或国企在这方面的动向与需求，以便尽早接触洽谈，评估客户需求，促进成交。

（4）金融机构实力强劲。本项目周边地区聚集大量高档住宅，对于银行、证券等金融服务机构有很强的需求，本项目所处的局部地区恰恰缺乏此类机构，本项目应立足大厦现有条件，积极与此类机构接触，力求其在本项目租售范围内落脚，既能满足写字楼客户的部分需求，又可以提升项目的档次，聚集人气。

2．主要目标客户需求特征分析

目标客户对写字楼的需求特征主要集中在以下几个方面：

（1）要求项目在开发时间上较短，能够在尽快完成入伙。

（2）项目在内部认购或前期销售阶段价格合理，预留未来升值空间。

（3）具有现代设计风格，能体现公司的形象、实力。

（4）交通方便，为利于员工通勤及客户来访，希望办公地邻近城市交通干道，有大量公交线路。

（5）有快捷的电梯服务、方便的商务中心、齐全的配套设施及舒适的客户服务。

（6）金融及 IT 类公司均有“扎堆”现象，如能在入伙早期吸引知名公司进驻，则可吸引大量同类公司。

（7）硬件设施先进，能够保证公司快速发展的需求，对通信、布线、空调等均有较高要求，如要求较大的带宽。

（8）希望办公地附近的配套服务设施比较方便，能够足不出户地解决工作、生活中的出行、会议、采购、餐饮、运动健身等大部分问题。

（9）大面积成交的客户可能会提出设计方面的要求。

（10）大客户会要求较长的谈判时间和价格及付款方式上的优惠。

（11）专业高质量的物业服务也是吸引 IT 公司入驻的一个重要环节，尤其 IT 业从业者多为年轻人，无固定上下班概念，喜欢在夜间工作，对办公室的物业、保安情况及空调超时费、电费等就更为敏感。

目标客户的构成及特征：年龄、职业、职务、收入水平、文化程度、来源地区、家庭类型与人数、公司性质、公司所从事的行业及规模、国籍等。

目标客户的需求偏好及价值取向：价格、户型、面积、开间、配套、智能化、周边环境、地区及其发展前景、物业的可能与现实客户、物业服务等方面的具体要求。

目标客户的购买动机与消费习惯：投资、自用、显阔、积累财富；付款方式的选择、使用时间的选择等。

（二）产品定位

1．产品类型及档次定位

前文中已经在可能的功能组合中提出了建议，根据委托方要求结合市场情况及项目自身条件，建议本项目的产品类型及档次定位应为如下三种方案：

初步建议大厦 1 层至 4 层预留为商业配套出租面积，在一层预留大堂空间，如有必要可以制造挑空效果，突出大厦的形象。5 至 13 层根据下述三种方案而定。

方案一：中档写字楼（自用、出售、出租）及相关配套

5 层及 6 层的部分为自用办公，6 层至 9 层写字间出售长期使用权，10 层至 13 层写字间对外出售。

方案二：中档写字楼+宾馆+基本配套

5 层及 6 层的部分自用办公，6 层至 9 层写字间出售长期使用权，9 层至 12 写字间对外出售，13 层为宾馆。

方案三：商住楼+基本配套

5 层与 6 层的部分为自用，6 层至 10 层商住楼出售长期使用权，10 至 13 层商住楼对外出售。

2．面积与功能配比

本项目总建筑面积约 3.5 万 m^2，地下 3 层，地上 13 层。地上面积 25400 m^2，初步建议大厦 1 层至 4 层预留为商业配套出租面积，在 1 层预留大堂空间，如有必要可以制造挑空效果，突出大厦的形象。可出租商业配套面积约 7200m^2，自用面积 3000m^2。地下面积约 9600m^2，地下 1 层、2 层着重要解决停车与人防，地下 3 层放置设备。在中间层面也可以考虑放置多功能厅与会议用房。

考虑地上 1 层与 2 层主要吸引金融企业及机构进驻。应灵活设置较大开间，方便客户分隔。3 层至 4 层安排餐饮、娱乐，以上为写字楼、商住及宾馆，物业服务用房可以放在地下 1 层。

3．建筑风格与规划建议

本项目应该通过实用合理的设计，采用质量优良而非奢华的建筑材料及装修标准，达到简练现代的建筑效果，在规划设计中突出环境绿化和智能化，创造整洁、实用、现代的办公环境，在周边纷繁的环境中脱颖而出。

由于大厦的市场前景存在着许多不确定性，况且大厦从现在到落成投入使用还需近两年的时间，无论是通信、网络等硬件设施，还是设计、结构、平面布局，应尽量考虑“灵活性”，预留充足的今后发展的空间，以便能根据市场的发展和租户需求的变化灵活调整布局。

（1）概念设计。

① 性质为中档办公物业；

② 在建筑风格上贯彻简练实用的原则，用良好的设计体现产品的档次，在建筑外观及装修上有独到之处，有一定气势、简练现代、轻快流畅、形成局部区域的视觉亮点，与周边现有建筑从色彩到立面外观上明显区分；

③ 体现中关村科技园概念，与核心区其他主体建筑相呼应；

④ 运用技术上较成熟，性能价格比优良的新技术新材料；

⑤ 注意节能与环保材料的使用；

⑥ 重视环境绿化并与楼内立体绿化结合；

⑦ 重视区内区外交通设计，争取解决本项目南侧所临街道的拥堵状态。

（2）环境及园林绿化（略）。

（3）装修与设备（略）。

（4）智能化系统（略）。

（5）配套功能。

因项目周边的生活服务配套设施比较齐全，不建议在大厦内布置大型的餐饮娱乐等商业配套项目。但考虑到本项目办公客户的需求，为其提供方便、到位的服务，使客户能够足不出户地处理工作及生活中产生的各类事项，解决生活的必需，提高工作效率，同时也体现大厦的整体性，建议本项目设置如下功能：商务中心、银行、邮局、餐饮娱乐设施等。

（三）产品规模定位（略）

（四）产品价格定位（略）

小　　结

房地产投资分析策划，是指从事房地产投资经济评价的工作人员，根据房地产投资项目所在国家、地区、城市和项目本身的各方面情况，参考项目投资开发商的目标要求，从不同的角度出发，通过对房地产投资项目进行系统分析，从而对房地产项目投资的关键点做出的预先考虑与设想的过程。房地产投资分析策划的主要内容包括产品定位策划、开发时机策划、开发合作方式策划、融资策划、价格策划以及经营策划等几个方面。

在进行房地产投资分析策划之前和过程中，必须对房地产投资分析策划的环境进行分析，具体分析方法主要有 PEST 分析、NAP 分析以及 SWOT 分析法。

房地产投资分析策划的基本过程大致包括项目策划构思、信息收集与分析以及实施项目策划几个步骤。通过策划，初步得出各种投资方案的选择等。在这个基础上，房地产投资经济评价才能开始。

在房地产投资分析策划中，房地产开发产品定位的策划是其中比较重要的策划。现代房地产产品是核心产品、形式产品和附加产品组成的立体复合体，进行房地产产品定位，就是站在投资开发商商或土地使用人的立场，针对特定目标市场的潜在客户，决定其所持有的土地，应以何种方式，提供何种产品及用途和规模，以满足潜在客户的需求，并符合投资开发商或土地所有人的利益。房地产开发产品定位的策划可以在不同的阶段按照一定的流程进行，具体的定位策划内容大致包括核心产品的定位、形式产品的定位、附加产品的定位以及产品规模的定位等几个方面。

思　考　题

1. 什么是房地产投资分析策划？其主要内容有哪些？
2. 房地产投资分析策划的环境分析方法具体有哪些？
3. 房地产投资分析策划的基本过程大致有哪几个步骤？
4. 什么是房地产开发产品定位？其基本流程是怎样的？
5. 房地产开发产品定位的主要内容有哪些？

练　习　题

接第 2 章练习题，假设你所在的城市有一住宅开发项目，请根据具体情况，在完成投资环境分析、市场分析的前提下，对该住宅开发进行产品定位策划，并完成产品定位策划报告书。

第5章

房地产投资成本与税费估算

学习目标

通过本章学习，了解投资与成本的一般含义以及各种税费的概念界定；熟悉房地产投资分析中的投资与成本以及房地产开发投资成本费用的具体构成；掌握房地产投资成本费用估算以及房地产开发投资项目税费的估算。

关键词

投资　成本　费用

5.1　房地产投资与成本的构成

5.1.1　投资与成本的一般含义

1．投资与建设项目投资

本书第1章中已经介绍过投资的概念，认为投资是指某个经济主体将一定的资金（如现金及其他形式货币资金）或资源（如土地、设备、技术等）投入某项社会再生产过程，以便获取未来的收益或效益的经济活动或经济行为。这个"投资"是指"投资活动"。本章介绍的"投资"，是狭义的投资，具体是指"投入的资金"。与此相适应，本章介绍的房地产投资也是狭义的，它是指人们在房地产开发或投资活动中，为实现预定的开发、经营目标而预先垫支的资金。

对一般建设项目评价来说，建设项目的总投资包括建设投资、建设期利息和流动资金三个部分。建设投资即用于工程建设、购置设备、支付不可预见费用等方面的投资；建设期利息是指筹措债务资金时，在建设期内发生并按规定允许在投产后计入固定资产原值的利息，即资本化利息；流动资金即指运营期内长期占用并周转使用的营运资金，它是建设项目投产前有限垫付、在投产后用于购买原材料、燃料动力、备品备件，支付工资和其他费用以及在制品、半成品、制成品占用的周转资金，它不包括运营中需要的临时性营运资金。流动资金在每个生产周期完成一次周转，在整个项目寿命周期内始终被占用，直到项目寿命周期末，全部流动资金才退出生产与流通，以货币资金形式被收回。建设项目经济评价中，应按有关规定将建设投资中的各分项分别形成固定资产原值、无形资产原值和递延资产原值。形成的固定资产原值可用于计算折旧费，形成的无形资产和递延资产原值可用于计算摊销费。建设期利息计入固定资产原值。流动资金形成流动资产。

2．成本与建设项目成本

成本是指人们为达成一事或取得一物所必须付出的代价。成本与投资的关系，可以简单地这样理解：经济主体为取得未来的一定收益或效益而预先投入的资金，称为"投资"；而当

经济主体取得了这些收益或效益后，他们为此付出的这些“投资”就被称为“成本”。

投资分析中的成本概念与企业财务会计中的成本概念并不完全相同。其差异主要表现在三个方面。① 二者的内涵不同。财务会计中的产品成本是工业企业为生产一定种类、一定数量的产品所发生的直接材料费用、直接人工费用和间接制造费用的总和，也称生产成本或产品制造成本；投资分析中的产品成本是企业在一定时期内为生产和销售一定数量的产品所支出的全部费用，这一成本内涵不仅包括生产成本，而且还包括了销售费用、管理费用和财务费用，称为总成本费用；② 财务会计中的成本是对生产经营活动中实际发生费用的记录，各种影响因素的作用是确定的，所得到的成本数据是唯一的，而投资分析中使用的成本有许多是对拟实施项目未来将要发生的费用的预测和估算，各种影响因素的作用是不确定的，不同的实施方案会有不同的成本数据；③ 在投资分析中，根据分析计算的需要可能还要列入一些财务会计中没有的成本概念（如不可预见费用），这些成本的经济含义及成本中所包含的内容与财务会计中的成本不完全一样。

对一般建设项目来说，其总成本费用是指在项目运营期内，为生产产品或提供服务所发生的全部费用，它等于经营成本与折旧费、摊销费和财务费用（利息支出）之和。这里的经营成本主要是指项目建成后运营期间内所花费的管理费用、燃料和动力费用等转化的成本。经营成本在不同的行业其构成科目和名称都可能有较大的不同。

5.1.2 房地产投资分析中的投资与成本

房地产投资分析中的投资与成本，与一般建设项目的投资与成本有一定差异。就房地产直接投资形式来看，其投资与成本有其自身的特点，详见表5-1。

表5-1 房地产直接投资项目中投资与成本的特点

投资形式	经营方式	投资	成本
开发投资	出售	开发建设过程中的资金投入	开发建设过程中的成本支出
	出租	开发建设过程中的资金投入	含开发建设成本和出租成本
	经营	开发建设过程中的资金投入	含开发建设成本和经营成本
置业投资	出售	购买房地产时的资金投入	含购买成本和销售成木
	出租	购买房地产时的资金投入	含购买成本和出租成本
	经营	购买房地产时的资金投入	含购买成本和经营成本

考虑到本书的侧重点，本章将主要介绍房地产直接投资中的房地产开发投资；房地产置业投资将在第11章中详细介绍。

1. 房地产开发项目总投资

就房地产开发项目来说，其总投资包括开发建设投资和经营资金。其中，开发建设投资是指在开发期内完成房地产产品开发所需投入的各项费用的总和。这里所指的各项费用主要包括：土地取得费用、开发费用、管理费用、销售费用、不可预见费用（预备费）以及投资利息。开发建设的经营资金，是指开发企业用于日常经营的周转资金。对于房地产投资分析来说，在进行经济评价时一般只考虑开发建设投资而忽略经营资金。

2．房地产开发投资形成的成本或资产

房地产开发项目在建设完成后有三种经营模式：一是出售，二是出租，三是自营。这三种模式有时是独立进行的，有时是三者的某两种组合，有时又是三者兼而有之。不同类型的经营模式，房地产开发建设投资形成的成本或资产有所不同。具体来说，包括以下情况：

（1）开发完成后出售或出租时开发建设投资形成开发产品成本或经营成本。对于开发项目建设完成后出售或出租楼宇的，开发建设投资在开发项目完成后形成开发产品成本或经营成本。此种模式下，开发商所投入的开发建设资金均属于流动资金的性质，但其投资的大部分又是在形成建筑物或构筑物等时以固定资产形式存在的房地产商品，并通过项目建设过程中的预租售或建成后的租售活动，转让这些固定资产的所有权或使用权以收回投资。开发过程中所形成的开发企业固定资产大多数情况下很少甚至是零，所以基本上所有的投资均一次性地转移到房地产产品的成本——开发产品成本中去了。这里的开发产品成本，是指房地产开发项目建成时，按照有关财务和会计制度，转入房地产产品的开发建设投资。很明显，开发建设总投资基本上等于开发建设投资并等于开发产品成本（也即总成本费用）。当房地产开发项目有多种产品时，开发产品成本可以通过开发建设资金的合理分摊，分别估算每种产品的产品成本。

开发产品成本是在开发项目建成后形成的；更具体一点来说，它是在竣工验收后形成的成本表现形式。在开发产品出售或出租后，开发建设投资形成的成本便表现为房地产开发企业的经营成本，即房地产产品出售、出租时，将开发产品的成本按照国家有关财务和会计制度结转的成本。它主要包括：土地转让成本、商品房销售成本、配套设施销售成本和房地产出租经营成本。对于分期收款的房地产项目，房地产销售成本和出租经营成本通常按当期销售或出租收入占全部销售收入和出租收入的比率，计算本期应结转的经营成本。

需要说明的是，这里的经营成本是房地产开发企业经营房地产项目开发或出租业务的成本，而不是以开发完成后的物业作为生产资料自营的成本。后者就是后面将要介绍的房地产开发商以自己开发的房地产产品为生产要素进行经营，或者置业投资者购买房地产开发商开发的房地产产品后作为生产要素进行经营的成本。

根据上面的介绍，可以看到，房地产开发项目的成本将随着项目的进展分三个阶段核算。这三个阶段分别是：

建设期表现为开发建设投资→竣工验收后表现为开发产品成本→产品租售时表现为经营成本。

在企业的资产负债表中，建设投资由在建工程开发产品反映，开发产品成本由产成品反映，经营成本在利润及利润分配表中反映。

在房地产开发项目经济评价中，由建设投资到经营成本的计算步骤是：

投资估算得到“项目总投资估算表”→投资分类得到“开发产品成本表”→成本结转得到“经营成本估算表”或计算折旧得到“折旧摊销表”。

关于投资成本估算及相关表格的内容，将在以后的章节中予以介绍。

（2）开发完成后自营时开发建设投资形成固定资产和其他资产并转化为出租产品成本。

对于具有第三产业性质的自营经营模式来说，房地产开发建设投资在开发项目完成后形成固定资产及其他资产；在开始自营后，这些固定资产及其他资产又转化为出租产品成本。其中，固定资产将通过折旧计入出租产品成本。而对于作为公司办公用房的非经营性固定资产，则通过非经营性固定资产折旧形式计入企业管理费。其他资产主要是无形资产和递延资

产。土地使用权等无形资产以及开办费形成的递延资产，都需要在项目自营后的前若干年内按照会计有关规定逐年摊销并计入出租产品成本。

（3）开发完成后出售与自营结合，或者出租与自营结合，或者三种模式兼而有之时，既形成开发产品成本和出租产品成本，又形成固定资产与其他资产。

对于单一房地产产品（如同一个写字楼、同一个商业楼）来说，开发完成后出售与自营结合，或者出租与自营结合，或者既有出售、出租，又有自营的经营模式，房地产开发建设投资在开发项目完成后既会形成房地产开发产品成本和出租产品成本，也会形成固定资产及其他资产，并最后转化为出租产品成本。这时在投资分析中就比较复杂，需要注意房地产开发建设投资在开发产品成本、出租产品成本与固定资产及其他资产之间的合理分摊划转。

[阅读材料] 固定资产的确认与初始计量

《企业会计准则第4号——固定资产》对固定资产的确认和初始计量有明确的规定：

第三条 固定资产是指同时具有下列特征的有形资产：

（一）为生产商品、提供劳务、出租或经营管理而持有的；

（二）使用寿命超过一个会计年度。使用寿命是指企业使用固定资产的预计期间，或者该固定资产所能生产产品或提供劳务的数量。

第四条 固定资产同时满足下列条件的，才能予以确认：

（一）与该固定资产有关的经济利益很可能流入企业；

（二）该固定资产的成本能够可靠地计量。

第五条 固定资产的各组成部分具有不同使用寿命或者以不同方式为企业提供经济利益，适用不同折旧率或折旧方法的，应当分别将各组成部分确认为单项固定资产。

第六条 与固定资产有关的后续支出，符合本准则第四条规定的确认条件的，应当计入固定资产成本；不符合本准则第四条规定的确认条件的，应当在发生时计入当期损益。

第七条 固定资产应当按照成本进行初始计量。

第八条 外购固定资产的成本，包括购买价款、相关税费、使固定资产达到预定可使用状态前所发生的可归属于该项资产的运输费、装卸费、安装费和专业人员服务费等。

以一笔款项购入多项没有单独标价的固定资产，应当按照各项固定资产公允价值比例对总成本进行分配，分别确定各项固定资产的成本。

第九条 自行建造固定资产的成本，由建造该项资产达到预定可使用状态前所发生的必要支出构成。

第十一条 投资者投入固定资产的成本，应当按照投资合同或协议约定的价值确定，但合同或协议约定价值不公允的除外。

第十三条 确定固定资产成本时，应当考虑预计弃置费用因素。

5.1.3 房地产开发投资成本费用的具体构成

前面已经介绍过，房地产开发项目在建设完成后有三种基本经营模式，出售、出租及自营。根据这三种经营模式的存在形式，可把房地产开发投资分为出售型房地产开发投资、出租型房地产开发投资以及自营型房地产开发投资。以下根据这三种类型的不同情况，分别介绍房地产开发投资的成本费用构成项目。

1．出售型房地产开发投资成本费用构成

根据 2006 年颁布的《企业会计准则第 1 号—— 存货》的规定，存货是指企业在日常活动中持有以备出售的产成品或商品、处在生产过程中的在产品、在生产过程或提供劳务过程中耗用的材料和物料等。很显然，出售型房地产是一种存货。作为存货的出售型房地产，其开发投资包括两个部分：一是开发建设投资，二是经营资金。

根据前面的介绍，房地产开发建设投资包括以下几个部分：

（1）土地取得费用。土地取得费用是指取得房地产开发用地的必要支出。在目前情况下，土地取得费用的构成因取得房地产开发用地的途径不同而不同。取得房地产开发用地的途径可归纳为三种情况：一是通过市场购买取得，二是通过征收集体土地取得，三是通过城市房屋拆迁取得。

1）市场购买情况下的土地取得费用。在成熟完善的土地市场情况下，土地取得费用一般是由购买土地的价款和应当由作为买方的房地产开发商缴纳的税费构成。目前主要是购买政府招标、拍卖、挂牌出让的已完成征收和拆迁安置的土地使用权，或者购买房地产开发商转让的已完成征收和拆迁安置的土地使用权。

2）征收集体土地情况下的土地取得费用。这部分费用大致包括征地补偿安置费、相关税费以及土地使用权出让金等土地有偿使用费三个部分。其中，征地补偿安置费，也称征地补偿费，一般由土地补偿费、安置补助费、地上附着物和青苗补偿费组成。相关税费一般包括征地管理费、耕地占用税、耕地开垦费以及新菜地开发建设基金四个部分。土地使用权出让金是土地批租时一次性收取的费用，即为土地有效年限的使用价格，也可称之为“地价”。土地出让金包括土地开发投资费用和使用期内的土地使用费。前者包括征地、动迁及为地块直接配套的基础设施费，是对开发投资的一次性补偿；后者为土地资源使用的费用，即“地租”，是土地所有权在经济上的体现。

3）城市房屋拆迁情况下的土地取得费用。这部分费用大致包括房屋拆迁安置费用、相关费用和土地使用权出让金等土地有偿使用费三部分。其中，房屋拆迁安置费用一般由被拆迁房屋的房地产市场价格、被拆迁房屋室内自行装饰装修的补偿金额、搬迁补助费、安置补助费以及拆迁非住宅房屋造成停产停业的补偿费 5 个部分组成。相关费用一般包括房屋拆迁管理费、房屋拆迁服务费、房屋拆迁估价费以及房屋拆除和渣土清运费 4 个部分组成。土地使用权出让金的情况同上。

（2）开发费用。开发费用是指在取得房地产开发用地上进行基础设施建设、房屋建设所必要的直接费用、税金等，主要包括前期工程费、建筑安装工程费、基础设施建设费、公共配套设施建设费、其他工程费以及开发期间税费等。

（3）管理费用。管理费用是指房地产开发商为管理和组织房地产项目的开发经营活动所必要的费用，包括公司经费、工会经费、职工教育培训经费、劳动保险费、待业保险费、董事会费、咨询费、审计费、诉讼费、排污费、房地产税、土地使用税、开办费摊销、业务招待费、技术转让费、技术开发费、无形资产摊销、坏账损失、报废损失及其他管理费用。

（4）销售费用。销售费用是指预售未来开发完成的房地产产品或者销售已经开发完成的房地产产品所必要的费用，包括广告费、销售资料制作费、样板房或样板间建设费、售楼处建设费、销售许可证申领费、销售人员费用或者销售代理费等。

（5）不可预见费。不可预见费也称预备费用，它是在投资估算时用以处理实际与计划不相符合而追加的费用，包括基本预备费和涨价预备费。其中，基本预备费主要用于初步设计、

技术设计、施工图设计和施工过程中，在批准的建设投资范围内所追加的建设费用，以及应对不可抗拒的自然灾害（如冰雹、台风、水灾等）等所支付的费用等；涨价预备费主要用于因项目投入物价格上涨而需要追加的费用。

（6）投资利息。投资利息与财务费用不完全相同，它是指房地产开发完成或实现销售之前发生的所有必要费用应计算的利息，而不仅仅是借款的利息及其手续费。因此，土地取得费用、开发费用、管理费用、销售费用和不可预见费，无论它们来自借贷资金还是自有资金，均应计算利息。当然，在具体计算时，可把自有资金看成是借贷资金来计算利息。

除了开发建设投资外，出售型房地产开发投资还包括经营资金。经营资金是流动资金的一种，它属于项目的周转资金。因为房地产开发是一个长期、持续的过程，需要不断有经营资金注入以进行周转，所以经营资金是房地产投资的重要组成部分。

根据“5.1.2 房地产投资分析中的投资与成本”中的介绍，对于开发完成后出售型的房地产开发，房地产开发建设投资和经营资金一起，在开发项目建设完成后结转为开发产品成本，在房地产产品销售时，开发产品成本又结转为房地产开发经营成本。通常，考虑到经营资金的周转性质和较小数量，一般认为，开发建设总投资基本上等于开发建设投资并等于开发产品成本（也即总成本费用），也等于开发经营成本。

2. 出租型房地产开发投资成本费用构成

根据2006年颁布的《企业会计准则第3号—— 投资性房地产》的规定，投资性房地产是指为赚取租金或资本增值，或两者兼有而持有的房地产。投资性房地产包括已出租的土地使用权、持有并准备增值后转让的土地使用权以及已出租的建筑物三种类型。很显然，出租型房地产是投资性房地产的一种。

作为房地产开发商自己开发（自行建造）自己出租的投资性房地产，其投资成本费用涵盖建造期、推广期以及出租期三个阶段的成本费用，它的构成一般包括三个部分：

（1）自行建造投资性房地产的成本，即建造该项建筑物达到预定可使用状态前所发生的必要支出。这部分费用支出大致是作为存货的出售型房地产开发投资的成本费用，再扣除销售费用后的余额部分，也即包括土地取得费用、开发费用、管理费用、不可预见费用（预备费）、投资利息以及开发建设的经营资金在内的费用支出。

（2）出租前的营销推广费，它是指房地产开发商作为出租人，为推广和出租自己的楼盘而进行营销推广所发生的费用，如广告费、营销人员工资、办公费等；通过代理出租的，还有代理费。这部分费用类似于出售房地产的销售费用。

（3）出租该投资性房地产（房屋建筑物）期间的出租经营成本，或称之为经营成本。经营成本是房地产开发商在出租自己开发的房屋的过程中，需要支付的各项费用。这部分费用主要包括物业服务费、建筑物维护与能源费、行政管理费、保险费以及营销费等费用支出。

考虑到出租之前的营销推广费的性质，一般可以把它看作销售费用。这样，出租型房地产开发投资的构成就只有两个部分，一是开发建设总投资，二是出租经营成本。根据5.1.2中的介绍，对于开发完成后出租型的房地产开发，在出租开发产品房屋时，开发建设总投资将结转为房地产产品成本，这部分成本包括固定资产折旧费、无形资产和递延资产的摊销费等。一般把房地产产品成本和经营成本合在一起，统称为总成本费用。

3. 自营型房地产开发投资成本费用构成

自营型房地产开发投资成本费用包括建造期和自营期发生的成本费用。其中，建造期的成本费用构成项目与出售型房地产开发投资的成本费用基本相同。但是，由于建造该房地产不是为了出售或出租，而是为了自营，所以其销售费用实质上也是一种营销费用。同时，为了达到自营条件，在开发建造该房地产的过程中，必然会增加开发费用中的建筑安装工程费支出，增加的支出主要用于自营设备的购置与安装，如自营家具或办公用品的购置安装等方面。正因为这样，所以，一般来说，自营房地产的建造成本通常都比非自营房地产的要高。

自营型房地产在自营期间发生的成本费用，也可称为经营成本，它主要包括管理费、维护费、设备使用费、保险费等各种费用支出。

根据5.1.2中的介绍，对于开发完成后自营型的房地产开发，房地产开发建设投资在开发项目完成后形成固定资产及其他资产，在开始自营后，这些固定资产及其他资产又转化为出租产品成本。其中，固定资产将通过折旧计入产品成本，其他资产（主要是无形资产和递延资产）都需要在项目自营后的前若干年内按照会计有关规定逐年摊销并计入产品成本。一般把房地产产品成本和经营成本一起，统称为总成本费用。

此外，在房地产投资分析中还有一个处置成本的概念。当出租和自营型房地产在出租和自营一定时间后（到计算期结束），为了计算的方便，通常都假设在最后要把房地产转让给他人，并获得一部分的转售收益。在转让过程中发生的一些销售费用，如销售佣金、法律费用、场所清理费用、员工遣散费用等，称为处置成本。房地产的类型、规模大小，当地风俗以及销售策略都会在转让房地产时对处置成本的大小产生影响。

5.2 房地产投资成本费用估算

5.2.1 房地产开发投资成本费用估算

1. 土地取得费用估算

（1）市场购买情况下的土地取得费用估算。市场购买情况下的土地取得费用包括土地使用权购买价格及买方应缴纳的税费两部分。

1）土地使用权购买价格的估算。对于购买政府招标、拍卖、挂牌出让的已完成征收和拆迁安置的土地使用权的情况，其土地使用权价格可以参照政府招拍挂底价，并采用房地产估价中的市场比较法、基准地价修正法或成本法估算。

以北京市为例。北京市于2005年颁布《北京市出让国有土地使用权招标拍卖挂牌办法》。该办法指出，国有土地使用权招拍挂底价由有资质的评估机构评估出评估期日的正常土地市场价格，然后由市国土资源局会同市发展和改革委员会、建设、财政等行政主管部门最后确定。也就是说，国有土地使用权的招拍挂底价是以市场评估价为基础确定的。这样，一方面，在购买尚未确定底价的招拍挂出让的国有土地使用权之前，可以通过市场评估确定其购买价格；另一方面，也可以在政府已确定的招拍挂底价的基础上，考虑竞争等因素确定希望购买的国有土地使用权的购买价格。

对于购买房地产开发商转让的已完成征收和拆迁安置的土地使用权的情况，可以直接采用房地产估价中的市场比较法、基准地价修正法以及成本法来求取土地使用权购买价格。

2）买方应缴纳的税费的估算。买方应缴纳的税费包括契税、印花税、交易手续费等，通常是根据税法及中央和地方政府的有关规定，按照土地使用权价格的一定比例来测算。如买

方缴纳的契税通常按土地使用权价格的 4%计算，买方缴纳的印花税通常按土地使用权价格的 0.05%计算等。需要指出的是，这里买方应缴纳的税费需要计入房地产开发投资成本。

（2）征收集体土地情况下的土地取得费用估算。根据《中华人民共和国物权法》、《中华人民共和国土地管理法》、《关于完善征地补偿安置制度的指导意见》等的规定，征收集体土地情况下的土地取得费用的估算大致如下：

1）土地补偿费的估算。土地补偿费是征地费的主要部分，国家建设征用土地，由用地单位支付土地补偿费。土地补偿费的标准是：征收耕地的补偿费，为该耕地被征用前三年平均年产值的 6～10 倍；征收其他土地的补偿费标准由该省、自治区、直辖市参照征收耕地的补偿费标准规定。如，在北京近郊征用菜地大约每亩需要 20～30 万元，征用大田每亩大约需 10～15 万元；远郊区县征用菜地大约每亩需要 8～12 万元，征用大田大约每亩需要 5～8 万元。

2）安置补助费的估算。安置补助费是为安置因征收土地造成的剩余劳动力的补助费，应按照需要安置的农业人口数计算。需要安置的农业人口数，按照被征收的耕地数量除以征地前被征收单位平均每人占有耕地的数量计算。每一个需要安置的农业人口的安置补助费标准，为该耕地被征收前 3 年平均年产值的 4～6 倍。但每公顷被征收耕地的安置补助费，最高不超过被征收前 3 年平均年产值的 15 倍。征收其他土地的安置补助费标准由省、自治区、直辖市参照征收耕地的安置补助费标准规定。安置补助费的计算公式为：

（被征土地需安置人数×补偿倍数）≤15 时，

总安置补助费=被征土地前 3 年平均年产值×补偿倍数×被征土地需安置人数

（被征土地需安置人数×补偿倍数）＞15 时，

总安置补助费=被征土地前 3 年平均年产值×15

依照规定支付土地补偿费和安置补助费，尚不能使需要安置的农民保持原有生活水平的，经省、自治区、直辖市人民政府批准，可以增加安置补助费。但是，土地补偿费和安置补助费的总和不得超过土地被征收前 3 年平均年产值的 30 倍。

3）地上附着物和青苗补偿费等的估算。地上附着物是指依附于土地上的各类地上、地下建筑物和构筑物，如房屋、水井、树木、鱼塘、道路、管线、农田水利设施、蔬菜大棚等。青苗是指被征收土地上正处于生长阶段的农作物，如水稻、小麦、水果等。被征收土地上的附着物和青苗的补偿标准，由省、自治区、直辖市规定。如计算地上附着物补偿费，按照拆什么补偿什么，拆多少补偿多少，并且不低于原有水平为原则。各省、自治区、直辖市根据当地建筑材料、劳动力和运输等费用，按各类建筑物和构筑物的等级和结构进行测算，制定符合当地物价水平的地上附着物补偿标准。林木补偿费按树木的大小进行补偿，如已成材的，可以由原所有者砍伐，但不再支付林木补偿费而发给砍伐费。果树、经济林等则根据投入情况予以补偿。青苗补偿费通常需要根据青苗的具体情况来补偿。如重庆主城区征地青苗补偿标准，蔬菜类（含经济作物类）一类、二类、三类标准分别为，1430～1760 元/亩、1320～1650 元/亩、1210～1540 元/亩；粮食类一类、二类、三类标准分别为，1100～1430 元/亩、990～1320 元/亩、880～1210 元/亩。

4）征地管理费的估算。该项费用是指县级以上人民政府土地管理部门受用地单位委托，采用包干方式统一负责、组织、办理各类建设项目征收土地的有关事项，由用地单位按照征地总额（征地补偿安置费用）的一定比例支付的管理费用。征地包干有全包方式、半包方式和单包方式三种。

根据国家物价局、财政部《关于发布土地管理系统部分收费项目与标准的通知》（〔1992〕

价费字 597 号）的规定，实行全包征地方式的，按征地费总额的以下比例收费：一次性征用耕地在 66.67 公顷（1000 亩）以上（含 66.67 公顷）、其他土地 133.34 公顷（2000 亩）以上的（含 133.34 公顷），征地管理费按不超过 3%收取；征用耕地 66.67 公顷以下、其他土地 133.34 公顷以下的，征地管理费按不超过 4%收取。对于实行半包方式的，按征地费总额的以下比例收费：一次性征用耕地在 66.67 公顷以上（含 66.67 公顷）、其他土地 133.34 公顷以上的（含 133.34 公顷），征地管理费按不超过 2%收取；征用耕地在 66.67 公顷以下、其他土地 133.34 公顷以下的，征地管理费按不超过 2.5%收取。对于实行单包方式征地的，按征地费总额的以下比例收费：一次性征用耕地在 66.67 公顷以上（含 66.67 公顷）、其他土地 133.34 公顷以上的（含 133.34 公顷），征地管理费按不超过 1.5%收取；征用耕地在 66.67 公顷以下，其他土地 133.34 公顷以下的，征地管理费按不超过 2%收取。只办理征地手续不负责征地工作的，不得收取征地管理费。

根据国家计委、财政部《关于全面整顿住房建设收费取消部分收费项目的通知》（计价格［2001］585 号）的规定，目前，征地管理费的收费标准按上述收费标准的 70%计收。

5）耕地占用税（占用耕地的）的估算。根据《中华人民共和国耕地占用税暂行条例》（国发[1987]27 号）的规定，耕地占用税以纳税人占用的耕地面积计税，按照规定税率一次性征收。应纳税额计算公式为：应纳税额=纳税人实际占用的耕地面积×适用税额标准。各地耕地占用税的适用额标准，由各省、自治区、直辖市人民政府根据本地区的实际情况具体核定。

6）耕地开垦费（占用耕地的）的估算。国家实行占用耕地补偿制度。非农建设经批准占用耕地的，按照“占多少，垦多少”的原则，由占用耕地的单位负责开垦与所占耕地的数量和质量相当的耕地；没有条件开垦或开垦的耕地不符合要求的，应当按照省、自治区、直辖市的规定缴纳耕地开垦费，专款用于开垦新的耕地。如北京市规定，非农业建设项目占用耕地的，耕地开垦费按 10～14 元/m^2 收取。

7）新菜地开发建设基金（征收城市郊区菜地的）的估算。城市郊区菜地，是指连续三年以上常年种菜或养殖鱼、虾的商品菜地和精养鱼塘。征收城市郊区的菜地，用地单位应当按照国家有关规定缴纳新菜地开发建设基金，其标准为：百万人口的城市，每征用一亩菜地，缴纳 7000～10000 元；50 万以上不足百万人口的城市每征用一亩地，缴纳 5000～7000 元；不足 10 万人口的城市，每征用一亩菜地，缴纳 3000～5000 元。各省、自治区、直辖市根据以上标准，确定自己的标准；但不得超出以上标准限额。

8）政府规定的其他有关费用的估算。部分省、自治区、直辖市还规定收取防洪费、南水北调费等。具体费用和收取标准，应根据国家和当地政府的有关规定执行。如广州市规定，防洪费的费率为：一般内资企业为 1.3‰，从事经营的外商投资企业为 0.9‰，市区域内的外贸企业为 0.45‰，从事专业批发的商业企业为 0.5‰。

9）土地使用权出让金等土地有偿使用费的估算。一般按照有关规定或采用市场比较法估价进行估算。

（3）城市房屋拆迁情况下的土地取得费用估算。根据前面的介绍，城市房屋拆迁情况下的土地取得费用估算，包括房屋拆迁安置费用、相关费用和土地使用权出让金等土地有偿使用费三部分费用的估算。

1）房屋拆迁安置费用的估算。城市房屋拆迁费用是指在城市规划区内国有土地上实施房屋拆迁所发生的必要支出。根据《城市房屋拆迁管理条例》、《城市房屋拆迁估价指导意见》等的规定，城市房屋拆迁费用及其估算简介如下：

① 被拆迁房屋的房地产市场价格。该价格实质上是对被拆迁房屋（不含室内自行装饰装修部分）及其占用范围内的土地的补偿。其标准是被拆迁房屋（不含室内自行装饰装修部分）及其占用范围内的土地的市场价值，由房地产估价机构根据被拆迁房屋的区位、用途、建筑面积等因素评估决定。

② 被拆迁房屋室内自行装饰装修的补偿金额。该金额实质上是对被拆迁房屋的室内自行装饰装修部分的补偿。其标准是该自行装饰装修部分的市场价格，由拆迁人和被拆迁人协商确定；协商不成的，可以通过委托评估确定。

③ 各种补助费、补偿费。该费用包括三个部分。一是搬迁补助费。其中，搬迁住宅房屋的，包括搬家具、家用电器拆装费、电话移机费、有线电视费等；拆迁非住宅房屋的，包括机器设备的拆卸、搬迁、重新安装费用等。无法恢复使用的家用电器、机器设备，通常按其重置价格结合成新给予补偿。二是安置补助费，例如临时安置补助费（或周转房费）、特困户安置补助费、自建房安置补助费等。三是拆迁非住宅房屋造成的停产停业的补偿费。这些补助费、补偿费的标准，由省、自治区、直辖市人民政府规定。

2）城镇房屋拆迁相关费用的估算。城镇房屋拆迁相关费用的估算包括房屋拆迁管理费、房屋拆迁服务费、房屋拆迁估价费以及房屋拆除和渣土清运费 4 个部分的估算。这 4 个部分费用一般按照有关规定或采用市场比较法估算。其中，房屋拆迁管理费是房屋拆迁管理部门按照房屋拆迁补偿安置费用的一定比例向拆迁人收取的费用，用于房屋拆迁管理工作。具体收费标准由各省、自治区、直辖市人民政府规定。房屋拆迁管理费是承担房屋拆迁服务的单位（拆迁企业）按照房屋拆迁补偿安置费用的一定比例向拆迁人收取的费用。房屋拆迁估价费（房地产价格评估费）是承担房屋拆迁估价服务的房地产估价机构，向房屋拆迁估价委托人（通常为拆迁人）收取的费用。房屋拆除和渣土清运费是拆除房屋并清除渣土所发生的费用。

3）土地使用权出让金等土地有偿使用费的估算。一般按照有关规定或采用市场比较法估价进行估算。

三种情况下的土地取得费用估算表详见表 5-2。

表 5-2　土地取得费用估算表　　（单位：万元）

序　号	项　目	金　额	估算说明
1	土地使用权购买价格		
2	买方应缴纳的税费		
3	土地补偿安置补助费		
4	地上附着物和青苗补偿费		
5	征地管理费		
6	耕地占用税		
7	耕地开垦费		
8	新菜地开发建设基金		
9	城镇房屋拆迁安置费用		
10	城镇房屋拆迁相关费用		
11	土地使用权出让金等		
12	其他相关费用		

注：实际中要根据土地取得的具体情况来取舍费用项目并估算费用。

2. 开发费用估算

房地产开发费用的估算，具体包括前期工程费、建筑安装工程费、基础设施建设费、公共配套设施建设费、其他工程费以及开发期间税费等费用的估算。

（1）前期工程费的估算。这部分费用包括市场调查、可行性研究、工程勘察、环境影响评价、规划和建筑设计、建设工程招投标、施工的通水、通电、通路、场地平整及临时用房等房地产开发项目前期工作所必要的支出。要注意场地平整等费用与土地取得费用的衔接，如果土地取得费用中包含了房屋拆除费，或者取得的房地产开发用地是“七通一平”等场地平整的熟地，则这里就没有或者只有部分场地平整等费用。

前期工程费中，项目的规划、设计、可行性研究等费用一般可按项目总投资的一个百分比估算。一般情况下，规划设计费为建安工程费的3%左右；可行性研究费用占项目总投资的1%～3%；水文、地质、勘察所需费用可根据所需工作量结合有关收费标准估算，一般为设计概算的0.5%左右。“三通一平”等土地开发费用的估算可根据实际工作量，参照有关计费标准估算。前期工程估算表格式详见表5-3。

表5-3 前期工程费估算表 （单位：万元）

序 号	项 目	金 额	估算说明
1	规划、设计、可行性研究费		
2	水文、地质等勘察费		
3	道路费		
4	供水费		
5	供电费		
6	土地平整费		
7	其他费用		
	合 计		

（2）基础设施建设费的估算。基础设施建设费是指建筑物2m以外和项目用地规划红线以内的各种管线和道路工程的费用，主要包括供水、供电、供气、排污、道路、路灯、绿化、排洪、电信、环卫等工程建设费用，以及各项设施与市政设施干线、干管、干道的接口费用。基础设施建设费通常采用单位指标估算法及实际工程量来计算。

一般说来，详细估算时，可按单位指标估算法来计算，如供水工程可按水增容量（t）指标计算等。粗略估算时，则各项基础设施工程均可按建筑平方米或用地平方米造价计算。

基础设施建设费估算表格式详见表5-4。

表5-4 基础设施建设费估算表 （单位：万元）

序 号	项 目	建设费用	接口费用	合 计
1	供电工程			
2	供水工程			
3	供气工程			
4	排污工程			
5	小区道路工程			
6	路灯工程			
7	小区绿化工程			
8	环卫设施			
9	其他工程			
	合 计			

（3）建筑安装工程费的估算。建筑安装工程费是指建造房屋建筑物所发生的建筑工程费用、设备采购费用和安装工程费用等。它具体包括建筑工程费（结构、建筑、特殊装修工程费）、设备采购及安装工程费（给排水、电气照明及设备安装、空调通风、弱电设备及安装、电梯及安装、其他设备及安装等）和室内装饰家具费等。在可行性研究阶段，建筑安装工程费的估算，可以采用单元估算法、单位指标估算法、工程量近似匡算法、概算指标估算法等，也可根据类似工程经验估算。当房地产项目有多个单项工程时，应对各个单项工程分别估算建筑安装工程费用。

1）单元估算法。它是以基本建设单元的综合投资乘以单元数得到项目或单项工程总投资的估算方法。如以每间客房的综合投资乘以客房数估算一座酒店的总投资等。

2）单位指标估算法。它是以单位工程量投资乘以工程量得到单项工程投资的估算方法。一般来说，土建工程、水电安装工程及其他设备安装工程可按建筑面积（m^2）造价计算；采暖工程按耗热量（kcal/h，1ca1=4.2J）指标计算；变配电安装按设备容量（kVA）指标计算；集中空调安装按冷负荷量（kcal/h）指标计算；供热锅炉安装按每小时产生蒸汽量（m^3/h）指标计算；各类围墙、室外管线工程按长度（m）指标计算；室外道路按道路面积（m^2）指标计算。有关指标可参照近似案例获得。

3）工程量近似匡算法。该方法采用与工程概预算类似的做法，先近似匡算工程量，配上相应的概预算定额单价和取费标准，近似计算项目的建筑工程投资。

4）概算指标估算法。该方法采用综合单位建筑面积和建筑体积等建筑工程概算指标计算整个工程费用。常用的估算公式是：

$$直接费=每平方米造价指标\times建筑面积$$

$$主要材料消耗量=每平方米材料消耗量指标\times建筑面积$$

5）类似工程经验估算法。一定时期和相对稳定的市场状况下，通过客观的估算方法，并对实际个案的经验总结，可以测算出各类有代表性项目的建安工程总体平均费用或各项费用的大致标准，用这个标准估算建安工程费用的方法就是类似工程经验估算法。表 5-5 是部分城市民用建筑工程造价参考指标。

表 5-5　部分城市民用建筑工程造价参考指标（2001 年 6 月）　（单位：元/m^2）

	北　京	天　津	沈　阳	上　海	南　京	广　州
1．住宅						
低层一般标准	1200～1500	650～1500	750～900	—	750～800	650～850
低层高标准	2000～2400	1500～2000	600～700	1250～1400	900～1100	1400～1530
多层一般标准	1000～1100	1150～1400	900～1000	1200～1400	900～1000	800～1000
多层高标准	1500～1800	1350～1550	1400～1600	800～1000	1000～1200	1400～600
高层一般标准	1500～1600	1400～1500	1400～1500	1500～1700	1200～1400	1100～1300
高层高标准	2000～2300	1800～2200	1800～2000	2200～2600	1500～1700	1800～2000
2．办公楼、写字楼						
多层一般标准	2000～2300	1350～1600	900～1000	1200～1400	1000～1300	1000～1200
多层高标准	3000～3400	1400～1700	1450～1600	1800～2000	—	1500～1800
高层一般标准	3100～3500	2200～3000	1800～2000	2400～3200	1400～1500	1200～1400
高层高标准	4800～5600	3500～4000	3000～3500	4200～5000	2000～2500	2500～3500

（续）

	北 京	天 津	沈 阳	上 海	南 京	广 州
3．旅游酒店						
多层一般标准	2700～3000	2500～3000	2200～2500	2600～3200	1800～2000	1000～1200
高层一般标准	3500～4100	3200～3500	3000～3500	3200～3800	2400～2600	1200～1400
三星级	4200～4700	3500～4500	3500～4000	4500～5000	2800～3300	3500～4500
五星级	5600～6500	5000～6000	4600～5500	5000～8000	4000～4500	4500～5500
4．商店						
多层一般标准	1500～1800	1800～2200	1000～1500	2100～2800	1200～1300	1450～1800
多层高标准	3000～3900	2500～3500	2000～2500	3100～4000	1400～1600	2100～2410
高层高标准	4000～5000	3800～4300	3000～3500	4500～4800	1800～2000	2800～3500
高层一般标准	2500～3000	2300～2900	2000～2500	2600～3000	1600～1800	—

当房地产项目有多个单项工程时，应对各个单项工程分别估算建安工程费用。这可以通过表 5-6 来归集估算。

表 5-6　建筑安装工程费用估算表　　（单位：万元）

项　目	建筑面积/m²	建安工程费		装饰工程费		金额合计
		单价	金额	单价	金额	
单项工程 1						
单项工程 2						
…						
合　计						

（4）公共配套设施建设费的估算。公共配套设施建设费是指居住小区内为居民服务配套建设的各种非营利性的公共配套设施（又称公建设施）的建设费用。它主要包括：居委会、派出所、托儿所、幼儿园、锅炉房、变电室、公共厕所、停车场等。这些公共配套设施是不能有偿转让的，其费用一般按规划指标和实际工程量估算。估算表格式详见表 5-7。

表 5-7　公共配套设施建设费估算表　　（单位：万元）

序　号	项　目	建设费用	估算说明
1	居委会		
2	派出所		
3	托儿所		
4	幼儿园		
5	公共厕所		
6	停车场		
7	其他		
	合　计		

（5）其他工程费的估算。其他工程费主要包括工程监理费、竣工验收费等费用。其

他工程费用可以按照有关部门规定的费率估算，一般约占投资额的 2%～3%。估算表格式详见表 5-8。

表 5-8 其他费用估算表 （单位：万元）

序 号	项 目	金 额	估算说明
1	临时用地		
2	临建图		
3	施工图预算或标底编制费		
4	工程合同预算或标底审查费		
5	招标管理费		
6	总承包管理费		
7	合同公证费		
8	施工执照费		
9	工程质量监督费		
10	工程监理费		
11	竣工图编制费		
12	工程保险费		
	合 计		

（6）开发期间税费的估算。开发期间的税费主要包括有关税收和地方政府或其他有关部门收取的费用，如绿化建设费、人防工程费等。各项税费应根据当地有关法规标准估算。目前，有的税费项目已经取消，如固定资产投资方向调节税、电话初装费等已经不再征收。在具体估算时，要根据实际情况来考察和估算收费项目。估算表格式详见表 5-9。

表 5-9 开发期税费估算表 （单位：万元）

序 号	项 目	金 额	估算说明
1	固定资产投资方向调节税		
2	土地使用税		
3	市政支管线分摊费		
4	供电贴费		
5	用电权费		
6	分散建设市政公用设施费		
7	绿化建设费		
8	电话初装费		
	合 计		

3．管理费用估算

管理费用可按项目土地取得成本和开发成本之和的一个百分比来估算，这个百分数一般为 3%左右。

如果房地产开发企业同时开发若干房地产项目，管理费用应在各个项目之间合理分摊。

4．销售费用估算

为便于投资利息的测算，销售费用应区分为销售之前发生的费用和销售同时发生的费用。广告费、销售资料制作费、样板房或样板间建设费、售楼处建设费一般是在销售之前发生的，销售代理费一般是与销售同时发生的。

销售费用的估算主要分为三部分：

（1）广告宣传及市场推广费用。约为销售收入的 2%～3%。

（2）销售代理费。约为销售收入的 1.5%～2%。

（3）其他销售费用。约为销售收入的 0.5%～1%。

实际估算中，销售费用按销售收入的 4%～6%估算。

5．不可预见费用估算

不可预见费用根据项目的复杂程度和前述各项费用估算的准确程度，以上述各项费用之和为基数，按 3%～7%估算。

6．建设期投资利息估算

建设期投资利息的估算，实质上也就是资金成本的估算。资金成本是指企业为筹集资金和使用资金而付出的代价。在房地产开发经营投资过程中，有一些资金是企业自己的资金，但考虑到资金成本，在具体计算时，可把自有资金看成是借贷资金来计算利息。

在估算建设期借款利息之前，应该先根据房地产投资项目的类型、特征及要求，选择适当的借款种类和条件，再根据相应的借款种类来估算建设期借款利息。

（1）借款还本付息方式及还款顺序。

1）国外借款的还本付息方式。一般来讲，国外借款的利息应按照协议书或贷款意向书确定的利率进行计算。债权人会明确要求债务人在规定期限内偿还本金和利息。债务人在还款时可以采用等额还本付息或等额还本、利息照付两种方式。

2）国内借款的还本付息方式。一般来讲，国内借款的利息应按照现行银行贷款利率计算。虽然在贷款合同中贷款双方会明确规定还本付息的期限，但是在实际操作中，还款期限主要还是按照实际偿还能力进行计算。

通常的做法是在先偿付当年所需的外汇借款本金（如有外汇借款的话）后，用剩余的资金按先贷款先还、后贷款后还、利息高的先还、利息低的后还的顺序，或按照双方的贷款协议归还国内借款。

（2）借款还本付息表的一般结构。借款还本付息表见表 5-10。该表反映的是建设投资资金的借款本息。流动资金的利息是列入财务费用的，由于其本金是在项目计算期末回收流动资金一次偿还，所以在此借款还本付息表中没有涉及流动资金借款偿还问题。

表 5-10 借款还本付息表 （单位：万元）

序号	项目	开发经营期（年、季、月）					
		合计	1	2	3	…	N
1	借款及还本付息						
1.1	期初借款余额						
1.2	本期借款						
1.3	本期应计利息						
1.4	本期还本付息						
1.5	期末借款余额						
2	借款偿还资金来源						
2.1	利润（租、售纯收入）						
2.2	折旧摊销费						
2.3	短期借款						
借款利率（%）							
还款方式							
借款偿还期							

注：计算过程中采用的贷款利率为期间（年、半年、季度、月）利率。

(3) 国内借款利息的估算。

1) 借款时的利息估算。在对房地产投资项目建设期借款利息进行估算时，应根据借款利率、借款期限、借款总额等借款条件的不同分别估算。为简化计算，假定借款当年在年中支用，按半年计息，其后各年按全年计息，则每年借款利息计算公式为：

$$每年借款利息=（年初借款本息累计+本年借款/2）\times 利率$$

需要注意的是，还款当年应按年末偿还，按全年计息。则每年借款利息近似计算公式为：

$$每年借款利息=年初借款累计\times 年利率$$

2) 还款时的利息估算。还款利息的计算因还款方式的不同而不同，具体包括：

① 等额还本付息时。等额还本付息中，各年偿还的本利和相等，但各年内支付的本金数不等、利息数也不等，偿还的本金部分将逐年增多，支付的利息部分将逐年减少。每年等额还本付息计算公式为：

$$A=I_c\frac{i(1+i)^n}{(1+i)^n-1}$$

式中 A——每年的还本付息额；

I_c——借款本金或本息与初始经营资金借款本金之和；

i——年利率（实际利率）；

n——贷款方要求的借款偿还时间。

其中，每年借款利息的计算公式为：

$$每年借款利息=年初借款余额累计\times 年利率$$

$$每年年初借款余额累计=I_c-本年以前各年偿还本金累计$$

每年偿还本金的计算公式为：

$$每年偿还本金=A-每年借款利息$$

② 等额还本、利息照付时。等额还本、利息照付是指偿还期内每年偿还的本金额是相等的，利息将随本金逐年偿还而减少，但各年之间的本金及利息之和不等。

各年还本付息额的计算公式为：

$$A_t=\frac{I_c}{n}+I_c(1-\frac{t-1}{n})\ i$$

式中 A_t——第 t 年还本付息额。

其中，每年借款利息的计算公式为：

$$每年借款利息=年初借款累计\times 年利率$$

每年偿还本金的计算公式（含建设期未付利息）为：

$$每年偿还本金=I_c/n$$

(4) 国外借款利息估算。国外借款利息在计算时与国内计算方法大体相同。不过，国外借款除支付银行利息外，还要另计管理费和承诺费等财务费用。为了简化计算，可采用适当提高利率的方法进行处理。

[例 5-1]某房地产开发项目建设期 2 年，因资金不足而以 7%的年利率向银行借款，第一

年借款 3000 万元，第二年借款 5000 万元，贷款银行要求开发商按年等额还本付息，从项目建设完毕起，5 年内还清。假设项目建成后开始租售，预计每年的租售纯收入足以还本付息。试编制借款还本付息估算表。

解：（1）开发商在建设期内每年应偿还利息为：

第 1 年：（0+3000 ÷ 2）万元×7%=105 万元

第 2 年：（3000+105+5000 ÷ 2）万元×7%=392.35 万元

第 2 年末借款累计：借款总和+利息总和=（3000+5000+105+392.35）万元=8497.35 万元

（2）开发商每年还本付息额为：

$$A=I_{\mathrm{c}}\frac{i(1+i)^n}{(1+i)^n-1}$$

$$=8497.35\text{万元}\times\frac{7\%\times(1+7\%)^5}{(1+7\%)^5-1}=2072.425\text{万元}$$

（3）偿还期各年偿还利息、本金及借款余额（以第三年为例）：

第 3 年应偿还利息：8497.35 万元×7%=594.815 万元

第 3 年应偿还本金：（2072.425−594.815）万元=1477.61 万元

第 3 年末借款余额：（8497.35−1477.61）万元=7019.74 万元

以此类推，可以得到该开发项目的借款还本付息估算表。见表 5-11。

表5-11 某房地产开发项目借款还本付息估算表 （单位：万元）

序号	项目名称	合计	建设经营期						
			1	2	3	4	5	6	7
1	借款及还本付息								
1.1	年初借款余额			3105.00	8497.35	7019.74	5438.70	3746.98	1936.85
1.2	本年借款	8 000.00	3 000.00	5 000.00	-	-	-	-	-
1.3	本年应计利息	2362.12	105.00	392.35	594.82	491.38	380.71	262.29	135.58
1.4	本年还本付息	10362.12	-	-	2072.43	2072.43	2072.43	2072.43	2072.43
1.5	年末借款余额		3105.00	8497.35	7019.74	5438.70	3746.98	1936.85	0.00
2	借款偿还的资金来源								
2.1	利润（租、售纯收入）				2072.43	2072.43	2072.43	2072.43	2072.43
2.2	折旧摊销费								
2.3	短期借款								
	借款利率	7%							
	还款方式	等额还本付息							
	借款偿还期（年）	5							

在对以上各项投资成本费用估算完毕后，最后就可以通过表 5-12 来对开发建设投资进行汇总计算。

表 5-12 开发建设投资估算表 （单位：万元）

序　　号	项　　目	开发产品成本	固定资产投资	合　　计
1	土地取得费用			
2	前期工程费用			
3	基础设施建设费			
4	建筑安装工程费			

（续）

序号	项目	开发产品成本	固定资产投资	合计
5	公共配套设施建设费			
6	开发间接费			
7	管理费用			
8	财务费用			
9	销售费用			
10	开发期税费			
11	其他费用			
12	不可预见费			
	合计			

注：项目建成开始运营时，固定资产将形成固定资产、无形资产与递延资产。

在估算房地产开发投资利息的过程中，通常还会涉及资金筹措方案和筹资计划。这就需要了解投资计划与资金筹措表的编制与分析。该表的格式见表5-13。

表5-13 投资计划与资金筹措表 （单位：万元）

序号	项目	合计	建设经营期（年、季、月）				
			1	2	3	…	N
1	项目总投资						
1.1	开发建设投资						
1.2	经营资金						
2	资金筹措						
2.1	自有资金（资本金）						
2.2	借贷资金						
2.3	预售收入						
2.4	预租收入						
2.5	其他收入						

投资计划应根据项目投资估算与项目进度计划来制定，并把项目实施进度计划中各项具体开发建设的内容、特点和实施进度要求等与资金供给的可能性结合起来。如表5-13中，开发建设投资第一年需要1个亿，但实际上开发单位自己没有这么多的自有资金，所以它就必须筹资，包括发行债券和向银行借款等。这些都应该考虑到报表编制中去。

投资计划与资金筹措表编制好后，需要从两个方面对其审查评价，一是要看项目实施进度计划是否能与筹资计划相吻合，投资计划能否与项目实施进度相衔接；二是要看各项不同渠道来源的资金使用是否合理。特别是预售收入的再投入部分是否与销售收入计划相配合与协调。不能出现没有资金支持的投资计划，也不能有筹集资金过多而有不使用的现象。

7．经营资金的估算

对不同类型的房地产开发投资项目，其经营资金的估算也要选取不同的方法。具体要根据项目的特点、规模以及建设需要来加以估算。但在实际投资估算中，通常不考虑经营资金。

对前述费用估算完成后，就可按照表 5-14 计算项目总投资额。

表 5-14　项目总投资估算表　　　　（单位：万元）

序　号	项　目	总 投 资	估 算 说 明
1	开发建设投资		
1.1	土地取得费用		
1.2	前期工程费		
1.3	基础设施建设费		
1.4	建筑安装工程费		
1.5	公共配套设施建设费		
1.6	开发间接费		
1.7	管理费用		
1.8	财务费用		
1.9	销售费用		
1.10	开发期税费		
1.11	其他费用		
1.12	不可预见费		
2	经营资金		
3	项目总投资		
3.1	开发产品成本		
3.2	固定资产投资		
3.3	经营资金		

注：项目建成开始运营时，固定资产将形成固定资产、无形资产及递延资产。

5.2.2　出租及自营房地产投资总成本费用估算

对于房地产开发投资项目建设完毕后出租及自营的情况，还应估算其总成本费用。总成本费用估算通常包括经营成本和折旧费、摊销费、财务费用四大部分的估算。

1．经营成本及经营成本估算

（1）经营成本的构成及经营成本估算表。经营成本是房地产项目在建设完成之后的经营阶段发生的各项费用。经营成本相当于“5.1.1 投资与成本的一般含义”中提到的经营成本，它主要用于编制现金流量表。对收益性出租物业而言，其营运过程中的营运费用（经营成本）一般包括以下内容：

1）建筑物的维护费用。维护费用是经租房屋的各种修理性和维护性支出，包括维修费和养护费。建筑物维护费用的多少取决于建筑物建造和设计的类型、建筑物的楼龄以及租赁合同中规定的承租人承担的责任范围等。在承租人仅对内部装修负有责任的情况下，业主实际上也负担全部维护费用。

2）能源及设备使用费。它包括供热和热水供应、空调设备、照明费用、采暖费用、电梯费用以及其他生产设备使用费等。

3）物业服务费。它是指为出租房屋支付的各种服务性支出，包括电话总机费用、清洁费用、垃圾清运费、保安服务费用、法律费用、行政管理人员的工资及办公费等。

4）保险费。它是指对出租房屋投保而支出的费用。它是房屋所有者为了使自己的房地产免受意外损失而向保险公司支付的保险费用。主要包括火险、公众责任险、电梯保险以及供热险等险种的保险费用。保险费一般为建筑物造价的2‰～5‰。

5）有关税费。物业出租经营过程中的主要税费包括房产税、营业税、城市建设维护税、教育费附加和土地使用税以及出租经营过程中的代理费或中介费。这些税费大部分按租金收入的一定比例计征。

当然还有一些费用在项目运营过程中是不计入经营成本的，比如物业负担的借款利息，属于业主或经济实体承担的所得税等。之所以不把利息作为经营成本的一部分，是因为全部投资现金流量表是以全部投资作为计算基础的，利息支出不作为现金流出，而自有资金现金流量表中已将利息支出单列。因此，经营成本中不包括利息支出。另外，所得税是收入的扣除，是不能作为成本费用支出的。

对于自营性质的收益性物业，其经营成本又可称为营业成本。自营物业的营业成本与出租物业的经营成本构成有一些不同，如营业成本除以上部分外，通常还包括外购原材料（如餐饮服务业）、燃料及动力费，产品生产或服务提供人员的工资、福利费，管理人员的工资、福利费以及企业管理费，产品或服务的推销费用等。

（2）经营成本估算的一般方法。经营成本估算的一般方法包括市场比较法、公开信息分析法、比例法三种。

1）市场比较法。它是指利用市场上可比物业的经营成本数据来核定本物业的经营成本水平的方法。可比物业应与本物业具有大体相同的使用性质、物业档次、功能设施、服务水平，并且区位条件大体相同。表 5-15 是一个可比物业经营成本比较表。

表 5-15　可比物业经营成本比较表　　（单位：元/m²）

	本物业	可比物业 1	可比物业 2	可比物业 3
物业性质与档次				
物业服务水平				
经营年份				
建筑年份				
总出租/营业面积				
经营成本				
房地产税				
保险费				
外购原材料等费用				
人员工资及福利费				
电费				
暖通空调费				
水费、排污费				
电梯费				
行政办公费				
物业服务费				
总经营成本				

2）公开信息分析法。投资分析人员可以利用报刊杂志上公布的各种类型和不同规模物业的有关经营成本和收益的资料，对需要分析的物业的运营水平进行核定。比如一些写字楼出租广告中的物业服务收费标准就是一个可供参考的资料。

3）比例法。它是按出租收入或营业收入的一定百分比来估算经营成本。在实际估算中，通常可以取出租收入或营业收入的一定比例，如20%～50%来估算。

2．出租与自营房地产折旧费用估算

折旧即固定资产折旧。固定资产的一个主要特征，就是它能够在若干个生产周期内发挥作用并保持其原有的实物形态，而其价值则是随着固定资产的磨损而逐渐地转移到所生产的产品中去，这部分转移到产品中去的固定资产价值，就是固定资产折旧。为了保证企业将来有能力重置固定资产，同时把固定资产的成本分配到各个收益期，企业的房屋及其他建筑物，在用的机器设备、仪器仪表、运输工具，季节性停用、大修理停用的设备，融资租入和以经营租赁方式租出的固定资产，必须在有效使用年限内计提一定数额的折旧费并计入生产成本。可见，折旧仅仅是固定资产投资支出的定期摊销，并不会使企业发生现金支出。固定资产投资支出已经在发生时作为建设项目的一项现金流出，如果再将这些投资支出的折旧当做现金流出，无疑会使拟建项目的固定资产支出重复计算。因此，在分析现金流量时，不应让折旧出现在现金流量表中。

提取折旧费的主要依据有：固定资产的使用年限、固定资产的原价和固定资产的净残值。其中，各类固定资产的使用年限在国家的折旧制度中已作了明确的规定，企业应按规定的使用年限计提折旧。固定资产原值包括取得固定资产的购价和使固定资产达到使用状态时为止已经发生的一切必要和合理的支出。对房地产投资来说，其固定资产原值通常就是房地产开发部分建设投资转化来的价值，其他部分建设资金则转化为无形资产和递延资产。固定资产净残值是指固定资产报废时，预计可以收回的残余价值扣除预计清理费用后的数额。企业折旧制度中都规定各类固定资产的净残值占原价的比例范围。

计提固定资产折旧的方法有很多。《企业会计准则第 4 号——固定资产》规定，固定资产折旧应当根据固定资产原值、预计净残值、预计使用年限或预计工作量，采用年限平均法或者工作量（或产量）法计算。如符合有关规定，也可采用加速折旧法。对房地产投资分析中的固定资产来说，其折旧方法通常就是平均年限法。平均年限法又称直线法，是将固定资产的折旧均衡到各期的一种方法。采用这种方法计算的每期折旧费是等额的。其计算公式为：

$$\text{年折旧额}=\frac{\text{固定资产原值}-\text{预计净残值}}{\text{预计使用年限}}$$

或

$$\text{年折旧额}=\text{固定资产原值}\times\text{年折旧率}$$

$$\text{年折旧率}=\frac{1-\text{预计净残值率}}{\text{预计使用年限}}$$

式中，净残值率一般规定为固定资产原值的 3%～5%。按照有关规定，钢结构、混凝土结构（包括框架结构、剪力墙结构、筒体结构、框架–剪力墙结构等）以及简易结构房屋的净残值率为 0%；砖混结构一等、砖混结构二等房屋的净残值率为 2%；砖木结构一等房屋的净残值率为 6%；砖木结构二等房屋的净残值率为 4%；砖木结构三等房屋的净残值率为 3%。对

房地产投资分析来说，净残值率通常按 0%计算。另外，式中的折旧年限因固定资产类别的不同而有所区别。一般房屋及其他建筑物的折旧年限为 20 年，机器设备、生产设备的折旧年限为 10 年，电子设备、高科技仪器的折旧年限为 5 年。

折旧费用估算可参见表 5-16 折旧摊销表。表 5-16 中，房屋建筑物即指房屋建筑物的建筑主体结构部分，其原值按成本费用表中的房屋建安造价的一定比例填列；机电设备是指房屋建筑物中的电梯、中央空调等机电设备部分，其原值按成本费用表中的房屋建安造价扣除房屋建筑物后的比例填列。

表 5-16　折旧摊销表　　（单位：万元）

项　目	经济使用年限	年平均折旧率	合　计	开发经营期（年）			
				1	2	…	n
房屋建筑物							
原值 本年折旧 账面净值							
机电设备							
原值 本年折旧 账面净值							
无形资产							
原值 本年摊销 账面净值							
开办费							
原值 本年摊销 账面净值							
其他							
原值 本年摊销 账面净值							
原值总计							
折旧摊销总计							
账面净值总计							

3．出租与自营房地产摊销费用估算

出租与自营房地产摊销费用包括开办费摊销和无形资产摊销。

开办费是指投资项目筹建期间所发生的费用（不包括应计入固定资产总投资的费用支出）。尽管开办费在发生时立即形成拟建项目的现金流出，但根据现行财务制度，开办费形成递延资产，必须在企业开始租赁经营或自营后不少于 5 年的期限内分期摊销，即每年的摊销额不得超过 20%。因此，项目建设完毕投入出租或自营后定期计入总成本费用的开办费实质上是对已发生费用的定期摊配，不能作为现金流出，更不能出现在现金流量表中。

无形资产是指企业长期使用但没有实物形态的资产，包括专利权、商标权、土地使用权、

商誉等。企业无形资产可以作为投资投入，也可以通过支付货币从外单位购入。无论其来源如何，均应以投资各方协定的金额或评估价格或实际支付的货币价格作为计价基础，并在形成时视为拟建项目的一项现金流出。无形资产从开始使用之日起，按照规定期限分期摊销；没有规定期限的，按照预计使用年限或不少于10年的期限分期摊销。对于房地产开发投资来说，无形资产主要是指土地使用权，通常按法定土地使用权年限来分摊。当然，这种摊销同样不是现金流出项目，不能出现在现金流量表中。

开办费摊销和无形资产摊销的估算，具体见表5-16。表5-16折旧摊销表中，无形资产主要是指土地使用权，其原值按成本费用表中的土地使用权的的取得费用填列；开办费主要包括项目的前期工程费（含工程监理费、勘察设计费、科研费等）以及开发管理费等，其原值按成本费用表中的相应数据填列；其他是指除上述费用外的费用，其原值按成本费用表中的数据填列。

折旧摊销表是确定转售收入的基础，也是总成本费用表中“折旧摊销”一栏数据的来源。

财务费用的估算在“5.2 房地产投资成本费用估算”中已有介绍，所以在对经营成本和折旧摊销费用估算之后，就可以根据有关数据，填列总成本费用（对自营项目来说，本费用又称营业成本）估算表，并对总成本费用进行估算。总成本费用估算表见表5-17。

表5-17　总成本费用估算表　（单位：万元）

应计项目	计算标准	金额总计	开发经营期（年、季等）			
			1	2	…	n
经营成本						
折旧摊销						
财务费用						
总成本费用合计						

注：经营成本中包含物业服务费支出、建筑物维护与能源费、行政费用、营销费以及房产税等内容。通常按毛租金收入的一定比例，如10%～15%计算。

5.2.3　出租及自营房地产投资处置成本估算

房地产投资处置成本是在出租和自营时才使用的概念。在出租和自营一定时间后，通常假设要转让该房地产并获得一定的转售收益，在这个过程中就会发生处置成本。由于处置房地产是在若干年后（一般是在计算期结束时），所以处置成本的估算要考虑当时的市场情况。另外，估算处置成本还要考虑房地产的使用性质、规模大小等实物情况。一般而言，在房地产投资分析估算中，处置成本可按当时转售收益的一定比例，如1%～3%来计算。

5.3　房地产开发投资项目税费估算

房地产项目投资税费实际上包含两大部分，即房地产项目开发期间的税费与房地产项目经营期间的税费。房地产项目开发期间的税费已经在前面作了介绍，它们作为房地产开发项目投资的构成部分，是要计入成本的。而房地产项目经营期间的税费，即开发投资项目在销售和交易阶段发生的税费，这些费用不参与投资与成本费用构成，仅作为销售收入的扣减。以下介绍这些不参与成本费用构成的主要税费以及参与成本费用构成的房产税的估算。

5.3.1 转让税费及其估算

与转让有关的税费主要包括：营业税、城市维护建设税、教育费附加以及印花税。

1．营业税及其估算

在中华人民共和国境内提供应税劳务、转让无形资产或者销售不动产的单位和个人应当缴纳营业税。对房地产投资项目来说，营业税是根据房地产经营收入和规定税率计算缴纳的税金。其征收对象是房地产销售收入额、房地产出租收入额、房地产中介服务收入额。建筑业中建筑安装业务实行分包或转包的总承包人是营业税扣缴义务人。转让土地使用权以及销售建筑物及其他土地附着物的营业税率为5%。营业税税额的计算方法是：

营业税税额=应纳税销售（出租）收入×营业税税率

2．城市维护建设税及其估算

城市维护建设税是随增值税、消费税、营业税附征并专门用于城市维护建设的税，分别与增值税、消费税、营业税同时缴纳。城市建设维护税实行时有地区差别，按照纳税人所在地的不同，税率分为7%、5%，1%三个档次。纳税人所在地为城市市区时，税率为7%；所在地为县城、建制镇时，税率为5%；其余的地方税率为1%。纳税人所在地为工矿区的，应根据行政区划分别按照7%、5%、1%的税率缴纳城市维护建设税。国家对中外合资企业和外资企业不征收城市维护建设税。对于房地产开发投资企业来讲，城市维护建设税的计税依据是其实际缴纳的营业税。

城市维护建设税=营业税税额×城市维护建设税税率

3．教育费附加及其估算

教育费附加是国家为发展教育事业、筹集教育经费而征收的一种附加费，其计费依据与城市建设维护税相同。凡缴纳增值税、消费税、营业税的单位和个人，均要缴纳教育费附加。一般税率为3%。外资企业通常免交。

教育费附加的计算方法也与城市维护建设税相同，以营业税税额为基数乘以相应的费率计算。其计算公式为：

教育费附加=营业税税额×费率

4．印花税

印花税是对经济活动中书立领受各种凭证而征收的税种。房地产经济活动中书立设计、建筑施工承包合同、房产租赁合同、借款抵押合同、房地产转移合同、领受产权证书等，均要按规定缴纳印花税。

印花税按房地产交易价的1‰计征，买卖双方各负担一半，即各负担0.5‰。

5.3.2 房产税及其估算

1．房产税的一般规定

房产税是以城市、县城、建制镇、工矿区的经营性房屋为征税对象，按房屋的计税余值或租金收入为计税依据，向产权所有人征收的一种财产税。

由于房地产开发企业开发的商品房在出售前，对房地产开发企业而言是一种产品，因此，对房地产开发企业建造的商品房，在售出前，不征收房产税；但对售出前房地产开发企业已使用或出租、出借的商品房应按规定征收房产税。项目评价时，房产税计入成本费用，即管理费用中。

房产税按房屋的经营使用方式不同规定相应征税办法，对于自用的按房产计税余值征收，对于出租、出典的房屋按租金收入征税。按照房产余值征税的，称为从价计征；按照房产租金收入计征的，称为从租计征。对投资联营的房产，在计征房产税时应予以区别对待。共担风险的，按房产余值作为计税依据，计征房产税；对收取固定收入，应由出租方按租金收入计缴房产税。对融资租赁房屋的情况，在计征房产税时应以房产余值计算征收，租赁期内房产税的纳税人，由当地税务机关根据实际情况确定。

根据规定，房产税按年征收，分期缴纳。将原有房产用于生产经营，从生产经营之月起缴纳房产税。其余均从次月起缴纳。纳税期限由省、自治区、直辖市人民政府规定。

2．房产税的计算方法

（1）从价计征。从价计征是按房产的原值减除一定比例后的余值计征，其公式为：

$$应纳税额=应税房产原值\times（1-减征比例）\times年税率$$

式中，房产原值应包括与房屋不可分割的各种附属设备或一般不单独计算价值的配套设施，主要包括暖气、卫生、通风设备设施等。纳税人对原有房屋进行改建、扩建的，要相应增加房屋的原值。新建房屋交付使用时，如中央空调设备已计算在房产原值之中，则房产原值应包括中央空调设备；旧房安装空调设备，一般都作单项固定资产入账，不应计入房产原值。没有房产原值作为依据的，由房产所在地税务机关参考同类房产核定。

（2）从租计征。房产出租的，以房产租金收入为房产税的计税依据。其一般公式为：

$$应纳税额=租金收入\times税率$$

按房产出租的租金收入计征的，税率为 12%。但对个人按市场价格出租的居民住房，用于居住的，可暂减按 4%的税率征收房产税。

3．房产税的免征规定

根据《中华人民共和国房产税暂行条例》的规定，下列房产免纳房产税：

（1）国家机关、人民团体、军队自用的房产。

（2）由国家财政部门拨付事业经费的单位自用的房产。

（3）宗教寺庙、公园、名胜古迹自用的房产。

（4）个人所有非营业用的房产。

（5）经财政部批准免税的其他房产。

5.3.3 土地增值税及其估算

1．土地增值税的含义

根据《中华人民共和国土地增值税暂行条例》（国务院令[1993]138 号）及《中华人民共和国土地增值税暂行条例实施细则》（财法[1995]6 号）的规定，以出售或者其他方式有偿转让国有土地使用权、地上建筑物及其附着物（通常简称为转让房地产）并取得收入的各类企业单位、事业单位、国家机关和社会团体及其他组织，为土地增值税的纳税义务人，应当缴

纳土地增值税。土地增值税的课税对象是有偿转让房地产所取得的土地增值额，其实质是对土地收益的课税。

2. 土地增值税的计算

土地增值税以纳税人有偿转让房地产所取得的收入减除规定扣除项目金额后的余额为计税依据，从价依率征收。土地增值税应纳税额的计算公式为：

应纳税额=土地增值额×适用税率

土地增值额=转让房地产的总收入–扣除项目金额

式中，转让房地产的总收入包括全部价款及有关的经济收益两大部分。从收入形式来看，包括货币收入、实物收入和其他收入。经济评价中，收入是指货币收入，即纳税人转让房地产而取得的现金、银行存款、支票、银行本票、汇票等各种信用票据和国库券、金融证券、企业债券、股票等有价证券。房地产开发企业将开发产品用于职工福利、奖励、对外投资、分配给股东或投资人、抵偿债务、换取其他单位和个人的非货币性资产等，发生所有权转移时应视同销售房地产，其收入按下列方法和顺序确认：按本企业在同一地区、同一年度销售的同类房地产的平均价格确定；由主管税务机关参照当地当年、同类房地产的市场价格或评估价值确定。

式中扣除项目包括六大部分：

（1）取得土地使用权所支付的金额。它是指纳税人为取得土地使用权所支付的地价款和按国家统一规定交纳的有关费用。

（2）开发土地和新建房及配套设施（以下简称房增开发）的成本。它是指纳税人房地产开发项目实际发生的成本（以下简称房增开发成本），包括土地征用及拆迁补偿费、前期工程费、建筑安装工程费、基础设施费、公共配套设施费、开发间接费用。房地产开发企业销售已装修的房屋，其装修费用可以计入房地产开发成本。

（3）开发土地和新建房及配套设施的费用（以下简称房地产开发费用）。它是指与房地产开发项目有关的销售费用、管理费用、财务费用。财务费用中的利息支出，凡能够按转让房地产项目计算分摊并提供金融机构证明的，允许据实扣除，但最高不能超过按商业银行同类同期贷款利率计算的金额。其他房地产开发费用，按（1）、（2）项规定计算的金额之和的 5%以内计算扣除。凡不能按转让房地产项目计算分摊利息支出或不能提供金融机构证明的，房地产开发费用按（1）、（2）项规定计算的金额之和的 10%以内计算扣除。上述计算扣除的具体比例，由各省、自治区、直辖市人民政府规定。

（4）旧房及建筑物的评估价格。它是指在转让已使用的房屋及建筑物时，由政府批准设立的房地产评估机构评定的重置成本价乘以成新度折扣率后的价格。评估价格须经当地税务机关确认。纳税人转让旧房及建筑物，凡不能取得评估价格，但能提供购房发票的，经当地税务部门确认，（1）、（3）项规定的扣除项目的金额，可按发票所载金额并从购买年度起至转让年度止每年加计 5%计算。对纳税人购房时缴纳的契税，凡能提供契税完税凭证的，准予作为“与转让房地产有关的税金”予以扣除，但不作为加计 5%的基数。对于转让旧房及建筑物，既没有评估价格，又不能提供购房发票的，地方税务机关可以实行核定征收。

（5）与转让房地产有关的税金。它指在转让房地产时缴纳的营业税、城市维护建设税、印花税。因转让房地产交纳的教育费附加，也可视同税金予以扣除。

（6）财政部规定的其他扣除项目。对从事房地产开发的纳税人可按 （1）、（2）项规定计

算的金额之和，加计 20%的扣除。

纳税人成片受让土地使用权后，分期分批开发、转让房地产的，其扣除项目金额的确定，可按转让土地使用权的面积占总面积的比例计算分摊，或按建筑面积计算分摊，也可按税务机关确认的其他方式计算分摊。

式中适用税率。土地增值税实行四级超率累计税率。每级“增值额未超过扣除项目金额”的比例，均包括本比例数。

增值额未超过扣除项目金额 50%的部分，税率为 30%；增值额超过扣除项目金额 50%、未超过扣除项目金额 100%的部分，税率为 40%；增值额超过扣除项目金额 100%、未超过扣除项目金额 200%的部分，税率为 50%；增值额超过扣除项目金额 200%的部分，税率为 60%。

由此可见，增值额与扣除项目金额的比率越大，适用的税率越高，税款越多。

除利用上述公式计算土地增值税税额外，还可按增值额乘以适用的税率减去扣除项目金额乘以速算扣除系数的简便方法计算，具体公式如下：

（1）增值额未超过扣除项目金额 50%的，

土地增值税税额=增值额×30%−扣除项目金额×0%

（2）增值额超过扣除项目金额 50%，未超过 100%的，

土地增值税税额=增值额×40%−扣除项目金额×5%

（3）增值额超过扣除项目金额 100%，未超过 200%的，

土地增值税税额=增值额×50%−扣除项目金额×15%

（4）增值额超过扣除项目金额 200%的，

土地增值税税额=增值额×60%−扣除项目金额×35%

公式中的 0%，5%，15%，35%为速算扣除系数。

3．土地增值税的有关规定

（1）纳税人按所在地一般民用住宅标准建造的居住用住宅出售，增值额未超过 5.3.3 中增值税扣除项目（1）、（2）、（3）、（5）、（6）项扣除项目金额之和 20%的，免征土地增值税；增值额超过扣除项目金额之和 20%的，应就其全部增值额按规定计税。

（2）因城市实施规划、国家建设的需要而搬迁，由纳税人自行转让原房地产的，经税务机关审核后，免征土地增值税。

（3）个人因工作调动或改善居住条件而转让原自用住房，经向税务机关申报核准，凡居住满五年或五年以上的，免予征收土地增值税；居住满三年未满五年的，减半征收土地增值税。居住未满三年的，按规定计征土地增值税。

（4）房地产开发企业将开发的部分房地产转为企业自用或用于出租等商业用途时，如果产权未发生转移，不征收土地增值税。

（5）对于以房地产进行投资、联营的，投资、联营的一方以土地（房地产）作价入股进行投资或作为联营条件，将房地产转让到所投资、联营的企业中时，暂免征收土地增值税。对投资、联营企业将上述房地产再转让的，应征收土地增值税。

（6）对于一方出地，一方出资金，双方合作建房，建成后按比例分房自用的，暂免征收土地增值税；建成后转让的，应征收土地增值税。

（7）企业兼并中，对被兼并企业将房地产转让到兼并企业中的，暂免征收土地增值税。

（8）个人之间互换自有居住用房地产的，经当地税务机关核实，可免征土地增值税。

（9）房地产开发企业开发建造的与项目配套的居委会和派出所用房、会所、停车场（库）、物业服务场所、变电站、热力站、水厂、文体场馆、学校、幼儿园、托儿所、医院、邮电通信等公共设施，按以下原则处理：建成后产权属于全体业主所有的，其成本、费用可以扣除；建成后无偿移交给政府、公用事业单位用于非营利性社会公共事业的，其成本、费用可以扣除；建成后有偿转让的，应计算收入，并准予扣除成本、费用。

（10）属于多个房地产项目共同的成本费用，应按项目可售建筑面积占多个项目可售总建筑面积的比例或其他合理的方法，计算确定项目的扣除金额。

表 5-18、表 5-19 为土地增值税计算表。

表 5-18　土地增值税计算表（一）（适用于房地产开发项目）（单位：万元）

项　目		行　次	金　额
一、转让房地产收入总额 1=2+3		1	（见销售收入估算表）
其中	货币收入	2	
	实物收入及其他收入	3	
二、扣除项目金额合计 4=5+6+13+16+20		4	
1．取得土地使用权所支付的金额		5	（见成本费用估算表）
2．房地产开发成本 6=7+8+9+10+11+12		6	（见成本费用估算表）
其　中	土地征用及拆迁补偿费	7	
	前期工程费	8	
	建筑安装工程费	9	
	基础设施费	10	
	公共配套设施费	11	
	开发间接费用	12	
3．房地产开发费用 13=14+15		13	（见成本费用估算表）
其　中	利息支出	14	
	其他房地产开发费用	15	
4．与转让房地产有关的税金等 16=17+18+19		16	（销售收入×5.5%）
其　中	营业税	17	
	城市维护建设税	18	
	教育费附加	19	
5．财政部规定的其他扣除项目		20	（开发成本×20%）
三、增值额 21=1−4		21	
四、增值额与扣除项目金额之比（%）22=21÷4		22	
五、适用税率（%）		23	（查表得到）
六、速算扣除系数（%）		24	（0%或 5%或 15%或 35%）
七、应缴土地增值税税额 25=21×23−4×24		25	

表 5-19　土地增值税计算表（二）（适用于非房地产开发项目）（单位：万元）

项　　目		行　次	金　额
一、转让房地产收入总额　1=2+3		1	（见销售收入估算表）
其　中	货币收入	2	
	实物收入及其他收入	3	
二、扣除项目金额合计　4=5+6+9		4	
1．取得土地使用权所支付的金额		5	
2．旧房及建筑物的评估价格　6=7×8		6	
其　中	旧房及建筑物的重置成本价	7	
	成新度折扣率	8	
4．与转让房地产有关的税金等　9=10+11+12+13		9	（税率 5.55%）
其　中	营业税	10	
	城市维护建设税	11	
	印花税	12	
	教育费附加	13	
三、增值额　14=1−4		14	
四、增值额与扣除项目金额之比（%）15=14÷4		15	
五、适用税率（%）		16	（查表得到）
六、速算扣除系数（%）		17	（0%或 5%或 15%或 35%）
七、应缴土地增值税税额　18=14×16−4×17		18	

[例 5-2]某房地产开发公司建造并出售了一栋写字楼，取得了 5000 万元人民币的销售收入。与转让房地产有关税金的综合税率为 6%。该公司为建造写字楼支付了 500 万元地价款，建造此楼时又投入了 1000 万元的房地产开发成本和 150 万元的开发费用。由于种种原因该公司不能提供出准确的利息支出情况。试计算转让此写字楼应缴纳的土地增值税。

解：（1）确定房地产的转让收入。根据已知条件，可知转让收入为 5000 万元。

（2）确定转让房地产的扣除项目金额：

1）取得土地使用权所支付的金额：500 万元

2）新建房地产的开发成本：1000 万元

3）房地产开发费用：150 万元

4）与转让房地产有关的税费：5000 万元×6%=300 万元

5）财政部规定的其他扣除项目，对于从事房地产开发的加计扣除为：

（500+1000）万元×20%=300 万元

故转让房地产的扣除项目金额合计为：（500+1000+150+300+300）万元=2250 万元

（3）计算转让房地产的增值额：

（5000−2250）万元=2750 万元

（4）计算增值率：

2750/2250=122.22%

（5）计算应纳税额：

因为增值额超过扣除项目金额 100%，未超过 200%，所以，

土地增值税税额=增值额×50%−扣除项目金额×15%

=2750 万元×50%−2250 万元×15%=1037.5 万元

以上计算过程可以用土地增值税估算表来完成，见表 5-20。

表5-20　某房地产开发项目土地增值税估算表

（单位：万元）

项　　目	金　额
一、转让房地产收入总额	5000
二、扣除项目金额合计	2250
1. 取得土地使用权所支付的金额	500
2. 房地产开发成本	1000
3. 房地产开发费用	150
4. 与转让房地产有关的税金等	5000×6%=300
5. 财政部规定的其他扣除项目	(500+1000)×20%=300
三、增值额	5000−2250=2750
四、增值额与扣除项目金额之比	2750/2250=122.22%
五、适用税率（%）	50%
六、速算扣除系数（%）	15%
七、应缴土地增值税税额	2750×50%−2250×15%=1037.5

5.3.4　企业所得税及其估算

1．企业所得税的一般说明

2007 年 3 月 16 日通过，2008 年 1 月 1 日起施行的《中华人民共和国企业所得税法》规定，在中华人民共和国境内，企业和其他取得收入的组织（以下统称企业）为企业所得税的纳税人，依照本法的规定缴纳企业所得税。个人独资企业、合伙企业不适用本法。这里的企业，分为居民企业和非居民企业。居民企业，是指依法在中国境内成立，或者依照外国（地区）法律成立但实际管理机构在中国境内的企业。非居民企业，是指依照外国（地区）法律成立且实际管理机构不在中国境内，但在中国境内设立机构、场所的，或者在中国境内未设立机构、场所，但有来源于中国境内所得的企业。本章只介绍居民企业的所得税问题。居民企业应当就其来源于中国境内、境外的所得缴纳企业所得税。

2．企业所得税应纳税所得额估算的说明

企业每一纳税年度的收入总额，减除不征税收入、免税收入、各项扣除以及允许弥补的以前年度亏损后的余额，为应纳税所得额。

企业以货币形式和非货币形式从各种来源取得的收入为收入总额。包括：销售货物收入，提供劳务收入，转让财产收入，股息、红利等权益性投资收益，利息收入，租金收入，特许权使用费收入，接受捐赠收入以及其他收入，对房地产投资分析来说，主要是销售收入和租金收入两个部分。

收入总额中的下列收入为不征税收入：财政拨款；依法收取并纳入财政管理的行政事业性收费、政府性基金；国务院规定的其他不征税收入。对房地产投资分析来说，一般没有这些方面的不征税收入。

企业实际发生的与取得收入有关的、合理的支出，包括成本、费用、税金、损失和其他支出，准予在计算应纳税所得额时扣除；企业发生的公益性捐赠支出，在年度利润总额 12%

以内的部分，准予在计算应纳税所得额时扣除。但在计算应纳税所得额时，下列支出不得扣除：向投资者支付的股息、红利等权益性投资收益款项；企业所得税税款；税收滞纳金；罚金、罚款和被没收财物的损失；企业发生的超出年度利润总额 12%的公益性捐赠支出；赞助支出；未经核定的准备金支出以及与取得收入无关的其他支出。

计算应纳税所得额时，企业按照规定计算的固定资产折旧，准予扣除。但下列固定资产不得计算折旧扣除：房屋、建筑物以外未投入使用的固定资产；以经营租赁方式租入的固定资产；以融资租赁方式租出的固定资产；已足额提取折旧仍继续使用的固定资产；与经营活动无关的固定资产；单独估价作为固定资产入账的土地；其他不得计算折旧扣除的固定资产。

在计算应纳税所得额时，企业按照规定计算的无形资产摊销费用，准予扣除。但下列无形资产不得计算摊销费用扣除：自行开发的支出已在计算应纳税所得额时扣除的无形资产；自创商誉；与经营活动无关的无形资产；其他不得计算摊销费用扣除的无形资产。

在计算应纳税所得额时，企业发生的下列支出作为长期待摊费用，按照规定摊销的，准予扣除：已足额提取折旧的固定资产的改建支出；租入固定资产的改建支出；固定资产的大修理支出；其他应当作为长期待摊费用的支出。

企业对外投资期间，投资资产的成本在计算应纳税所得额时不得扣除；企业使用或者销售存货，按照规定计算的存货成本，准予在计算应纳税所得额时扣除；企业转让资产，该项资产的净值，准予在计算应纳税所得额时扣除。

企业在汇总计算缴纳企业所得税时，其境外营业机构的亏损不得抵减境内营业机构的盈利。企业纳税年度发生的亏损，准予向以后年度结转，用以后年度的所得弥补，但结转年限最长不得超过五年。

3．企业所得税应纳税额的估算

企业每个纳税年度的应纳税所得额乘以适用税率，减除有关减免和抵免的税额后的余额，为应纳税额。其计算公式是：

应纳所得税额=应纳税所得额×税率–减免和抵免的税额

应纳税所得额=收入总额–准予扣除项目金额–允许弥补的以前年度亏损

目前，企业所得税的税率为 25%。

企业取得的来源于中国境外的应税所得已在境外缴纳的所得税税额，可以从其当期应纳税额中抵免，抵免限额为该项所得按规定计算的应纳税额；超过抵免限额的部分，可以在以后五个年度内，用每年度抵免限额抵免当年应抵税额后的余额进行抵补。

4．房地产开发企业所得税估算中开发产品成本费用的扣除问题

国家税务总局《关于房地产开发业务征收企业所得税问题的通知》（国税发[2006]31 号）对房地产开发的有关企业所得税估算中开发产品成本费用的扣除问题作了详细的规定。

开发企业在进行成本、费用的核算与扣除时，必须按规定区分期间费用和开发产品成本、开发产品会计成本与计税成本、已销开发产品计税成本与未销开发产品计税成本的界限。

（1）开发企业在结算开发产品的计税成本时，按以下规定进行处理：开发产品建造过程中发生的各项支出，当期实际发生的，应按权责发生制的原则计入成本对象；当期尚未发生但应由当期负担的，除税收规定可以计入当期成本对象的外，一律不得计入当期成本对象。开发产品必须按一般经营常规和会计惯例合理地划分成本对象，同时还应将各项支出合理地

划分为直接成本、间接成本和共同成本。开发产品完工前发生的直接成本、间接成本和共同成本，应按配比原则将其分配至各成本对象。除税收另有规定外，各项预提（或应付）费用不得计入开发产品成本。

（2）下列项目按以下规定进行扣除：

1）已销开发产品的计税成本。当期准予扣除的已销开发产品的计税成本，按当期已实现销售的可售面积和可售面积单位工程成本确认。可售面积单位工程成本和已销开发产品的计税成本按下列公式计算确定：

可售面积单位工程成本=成本对象总成本÷总可售面积

已销开发产品的计税成本=已实现销售的可售面积×可售面积单位工程成本

2）开发企业发生的应计入开发产品成本中的费用。包括前期工程费、基础设施建设费、公共配套设施费、土地征用及拆迁费、建筑安装工程费、开发间接费用等，应根据实际发生额按以下规定进行分摊：属于成本对象完工前发生的，应按计税成本结算的规定和其他有关规定直接计入成本对象。属于成本对象完工后发生的，应按计税成本结算的规定和其他有关规定，首先在已完工成本对象和未完工成本对象之间进行分摊，然后再将应由已完工成本对象负担的部分，在已销开发产品和未销开发产品之间进行分摊。

3）应付费用。开发企业发生的各项应付费用，可以凭合法凭证计入开发产品计税成本或进行税前扣除，其预提费用除税收另有规定外，不得在税前扣除。

4）维修费用。开发企业对尚未出售的开发产品和按照有关法律、法规或合同规定对已售开发产品（包括共用部位、共用设施设备）进行日常维护、保养、修理等实际发生的费用，准予在当期扣除。

5）共用部位、共用设施设备维修基金。开发企业将已计入销售收入的共用部位、共用设施设备维修基金按规定移交给有关部门、单位的，应于移交时扣除。代收代缴的维修基金和预提的维修基金不得扣除。

6）开发企业在开发区内建造的会所、停车场库、物业服务场所、电站、热力站、水厂、文体场馆、幼儿园等配套设施，按以下规定进行处理：属于非营利性且产权属于全体业主的，或无偿赠与地方政府、公用事业单位的，可将其视为公共配套设施，其建造费用按公共配套设施费的有关规定进行处理。属于营利性的，或产权归开发企业所有的，或未明确产权归属的，或无偿赠与地方政府、公用事业单位以外其他单位的，应当单独核算其成本。除开发企业自用应按建造固定资产进行处理外，其他一律按建造开发产品进行处理。

开发企业在开发区内建造的邮电通信、学校、医疗设施应单独核算成本，具体处理：由开发企业投资建设完工后，出售的，按建造开发产品进行处理；出租的，按建造固定资产进行处理；无偿赠与国家有关业务管理部门、单位的，按建造公共配套设施进行处理。由开发企业与国家有关业务管理部门、单位合资建设，完工后有偿移交的，国家有关业务管理部门、单位给予的经济补偿可直接抵扣该项目的建造成本，抵扣的差额应计入当期应纳税所得额。

开发企业建造的售房部（接待处）和样板房，凡能够单独作为成本对象进行核算的，可按自建固定资产进行处理，其他一律按建造开发产品进行处理。售房部（接待处）、样板房的装修费用，无论数额大小，均应计入其建造成本。

7）保证金。开发企业采取银行按揭方式销售开发产品的，凡约定开发企业为购买方的按揭贷款提供担保的，其销售开发产品时向银行提供的保证金（担保金）不得从销售收入中减除，也不得作为费用在当期税前扣除，但实际发生损失时可据实扣除。

8）广告费、业务宣传费、业务招待费。开发企业取得的预售收入不得作为广告费、业务宣传费、业务招待费等三项费用的计算基数，至预售收入转为实际销售收入时，再将其作为计算基数。新办开发企业在取得第一笔开发产品实际销售收入之前发生的，与建造、销售开发产品相关的广告费、业务宣传费和业务招待费，可以向后结转，按税收规定的标准扣除，但结转期限最长不得超过3个纳税年度。

9）利息。开发企业为建造开发产品借入资金而发生的符合税收规定的借款费用，属于成本对象完工前发生的，应配比计入成本对象；属于成本对象完工后发生的，可作为财务费用直接扣除。开发企业向金融机构统一借款后转借集团内部其他企业、单位使用的，借入方凡能出具开发企业从金融机构取得借款的证明文件，其支付的利息准予按税收有关规定在税前扣除。开发企业将自有资金借给全资企业（包括分支机构）和其他关联企业的，关联方借入资金金额超过其注册资本 50%的，超过部分的利息支出，不得在税前扣除；未超过部分的利息支出，准予按金融机构同类同期贷款基准利率计算的数额内税前扣除。

10）土地闲置费。因超过出让合同约定的动工开发日期而缴纳的土地闲置费，计入成本对象的施工成本；因国家无偿收回土地使用权而形成的损失，可作为财产损失在税前扣除。

11）成本对象报废和毁损损失。成本对象在建造过程中如单项或单位工程发生报废和毁损，减去残料价值和过失人或保险公司赔偿后的净损失，计入继续施工的工程成本；如成本对象整体报废或毁损，其净损失可作为财产损失按税收规定扣除。

12）折旧。开发企业将开发产品转作固定资产的，可按税收规定扣除折旧费用；未转作固定资产的，不得扣除折旧费用。

小　结

房地产投资分析中，投资成本费用与税费的估算是最基本也是最重要的一个环节之一。投资与成本费用以及房地产投资与成本费用既有区别，又有联系。对房地产投资来说，其总投资包括建设投资和经营资金两个部分。其中，建设投资主要包括土地取得费用、开发费用、管理费用、投资利息、销售费用以及不可预见费用六个部分。开发完成后出售或出租时开发建设投资形成开发产品成本或经营成本；开发完成后自营时开发建设投资形成固定资产和其他资产并转化为经营成本；开发完成后出售与自营结合，或者出租与自营结合，或者三种模式兼而有之时，既形成开发产品成本和经营成本，又形成固定资产与其他资产。

房地产投资成本费用以及相关税费都有相关政策法规管理规定，实践中有些成本费用还有比较粗略的估算方法。在实际估算中，一方面要遵守有关的政策法规文件的规定，另一方面也可以根据具体情况，采取比较粗略的估算方法来进行成本费用的估算。

思　考　题

1. 投资与成本的区别是什么？
2. 出售型房地产开发投资成本费用构成有哪些？
3. 出租型房地产开发投资成本费用构成有哪些？

4. 如何估算土地取得费？

5. 如何估算开发费用？

6. 如何估算管理费用、销售费用和不可预见费？

7. 建设期投资利息如何估算？

8. 如何估算经营成本和折旧摊销费？

9. 如何估算与房地产转让有关的税费？

10. 如何估算房产税？

11. 如何估算土地增值税？

12. 如何估算企业所得税？

练　习　题

1．接第2章练习题，假设你所在的城市有一住宅开发项目，请根据具体情况，在完成投资环境分析、市场分析、产品定位策划的前提下，对该住宅开发的成本费用进行估算。

2．某房地产公司拟获得某城市规划区内某乡所有的集体土地从事经济适用房的开发建设。该项目占用耕地面积为80公顷，农业总人口为800人，先征收基本农田以外的耕地30公顷。该地前三年每公顷年产值分别为4万元、5万元、6万元。经商定，土地补偿费为该耕地前三年平均年产值的8倍；每一个需要安置的农业人口的安置补助费标准，为该耕地被征收前三年平均年产值的5倍。被征收土地上的附着物及青苗补偿费为25万元。试计算开发公司应支付的土地补偿费和安置补助费。

3．某房地产开发项目建设期为3年，在建设期第1年借款500万元，第2年借款为600万元，第三年借款为400万元，年利率为15%，试计算建设期贷款利息。

4．某房地产项目，借款1000万元，年利率为12%，要求按年等额还本付息。从借款当年起，15年内还清本息。试编制还本付息表。

5．某纳税人转让房地产所取得的收入为500万元，其扣除项目金额为150万元，试计算其应纳土地增值税的税额。

第 6 章

房地产投资收入估算

学习目标

通过本章学习，了解房地产投资收入的类型以及房地产投资收入的合理构成；熟悉房地产投资收入估算的原则、租售收入影响因素分析、租售方案的确定以及避税收入和无形收入的估算；掌握租售收入的估算公式、租售价格的选择确定以及租售收入、转售收入以及自营收入的估算操作。

关键词

收入成本导向定价法　需求导向定价法　竞争导向定价法　租售方案　期末资本化率估算法

6.1 房地产投资收入估算原理

6.1.1 房地产投资收入的类型

从房地产投资分析的角度讲，一般而言，房地产投资收入主要有销售收入、出租收入、自营收入、转售收入、避税收入和无形收入几种类型。

1. 销售收入

销售收入是指房地产投资者出售房地产产品时的销售收入。它是房地产投资者在卖出房地产时，得到的房地产投资收入。销售收入是房地产专家和投资者用以表示出卖房地产所得好处的一句术语或行话。销售收入具体包括土地与房屋的销售收入、配套设施销售收入等。配套设施销售收入是开发区域内允许有偿转让的配套设施项目，如停车位的销售收入。

2. 出租收入

出租收入是指房地产投资者的租金收入。它是投资者在利用房地产进行出租经营时获得的收入。出租收入具体包括土地与房屋的出租收入、配套设施出租收入等。配套设施出租收入就是指对开发区域内允许出租的配套设施项目出租的租金收入。

3. 自营收入

自营收入是指房地产开发企业把开发完成后的房地产产品作为其进行商业和服务业等经营活动的载体，通过综合性的经营服务得到的营业收入。

4. 转售收入

在出租和自营型房地产的持有期末，房地产仍有一些价值，这部分价值可以通过市场转让体现出来，这部分通过市场转让体现出来的房地产价值，就是转售收入。更通俗地说，转

售收入就是房地产的所有者将自己所有的出租或自营型房地产的所有权转让给他人后获得的收入。转售收入是房地产所有者在持有期末取得的预测收入，也是一种投资回收。需要注意的是，出售型房地产开发投资项目在房地产开发过程中或产品开发完成后全部销售，房地产开发商并不长期持有房地产的所有权，因此正常的销售期末是没有转售收入的。

5. 避税收入

避税收入是指因使用而造成的房地产折旧使得纳税基数降低，从而给房地产投资者带来的资金投入的减少。它是房地产投资者因拥有房地产而间接获取的收入。避税收入是房地产专家和投资者用以表示降低纳税额的一句术语或行话。避税收入与逃税不一样，它实际上是一种税收节约，这部分税款的支付只是从现在推迟到了将来的某一天。

6. 无形收入

房地产投资的无形收入是指房地产投资者在获得投资活动的成功之后在心理上得到的满足感与成就感，并且还有可能得到他人的认同。很明显，前面五种收入都是有形收入。房地产的无形收入与投资者的心理相关，很难量化，它与可计量投资收入不直接挂钩，往往以投资者的心理享受程度来大致衡量。它是用来说明非定量的投资收入的一句术语或行话。

房地产投资者自身条件及所处环境不同，对投资收入的追求也不同，为了达到预期目标，往往需要对房地产投资收入进行组合。通过投资收入组合，通常可以达到最为满意的综合效益。至于如何进行投资收入组合，没有现成的固定的方法和标准，只能因人而异，灵活掌握。

[阅读材料] 收入及其处理

《企业会计准则第14号—— 收入》中对收入及其处理作了明确的规定：

第四条 销售商品收入同时满足下列条件的，才能予以确认：

（一）企业已将商品所有权上的主要风险和报酬转移给购货方；

（二）企业既没有保留通常与所有权相联系的继续管理权，也没有对已售出的商品实施有效控制；

（三）收入的金额能够可靠地计量；

（四）相关的经济利益很可能流入企业；

（五）相关的已发生或将发生的成本能够可靠地计量。

第五条 企业应当按照从购货方已收或应收的合同或协议价款确定销售商品收入金额，但已收或应收的合同或协议价款不公允的除外。

合同或协议价款的收取采用递延方式，实质上具有融资性质的，应当按照应收的合同或协议价款的公允价值确定销售商品收入金额。

应收的合同或协议价款与其公允价值之间的差额，应当在合同或协议期间内采用实际利率法进行摊销，计入当期损益。

第十六条 让渡资产使用权收入包括利息收入、使用费收入等。

第十七条 让渡资产使用权收入同时满足下列条件的，才能予以确认：

（一）相关的经济利益很可能流入企业；

（二）收入的金额能够可靠地计量。

第十八条 企业应当分下列情况确定让渡资产使用权收入金额：

（一）利息收入金额，按照他人使用本企业货币资金的时间和实际利率计算确定；

（二）使用费收入金额，按照有关合同或协议约定的收费时间和方法计算确定。

6.1.2 房地产投资收入的合理构成

房地产投资收入的分类是房地产投资收入的具体表现；房地产投资收入的合理构成，是房地产投资收入的基本要求。房地产投资者在从事房地产项目的投资时，既要占用大量资金，又要付出管理劳动，还要冒一定的投资风险。以上三方面都是房地产投资者付出的代价，都应该得到回报。所以，房地产投资收入的合理构成，应包括四部分：投资回收、投资利息、管理报酬以及风险报酬。其中，投资回收是投入资本的回收。其他三者简介如下：

1．投资利息

由于进行房地产投资，投资者失去了将资金存入银行赚取利息或者投资其他投资品获取收入的权利，所以，投资利息需要在投资收入中体现出来；如果房地产投资者利用银行贷款，那么还必须向银行还本付息，所以，更应在投资收入中体现出投资利息来。

投资利息体现的是资金的时间价值，它是一种机会收入，同时也是房地产投资的最基本收入。在获得这个收入的基础上，才可以讨论其他收入，如管理报酬和风险报酬收入问题。如果进行房地产投资连最基本的投资利息都难以得到，则这项房地产投资就是失败的投资。

2．管理报酬

与其他投资者一样，房地产投资者为追求未来的潜在收入，将直接或间接地参与房地产项目的开发和经营活动，参与房地产投资的决策和组织实施。为此，房地产投资者将付出一定的管理劳动，遵照按劳分配的原理，这部分劳动理应得到管理报酬。

管理报酬是劳动者付出劳动的报酬，而投资利息是资金的使用收入或报酬。人的劳动和资金的使用科学合理地结合在一起，才有可能取得可观的房地产投资的收入。单纯的劳动或单纯的资金，是不能取得房地产投资收入的。

管理报酬与成本中的管理费用是不同的。管理费用属于定额劳动报酬，管理报酬属于超额劳动报酬。管理费用属于成本，管理报酬属于利润。

3．风险报酬

尽管有大小之分，任何投资都会有风险。房地产投资者在进行房地产项目的开发经营投资活动中，要冒许多风险。按风险与报酬同在的原理，房地产投资者理应取得风险报酬。从实质上看，风险报酬是一种综合报酬，即它是资金使用风险和管理决策劳动使用风险的综合收入。进行房地产投资，通常都应该考虑风险报酬，以便科学合理地评价投资效益。

风险报酬与风险大小成正比。只有对那些敢于冒风险的投资者给予风险报酬，才能鼓励投资者从事冒险性投资。

6.1.3 房地产投资收入估算的原则

房地产投资收入估算是一种主观与客观相结合的活动，既有其客观、科学的方面，也难免带有投资估算人员主观的方面。不同的估算人员，可能会有不同的估算结果。要确保收入估算的客观性，一个重要的方面就是遵守房地产投资收入估算的基本原则，这些原则具体有以下几个：

1．一般性原则

一般性原则就是指在估算房地产投资收入时，通常只估算正常市场条件及正常使用状态下房地产本身的各种可能的合理收入，不能把市场的特殊变化以及房地产投资人的特殊情况，如资金、管理、经营等考虑到收入估算中来。也就是说，估算出来的房地产收入是客观收入。客观收入，即房地产在良好市场意识和正常经营管理情况下所产生的规则而持续的收入，这种收入将生产经营过程中一些特殊的、偶然的因素排除在外。例如房地产投资收入估算不需考虑市场是否突然发生意外的变化以及投资人是否具有优秀的经营管理能力等的影响。

2．市场性原则

房地产投资收入与宏观经济发展以及房地产市场、旅游市场、文化娱乐市场等的变化密切相关。或者说，房地产投资收入受供求状况的影响很大：需求不变，供给增加，则收入可能下降；供给不变，需求增加，则收入可能上升。因此，进行房地产投资收入估算时应充分考虑到宏观经济发展以及房地产市场、旅游市场、文化娱乐市场等市场的供求情况，在全面分析目前的条件下，能够比较准确地预测到未来一定时间内（计算期）房地产投资的可能收入，特别是租金、售价等的变化趋势和幅度，只有尊重市场，注意市场性原则，才有可能估算出房地产的客观收入，也才能真正遵守收入估算的一般性原则。

3．应变性原则

房地产投资收入受宏观经济发展以及各类产业市场，如房地产市场、旅游市场等的影响很大，因此，在进行房地产投资收入估算的过程中，如果出现直接影响宏观经济和各类产业市场的重大事件或重大政策的变化，投资分析人员就应该及时地充分研究这些事件或变化对未来市场的影响程度、影响范围以及影响时间等，并在此基础上对未来的市场走势和价格、租金等进行重新预测和科学定位，同时应合理地调整影响收入的租金、价格等收入因子，以保证估算出来的投资收入是符合市场情况的客观收入。

当然，房地产投资收入估算的原则也是投资成本费用的估算原则。在市场发生变化的情况下，在调整收入估算的同时，也要调整对投资成本费用的估算。只有这样，才有可能得到比较准确的投资现金流量，进而估算出比较真实的各类投资财务分析指标，从而为房地产投资决策提供正确的依据，也为成功的房地产投资奠定基础。

6.2　租售收入的估算

6.2.1　租售收入估算的一般说明

1．租售收入的估算公式

租售收入的一般估算公式为：

$$S=\sum_{n=1}^{m}[q_n\times p_n\times（P/F,\ i,\ n）]$$

式中　S——销售收入或出租的租金收入；

q_n——第 n 期的租售数量（面积或个数等）；

p_n——第 n 期的租售价格；

m——租售计算期；

（P/F，i，n）——复利现值系数（此处复利现值系数中的字母 F 表示第 n 期的租售收入，P 表示第 n 期租售收入的现值，i 表示当时的折现率或报酬率）。

2．租售收入估算公式的说明

（1）对于房地产销售来说，上述估算公式只是签约后一次付款的表达式，而现实中通常都是多次付款，计算起来更为复杂。其具体估算式为：

第 1 期收入=第 1 期销售产品在第 1 期的收款额

第 2 期收入=第 1 期销售产品在第 2 期的收款额+第 2 期销售产品在第 2 期的收款额

第 3 期收入=第 1 期销售产品在第 3 期的收款额+第 2 期销售产品在第 3 期的收款额+第 3 期销售产品在第 3 期的收款额等等。

或

第 1 期收入=第 1 期销售数量×售价×第 1 期销售产品在第 1 期的收款比例

第 2 期收入=第 1 期销售数量×售价×第 1 期销售产品在第 2 期的收款比例+第 2 期销售数量×售价×第 2 期销售产品在第 2 期的收款比例

第 3 期收入=第 1 期销售数量×售价×第 1 期销售产品在第 3 期的收款比例+第 2 期销售数量×售价×第 2 期销售产品在第 3 期的收款比例+第 3 期销售数量×售价×第 3 期销售产品在第 3 期的收款比例等等。

（2）对出售房地产来说，由于受市场的影响，其售价通常会有一些调整。公式中的 p_n 表示第 n 期的租售价格即已表明了价格的变化特性。一般地，第 n 年的销售价格计算公式为：

$$第\ n\ 年的销售价格=第\ 1\ 年的销售价格\times(1+年平均售价上涨率)^{n-1}$$

实际操作中，通常会根据具体情况确定不同时期的售价上涨率，而不是确定一个平均售价上涨率，这样做更能反映实际的销售情况。

（3）对出租房地产来说，由于出租所经过的时间较长，租金会因市场的变化而有一定的变化。第 n 年的租金收入计算公式为：

$$第\ n\ 年的租金收入=第\ 1\ 年的租金收入\times(1+年平均租金上涨率)^{n-1}$$

上式中的年平均租金上涨率因受到许多因素的影响，通常难以确定。实际操作中，往往需要依据可类比的商业房地产的情况来确定。该指标的确定在很大程度上受主观因素影响较多，与决策者对风险的估计情况和决策者的心理素质密切相关。另外，实际操作中，在计算第 1 年以后的租金收入时，通常也会假定在前几年保持一个适当的租金上涨率，然后再以一个新的租金上涨率变化到某一年，此后租金不再变化。出租率的确定也是如此。

6.2.2 租售收入估算的准备工作

1．销售收入影响因素分析

从房地产投资分析而不是营销策划的角度看，销售收入的影响因素主要有三个方面。

（1）销售方式的选择。不同的销售方式对销售收入有直接的影响。正确的销售方式能够有效地提高销售数量或销售价格，进而增加销售收入。反之则会降低销售数量或销售价格，进而减少销售收入。销售方式主要有：

1）委托销售。委托销售是指房地产开发商将房地产项目委托给房地产中介机构进行销售的行为。采取委托销售时，开发商要向中介机构支付一定比例的费用，一般情况是：出租时佣金为年租金的10%，出售时佣金为售价的1.5%～3%，这些费用需要从销售收入中扣除。

2）自行销售。选择自行销售的开发商多是一些规模较大的房地产开发公司，他们往往拥有自己的销售团队，可以自行进行销售活动。由于对自己产品的特点、优势等都十分熟悉，销售起来就更加有效率。此外，当房地产市场很繁荣的时候，也无须再找中介机构进行代理销售，这样可以节省一部分佣金，从而使销售收入有所增加。

（2）付款方式与优惠折扣的确定。现实中的房地产销售通常都采取购买者分期付款的方式。采用分期付款方式销售房地产对于购买者的首付款数量要求不高，购房者可以以较少的资金先获得房屋的使用权。因此，会吸引更多的人来买房，增加产品的需求量。同时，由于采取这种方式时，房地产销售方可以先得到售价 20%～30%左右的资金，将这部分资金再投入到其他项目的建设中去，实现了资金运作的良性循环。

与付款方式相适应，不同的付款方式可以有不同的优惠折扣。比如对于一次性付款的客户，可以给予95%～98%的优惠折扣；对于分期付款多的客户，给予97%～99%的优惠折扣等。至于具体的折扣比例，可以根据具体的情况来具体分析确定。当然，实物优惠折扣形式，如买房送空调、送冰箱或者送书房等，如果不能折算为现金，则对房地产投资分析来说，其意义并不大。

（3）销售价格策略的制定。价格竞争是一种十分重要的营销手段。在市场营销活动中，企业为了实现自己的经营战略和目标，经常会采取各种灵活的定价策略，以促进和扩大销售，提高企业的整体效益。一般来说，房地产开发企业的销售价格策略主要有：

1）低开高走。这种销售价格策略是大多数房地产开发商采用的定价方法，它是指房地产开发商在销售房地产产品时，分期推出楼盘，首期先以低价吸引消费者，但从第二期起即开始逐步加价。这样做的目的是首先以低价汇聚人气，而后以逐渐加价的方式促使消费者马上购买，以免承担较高的楼价，而同时又使人觉得所购买的物业在不断地升值。低开高走价格策略的实施对销售收入有较大的影响，总体来说，可能会使销售初期的销售利润偏低。

2）高开高走。这种销售价格策略是指楼盘第一次面对消费者时，以高于市场行情的价格公开销售，同时，在以后的价格调整中，也与低开高走一样，逐步提高销售价格。高开高走的价格策略能够帮助房地产开发投资者取得更高的销售收入和销售利润，也有利于楼盘品牌的建立。但其不利也是明显的：如果“高开”价格偏离主力市场，则可能导致销售不畅，影响资金的周转；同时，“高开”的价格也会使日后的价格直接调控余地变少，购买者会认为楼盘升值潜力不大而不利于后续的销售。

对房地产投资分析来说，投资分析人员应该了解这些策略的实质，在估算销售收入时，充分体现这种策略的运用效果，把相关数字的大小与变动情况与价格策略联系起来。

2. 出租收入影响因素分析

从房地产投资分析而不是营销策划的角度看，出租收入的影响因素主要有：

（1）房地产所处地段。房地产租金收入与所处地段有很大关系。地段好的房地产，即使出租价格高，出租率也照样高，比如，北京 CBD、金融街地区的一些写字楼，由于地段好，所以虽然价格较其他一些地区的写字楼高许多，但仍然爆满。而地段差的写字楼，即使出租价格很便宜，也不一定会有人问津。

（2）房地产物业的类型。物业的类型对租金的影响很大。一般来说，在其他条件相同的情况下，收益性物业租金从高到低的顺序是：商场、娱乐中心、写字楼、公寓。对于零售物业来说，其租金的高低还与其内容有关。一般认为，经营内容不同而使租金按承受能力或获利能力从低到高的顺序是：杂货店、百货店、家具店、餐馆、电器商行、男子时装店、书店和体育用品商店、妇女时装店、化妆品商店以及珠宝首饰商店等。

（3）房地产交易市场的状况。在住宅市场中，如果房地产的价格持续上涨，就会使有些购房人因无力购买房屋转而将目光投向房屋租赁市场。这样一来，房屋的空置率下降，租金收入就会提高。相应的，当租房需求不断上升时，租金也会随之上涨。但此时的租金收入是否增加，还要看总费用支出的情况，因为出租率上升势必引起维护费用等支出增加。对于其他类型的房地产租赁来讲，市场供求关系对其影响是很大的。对旧建筑而言，租金收入常常使回报率超出预期的水平，并且新建筑的建造成本和融资费用上升得越快，这种情况就越明显。

（4）物业服务质量。因为人们的生活观念与经营理念都在发生着很大变化，对于生活、工作环境有了更高的要求，因此，物业的服务质量成了人们在租房时考虑的重要问题。不同类型的房地产，其物业服务的重点是不一样的。对住宅来说，物业服务重点是生活环境、安全保障、设施维修等；对于写字楼的物业服务来说就要注重情节、安全保障、供暖制冷等方面的服务；商业的物业服务重点就要倾向于提供整洁、明亮的环境。无论物业服务的重点是什么，服务质量差的物业，其租金也不会高，甚至无人问津。相反，物业的服务水平高就能够吸引较多的承租者，价格也可以相对高一些。

（5）租约的具体规定。租约也可称为租赁合同，它确认了租金收入的主要来源及由谁支付哪些费用。租约分为三种类型：一是绝对毛租约，即业主支付包括物业经营和维护的所有相关营业费用；二是绝对净租约，即承租人支付所有营业费用；三是协商或混合租约，即承租人和业主支付项目及何时支付均协商而定。

不同的租约类型，决定了不同的租金水平。绝对毛租约情况下的租金水平通常较高，而绝对净租约情况下的租金水平通常较低，而协商或混合租约情况下的租金水平则处于中间状态。在估算房地产租金收入和确定租金时，必须考虑租约的影响。

当然，实际估算房地产租金收入时，一般都是在假设租约为绝对毛租约的情况下进行的。这样，租金通常都比较高。而在估算净租金收益时，就需要扣除所有相关费用。

3. 租售价格的选择确定

在确定租售价格时，通常需要考虑其价格下限和价格上限。其中，房地产租售价格下限实质上是房地产的成本价。根据前面介绍的房地产投资成本费用估算的方法，估算出来的总成本费用就是其价格下限。房地产租售价格上限是价格的最高上限或上临界线，它主要有市场上限和政府上限两种情况。市场上限即受市场供求影响，以市场营销受阻的价格作为价格上临界线。对市场化的房地产开发而言，价格上限是消费者愿意并且能够支付的产品最高价格。市场上限需要在分析市场的基础上确定。政府上限是政府有关部门根据项目性质以及当地具体情况，在一定时间内公布的该类房地产投资项目的最高限价，如经济适用房的最高限价等。政府上限通常可以从有关政策文件上得到。

至于实际价格确定中，是选择价格下限、价格上限或者两者之间的某一价格，通常需要根据定价目标而定。定价目标一般包括：

（1）以回笼投资资金为目标。此时一般选择价格下限。

（2）利润目标。它包括两种：一是获取最大利润目标，此时通常选择价格上限；二是获取平均利润目标，此时的房地产价格通常定位于同类竞争项目的平均水平。

（3）竞争目标。它是指与竞争对手较量或避免竞争行为的定价目标。与竞争对手较量的定价往往带有很强的挑战性和进攻性，有些项目甚至采取亏损的定价。而避免竞争行为的定价目标大多是跟随型，即按市场调查的平均价格水平来实施定价，以免在竞争中失利。

测定价格下限、价格上限或者两者之间的某一价格，需要利用一定的定价方法。一般而言，可把定价方法分为成本导向定价法、需求导向定价法以及竞争导向定价法三种。

（1）成本导向定价法。成本导向定价法就是以项目成本为计价核心的定价方法，实际中该方法又可分为两种。

1）完全成本定价法。完全成本是指生产或提供某种产品所支付的全部成本。完全成本定价法就是在生产或提供单位产品所支付的完全成本的基础上，加上一定比率的利润来确定房屋价格。即按下式计算单价：

$$房屋单价（不含税）=单位成本（1+成本利润率）$$

2）目标利润定价法。目标利润定价法又称投资收入率定价法，或盈亏平衡分析定价法，就是通过研究项目的规模、成本、单价及收入，确保按此价格租售一定数量的产品，能使项目保持盈亏平衡或获取一定的利润。其计算公式为：

$$单价(P)=\frac{目标利润+总成本}{可租售面积}$$

盈亏平衡（目标利润为零）时，单价 P^* 为：

$$单价(P^*)=\frac{总成本}{可租售面积}$$

式中的单价均为不含税的价格，式中的可租售面积包括可出租面积和可出售面积。可出租面积为房屋总面积与不可出租部分的面积之差；可出售面积为开发建设面积与公建配套面积之差。式中的单价 P^* 表示房屋租售单价下降到预定可接受的最低盈利水平（一般为不亏不盈）时的最低单价。

[例 6-1] 某房地产开发项目的房屋开发成本为 3500 元/m²，房屋开发建设面积 60 万 m² 全部用于销售，投资开发商希望得到的成本利润率为 20%，不考虑税费，试分别按照完全成本定价法及目标利润定价法确定该房屋的不含税销售单价。

解： 此题中需要确定的是房屋的销售单价，而不是出租价格或租金。

按照完全成本定价法确定的该房屋的销售单价（不含税）为：

$$3500元/m^2\times（1+20\%）=4200元/m^2$$

按照目标利润定价法确定该房屋的销售单价（不含税）为：

$$单价=\frac{目标利润+总成本}{可租售面积}=\frac{总成本\times目标利润率+总成本}{可租售面积}$$

$$=\frac{3500元/m^2\times60万m^2\times(1+20\%)}{60万m^2}=\frac{25.2万元}{60万m^2}=4200元/m^2$$

按照完全成本定价法及目标利润定价法确定的该房屋的不含税销售单价都是 4200 元/m²。

成本导向定价法涉及本书第 5 章、第 7 章、第 8 章等章节的内容，有关内容在相关章节介绍。

（2）需求导向定价法。需求导向定价是指以需求为中心，按照买方对产品的价值认可与需求强度定价，而非按照卖方的成本定价的一种定价方法。买方价值认可是指以买方价值观念来认定的产品价值。需求强度是指由市场供求关系所确定的需求量。市场需大于供，则房地产产品的价格可以适当提高；反之则需要适当降低。

对房地产投资分析价格定位来讲，主要的需求导向定价法是认识价值定价法，又称理解价值定价法。认识价值定价法就是策划人员根据消费者对其欲购买的房屋的价值判断，来确定产品价格的定价方法。对房地产产品定价来说，认知价值定价的主要方法是诊断法。诊断法，简单地说，就是首先由投资消费者（通常由熟悉商品房市场行情及其价值规律的专家来担当）选定影响房地产商品价值的几个关键因素，并给出其相应的权重系数后，再由房地产投资消费者将 100 分在同类房地产产品（指使用性质、建筑标准、区域位置或地价等主要影响因素均相同或相近的同类物业）中进行分配，然后分别求得各同类商品的加权平均分，即各商品的认知价值系数值。以此为依据，以市场平均价（即市场调研求得的综合评定价）按比例分配来确定其认知价格。

[例 6-2] 假设你是某公司投资分析策划人员，现需要对某一城区同类四栋普通住宅进行认知价格定价。通过市场调查得到该类住宅的市场平均价格为 6000 元/m²。若专家们考虑的因素及其权重系数、评分结果见表 6-1，试据此确定这几栋商品住宅的认知价格。

表 6-1 认知价格系数调查统计表

序号	价格影响因素	权重	分值分配			
			甲栋	乙栋	丙栋	丁栋
1	建筑质量	0.20	30	25	20	25
2	装修等级	0.10	25	30	25	20
3	户型设计	0.10	35	20	20	25
4	配套设施	0.10	20	30	25	25
5	区域位置	0.15	25	20	25	30
6	周围环境	0.10	20	25	30	25
7	物业服务	0.15	25	20	20	35
8	开发商信誉	0.10	30	25	20	25
	认知价格系数	1.00	26.5/25=1.06	24/25=0.96	22.75/25=0.91	26.75/25=1.07

解： 根据诊断法的定价方法，可以得到四栋住宅的认知价格分别为：

甲栋住宅的认知价格=6000 元/m²×1.06=6360 元/m²

乙栋住宅的认知价格=6000 元/m²×0.96=5760 元/m²

丙栋住宅的认知价格=6000 元/m²×0.91=5460 元/m²

丁栋住宅的认知价格=6000 元/m²×1.07=6420 元/m²

认知价格的确定实际上是给出了商品市场销售价格的上限。房地产投资分析策划者应当以此为依据，制定营销价格，并以此为据进行房地产投资的销售收入估算以及其他经济评价活动。

（3）竞争导向定价法。竞争导向定价以房地产市场上相互竞争的同类房屋价格为定价主

要依据，它以竞争者的价格为基础，根据竞争房屋的各方面情况，来制定本项目房屋的市场价格。对房地产投资策划价格定位来说，主要的竞争导向定价法是随行就市定价法，或称跟随定价法，就是根据当时、当地、同类物业的市场平均价格来定价的方法。

采用随行就市定价法，主要是根据本项目房屋与同类房屋的多因素比较，按其差异情况进行本项目房屋价格的相应调整来定价。通常的做法是事先选定若干影响房价的因素，再分别就某一房屋的因素状况取权重系数，最后求得该房屋的平均价格。

[**例 6-3**] 为了确定某物业的市场价格，房地产投资分析策划人员对其周边的同类物业进行了市场调查。调查结果及各物业的价格影响因素的权重系数见表 6-2。试确定该物业的市场价格。

A14　▼　fx　修正价/（元/m²）

	A	B	C	D	E	F	G
1	表6-2 物业价格影响因素及其权重比较表						
2							
3	序　号		1	2	3	4	5
4	物 业 名 称		北方大厦	商贸大厦	基扬广场	新程大厦	光旭广场
5	均价（元/m²）		11890	9380	10980	11050	9895
6	价格影响因素及其权重	建筑质量	100/98	100/101	100/100	100/99	100/100
7		装修等级	100/99	100/103	100/100	100/97	100/102
8		户型设计	100/100	100/102	100/100	100/100	100/100
9		配套设施	100/100	100/100	100/100	100/100	100/100
10		区域位置	100/103	100/103	100/101	100/100	100/102
11		周围环境	100/103	100/102	100/102	100/100	100/103
12		物业服务	100/100	100/103	100/103	100/100	100/102
13		开发商信誉	100/101	100/102	100/101	100/100	100/101
14	修正价（元/m2）		11437.33	8008.83	10245.24	11506.82	8963.07

解：上述大厦的修正价格分别为：

$$P_{北方大厦}=11890元/m^2\times\frac{100}{98}\times\frac{100}{99}\times\frac{100}{100}\times\frac{100}{100}\times\frac{100}{103}\times\frac{100}{103}\times\frac{100}{100}\times\frac{100}{101}=11437.33元/m^2$$

$$P_{商贸大厦}=9380元/m^2\times\frac{100}{101}\times\frac{100}{103}\times\frac{100}{102}\times\frac{100}{100}\times\frac{100}{103}\times\frac{100}{102}\times\frac{100}{103}\times\frac{100}{102}=8008.83元/m^2$$

$$P_{基扬大厦}=10980元/m^2\times\frac{100}{100}\times\frac{100}{100}\times\frac{100}{100}\times\frac{100}{100}\times\frac{100}{101}\times\frac{100}{102}\times\frac{100}{103}\times\frac{100}{101}=10245.24元/m^2$$

$$P_{新程大厦}=11050元/m^2\times\frac{100}{99}\times\frac{100}{97}\times\frac{100}{100}\times\frac{100}{100}\times\frac{100}{100}\times\frac{100}{100}\times\frac{100}{100}\times\frac{100}{100}=11506.82元/m^2$$

$$P_{光旭大厦}=9895元/m^2\times\frac{100}{100}\times\frac{100}{102}\times\frac{100}{100}\times\frac{100}{100}\times\frac{100}{102}\times\frac{100}{103}\times\frac{100}{102}\times\frac{100}{101}=8963.07元/m^2$$

取上述 5 个同类大厦修正后的销售单价的平均值作为此次随行就市定价法测算的价格：

$$P_{待确定大厦}=\frac{11437.33+8412.45+10245.24+11506.82+8963.07}{5}元/m^2=10112.98元/m^2$$

根据已知条件及要求，可以大致确定某物业的市场均价为 10100 元/m²

虽然定价与估价不同，随行就市定价还是可以参考租售房屋房地产估价的市场比较法来进行价格定位。市场比较法就是将估价对象与估价时点的近期有过交易的类似房地产加以比较，对这些类似房地产的成交价格进行适当修正，以此估算估价对象的客观合理价格或价值的方法。关于市场比较法的详细内容，可以参考房地产估价有关书籍。

需要说明的是，以投资经济评价为目的的房地产价格确定与以营销为目的的房地产价格确定还是有一定区别的，至少它没有营销价格策划与确定那么详细、具体和具有强烈的策略性。尽管如此，房地产租售价格确定仍然需要协调处理个案销售中不同户型之间的价格关系、本楼盘的价格与竞争者产品价格之间的关系，而且还要以市场为基础，紧密联系当前的市场状况，将楼盘的价格机制建立在竞争者和消费者对本楼盘购买行为可能产生的反应方面，要在不断变化的市场中及时、准确地调整楼盘的价格水平，保证楼盘价格的有效性。也就是说，在执行价格方案过程中，如果销售情况或者市场状况发生了变化，房地产产品的销售价格也要适时进行调整。价格调整通常需要考虑的是，哪些物业的价格需要调整？如何调整（升降及其幅度）？什么时间调整？调整的时间长度如何（价格保持的时间）？等等。对应在房地产投资项目的财务评价中，就是在什么时间、以什么幅度、按照什么方向以及时间长度改变有关测算数字。

4．租售方案的确定

（1）租售方案的主要内容。为了更好地进行租售收入的估算，通常需要在此之前确定开发项目的租售方案。房地产租售方案一般包括以下内容：

1）房地产的经营方式。确定租售方案的第一步就是要明确是出售、出租还是租售并举。因为这对后面的各项收入、成本等估算都有重要的影响。具体来说，包括出售、出租面积，出售、出租比例及出售、出租的房屋可分摊面积大小及其在建筑物中的位置。此外，对于确定出租的房地产，投资者还必须确定是短期出租还是长期出租，因为这将涉及到财务安排上的问题。如果是长期出租，投资者就要将更多的成本花在建筑物的维护和保养上，以尽量延长其经济寿命，减小其贬值的程度，同时开展有效的物业服务以确保持续而稳定的租金收入。一般来说，住宅项目的投资者多选择出售，而商业、写字楼的出租者多选择出租或租售并举的方式。

2）租售的时间安排以及各阶段内租售面积。租售时间的安排主要是看项目的建设情况以及产品的宣传情况，尽量做到租售的时间与项目本身工程建设进度、融资需求、营销宣传策略以及预测的市场吸纳速度等保持协调一致，也就是使项目在各方面运转良好的时候进行租售活动。这样做也是满足项目资金再投入及还本付息的需要。另外，投资者还要根据市场的行情选择有利的租售时间，或是调整其租售方案。

3）租售价格的确定。价格的确定是租售方案制定中的关键环节，处理好租售价格与总成本支出的比例关系，才能获得更好的租售收入。价格制定得过高，会将大多数人拒之门外，影响租售收入；价格制定得过低，虽然能够吸引较多的人，但是有可能出现收入不足以弥补成本的现象。所以，灵活运用价格策略，合理确定租售价格，是投资分析者需要处理好的重要问题。

4）收款方式和收款计划的确定。收款方式分为一次性付款和分期付款两种，分期付款又可分为指定每期付款比例或金额和分期等额付款两种方式。比如，签订合同后一次付款，签订合同后一次预付若干比例，其余在交钥匙后一次付清；签订合同后分多次预付若干比例，其余在交钥匙后一次付清等。在确定收款方式的时候，应该充分考虑房地产交易的付款习惯，确定分期付款的期数以及各期付款的比例。

（2）编制租售方案需要注意的问题。编制租售方案除需要注意租售方案内容中提到的之外，还需要注意以下方面：

1）熟悉项目的租售期（计算期）。租售期可以取年、半年、季或月为单位，每个单位为一期。《城市房地产预售房管理办法》（建设部令第 131 号）规定，商品房预售应当符合下列条件：已交付全部土地使用权出让金，取得土地使用权证书；持有建设工程规划许可证和施工许可证；按提供预售的商品房计算，投入开发建设的资金达到工程建设总投资的 25%以上，并已经确定施工进度和竣工交付日期。根据这个规定，全部产品以销售方式经营的开发项目，销售期一般从开发建设 3～6 个月开始到全部商品房屋销售完毕为止，其销售期一般为 6～24 个月；对于开发完成出租的房地产来说，其租期（计算期）一般为 15～20 年。对于出租和销售混合经营的项目，可以分别确定其销售期和出租期。

2）了解每种开发产品（或每个单项工程）的开工、竣工日期，以及与售出的期房收款有关的施工进度计划。如某住宅小区建设，如果建设期 9 个月，则 1 月开工，9 月底竣工。

3）合理安排租售比例或租售数量。不同类型的房地产项目，它在不同的时间能够租售出去的比例有所不同。比如对于新建普通商品住宅来说，其销售通常很快，在开始的时候销售比例很大，以后再销售的比例就较小；对于新建别墅来说，其销售情况与普通住宅会有所不同，它在不同的时间销售的比例相差通常不是很大。所以，对于不同的项目，确定其在不同时间内的销售比例必须了解项目本身的特点和市场情况，在此基础上，确定系列的比例。例如，某项目的销售数量为 2 万 m^2，以季为单位，计划第 2 个月开盘销售，当月销售比例为 45%，第 2 个月销售比例为 30%，第 3 个月销售比例为 15%，其余在 6 个月内售完（如比例分别 4%、2%、1.5%、1%、1%、0.5%）。

6.2.3 租售收入估算的注意事项

对房地产项目的租售收入的估算，通常有一个较为固定的格式，具体见表 6-3 和表 6-4。根据每个项目的类型不同、估算的要求不同，可以调整表格的内容。

表 6-3 销售收入与经营税金及附加估算表 （单位：万元）

序号	项目	合计	1	2	3	…	*n*
1	销售收入						
1.1	商品房屋销售收入						
	可销售面积						
	单位售价						
	销售比例						
1.2	停车位销售收入						
	停车位个数						
	单位售价						
	销售比例						
…							
2	经营税金及附加						
2.1	营业税						
2.2	城市维护建设税						
2.3	教育费附加						
…							

表 6-4　出租收入与经营税金及附加估算表

序　号	项　目	合　计	1	2	3	…	n
1	租金收入						
1.1	房屋租金收入						
	可出租面积						
	单位租金						
	出租率						
1.2	停车位租金收入						
	停车位个数						
	单位租金						
	出租率						
…							
2	经营税金及附加						
2.1	营业税						
2.2	城市维护建设税						
2.3	教育费附加						
…							
3	净转售收入						
3.1	转售价格						
3.2	转售成本						
3.3	转售税金						

注：1. 当房地产开发项目有预租时，在开发期存在租金收入。
2. 净转售收入一般在期末实现。

在进行租售收入估算时，需要注意以下事项：

（1）当房地产投资项目既有出售又有出租时，销售收入估算表和出租收入估算表可以合并到一个表格中进行，也就是可以使用表 6-5 来统一估算。

表 6-5　租售收入与经营税金及附加估算表

序　号	项　目	合　计	1	2	3	…	n
1	销售收入						
1.1	房屋销售收入						
	可销售面积						
	单位售价						
	销售比例						
1.2	停车位销售收入						
	停车位个数						
	单位售价						
	销售比例						
…							
2	租金收入						
2.1	房屋租金收入						
	可出租面积						
	单位租金						
	出租率						
2.2	停车位租金收入						
	停车位个数						
	单位租金						
	出租率						
…							

（续）

序　　号	项　　目	合　　计	1	2	3	…	n
3	经营税金及附加						
3.1	营业税						
3.2	城市维护建设税						
3.3	教育费附加						
…							
4	净转售收入						
4.1	转售价格						
4.2	转售成本						
4.3	转售税金						

注：1．当房地产开发项目有预租时，在开发期存在租金收入。

2．净转售收入一般在期末实现。

（2）在算销售收入时，要注意相应年度的“销售面积”、“单位售价”、“销售比例”、“可销售面积”（不一定是竣工面积）等问题，以及由于规划设计的原因导致不能出售面积比例的增大对销售收入的影响。同时，估算配套设施销售收入应注意相应年份的“销售收入”、“成本”、“税金”。

（3）在估算出租房屋出租收入时，要注意各类出租房的“出租面积”、“单位租金”、“出租率”及各类出租房的可出租面积。

（4）在估算土地收入时，应注意相应年度各类土地的“出租面积”、“单位租金”和“出租率”及各类土地的可出租面积等问题；原有建筑物拆除后的残值和安置用房的出租及销售收入应冲减拆迁费用；以出让土地使用权为目标的成片土地开发项目，其土地开发工程费用还应包括基础设施建设费用和配套工程建设费用。

（5）在估算房屋出租收入时，需要注意有效租金收入和潜在租金收入的区别。有效租金收入是指潜在的租金收入减去空置及欠租损失，而潜在租金收入是假设物业充分利用及无空置状态（即 100%出租）下，按照每份租约条款所能得到的租金总收入。对房地产投资分析来说，其估算的租金收入通常既不是有效租金收入，也不是潜在租金收入。因为房地产投资估算的租金收入虽然考虑了空置损失，但一般不考虑欠租（延迟支付租金、少付租金或不付租金）损失及其他原因造成的损失。当然，如果在确定租金时考虑了这些因素，并适当调整租金水平，则估算出来的租金收入就是有效租金收入或者实际租金收入了。

6.3 转售收入及其他收入的估算

6.3.1 转售收入的估算

从本质上看，转售收入就是下一个房地产产权的所有者可能付出的价格，这个价格从理论上说是取决于下一个所有者将来的期望值。而且，像其他收入的估算一样，转售收入预测的质量和可靠性仅能从现在显示出的信息来判断。或者说，估算未来的房地产转售收入，首先需要通过目前的市场情况和其他投资环境情况预测转售时的市场情况，然后才能在预测的未来市场状况的基础上估算未来某一时点房地产的转售价格或转售收入。

无论是出租或者第三产业自营的项目，还是销售和出租或第三产业混合经营的项目，其房地产资产余值都要回收。其中，第三产业自营的房地产资产余值通过回收资产余值反映，出租产品在计算期末通过转售收入来反映。转售收入一般不能低于资产余值。

常用的估算房地产转售价格和转售收入的方法有三种：货币数量估算法、百分率变化估算法以及期末资本化率法。

1．货币数量估算法

通常情况下，对转售价格作出的直接货币预测是很少见的。但当一份购买合同中明确了特定的转售价格，并且购买者在原房地产所有者租赁和自营房地产的持有期期末购买该房地产时，就可以使用货币数量估算的方法进行房地产转售价格的估算。

例如，假设一处房地产在 10 年期末要进行转售。如果利用货币数量估算法估算其转售价格，首先就要对该房地产在 10～20 年之间收到的现金流量进行分析，然后计算 10 年中这些现金流量的价值，最终估算出其转售价格。

这种分析方法可用于租赁的继承权无限制的房地产转售价格和转售收入的估算。

2．百分率变化估算法

百分率变化估算就是假设持有期内价值变动的百分率，以此来估算转售收入的方法。可以用每年的或者总的变动来表示变动百分率，这样就可以很清楚地看到房地产价值随时间的变化而增加、减少或是不变的情况了。

[例 6-4]某房地产的目前价值是 1000000 元，（1）假设此房地产价值每年有 2%的价值增长；（2）假设总共有 20%的价值增长。试估算两种假设情况下该房地产 10 年后的价值。

解：（1）假设每年有 2%的价值增长，那么：

$$\text{转售价格} = 1000000\text{元} \times (1+2\%)^{10} = 1218944\ \text{元}$$

（2）假设总共有 20%的价值增长，那么：

$$\text{转售价格} = 1000000\text{元} \times (1+20\%) = 1200000\ \text{元}$$

需要说明的是，由于复利计算的原因，所以用每年的增长率估算比用总增长率估算得到的数值大。

3．期末资本化率估算法

期末资本化率估算法就是利用给定时间的净现金流量和选定的合适的资本化率来估算转售价格或转售收入的一种方法。其中，给定时间的净现金流量一般就是通过预测得到的持有期末转售时的净现金流量；合适的资本化率就是预测的在转售房地产时的持有期末资本化率。在理论上，期末资本化率反映了房地产出售时预期的典型利率。当房地产出售给新的所有者时，由于存在与估算现金流量有关的额外不确定因素，有时需要使用稍高的比率。当然，这样做的原因还在于建筑物较旧，不会产生像持有期初那样的潜在收入。稍高的期末资本化率反映了估算转售收入时比较保守的思想，也可以说在期末资本化率中含有风险报酬。

期末资本化率估算法是估算房地产持有期末转售收入的最常用，也是最方便、有效的方法。其计算公式通常为：

$$P_t = A_t \left[\frac{(1+i)^{n-t} - 1}{i(1+i)^{n-t}} \right]$$

式中　P_t——持有期末，即第 t 年末转售时的转售收入或转售价格；

A_t——第 t 年末转售时的净现金流量；

i——第 t 年末转售时的资本化率。

当假设房地产的所有权或转售后未来收益权为无限年时，上述公式可以简化为：

$$P_t = \frac{A_t}{i}$$

[例 6-5] 某房地产持有人欲将其持有 15 年的房地产转售出去，该房地产的收入年限总共为 50 年。通过预测得到第 15 年末的净现金流量为 100 万元，假设第 15 年末时的报酬率为 10%，试估算该房地产转售时的转售价格。

解： 已知 n=50 年，t=15 年，A_t=100 万元，i=10%。代入公式 $P_t = A_t\left[\frac{(1+i)^{n-t}-1}{i(1+i)^{n-t}}\right]$，可以得到：

$$P_t = 100\text{万元} \times \left[\frac{(1+10\%)^{50-15}-1}{10\% \times (1+10\%)^{50-15}}\right] = 100\text{ 万元} \times 9.6442 = 964.42\text{ 万元}$$

6.3.2　自营收入的估算

自营收入是指开发企业以开发完成后的房地产为其进行商业和服务业等经营活动的载体，通过综合性的自营方式得到的收入，也就是利用物业进行自营的过程中所得到的营业额，它是指酒店、度假村、写字楼等经营性物业除客房、会议室等的租金收入外，其配套提供的餐饮、商务、娱乐以及交通等方面的非租金经营服务收入额。

自营收入涉及到第三产业的各个方面，收入种类千差万别，同时它又与房地产的使用密切相关，具体估算起来非常复杂。进行自营收入估算时，应充分考虑目前已有的商业和服务业设施对房地产项目建成后产生的影响，以及未来商业、服务业市场可能发生的变化对房地产项目的影响。具体估算时，通常要利用比较法，即选择一些可比自营企业进行比较，最后计算出本自营企业未来的营业额。对于宾馆酒店来讲，在估算其营业额时，可以参考当地旅游统计年鉴上面的酒店营业额数字，在这个数据的基础上，根据本酒店的实际情况，估算出本酒店的自营营业额。也可以根据可比物业的营业额数字来估算。表 6-6 是一个自营酒店的毛利情况表，根据这个表就可以通过时间序列分析等方法估算出未来的自营收入总额。

表 6-6　某酒店毛利情况表　（单位：万元）

序　号	项　目	2004	2005	2006
1	客房	355.52	418.62	550.03
2	餐饮	156.72	194.49	218.16
3	卡拉 OK 厅	2.78	5.45	0.98
4	商店	6.72	7.66	8.73
5	其他	52.47	63.27	79.88
	合　计	574.21	689.49	857.78

需要说明的是，自营收入的估算和房地产估价的收益估算不同。房地产估价收益估算需要通过一定的方法，如回归模型等，将由房地产产生的收入从第三产业经营全部收入（全部生产要素，包括土地、房产、资本、劳动与管理等所产生的收入）中“剥离”出来，以体现房地产本身的收益能力，从而估算出房地产的价格。而自营收入的估算却不必“剥离”，因为只要可以估算出全部经营收入和全部经营成本就可以得到相关财务指标。

自营收入与经营税金及附加估算表见表 6-7。

表 6-7　自营收入与经营税金及附加估算表　　（单位：万元）

序号	项目	合计	1	2	3	…	n
1	自营收入						
1.1 1.2 1.3	商业 服务业 其他						
2	经营税金及附加						
2.1 2.2 2.3 …	营业税 城市维护建设税 教育费附加						

6.3.3　其他收入的估算

1．避税收入的估算

房地产的避税收入是由于房地产在使用过程中有形和无形损耗而引起的。所以，对于避税收入的估算可以转化为对于房地产折旧的计算。因为从租金中提取的折旧并没有真正支付给任何人，仅仅是账面资金的减少，所以并不会影响房地产的实际租金收入。但因为每年都要提取折旧，所以使得房地产企业每年的应纳税所得额都会有所减少，也即因为少交了所得税而减少了房地产投资经营的成本支出，形成了避税收入。

从会计的角度看，建筑物随其楼龄的增长，每年的收入能力都在下降，所以税法中规定的折旧年限相对于建筑物的自然寿命和经济寿命来说要短得多。这就使建筑物每年的折旧额要比物业年收入能力的实际损失高得多，致使物业投资者账面上的净经营收入减少，相应地也就减少了投资者的纳税指出。避税收入的计算方法如下：

避税收入=不考虑折旧时应纳所得税额−考虑折旧时实际缴纳所得税额

不考虑折旧时应纳所得税额=不考虑折旧时的应纳税所得额×所得税税率（25%）

关于所得税的计算，在“5.3.4 企业所得税及其估算”中已有介绍，这里不再赘述。下面仅以一个例子来说明避税收入的估算方法。

[例 6-6]某物业的重置价格是 2000 万元，年经营收入是 400 万元，经营成本为 200 万元，营业税、城市维护建设税及教育费附加等税费为经营收入的 5.5%，各种摊销为 20 万元。税法规定的该物业的折旧年限为 25 年，但此物业的经济寿命为 60 年。所得税税率假定为 25%。不计残值。试根据已知条件估算该物业的避税收入。

解：按照税法规定，此物业的年折旧额应为：2000 万元 ÷ 25=80 万元

则应纳税所得额为：400 万元− 400 万元×5.5% −（200+80+20）万元=78 万元

年所得税为：78 万元×25%=19.5 万元

但是实际上该物业每年的损耗为：2000 万元 ÷ 60=33.33 万元

此时的应纳税所得额为：400 万元− 400 万元×5.5% −（200+33.33+20）万元=124.67 万元

年所得税为：124.67 万元×25%=31.17 万元

所以，由以上计算可以看出，该企业实际交纳的所得税为 19.5 万元，而按照实际损耗计算出的所得税为 31.17 万元。该企业获得了 31.17 万元−19.5 万元=11.67 万元的避税收入。

2．无形收入的估算

由于无形收入是一种心理的感觉或享受，难以定量化，所以这里不再讨论其具体的估算。但作为一种收入，无形收入对房地产投资决策也有一定的影响，甚至会超过其他收入对房地产项目投资的影响。因此，在进行房地产投资分析时，有时也需要对投资人的心理感受或无形收入进行一定的评价，以便决定具体的建议投资方案。

需要指出的是，一般情况下，进行房地产投资分析既不考虑避税收入，也不考虑无形收入，而仅仅考虑销售收入、出租收入、自营收入以及转售收入。它们也是房地产投资收入估算的主要部分。

小　结

从房地产投资分析的角度讲，一般而言，房地产投资收入主要有销售收入、出租收入、自营收入、转售收入、避税收入和无形收入几种类型。其中，销售收入、出租收入、自营收入、转售收入是房地产投资分析中经常估算的收入。房地产投资收入的分类是房地产投资收入的具体表现；房地产投资收入的合理构成是房地产投资收入的基本要求。房地产投资收入的合理构成包括三部分：一是投资利息，二是管理报酬，三是风险报酬。

房地产投资收入估算是一种主观与客观相结合的活动，要确保收入估算的客观性，一个重要的方面就是遵守房地产投资收入估算的基本原则，这些原则包括一般性原则、客观性原则以及应变性原则。

房地产租售收入估算有其一般估算公式，但在运用这些公式估算时，需要注意分期付款与分期收款、第1年的价格与第 n 年价格的关系以及平均上涨率的问题。同时，在具体估算租售价格时，需要做好诸如影响因素分析、租售价格的选择确定、租售方案的编制等准备工作，在这个基础上，才能根据租售收入估算表，估算出相关租售收入。当然，在估算租售收入时，还应注意一些具体的细节，以免出现估算的错误。

除租售收入估算外，转售收入和自营收入的估算也是非常重要的工作。常用的估算房地产转售价格和转售收入的方法有三种：货币数量估算法、百分率变化估算法以及期末资本化率法。其中，期末资本化率估算法是估算房地产持有期末转售收入的最常用，也是最方便、有效的方法。相比较而言，估算自营收入就复杂得多。具体估算时，通常要利用比较法。对于宾馆酒店来讲，在估算其营业额时，可以参考当地旅游统计年鉴上面的酒店营业额数字来估算。也可以根据可比物业的营业额数字来估算。

思　考　题

1. 什么是销售收入？其影响因素主要有哪些？
2. 什么是出租收入？其影响因素主要有哪些？
3. 什么是自营收入？自营营业额估算方法是什么？
4. 什么是转售收入？其估算方法主要有哪三种？
5. 房地产投资收入的合理构成是什么？
6. 房地产投资收入估算的原则主要有哪些？
7. 租售方案的主要内容有哪些？编制注意事项是什么？

8. 租售收入估算的注意事项主要有哪些？

9. 如何估算避税收入和无形收入？

练　习　题

1．接第2章练习，假设你所在的城市有一住宅开发项目，请根据具体情况，在完成投资环境分析、市场分析、产品定位策划的前提下，对该住宅开发的销售收入进行估算。

2．某房地产开发项目的房屋开发成本为2000元/m^2，房屋开发建设面积30万m^2全部用于销售，投资开发商希望得到的成本利润率为15%，不考虑税费，试分别按照完全成本定价法及目标利润定价法确定的该房屋的不含税销售单价。

3．某开发公司建成一栋建筑面积为20000m^2的写字楼，现将其中的70%出租，租金为2000元/m^2。试计算该公司的年租金收入是多少？

4．某房地产持有人欲将其持有10年的房地产转售出去，该房地产的收入年限总共为50年。通过预测得到第10年末的净现金流量为80万元，假设第10年末时的报酬率为10%，试估算该房地产转售时的转售价格。

第 7 章

房地产投资财务指标与报表分析

学习目标

通过本章学习，了解房地产投资分析的原理与作用；熟悉房地产投资财务分析的方法与步骤、房地产投资财务分析的报表与指标体系以及资产负债表的编制与分析；掌握静态盈利指标及利润表的编制分析、动态盈利指标与现金流量表的编制分析以及资金来源与运用表的编制与分析。

关键词

房地产项目财务分析　投资回收期　投资利润率　资本金利润率　成本利润率　利润　利润表　净现值　净现值率　内部收益率　现金流量表　资金来源与运用表　资产负债表　资产负债率　流动比率　速动比率

7.1　房地产投资财务分析

7.1.1　房地产投资财务分析的原理与作用

房地产项目财务分析是从房地产投资企业角度对项目进行的经济评价，是在房地产投资环境分析、市场分析以及项目策划的基础上，估算出房地产投资成本费用以及各种收入数据的情况下，通过编制基本财务报表，计算财务分析指标，依据国家现行财税制度、现行价格和有关法规，对房地产项目的财务盈利能力、清偿能力和资金平衡情况进行分析，并借以考察项目财务可行性的一种方法。财务分析也是决定项目投资命运的重要决策依据。

1. 房地产投资财务分析的原理

房地产投资财务分析的原理主要有资金的时间价值原理和财务会计分析原理。资金的时间价值原理在第 1 章已经介绍了。财务会计分析的基本原理是从基本报表中取得数据，计算财务评价指标，然后与基本参数作比较，根据一定的评价标准，决定项目的取舍。因此，财务评价是一种规范化的体系，该体系由三部分组成：财务报表、财务评价指标和用于财务评价的行业参数或国家参数。其作用原理如图 7-1 所示。

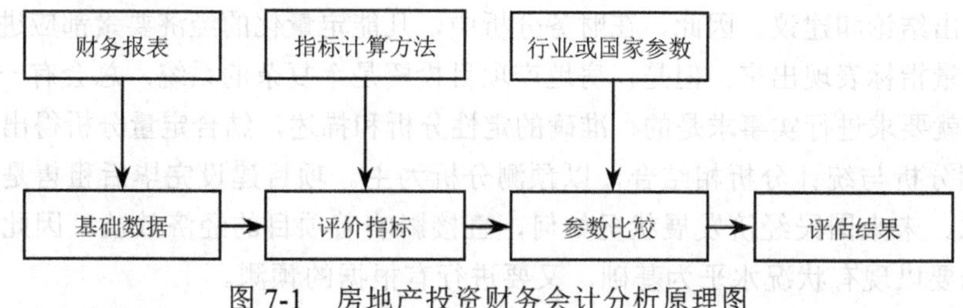

图 7-1　房地产投资财务会计分析原理图

2．房地产投资财务分析的作用

房地产投资财务分析是房地产投资分析的重要组成部分，其作用可总结为以下三点：

（1）房地产投资财务分析是项目投资决策的重要依据。对投资者或对企业来说，评价投资项目优劣总是把微观的财务净效益放在很重要的位置加以考虑。在项目的财务评价中，确定项目建设所需资金的数额和来源；预测项目竣工后的成本、收入和获利能力；估算项目贷款的偿还能力等，都是衡量项目财务净效益的重要方面。这些方面状况如何当然成为投资决策的重要依据。

（2）房地产投资的财务分析是搞好项目管理的基础。通过分析投资估算的准确程度、资金筹措方式和贷款偿还能力，可以预测工程概算是否会超支和按期偿还贷款的可靠性，为控制投资规模、实行投资包干和招标承包等提供依据，帮助经营管理者在项目建设期内合理安排资源使用情况。

（3）房地产投资的财务分析是向银行申请贷款的必要条件。市场经济中，企业筹集资金的主要渠道是所有者投资和银行的贷款。引导所有者投资行为的是项目较高的获利能力；引导债权人贷款行为的是企业良好的财务状况、足够的偿债能力以及良好的信誉。对银行而言，只有正确地判断出项目的大方向，明确项目的清偿能力以及贷款的风险大小，才能决策是否给予贷款支持。通过各项数据、比率和分析指标，银行可以掌握项目未来的财务状况，判断项目的偿还能力，决定是否应给予建设贷款。一般来说，一个项目建成后的收益，只有按通常的利息率，在标准的偿还期内，有能力偿还贷款的条件下，才具备向银行借款的起码条件。

7.1.2　房地产投资财务分析的方法与步骤

1．房地产投资财务分析的方法

房地产投资财务分析的方法主要有以下几个：

（1）动态分析与静态分析相结合，以动态分析为主。静态分析不考虑资金的时间价值，只把不同时间发生的现金流量直接相加，计算有关指标来决定项目的取舍，因此反映不出项目整个寿命期的全面情况，但其分析计算简便、直观、简单易行。

动态分析着眼于投资全过程，并强调时间因素，利用复利计算方法将不同时间内现金流入和流出折算成同一时点的价值，这就为不同方案和不同项目的经济比较提供了相同的基础，较为全面客观地反映项目投资收益，尽管计算稍微复杂，但是比较科学的评价方法。

当然，强调动态指标并不意味着排斥静态指标，在项目财务分析过程中可根据项目的特点以及工作阶段和深度的要求，利用静态指标进行辅助分析。

（2）定量分析与定性分析相结合，以定量分析为主。项目财务分析的本质要求是通过对项目建设过程中的现金流量的计算分析，对项目开发建设过程中的诸多经济因素给出明确的数量概念，从而得出结论和建议。因此，在财务分析中，凡能定量化的经济要素都应进行定量分析和计算，用定量指标表现出来。但是，房地产项目投资是个复杂的系统，总会有一些不能定量化的因素，这就要求进行实事求是的、准确的定性分析和描述，结合定量分析得出评价结论。

（3）预测分析与统计分析相结合，以预测分析为主。项目建设完毕后租售是未来的事，未来市场需求、未来国民经济发展状况如何，直接影响着项目的经济效益。因此，进行项目财务评价，既要以现有状况水平为基础，又要进行有根据的预测。

2．房地产投资财务分析的步骤

房地产投资财务分析的一般步骤如图 7-2 所示。

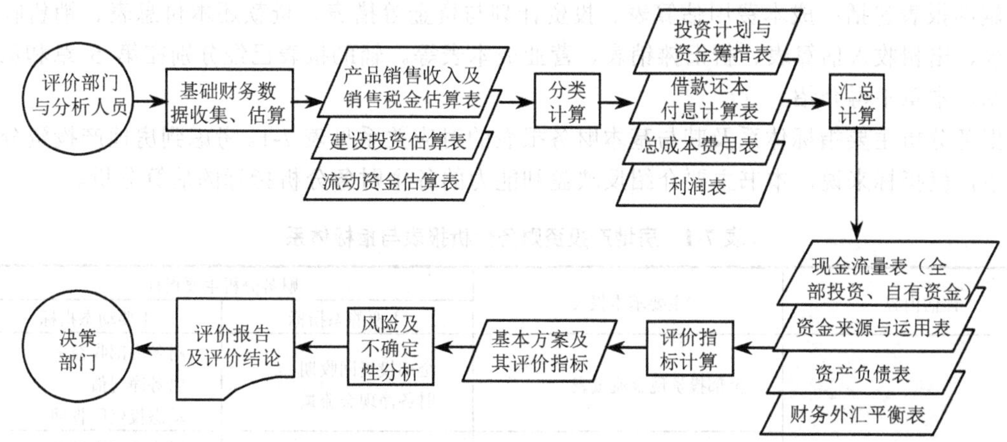

图 7-2　房地产投资财务分析的一般流程图

对于房地产投资分析来说，项目投资分析与评价的主要步骤如下：

（1）分析、估算项目的财务基础数据。在对投资项目的总体了解和对投资环境、市场、技术方案充分调查、研究的基础上，对包括项目总投资、资金筹措方案、成本费用、租售收入与税金，以及其他与项目有关的财务数据进行分析、鉴定和估算。这些财务数据主要来自房地产投资分析报告的投资、成本估算、资金规划等部分，它几乎涉及到房地产投资分析的所有实际环节。因此，对项目财务数据的分析、估算与评价，离不开对项目实体部分的考察与评价。估算财务数据，不仅要分析各种数据及辅助报表的准确性，还应注意审查财务数据与各实际环节的协调与一致性。

（2）编制和分析财务基本报表。财务基本报表是根据财务数据填列的，也是计算反映项目盈利能力、清偿能力的技术经济指标的基础，所以在分析和估算财务数据之后，需要编制和分析财务基本报表，主要是对现金流量表、利润表、资金来源与运用表等进行分析和评价。不仅要审查基本报表的格式是否符合规范要求，还要审核所填列的数据是否准确。如果格式不符合要求或者数据不准确，则要重新编制表格和填列所估算的财务数据。

（3）分析财务效益指标。财务效益指标包括反映项目盈利能力的指标和反映项目清偿能力的指标（具体见 7.2、7.3 以及 7.4）。对财务效益进行分析，要从静态和动态两个角度进行，要保证计算方法和计算结果的准确性，若计算方法不正确或计算结果有误差，则须重新计算。

（4）进行风险与不确定分析。通过盈亏平衡分析、敏感性分析和风险的概率分析，分析项目的临界点和对不确定因素变动的敏感程度，以及可能面临的风险和风险情况下抗风险的能力。

（5）提出财务分析结论。将计算出来的有关指标与标准指标进行对比分析，并从财务角度提出项目可行性结论。

7.1.3　房地产投资财务分析的报表与指标体系

根据财务报表的不同作用，财务报表可分为基本财务报表与辅助财务报表。

基本财务报表包括：现金流量表、利润及利润表、资金来源与运用表、资产负债表。基本财务报表按照独立法人房地产项目（项目公司）的要求进行科目设置；非独立法人房地产项目基本财务报表的科目设置，可参照独立法人项目进行。

辅助报表包括：成本费用估算表、投资计划与资金筹措表、贷款还本付息表、销售收入估算表、出租收入估算表、折旧摊销表、营业成本表等。辅助报表已经分别在第 5 章和第 6 章介绍，本章不再介绍。

财务分析主要指标体系及其与基本财务报表的对应关系见表 7-1。考虑到房地产投资分析的特点，就指标来说，本书主要介绍反映盈利能力的各个财务分析指标的估算分析。

表 7-1　房地产投资财务分析报表与指标体系

评估内容	主要基本报表	财务分析主要指标	
		主要静态指标	主要动态指标
盈利能力分析	全部投资现金流量表	全部投资回收期 财务净现金流量	财务内部收益率 财务净现值 动态投资回收期
	自有资金现金流量表	—	财务内部收益率 财务净现值 动态投资回收期
	利润与利润表	静态投资回收期 投资利润率 成本利润率 资本金利润率	—
清偿能力分析	借款还本付息表 资金来源与运用表 资产负债表	借款偿还期 还本付息比率 资产负债率 流动比率 速动比率	—
资金平衡能力分析	资金来源与运用表	—	—

7.2　财务静态盈利指标与利润表的编制与分析

7.2.1　财务静态盈利指标及其计算

财务静态指标是指不考虑货币时间价值的指标。它的主要特点是静止地看问题，不计货币的时间价值，所采用的年度资金流量是当年的实际数值，而不用折现值。该指标在建设工期短的小型项目的投资分析中有一定的使用价值，对大中型投资项目，在投资机会研究或初步可行性分析阶段，也有较多的应用。

主要的静态盈利指标及其计算如下：

1．静态投资回收期（P_t）

（1）静态投资回收期含义与计算。静态投资回收期是指在不考虑资金时间价值的条件下，以房地产项目的净收益抵偿全部投资所需要的时间。它是考察项目在财务上的资金回收能力的主要静态评价指标，一般以年表示，并从房地产项目开发期的起始年算起。

静态投资回收期的具体计算方法有两种。

1）当项目投入运营后，每年的收益额大致相同时，

投资回收期=项目总投资/项目年平均收益额

式中的项目总投资额应考虑投资贷款利息。项目的年平均收益额是由项目的年平均营业收入（租金收入）扣除年平均经营成本（不含折旧摊销）及各种税金后的余额。

2）当项目投入运营后，每年的收益额相差较大时，

投资回收期=（累计净现金流量开始出现正值期数−1）+（上期累计现金流量的绝对值÷当期净现金流量）

其中的净现金流量和累计净现金流量可直接利用全部投资现金流量表中的数据计算得到。累计净现金流量等于零或出现正值的年份，即为项目静态投资回收期的最终年份。

上述公式中的回收期数在实际计算中可能是年、季、月。出于习惯考虑，如果得出的期数不是年，应换算成年。

（2）静态投资回收期具体应用及应注意的问题。在财务评价时，求出的投资回收期指标（P_t）应与行业的基准投资回收期（P_c）比较，当$P_t \leqslant P_c$时，表明该项目能在规定的时间内收回投资。

静态投资回收期指标计算简单、容易理解、直观；其缺点是没有考虑项目回收资金以后的情况，不能评价项目计算期内的总收益和盈利能力，因此通常不能仅仅根据投资回收期的长短来评价项目的优劣，而必须和其他动态指标（如财务收益率和财务净现值）结合使用，以免得出错误结论。

[例 7-1]某项目投资兴建后各年的现金流量见表 7-2，试计算项目的静态投资回收期。

表 7-2 现金流量表 （单位：万元）

年 份	投 资 额	收 入	成 本	折 旧	净现金流量	累计净现金流量
1	−1500				−1500	−1500
2	−1800				−1800	−3300
3	−650	622.2	−52.2	60	−20	−3320
4		860.5	−70.5	60	850	−2470
5		872.7	−72.6	60	860.1	−1609.9
6		884.7	−75.8	60	868.9	−741
7		1075	−84.8	60	1050.2	309.2

解：由表 7-2 累计数字可看出，该项目的收益额各年不同，且相差较大。

根据公式 投资回收期=（累计净现金流量开始出现正值期数-1）+（上期累计现金流量的绝对值÷当期净现金流量），代入表 7-2 中数字可得：

投资回收期=（7-1）年+|-741|/1050.2 年=6.71 年

即项目将在 6.71 年，约 6 年零 8 个多月收回投资。

2．投资利润率

（1）投资利润率含义与计算。投资利润率又称投资收益率，是指项目达到正常生产能力后的一个正常年份年利润总额与项目总投资的比率，是考察项目盈利能力的静态指标。年利润总额指项目达到设计生产能力时正常年份的利润总额，如果在生产期内年利润总额变化幅度较大，则利用年平均利润总额计算。其计算公式为：

投资利润率=年利润总额（或年平均利润总额）÷项目总投资×100%

年利润总额=年产品销售收入-年产品销售税金及附加-年总成本费用

项目总投资=固定资产投资+建设期利息+流动资金

投资利润率在实际操作中，可以分为所得税税前投资利润率和所得税税后投资利润率两种类型，具体可根据利润与利润表中的有关数据计算求得。

（2）投资利润率具体应用及应注意的问题。进行财务分析时，要将投资利润率与行业平均投资利润率（基准投资利润率）对比，以判别项目单位投资盈利能力能否达到本行业的平均水平。

对于房地产项目的基准投资利润率的确定要考虑以下一些因素：当前的宏观经济情况、银行的贷款利率以及其他行业的投资利润率水平；房地产投资项目的类型；房地产项目的开发建设周期。一般而言，宏观形势好，利率高、其他行业投资利润率水平高，则房地产的基准投资利润率也会高；又如投资商业物业比投资住宅的基准投资利润率高，开发建设周期越长，基准投资利润率相对也会越高，等等。

投资利润率指标的优点是计算简单、直观、易于理解，缺点在于正常年度利润额的选择有困难，因为房地产投资项目是根据房地产的市场行情以及推销能力和预售情况等来反映每年的销售收入业绩的，很难确定其正常年份的利润额，所以按预计回收期内全部售完的几年内的平均值为年利润总额来计算投资利润率较为合理。

投资利润率指标一般适用于投资额小、比较简单的项目的财务评价，对于各年收益不同的多个方案进行比较并作方案选择是不合适的。

3．资本金利润率

资本金利润率是指项目达到正常生产能力后的一个正常生产年份的年利润总额或项目生产期内年平均利润总额与资本金的比率，它反映了投入项目开发的资本金的盈利能力。计算公式为：

资本金利润率=年平均利润总额÷资本金×100%

式中，年平均利润总额为所得税税前利润；资本金为投入项目的全部自有资金（或权益投资，不包括借贷资金等）。计算出来的资本金利润率要与行业的平均资本金利润率或投资者的目标资本金利润率进行比较，若前者大于后者或等于后者，则认为项目是可以考虑的。

[例 7-2]假设某房地产项目总投资支出为 116673 万元，从开发第二年起，开始有建成房屋可售，每年可实现利润总额 20262 万元，资本金为 31500 万元。如果基准收益率为 16%，试计算项目的税前投资利润率和资本金利润率，并判断项目是否可行。

解：投资利润率=20262÷116673×100%=17.37%

资本金利润率=20262÷31500×100%=64.32%

投资利润率和资本金利润率分别为 17.37%、44.32%，均大于基准收益率 16%，因此项目可行。

4．成本利润率

成本利润率是一个初步判断房地产开发项目财务可行性的技术经济指标。成本利润率的计算公式为：

成本利润率=（项目总开发价值-总开发成本）÷项目总开发成本×100%

项目总开发价值计算时，如果项目全部销售，则等于扣除销售税金后的净销售收入；当项目用于出租时，为项目在整个持有期内所有净经营收入的现值累计之和，具体估算参见第 6 章。

项目总开发成本一般包括土地取得费用、勘察设计和前期工程费、建筑安装工程费、基

础设施建设费、公共配套设施建设费、其他工程费、开发期间税费、管理费用、财务费用、销售费用和不可预见费用等，具体估算参见第5章。

成本利润率实际是对开发商所承担的开发风险的回报。一般需要把它与目标利润率进行比较，超过目标利润率，则该项目在经济上是可接受的。目标利润率水平的高低与项目所在地区的市场竞争状况、项目开发经营期的长短、开发项目的物业类型以及贷款利率水平相关。一般来说，对于一个开发周期为2～3年的项目，如果项目建成后出售，其成本利润率大体为30%～50%。

成本利润率是开发经营期的利润率，不是年利润率。成本利润率除以开发经营期的年数，也不等于年成本利润率，因为开发成本是在开发经营期内逐渐发生的，而不是在开发经营期开始时一次投入的。

[例7-3] 某开发商以1000万元的价格购买了一块50年使用权的土地并进行写字楼开发建设。土地规划条件为：土地面积3800m²，容积率为4.5，建筑覆盖率不大于55%。预计写字楼租金水平为35元/（m²·月）（按可出租面积计），市场推广及代理费用为年净租金收入的20%，建造成本为750元/m²，专业人员费用为建筑费用的10%，管理费用为土地费用、建筑费用和专业人员费用的3%，贷款年利率为8%，按季计息。预计建设期1年，前期工程6个月，租售期6个月，整个项目开发周期为2年，并已知建筑物的可出租面积系数为0.75，出租成本为毛租金收入的25%，当前房地产的长期投资收益率为9%。试估算开发商成本利润率。

解：1．项目总开发价值

（1）项目可出租建筑面积：$3800\text{m}^2\times4.5\times0.75=12825\text{m}^2$

（2）项目每年净租金收入：12825×35×12×（1-25%）元=403.99万元

（3）项目总开发价值合计：403.99万元×（P/A，9%，48）=4924.29万元

2．项目总开发成本

（1）土地费用：1000万元

（2）建筑费用：3800×4.5×750元=1282.5万元

（3）专业人员费用：1282.5元×10%=128.25万元

（4）管理费用：（1000+1282.5+128.25）万元×3%=72.32万元

（5）财务费用：

1）土地费用利息：1000万元×$[(1+8\%/4)^{2\times4}-1]$=171.66万元

2）建造费用、专业人员费用、管理费用利息：（1282.5+128.25+72.32）万元×$[(1+8\%/4)^{1\times4}-1]$=122.25万元

3）财务费用合计：（171.66+122.25）万元=293.91万元

（6）市场推广及代理费用：403.99万元×20%=80.80万元

（7）项目开发成本总计：（1000+1282.5+128.25+72.32+293.91+80.80）万元=2857.78万元

3．开发利润

（4924.29-2857.78）万元=2066.51万元

4．成本利润率

2066.51/2857.78×100%=72.31%

需要说明的是，当项目建成后用于出租经营时，由于经营期限很长，计算成本利润率就显得意义不大。因为成本利润率中没有考虑经营期限的因素。此时可以通过计算项目的投资

动态盈利指标来评价项目的经济可行性。

7.2.2 利润表的编制与分析

1．利润及利润总额的计算

利润就是指企业在一定期间生产经营活动的成果，即收入与费用支出相抵后的差额，它是反映经营成果的最终要素。利润是企业生产经营成果的综合反映，是企业会计核算的重要组成部分。如果收入大于费用支出，其净额为利润；如果收入小于费用支出，其净额为亏损。利润通常包括营业利润、投资净收益和营业外收支净额等几部分。其中，营业利润为营业收入减去营业成本、期间费用和各种流转税及附加税费后的余额；投资净收益是企业对外投资收入减去投资损失后的余额；营业外收支净额是指与企业生产经营没有直接关系的各种营业外收入减营业外支出后的余额。

利润总额的计算公式如下：

利润总额=经营收入-经营成本-管理费用-销售费用-财务费用-经营税金及附加-土地增值税

经营收入=销售收入+租金收入+自营收入

销售收入=土地转让收入+商品房销售收入+配套设施销售收入

租金收入=出租房屋租金收入+出租土地租金收入

经营税金及附加=营业税+城市维护建设税+教育费附加

经营成本=土地转让成本+商品房销售成本+配套设施销售成本+出租房经营成本

房地产投资项目有出售、出租以及自营三种经营方式，不同的经营方式其利润总额的计算也有所不同。

（1）以出售为主的房地产投资项目的利润总额。以出售为主的房地产投资项目与一般性建设项目的区别主要在于，一般性建设项目计算期包括两个部分：一是建设期，主要形成投资；一是生产经营期，主要形成产品的总成本费用，投资则以折旧摊销的形式在该期内收回。而出售型房地产投资项目，其投资过程就是房地产产品的生产过程，建设期和经营期无法截然分开，所以才有总投资等于总成本费用等于经营成本。出售型房地产投资项目的利润总额计算公式为：

利润总额=销售收入-总成本费用-经营税金及附加-土地增值税

（2）以出租或自营为主的房地产投资项目的利润总额。以出租或自营为主的房地产投资项目与一般性建设项目很类似，所不同的是它的经营成本（总成本费用）构成有所不同。关于出租或自营为主的房地产投资项目的经营成本构成已在第 5 章介绍。它的利润总额计算公式为：

利润总额=出租（自营）收入-总成本费用-经营税金及附加

2．利润表及其格式

利润表又称损益表，它是总括反映企业在房地产项目开发经营期内（月、季度、年度）各期的利润总额、所得税及各期税后利润的分配情况，用以计算投资利润率、资本金利润率和成本利润率等静态评价指标的报表。

通过利润表可以掌握以下信息：① 企业在开发经营期内取得的全部经营收入，包括销售收入、出租收入和自营收入等；② 企业在开发经营期内发生的全部费用和支出，包括经营成本、运营费用、经营税金及附加、土地增值税等；③ 全部收入和支出相抵后计算出企业在开发经营期内实现的利润（或亏损）总额；④ 以利润为基础，减去所得税，计算出企业的净利润。

利润表的一般格式见表7-3。

表7-3 利润表 （单位：万元）

序号	项目	合计	1	2	3	…	n
1	经营收入						
1.1	销售收入						
1.2	出租收入						
1.3	自营收入						
2	经营成本						
2.1	商品房经营成本						
2.2	出租房经营成本						
3	运营费用						
4	修理费用						
5	经营税金及附加						
6	土地增值税						
7	利润总额						
8	所得税						
9	税后利润						
9.1	盈余公积金						
9.2	应付利润						
9.3	未分配利润						

注：本表适用于独立法人的房地产开发项目（项目公司）。非独立法人的房地产开发项目可参照本表使用，同时应注意开发企业开发建设投资、经营资金、运营费用、所得税和债务等的合理分摊。

以销售为主的房地产投资利润表和以出租、自营为主的房地产投资利润表基本相同。它们的表格形式分别见表7-4、表7-5。

表7-4 出售型房地产投资项目利润表 （单位：万元）

序号	项目	合计	1	2	3	…	n
1	销售收入						
2	总成本费用						
3	经营税金及附加						
4	土地增值税						
5	利润总额						
6	所得税						
7	税后利润						
7.1	盈余公积金						
7.2	应付利润						
7.3	未分配利润						

表 7-5　出租、自营型房地产投资项目利润表　　（单位：万元）

序　号	项　目	合　计	1	2	3	…	n
1	出租（自营）收入						
2	经营成本						
3	经营税金及附加						
4	利润总额						
5	所得税						
6	税后利润						
6.1	盈余公积金						
6.2	应付利润						
6.3	未分配利润						

3．利润表的编制及有关说明

利润表中的各个项目，都是根据有关表格分别填列的。

（1）销售收入。销售收入应根据“销售收入与经营税金及附加估算表”填列。

（2）出租收入。出租收入应根据“出租收入与经营税金及附加估算表”填列。

（3）自营收入。自营收入应根据“自营收入与经营税金及附加估算表”填列。

（4）经营成本。这里的经营成本是不包括财务费用的，财务费用需要在资金平衡计算过程中每期确定。同时，在利润表中的经营成本属于回收投资，它是资金平衡分析中的重要资金来源。经营成本应根据“项目总投资估算表”、“总成本费用估算表”等报表填列。

（5）运营费用。这里的运营费用也不包括财务费用。运营费用应根据“总成本费用估算表”等报表填列。

（6）修理费用。修理费用通常放在运营费用中的经营间接费中，所以可不设本项。短期出租产品的修理费用可以直接计入管理费用，长期出租产品可视为第三产业经营。

（7）经营税金及附加。经营税金及附加应根据“销售收入与经营税金及附加估算表”、“出租收入与经营税金及附加估算表”、“自营收入与经营税金及附加估算表”分别填列。

（8）土地增值税。土地增值税应按产品利润的不同分别计算，然后加总。

土地增值税可以根据不同产品的“土地增值税计算表”分别填列，然后加总。

（9）利润总额。利润总额等于产品经营收入减去经营成本、运营费用、修理费用、经营税金及附加以及土地增值税后的余额。在大多数情况下，利润总额并不等于应纳税所得额，必须先根据国家规定把利润总额调整为应纳税所得额，再计算企业所得税。对利润总额主要调整两个方面：一是对有些投资分利，在一定时期内要减免所得税；二是可以用所得税前利润弥补以前 5 个年度的亏损。一旦企业发生亏损，扣除亏损额后的利润余额才交所得税。

（10）所得税。目前，企业所得税的税率为 25%。具体计算公式为：

应纳所得税额=应纳税所得额×税率-减免和抵免的税额

应纳税所得额=收入总额-准予扣除项目金额-允许弥补的以前年度亏损。

（11）税后利润。企业的利润总额减去应交所得税后的差额为企业的净利润，又称税后利润。税后利润按法定盈余公积金、公益金、应付利润及未分配利润等进行分配。

（12）盈余公积金。如果企业的利润不足以弥补发生的亏损，企业就可以用可供分配利润进行弥补，然后对扣除弥补亏损的可供分配利润提取 10%的盈余公积金，盈余公积金已经达到注册资本的 50%时可不再提取。

（13）应付利润。应付利润反映企业应付给投资者或其他单位和个人的利润。

（14）未分配利润。未分配利润反映经以上分配后，企业年终未分配的利润。

7.2.3 利润表中静态财务指标的求取

静态财务指标，如利润、静态投资回收期、投资利润率、成本利润率等，都可以通过利润表中的数据来求取。其中，利润总额可以从表中直接得到，静态投资回收期、投资利润率、成本利润率等指标，则可以根据各自的计算公式，在表中找到相应的数据后，利用 Excel 表格的自动计算功能自动求取。

[阅读资料]利润分配是企业根据国家有关规定和投资者的决议，对企业净利润所作的分配。根据现行规定，企业的净利润可按照以下顺序分配：

（1）弥补以前年度的亏损。企业经营性亏损，应首先在税前弥补，连续 5 年仍不足弥补的，不能继续使用税前弥补亏损，而必须用企业的税后利润弥补，这些弥补金额是已缴企业所得税后的利润。

（2）提取法定盈余公积金。它是企业按照一定比例从税后利润中提取的用于增强企业物质后备、防备不测事件的资金。盈余公积金可用于弥补亏损（指税后弥补部分）或者用于转增资本金，但转增资本金后，企业的法定盈余公积金一般不得低于注册资本的 25%。

（3）外商投资企业应当按照法律、行政法规的规定按净利润提取储备基金、企业发展基金、职工奖励及福利基金等。

（4）利润归还投资。中外合作经营企业按规定在合作期内以利润归还投资者的投资，以及国有工业企业按规定以利润补充的流动资本，也从可分配利润中扣除。

（5）支付优先股股息。优先股股息是企业按照利润分配方案给优先股股东的现金股息。

（6）提取任意盈余公积。任意盈余公积是企业按照规定提取的任意盈余公积金。它主要用于企业的储备和发展。

（7）支付普通股股息。普通股股息是企业按照利润分配方案分配给普通股股东的现金股利，或分配给投资者的现金股利。

（8）转作资本（或股本）的普通股股利。转作资本（或股本）的普通股股利是指企业按照分配方案以分派股票股利的形式转作的资本（或股本）。企业以利润转增资本，也属于本项目。

企业实现的净利润，经上述顺序分配后的余额即为未分配利润（或未弥补亏损）。未分配利润可留待以后年度进行分配。企业如有未弥补亏损可按规定由以后年度利润进行弥补。

7.3 财务动态盈利指标与现金流量表的编制与分析

7.3.1 财务动态盈利指标及其计算

动态盈利指标采用了折现现金流量的方法，其计算特点是考虑了货币的时间价值，能如实反映资金实际运用情况和全面体现项目整个寿命期内的经济活动和经济效益，因而比静态指标更能够准确地对项目财务效益作出符合实际的评估。其主要分析指标有：

1．财务净现值（*FNPV*）

（1）财务净现值含义与计算公式。财务净现值是反映项目在整个寿命期内总的获利能力的主要动态评价指标。它是指按照投资者最低可接受的收益率或设定的基准收益率 i_c，将房地产项目开发经营期内各期净现金流量折现到开发期初的现值之和。其表达式为：

$$FNPV=\sum_{t=0}^{n}(CI-CO)_t(1+i_c)^{-t}$$

式中　CI——现金流入量；

CO——现金流出量；

$(CI-CO)_t$——第 t 期末的净现金流量；

t——计算期，t=0表示开发期初或第0期末；

i_c——财务基准收益率或折现率。

财务净现值指标表示用现金流入现值补偿现金流出现值后的余额，可通过全部投资财务现金流量表和自有资金财务现金流量表中的净现金流量求得。

（2）财务净现值的作用。财务净现值是用来判别投资项目是否可行的动态评价指标之一，它可能大于等于零，也可能小于零。净现值评价标准的临界值是零。

当 $FNPV>0$，表明投资项目的收益率大于基准收益率或折现率所预定的投资收益水平，该项目是可以考虑接受的；当 $FNPV=0$，表明投资项目的收益率正好等于基准收益率或折现率所预定的投资收益水平。此时该项目是否可以被接受，要看基准收益率或折现率是否大于银行长期贷款利率，如果是，则项目是可以考虑接受的，否则此项目一般不可行；当 $FNPV<0$，表明投资项目的收益率小于基准收益率或折现率所预定的投资收益水平，该项目一般是不可以接受的。

（3）财务净现值的优缺点。净现值指标是投资分析与评价中最常用的指标之一，在房地产投资分析中也得到了广泛地应用。它的优点是考虑了项目寿命期内各年现金流量的现值，在投资总额相等的情况下可以按净现值的大小对项目或备选方案排序。

但是净现值指标的缺点也是明显的。

1）如果投资总额不等，仅仅根据净现值的大小进行决策就可能导致失误，同时，净现值不能反映项目或备选方案的确切的收益水平。

2）折现率不易确定。折现率是计算净现值必不可少的数据，它的准确与否，对净现值的影响很大，尤其对长期经营项目和后期资金流量较大的项目更为明显。

因此，财务净现值指标计算虽然较简单，能够反映项目在整个计算期内的绝对效果，但不能反映单位投资的效果。为了克服净现值法在投资总额不等的情况下不能排序的缺点，有时也有必要计算净现值率以及财务内部收益率指标。

2．财务净现值率（*FNPVR*）

财务净现值率是项目财务净现值与全部投资现值的比值，即单位投资的净现值，是反映项目效果的相对指标。其表达式为：

$$FNPVR=FNPV/I$$

式中　$FNPV$——财务净现值；

I——总投资的现值。

财务净现值率可以作为财务净现值的一个补充指标。一般来说，不同的方案中，净现值率大的方案为可选方案。

与净现值相对应，净现值率也有三种情况，即净现值率大于零、等于零或小于零。

[例 7-4]设某房地产项目有以下三个开发投资方案（表 7-6），试选择最佳投资方案。

表 7-6　投资方案比较表　　（单位：万元）

方　案	净现值	总投资现值
方案一	1500	8200
方案二	1050	5100
方案三	800	3000

解：分别计算各方案的净现值率：

方案一：$FNPVR$=1500/8200×100%=18.3%

方案二：$FNPVR$=1050/5100×100%=20.6%

方案三：$FNPVR$=800/3000×100%=26.7%

计算结果说明，虽然第一、第二方案的净现值大于第三方案，但第三方案的财务净现值率大于第一、第二方案。第三方案才为最佳方案。

[例 7-4]说明，净现值大的方案不一定净现值率也大，选取投资方案应综合分析各种因素和指标。

3．财务内部收益率（*FIRR*）

（1）财务内部收益率的本质含义。根据财务净现值的计算公式，如果现金流量每年不变，则财务净现值将随折现率的变化而呈反方向变化，即财务净现值与折现率呈反向变动关系，如图 7-3 所示。

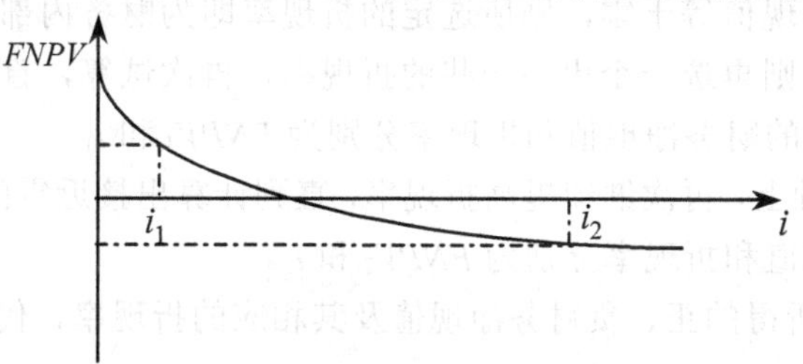

图 7-3　财务净现值与折现率的关系图

图 7-3 中，当 $i<i_1$ 时，对于所有的 i 值，$FNPV$ 都是正值；当 $i>i_2$ 时，对于所有的 i 值，$FNPV$ 都是负值；在折现率由小到大取值的过程中，必有一个折现率使得财务净现值等于零，这个折现率就是内部收益率 $FIRR$。

由此可见，房地产项目的财务内部收益率是指房地产项目在整个开发经营期内各期净现金流量现值累计等于零时的折现率。财务内部收益率又称内部报酬率或预期收益率，反映了拟投资项目的实际投资收益水平，是考察项目盈利能力的主要动态指标。

财务内部收益率的表达式为：

$$\sum_{t=0}^{n}(CI-CO)_t(1+FIRR)^{-t}=0$$

实际财务分析中，具体的投资项目可以计算两种 $FIRR$ 指标，即全部投资财务内部收益率和资本金（自有资金、权益投资）财务内部收益率。

从经济角度看，财务内部收益率是指在这样的折现率下，到项目计算期终了时，当初的所有投资都可以完全被收回。

（2）财务内部收益率的具体计算。由内部收益率的计算公式可以看出，正向求解 *FIRR* 需要求解一个高次方程，难度很大，一般需要借助计算机或功能很强的计算器完成。如果用手工计算，应先采用试算法，后采用内插法来求解出 *FIRR* 的近似值。

内插法的公式为：

$$FIRR = i_1 + \frac{FNPV_1(i_2 - i_1)}{FNPV_1 + |FNPV_2|}$$

式中 i_1——当净现值为接近于零的正值时的折现率；

i_2——当净现值为接近于零的负值时的折现率；

$FNPV_1$——采用低折现率时的正净现值；

$FNPV_2$——采用高折现率时的负净现值。

式中 i_1 与 i_2 之差不应超过 2%。否则，折现率 i_1、i_2 和净现值之间不一定呈线性关系，从而使所求得的内部收益率失真。

内部收益率的公式也可以用文字表示如下：

$$内部收益率 = 偏低的折现率 + 两个折现率的间距 \times \frac{偏低折现率的净现值}{两个折现率的净现值绝对数之和}$$

试算法的具体步骤为：

1）用估计的某折现率对拟投资项目整个计算期内各年财务净现金流量进行折现，并得出净现值。如果得到的净现值等于零，则所选定的折现率即为财务内部收益率。如果所得到的财务净现值为一正数，则再选一个更高一些的折现率，再次试算，直到正数财务净现值接近于零为止。该步骤得到的财务净现值和折现率分别为 $FNPV_1$ 和 i_1。

2）在第一步的基础上，再次继续提高折现率，直到计算出接近零的负数财务净现值为止。该步骤得到的财务净现值和折现率分别为 $FNPV_2$ 和 i_2。

3）把前两步计算所得的正、负财务净现值及其相应的折现率，代入内插法计算公式求得财务内部收益率。

当财务报表按月、季或半年编制时，计算求出的财务内部收益率应换算为以年为期单位的财务内部收益率，然后再与开发企业最低可接受的收益率进行比较。如以季为期的单位，换算公式为：

$$FIRR_{年} = [(1+FIRR_{季})^4 - 1] \times 100\%$$

（3）财务内部收益率的主要作用。财务内部收益率是项目折现率的临界值。在进行独立方案的分析评价时，一般是在求得投资项目的内部收益率后，与同期贷款利率 i 以及同期行业基准收益率 i_c 相比较，以判定项目在财务上是否可行。具体作用体现在：

1）可以指出投资者能够承受的贷款利率上限。财务内部收益率是项目贷款可以承受的贷款利率上限，超过这个界限，项目投资就会亏损；

2）与同期贷款利率 i、基准收益率 i_c 及投资者可接受的最低收益率（*MARR*）比较，以评判独立项目的取舍。

当 $FIRR>i$，则项目盈利；

当 $FIRR=i$，则项目盈亏平衡；

当 $FIRR<i$，则项目亏损；

当 $FIRR>i_c$，则项目盈利超出行业平均收益水平；

当 $FIRR=i_c$，则项目盈利等于行业平均收益水平；

当 $FIRR<i_c$，则项目盈利低于行业平均收益水平。

当 $FIRR\geqslant MARR$，则项目盈利能力已满足投资者的最低回报要求；

当 $FIRR<MARR$，则项目盈利能力不能满足投资者的最低回报要求；

上述几种情况中，$FIRR\geqslant i_c\geqslant MARR\geqslant i$ 时，项目在财务上是可以考虑接受的。投资开发商可以在此基础上，再根据其他方面的信息，决定是否进行项目的投资开发。

3）能够比较互斥项目单位投资回报的优劣。一般来说，内部收益率越大，盈利越多，盈利时间越早，因此，可以根据内部收益率的高低来分析项目的优劣。

由于内部收益率反映了项目的收益水平，而基准收益率是根据全国同行业平均收益水平确定的，所以要求项目的内部收益率必须大于或等于基准收益率；同时，应将项目的内部收益率和项目的资金成本进行比较，在任何情况下，都应当要求内部收益率大于项目的资金成本。

（4）财务内部收益率的优缺点。财务内部收益率指标与财务净现值比较，其优点是比较直观、容易理解，计算时不需事先确定一个折现率；但其计算复杂、费事，需借助专用计算器或计算机才能达到比较满意的效果，而且也需要又一个基准财务内部收益率作为比较的标准。尤其需要注意的是，这个指标不能直接用于进行互斥方案的比较，在进行互斥方案比较时应用差额投资内部收益率指标。

（5）财务内部收益率存在的问题。有时，内部收益率作为评价指标得出的决策信号和其他指标，如财务净现值、财务净现值率等得出的结果相矛盾，其原因在于其自身存在以下问题：

1）再投资利率问题。采用内部收益率法对各种项目进行比较时，暗含了这样一个假设，即回收期内的现金流入以内部收益率再投资。而这种假设成立的前提是：当时市场上其他各种可接受的投资机会的收益率与其内部收益率相同。这种假设在实际中很难成立，或者很难一直成立。所以用内部收益率作为再投资收益率显然是不合理的假设。这样，从理论上说，把内部收益率作为房地产投资项目的收益率是错误的，尤其对于几十年的房地产经营项目来说，该指标更是不能说明收益水平。但是，在现有房地产投资分析领域的复杂程度、投资者的收益水平和所有可能获得信息的条件下，人们仍然偏爱使用相对简单的内部收益率分析法来判断一个投资项目的收益水平。

2）多重根问题。由于房地产投资开发模式不同，现金流量模式也不尽相同，投资项目会有许多不同的内部收益率。除了初始投资外，投资途中有时仍会出现负现金流量，这种情况下，内部收益率的数量可能会与相反的现金流量（从正值到负值，或相反）数量一样多，即出现多重根现象。不过很多时候，尽管出现了相反的现金流量，内部收益率方程除了一个实数根外，其他都是虚根，即方程有且只有一个内部收益率解。

解决多重根的方法一般是：把投资途中出现的负现值再折现到较大的正现值中，使净现值的符号只变化一次，这样，就能得到一个财务净现值。

[例 7-5]某投资者投资 100 万元购买一栋住宅用于出租，共租出 10 年。租约规定每年年初收租，前两年租金均为 10 万元，以后每两年租金增加 10%，在租约期满后将住宅售出，得到收益 90 万元，假设投资项目的折现率为 12.5%，试计算投资项目的净现值，并求出本项目

投资的内部收益率。

解：根据题中已知数据，可以编制表 7-7。

表 7-7 （单位：万元）

年期期初	投资额	租金收入或售价
1	–100	10
2		10
3		$10\times(1+10\%)^1$
4		$10\times(1+10\%)^1$
5		$10\times(1+10\%)^2$
6		$10\times(1+10\%)^2$
7		$10\times(1+10\%)^3$
8		$10\times(1+10\%)^3$
9		$10\times(1+10\%)^4$
10		$10\times(1+10\%)^4$
10年末售出		90

净现值=售楼收入现值+租金总收入现值–投资额现值

$$=90/(1+12.5\%)^{10}\text{万元}+\sum_{t=1}^{10}(CI-CO)_t(1+i)^{-t}$$

$$=27.72\text{万元}-90\text{万元}+10\text{万元}/(1+12.5\%)+$$

$$\frac{10\text{万元}\times(1+10\%)}{(1+12.5\%)^2}\times[1+\frac{1}{(1+12.5\%)}+\frac{(1+10\%)}{(1+12.5\%)^2}+\cdots+\frac{(1+10\%)^3}{(1+12.5\%)^7}]$$

$$=(-62.28+62.75)\text{万元}=0.47\text{万元}$$

此净现值为一接近于零的正值。

假设折现率为 13%，再计算一次净现值。

净现值=售楼收入现值+租金总收入现值–投资额现值

=–0.20 万元

净现值为一接近于零的负值。采用内插法公式，可以求得 $FIRR$:

$$FIRR=i_1+\frac{|FNPV_1|(i_2-i_1)}{|FNPV_1|+|FNPV_2|}$$

=12.5%+0.47×（13%–12.5%）/（0.47+0.20）

=12.85%

以上计算表明投资者的投资回报率等于 12.85%，高于 12.5%的折现率，项目可行。

4．动态投资回收期（P_t）

（1）动态投资回收期含义与计算公式。动态投资回收期是指在基准折现率（或基准收益率）i_c条件下，项目从投资开始到项目收益偿付完投资额为止所经历的时间。其计算公式为：

$$\sum_{t=0}^{P_t}(CI-CO)_t(1+i_c)^{-t}=0$$

式中 P_t——动态投资回收期。

动态投资回收期的计算公式也可表达为：

动态投资回收期=（累计财务净现值出现正值期数-1）+（上年累计财务净现值的绝对值/当年财务净现值）

动态投资回收期一般以年表示。其他时间单位可折算为年数，小数部分可折算为月数。

（2）动态投资回收期主要作用。动态投资回收期指标一般用于评价开发完成后用于出租或经营的房地产项目需要多长时间收回开发经营投资。

计算得出的动态投资回收期要与行业基准动态投资回收期相比较，以判别项目的投资回收能力。当前者小于后者时，表明该项目的投资能在规定的时间内收回。

投资回收期这一指标特别适用于风险较大的投资项目。一般来说，预先有确定的标准投资回收期，用计算出来的投资回收期和标准投资回收期进行比较，如果某方案的投资回收期小于标准投资回收期，则该方案可以考虑接受，反之则不可取。

（3）动态投资回收期主要优缺点。与静态投资回收期指标比较，动态投资回收期的优点是考虑了资金的时间因素，能够真正反映资金的回收时间，其缺点是计算比较麻烦。通常，在投资回收期不长或折现率不大的情况下，两种评价指标的差别不大。但若静态投资回收期较长，两种投资回收期的差别可能比较明显。

动态投资回收期也有明显的局限性。这一指标只强调投入资本的回收快慢，而忽视了投入资本的盈利能力，更没有考虑投资回收以后的收益情况。因此，一般来说，不应以投资回收期来作为评价投资方案的主要指标，只能作为辅助指标。

[例 7-6]续[例 7-5]试求项目的动态投资回收期。

解：根据[例 7-5]给定的表格，编制表 7-8。

表 7-8（单位：万元）

年期期末	投资额	租金收入或售价	折现值	累计折现值
0	–100	10	–90	–90
1		10	8.89	–81.11
2		10×（1+10%）^{1}	8.69	–72.42
3		10×（1+10%）^{1}	7.73	–64.69
4		10×（1+10%）^{2}	7.55	–57.14
5		10×（1+10%）^{2}	6.71	–50.43
6		10×（1+10%）^{3}	6.57	–43.86
7		10×（1+10%）^{3}	5.84	–38.02
8		10×（1+10%）^{4}	5.71	–32.32
9		10×（1+10%）^{4}	5.07	–27.25
10		90	27.72	0.47

由此可见，出现正值的年份为第 10 年，根据计算公式 动态投资回收期=（累计财务净现值出现正值期数-1）+（上年累计财务净现值的绝对值/当年财务净现值），代入数据，得：

动态投资回收期=（10-1）年+27.25/27.72 年=9.98 年

实际上，在 9.98 年的时候，本项目投资的住宅并没有售出，因此，项目投资并没有收回。真正收回投资的时间应该在第 10 年末，即住宅卖出的时刻，即动态投资回收期应该为 10。这说明了动态投资回收期和实际的回收期并不一致，也表明了利用数学公式得到的数据和实际往往并不相符。

7.3.2 现金流量表的编制与分析

现金流量表通过反映房地产项目开发经营期内各年的现金流入和现金流出，计算财务内部收益率、财务净现值及投资回收期等评价指标，分析项目财务盈利能力。注意现金流量表的现金流入和现金流出不包括非现金收支（如折旧摊销费、应收及应付款等）。按投资计算基础的不同，现金流量表分为全部投资现金流量表、自有资金现金流量表和投资各方现金流量表。

1．全部投资现金流量表及其编制分析

该表从项目本身角度出发，不分投资资金来源，以全部投资作为计算基础，用以计算全部投资财务内部收益率、财务净现值及动态投资回收期等评价指标，考察房地产项目全部投资的盈利能力，为各个投资方案（不论其资金来源及利息多少）进行比较建立共同的基础。

全部投资现金流量表的格式见表 7-9。

表 7-9 全部投资财务现金流量表 （单位：万元）

序 号	项 目	合 计	1	2	3	…	*n*
1	现金流入						
1.1	销售收入						
1.2	出租收入						
1.3	自营收入						
1.4	净转售收入						
1.5	其他收入						
1.6	回收固定资产余值						
1.7	回收经营资金						
2	现金流出						
2.1	开发建设投资						
2.2	经营资金						
2.3	运营费用						
2.4	修理费用						
2.5	经营税金及附加						
2.6	土地增值税						
2.7	所得税						
3	净现金流量						
4	累计净现金流量						

注：1．本表适用于独立法人的房地产开发项目（项目公司）。非独立法人的房地产开发项目可参照本表使用，同时应注意开发企业开发建设投资、经营资金、运营费用、所得税和债务等的合理分摊。

2．开发建设投资中应注意不含财务费用。

3．在运营费用中应扣除财务费用、折旧费和摊销费。

对于房地产投资项目而言，其经营成本已包含在项目的投资与成本费用之内，故不再单独列出作为现金流出的项目。由于全部投资现金流量假定拟投资项目所需的全部投资（包括建设资金和经营资金）均为投资者的自有资金，因此全部投资中不含建设期利息，同时也不考虑全部投资的本金和利息的偿还问题。

表中各栏目含义及填写方法：

（1）销售（出租或自营）收入。销售（出租或自营）收入是指企业销售产品或出租等取得的收入。根据产品销售（营业）收入和销售税金及附加估算表的数据填列。

（2）净转售收入。净转售收入以出租和自营为主的房地产投资项目，在持有期末会发生“净转售收入”，而在以出售为主的房地产投资项目中并不会发生。

（3）回收固定资产余值。固定资产余值即固定资产残值。根据折旧摊销估算表填列在项目计算期最后一年。以出售为主的房地产投资项目不存在该项，不必填列。

（4）回收经营资金。全部经营资金在计算期末收回，填列在计算期最后一年。以出售为主的房地产投资项目，其经营资金已包含在项目的投资与成本费用中，所以该项目在现金流出项目中不填列，因此在现金流入项目中也没有“回收经营资金”。

（5）开发建设投资。开发建设投资应按投资计划与资金筹措表填列在项目建设期各年。

（6）经营资金。按投资计划与资金筹措表的数据填列。

（7）运营费用。根据总成本费用表的数据填列。

（8）经营税金及附加。按销售收入和经营税金及附加估算表数据填列。

（9）净现金流量。净现金流量是项目当年现金流入与现金流出的代数和。根据需要，可以计算税前净现金流量和税后净现金流量。

（10）所得税。从开发期第一年起至计算期末逐年填列。各年所得税在利润表中估算。

2．资本金（自有资金）现金流量表

资本金（自有资金）现金流量表从投资者的角度出发，以投资者的出资额作为计算基础，把借款本金偿还和利息支付视为现金流出，用以计算资本金财务内部收益率、财务净现值等评价指标，考察项目资本金的盈利能力。

资本金（自有资金）现金流量表的基本格式见表7-10。

表7-10　资本金财务现金流量表　　（单位：万元）

序　号	项　目	合　计	1	2	3	…	*n*
1	现金流入						
1.1	销售收入						
1.2	出租收入						
1.3	自营收入						
1.4	净转售收入						
1.5	其他收入						
1.6	长期借款						
1.7	短期借款						
1.8	回收固定资产余值						
1.9	回收经营资金						

（续）

序　号	项　目	合　计	1	2	3	…	n
2	现金流出						
2.1	开发建设投资						
2.2	经营资金						
2.3	运营费用						
2.4	修理费用						
2.5	经营税金及附加						
2.6	土地增值税						
2.7	所得税						
2.8	借款本金偿还						
2.9	借款利息支付						
3	净现金流量						
4	累计净现金流量						

注：本表适用于独立法人的房地产开发项目（项目公司）。非独立法人的房地产开发项目可参照本表使用，同时应注意开发企业开发建设投资、经营资金、运营费用、所得税和债务等的合理分摊。

资本金现金流量表主要考察自有资金的盈利能力和向外部借款对项目的有利程度。在对拟建项目进行投资分析时，要分别对两种现金流量表进行审查和分析，并根据分析人员所估算的基础数据编制两种现金流量表，并计算相应的分析指标。

资本金（自有资金）现金流量表形式与全部投资现金流量表基本相同，不同的是，由于在资本金现金流量表中假定了全部投资中除资本金以外的投资都是通过债务资金来解决的，所以资本金现金流量表现金流出项目中增加了借款本金偿还和借款利息支出两个项目，它们要逐年填列各种借款（长期借款、流动资金借款和其他短期借款）本金偿还之和及利息支付之和。其中，流动资金借款本金偿还和利息支付根据借款本金偿还依次填列在计算期最后一年的“借款本金偿还”一栏；长期借款本金偿还和利息支付根据借款还本付息计算表计算结果填列；流动资金利息根据各年流动资金借款按年计息。

另外，由于假定了全部投资中除自有资金外的投资都通过债务资金来解决，两者抵消后，在现金流入中就不把债务资金作为流入，也不把全部投资作为流出，只把自有资金投资作为流出。自有资金包括固定资产投资和流动资金中的自有资金，将它们总列为“自有资金”一栏，其数据按照投资计划与资金筹措表中的“自有资金”数据填列。

3．投资者各方现金流量表

该表以投资者各方的出资额作为计算基础，用以计算投资者各方的财务内部收益率、财务净现值等反映投入资本盈利能力的评价指标。

投资者各方现金流量表的基本格式见表 7-11。

投资者各方现金流量表是把投资者放大为几个而不是原来的一个投资者，或者说，把若干投资者都分别假设为开发商，在此条件下，计算投资者的投资效益指标，为各个投资者投资决策提供参考。表 7-11 是房地产项目开发商筹措资金时一个重要的表格。

表 7-11 投资者各方现金流量表 （单位：万元）

序 号	项 目	合 计	1	2	3	…	n
1	现金流入						
1.1	应得利润						
1.2	资产清理分配						
（1）	回收固定资产余值						
（2）	回收经营资金						
（3）	净转售收入						
（4）	其他收入						
2	现金流出						
2.1	开发建设投资出资额						
2.2	经营资金出资额						
2.3	借款利息支付						
3	净现金流量						
4	累计净现金流量						

7.3.3 现金流量表中动态财务指标的求取

动态盈利指标（如财务净现值、财务内部收益率以及动态回收期等）除手工计算外，实际工作中还有一个简便的方法，这就是利用财务现金流量表中的数据并套用相关函数公式直接得到。财务净现值、内部收益率的计算函数分别为：NPV（rate，value1，value2，…）、IRR（values，guess）；动态投资回收期可以利用其计算公式和现金流量表中的数据来求取，这通常需要编制 IF 函数以方便测算判断。

为配合这些财务指标的求取，可以把现金流量表稍进行改造，也就是在表的下方增加相关指标的栏目，以资本金财务现金流量表为例，改造后的表格见表 7-12。

表 7-12 资本金财务现金流量表与财务指标估算 （单位：万元）

序 号	项 目	合 计	开发经营期（年、季等）				
			1	2	3	…	n
1	现金流入						
1.1	销售收入						
1.2	出租收入						
1.3	自营收入						
1.4	净转售收入						
1.5	其他收入						
1.6	长期借款						
1.7	短期借款						
1.8	回收固定资产余值						
1.9	回收经营资金						
2	现金流出						

（续）

序　号	项　目	合　计	开发经营期（年、季等）				
			1	2	3	…	n
2.1	开发建设投资						
2.2	经营资金						
2.3	运营费用						
2.4	修理费用						
2.5	经营税金及附加						
2.6	土地增值税						
2.7	所得税						
2.8	借款本金偿还						
2.9	借款利息支付						
3	净现金流量						
4	累计净现金流量						
动态财务分析指标		税　前			税　后		
财务净现值（*FNPV*）							
内部收益率（*FIRR*）							
动态投资回收期（P_t）							

7.4　其他会计报表的编制与分析

7.4.1　资金来源与运用表的编制与分析

1．资金来源与运用表的格式

资金来源与运用表反映房地产项目开发经营期各期的资金盈余或短缺情况，用于选择资金筹措方案，制定适宜的借款及偿还计划，并为编制资产负债表提供依据，同时还可用以计算借款偿还期。资金来源与运用表能反映项目的资金活动全貌。

资金来源与运用表的一般格式见表7-13。

表7-13　资金来源与运用表　（单位：万元）

序　号	项　目	合　计	1	2	3	…	n
1	资金来源						
1.1	销售收入						
1.2	出租收入						
1.3	自营收入						
1.4	自有资金						
1.5	长期借款						
1.6	短期借款						
1.7	回收固定资产余值						
1.8	回收经营资金						
1.9	净转售收入						
2	资金运用						

（续）

序　号	项　目	合　计	1	2	3	…	n
2.1	开发建设投资						
2.2	经营资金						
2.3	运营费用						
2.4	修理费用						
2.5	经营税金及附加						
2.6	土地增值税						
2.7	所得税						
2.8	应付利润						
2.9	借款本金偿还						
2.10	借款利息支付						
3	盈余资金						
4	累计盈余资金						

注：本表适用于独立法人的房地产开发项目（项目公司）。非独立法人的房地产开发项目可参照本表使用，同时应注意开发企业开发建设投资、经营资金、运营费用、所得税和债务等的合理分摊。

资金来源与运用表与现金流量表有着本质的不同。前者是从项目的资金平衡角度出发的，后者是从投资角度出发的。在资金来源与运用表中，把用于项目的全部资金来源都看作是现金流入，包括借款与资本金投资，而在资本金现金流量表中，把资本金投入看作是现金流出。又如应付利润，对投资者来说是一笔确定的所得，但对项目来说是一笔流出，如果利润分配太多，有可能使项目的资金周转出现问题。

2．资金来源与运用表的编制

在填列资金来源与运用表时，与现金流量表一样，出售项目、出租或自营项目会有所不同。当然，它们之间并无本质的差别，只是具体的栏目因为经营形式的不同而有不同。具体可见表 7-14、表 7-15。

表 7-14　出售项目资金来源与运用表　（单位：万元）

序　号	项　目	合　计	1	2	3	…	n
1	资金来源						
1.1	销售收入						
1.2	自有资金						
1.3	长期借款						
1.4	短期借款						
2	资金运用						
2.1	开发建设投资						
2.2	经营税金及附加						
2.3	土地增值税						
2.4	所得税						
2.5	应付利润						
2.6	借款本金偿还						
2.7	借款利息支付						
3	盈余资金						
4	累计盈余资金						

表 7-15　出租与自营项目资金来源与运用表　　（单位：万元）

序　号	项　目	合　计	1	2	3	…	n
1	资金来源						
1.1	出租（自营）收入						
1.2	自有资金						
1.3	折旧摊销费						
1.4	长期借款						
1.5	短期借款						
1.6	回收固定资产余值						
1.7	回收经营资金						
1.8	净转售收入						
2	资金运用						
2.1	开发建设投资						
2.2	经营资金						
2.3	运营费用						
2.4	修理费用						
2.5	经营税金及附加						
2.6	土地增值税						
2.7	所得税						
2.8	应付利润						
2.9	借款本金偿还						
2.10	借款利息支付						
3	盈余资金						
4	累计盈余资金						

但不管出售、出租还是自营的房地产投资项目，在编制资金来源与运用表之前，都需要编制项目开发经营的开发建设进度、投资计划、销售进度以及销售收入、出租收入、自营收入计划。这样，资金来源与运用表的编制才有依据。

表 7-13、表 7-14 各栏目填列具体情况如下：

1）销售收入、出租收入、自营收入按销售（出租、自营）收入和经营税金及附加估算表中的数据分别填列。

2）长期借款、短期借款、自有资金等根据投资计划与资金筹措表填列。在建设期，长期借款应计入建设期利息，否则项目资金不能平衡。短期借款主要是指为解决项目暂时的资金短缺而使用的借款，其利息计入财务费用，本金在下一年度偿还。

3）回收固定资产余值、回收经营资金根据现金流量表数据填列，都在计算期末回收。以出售为主的房地产投资项目不存在该项，不必填列。

4）净转售收入。以出租和自营为主的房地产投资项目，在持有期末会发生“净转售收入”，而在以出售为主的房地产投资项目中并不会发生，因此也无须填列。

5）开发建设投资、经营资金根据投资计划与资金筹措表填列。

6）运营费用（不含折旧费）、修理费用、经营税金及附加、土地增值税、所得税、应付利润数据取自利润表。

7）所得税。从开发期第一年起至计算期末逐年填列。各年所得税在利润表中估算。

8）长期借款本金偿还根据自有资金现金流量表中“借款本金偿还”所包含的各年固定资

产投资借款本金偿还额填列。经营资金借款本金偿还依次填列在计算期最后一年；短期借款本金偿还额为上年度短期借款额。

9）盈余资金等于资金来源减去资金运用，逐年填列。

10）累积盈余资金各期数额为当期及以前各期盈余资金之和，从有盈余资金的年份起逐年累计填列。

3．资金来源与运用表中资金平衡的分析

资金平衡分析主要是考察房地产投资项目开发经营期内的资金平衡状况，一般通过资金来源与运用表进行。资金来源与运用表中的盈余资金表示当年的资金来源（现金流入）大于资金运用（资金流出）的数额。当盈余资金为负值时，表示该年的资金短缺数。资金的平衡并不要求每年的盈余资金都是正值，而要求从投资开始到各年累计的盈余资金大于零或等于零。这就要求项目在实施中任何时刻都有足额的资金可供使用，否则项目将因为缺少资金而无法进行下去。当在某一刻累计盈余资金出现负值时，要在此之前或增加借款或增加自有资金的投入，或者延缓、减少利润分配，或者设法与债务人协商延缓还款时间。当所有这些措施都无效时，即使是投资盈利性很好的项目，也需要重新考虑其继续投入的可行性，或者缩小投资规模、改善投资方案，甚至要考虑放弃该项目，另找投资机会。

作为投资项目实施的必要条件，每期的盈余资金应不小于零。因而，房地产投资项目的资金平衡分析关注的重点是资金来源与运用表的累计盈余栏目。有不少房地产投资项目，预期的盈利能力很高，但这类项目往往占用较多的资金，投资回收期长，一旦出现资金紧缺的情况，这些项目就有可能被迫降价或低价出让或转让，使资金的盈利能力大打折扣，甚至有可能招致房地产投资者破产或公司倒闭。因此，资金平衡分析对房地产投资项目的可行性具有非常重要的意义。

满足资金平衡要求，可以有多种选择，其中按照最合理的顺序安排资金筹措和资金运用是最优的方法，得出的方案也是最优的资金平衡方案。优化的资金来源与运用的顺序包括如下方面：

（1）资金运用的先后顺序。先后顺序是：弥补亏损；投资计划与资金筹措平衡；还短期借款利息；偿还长期借款及债券利息；还短期贷款本金；偿还定额偿还方式的借款本金（等额还本金、等额还本利、指定还款金额）；偿还其他偿还方式的借款（按还款能力还）。

（2）建设资金来源先后顺序。先后顺序是：上期未用完的筹措资金（资本金、长期借款、债券）；本期筹措资金（资本金、长期借款、债券）；回收资金（租售产品的经营成本、自营产品的折旧摊销）；可供分配利润（税后利润扣除盈余公积金）。

（3）每种用途的资金来源。① 弥补亏损的资金来源为：可供分配利润以及回收资金；② 投资计划与资金筹措平衡的资金来源为：上期未用完的筹措资金、本期筹措资金、回收资金以及可供分配利润；③ 还短期借款利息的资金来源为：本期筹措资金、回收资金以及可供分配利润；④ 偿还长期借款及债券利息的资金来源为：本期筹措资金、回收资金以及可供分配利润；⑤ 还短贷本金的资金来源为：本期筹措资金、回收资金以及可供分配利润；⑥ 偿还定额偿还方式的借款本金的资金来源为：本期筹措资金、回收资金以及可供分配利润；⑦ 偿还其他偿还方式的借款（按还款能力还）的资金来源为：回收资金以及可供分配利润。

（4）应付利润。为确保盈利年份投资者可分配红利，可将可供分配得利润的一部分优先考虑向投资者分配，然后将资金平衡分析满足各项用途后余下的利润与预分配利润一起向投资者分配。

7.4.2 资产负债表的编制与分析

1. 资产负债表的格式

资产负债表的主体结构包括三大部分：资产、负债和所有者权益，其平衡关系用会计等式表示即：资产=负债+所有者权益。

资产负债表综合反映项目计算期内各年年末资产、负债和所有者权益的增减变化及对应关系，以考察项目资产、负债、所有者权益的结构是否合理，用以计算资产负债率、流动比率、速动比率等指标，进行清偿能力分析与资金结构分析。

资产负债表的格式见表 7-16。

表 7-16 资产负债表 （单位：万元）

序号	项目	合计	1	2	3	…	n
1	资产						
1.1	流动资金						
1.1.1	应收账款						
1.1.2	存货						
1.1.3	现金						
1.1.4	累计盈余资金						
1.2	在建工程						
1.3	固定资产净值						
1.4	无形及递延资产净值						
2	负债及所有者权益						
2.1	流动负债总额						
2.1.1	应付账款						
2.1.2	短期借款						
2.2	借款						
2.2.1	经营资金借款						
2.2.2	固定资产投资借款						
2.2.3	开发产品投资借款						
	负债小计						
2.3	所有者权益						
2.3.1	资本金						
2.3.2	资本公积金						
2.3.3	盈余公积金						
2.3.4	累计未分配利润						

计算指标：1. 资产负债率（%）
2. 流动比率（%）
3. 速动比率（%）

2. 资产负债表的编制与分析

资产负债表中的具体项目的含义及填列如下：

（1）应收账款。应收账款是指在下一个经营年度内收回的赊购商品或劳务的款项。如分期付款形式销售的房地产产品余下的应收房款。其可根据流动资金估算表填列。

（2）存货。存货是指为生产经营活动而储备的实物资产。包括商品、半成品、在产品及各种材料等，如代销的商品房、待用的空调、电梯等。其可根据流动资金估算表填列。

（3）现金。现金是以货币形态存在的，可立即用作支付手段的资金，包括货币、银行或

其他金融机构存款。其可根据流动资金估算表填列。

（4）累计盈余资金。累计盈余资金即过去经营年度的盈余资金，由上年财务结转，根据资金来源与运用表填列。

（5）在建工程。在建工程指正在进行施工建设的工程项目所投入的资金。它取自投资计划与资金筹措表中每期的开发建设投资，包括建设期利息。

（6）固定资产净值。根据折旧摊销表有关数据填列。

（7）无形及递延资产净值。无形及递延资产是指企业长期使用而没有实物形态的资产和不应全部计入当年损益而应由以后年度分期摊销的各种费用的净值。其可根据折旧摊销表填列。

（8）负债。负债包括流动负债总额和借款。其中，应付账款指项目开发建设中购进商品或接受外界提供劳务、服务而未付的欠款。经营资金借款指从银行或其他金融机构借入的短期贷款。固定资产投资借款指投资用于固定资产方面的期限在一年以上的银行借款、抵押贷款和向其他单位的借款。开发产品投资借款指用于开发产品方面的长期借款。各种借款都需根据资金来源与运用表等来填列。

（9）资本金。资本金是项目实际注入的投资者资本。其可根据投资计划与资金筹措表所列各年投入的自有资金中资本金求出的累计资本金数额填列。当存在有资本公积金或盈余公积金转增资本金的情况时，应进行相应调整。

（10）资本金积金。资本公积金指包括股本发行溢价、法定财产重估后增值、接收捐赠的非货币资产的价值及外商注入资本的汇率折算差额等新增的资本金。其填列方法同资本金。

（11）盈余公积金。盈余公积金是按国家规定从利润中提取形成的公积金。其可根据利润表中盈余公积金进行填列。

（12）未分配利润。未分配利润指实现利润在扣除所得税、提取盈余公积金和分配利润后的余额所得未分配利润的历年积累。其可根据利润表中数据填列。

资产负债表分析可以提供四方面的财务信息：项目所拥有的经济资源；项目所负担的债务；项目的债务清偿能力以及项目所有者所享有的权益。

资产负债分析主要考察房地产项目开发经营期间的资产与负债状况。各期资产应等于负债和所有者权益之和，否则，应检查其他基本报表。

3. 资产负债表中的有关指标

资产负债表中的主要指标有以下三个：

（1）资产负债率（%）。资产负债率是项目负债总额与资产总额之比。表明在整个项目资金构成中，债权人提供资金所占的比率。资产负债率揭示了项目投资者对债权人债务的保障程度，是分析项目长期债务清偿能力的重要指标。资产负债率的计算公式为：

$$资产负债率=负债总额\div资产总额\times100\%$$

一般来说，项目盈利率较高，其可承受负债率也高一些；规模较大、期限较长、投资额较大的项目，其资产负债率也较高，房地产项目的资产负债率一般在 70%～80%之间。

资产负债率增加，说明项目债务压力增加，破产风险增大。但对其分析还要结合资金利润率的变化分析同时进行。一般而言，当自有资金利润率大于银行贷款利率时，说明负债经营是正确的，反之则说明负债给项目带来了风险，负债偏高，应采取适当调整措施。

（2）流动比率（%）。流动比率是项目流动资产与流动负债之比，是反映项目流动资金变现为现金以偿还流动负债的能力的指标。其计算公式为：

流动比率=流动资产÷流动负债×100%

流动比率的高低反映了项目承受流动资产贬值的能力和偿还中、短期债务能力的强弱。流动比率越高，说明该项目偿还能力越强；对贷款人来说，其债权就越安全。

一般认为，房地产业的流动比率在 1.2 左右比较合适。

（3）速动比率（%）。速动比率是项目速动资产与流动负债之比。计算公式为：

速动比率=速动资产÷流动负债×100%

速动资产是指能迅速转变为货币资金的资产，如货币资金、应收账款等。由于流动资产中包括有存货这类变现能力较差的资产，影响了用流动比率评价短期偿债能力的可靠性，因而用速动比率评价项目短期偿债能力更精确。一般，速动比率接近 100%比较合适，这也是提供贷款的机构愿意接受的。房地产业速动比率总体水平一般是 65%。

小　　结

房地产项目财务分析是从房地产投资企业角度对项目进行的经济评价，并借以考察项目财务可行性的一种方法，其评价原理主要有资金的时间价值原理和财务会计分析原理两个方面。通过财务分析，可以为项目决策提供重要依据，它也是搞好项目管理的基础和向银行申请贷款的必要条件。

房地产投资财务分析的评价方法主要包括动态分析与静态分析相结合，以动态分析为主；定量分析与定性分析相结合，以定量分析为主；预测分析与统计分析相结合，以预测分析为主。具体进行财务分析时，首先需要进行财务基础数据的分析、估算，然后编制和分析财务基本报表，分析财务效益指标，进行风险与不确定分析，最后提出财务分析的结论。

房地产投资财务分析主要包括盈利能力分析、清偿能力分析以及资金平衡分析几个方面。盈利能力分析包括静态盈利能力分析和动态盈利能力分析，其中，静态盈利能力分析指标主要有：全部投资回收期、投资利润率、资本金利润率以及成本利润率，这些指标可以通过静态报表利润表来求取。动态盈利能力分析指标主要有财务净现值、内部收益率以及动态投资回收期，动态指标可以通过动态报表现金流量表来求取。

房地产投资财务分析的清偿能力分析，可以通过借款还本付息表、资金来源与运用表以及资产负债表来分析，具体分析指标包括资产负债率、流动比率以及速动比率；资金平衡分析主要通过资金来源与运用表进行分析，资金来源与运用表反映房地产项目开发经营期各期的资金盈余或短缺情况，用于选择资金筹措方案，制定适宜的借款及偿还计划，并为编制资产负债表提供依据。

思　考　题

1. 房地产投资财务分析的作用有哪些？
2. 房地产项目投资财务分析有哪几个步骤？
3. 静态盈利指标和动态盈利指标的区别是什么？

4. 静态投资回收期和动态投资回收期的关系如何？
5. 以出售为主和以出租或自营为主的房地产投资项目的利润总额计算有何不同？
6. 什么是利润表？如何编制利润表并通过它计算静态财务指标？
7. 净现值和内部收益率有什么区别？如何相互配合使用以便判断项目可行性？
8. 内部收益率存在什么问题？如何解决？
9. 现金流量表具体分为那几张表？它们各自的含义与作用是什么？相互之间有何区别？
10. 如何利用现金流量表求取动态盈利能力分析指标？
11. 如何利用资金来源与运用表进行资金平衡的分析？
12. 资产负债表中的主要指标有哪些？它们的具体含义如何？

练　习　题

1．接第 2 章练习题，假设你所在的城市有一住宅开发项目，请根据具体情况，在完成市场环境分析、市场分析、产品定位策划、成本与收入估算的前提下，对该销售型住宅开发投资进行财务指标分析。

2．某商品房建成后用于出租，年平均租金收益是 800 万元，贷款利率为 12%，第一年投资额是 1200 万元，第二年投资额是 1500 万元，第三年投资额是 100 万元，项目建成四年后投入使用。试计算该项目的投资回收期。（假设每期投资都在当年年初发生。）

3．某项目的净现金流量见表 7-17。投资者的目标收益率为 10%，求该项目的财务净现值。

表 7-17　某项目净现金流量表　　（单位：万元）

年　份	0	1	2	3	4	5
现金流入量		300	300	300	300	300
现金流出量	1000					

4．某房地产开发商以 5000 万元的价格获得了一宗面积为 4000m² 的土地 50 年的使用权，建筑容积率为 5.5，建筑覆盖率为 60%，楼高 14 层，建造费用为 3500 元/m²，专业人员费用为建造费用预算的 8%，其他工程费为 460 万元，管理费用为土地费用、建造费用、专业人员费用和其他工程费用之和的 3.5%，市场推广费、销售代理费和销售税费分别为销售收入的 0.5%、3.0%和 6.5%，预计建成后售价为 12000 元/m²。项目开发期为 3 年，建设期为 2 年，土地费用于开始时一次投入，建造费用、专业人员费用、其他工程费和管理费用在建设期均匀投入；年贷款利率为 12%，按季度计息，融资费用为贷款利息的 10%。试计算本项目开发的成本利润率。

5．某房地产开发企业拟在 2007 年 1 月开发两栋共 15000m² 建筑面积的商品住宅，该商品住宅开发期为两年，经估算共需投资支出 2400 万元，其中，2007 年初投资为 1400 万元，2008 年初投资为 1000 万元；该商品住宅投资中部分资金拟向银行借款，在 2007 年初拟向银行借入 500 万元，2008 年初再向银行借入 500 万元，借款年利率为 6%，按年计息，借款本息于 2009 年末一次偿还；该商品住宅于 2009 年初开发完成，预计 2009 年末能销售 10000m²，2010 年末能销售 5000m²，平均售价为 5000 元/m²；销售住宅的营业税率为 5%，城市维护建设税和教育费附加分别为营业税的 7%和 3%；估计在 2008 年末、2009 年末、2010 年末各需支出广告等销售费用 50 万元；在该住宅销售年度，应按商品住房销售收入 4%分摊管理费用。企业所得税税率为 25%，行业基准投资收益率为 8%。试完成以下事项：

（1）计算各年投资借款利息及到期偿还本息。

（2）计算各年销售收入和营业税金及附加，并编制相应估算表。

（3）计算各年的成本费用，并编制成本估算表。

（4）编制项目的还本付息估算表。

（5）编制项目的资金来源与运用表并分析项目的资金平衡能力。

（6）计算项目的投资利润及投资利润率指标，并编制利润表。

（7）编制项目的全投资现金流量表和资本金现金流量表。

（8）计算项目的净现值、内部收益率和动态投资回收期。

（9）从财务角度评价该项目是否值得开发。

第 8 章

房地产投资不确定性分析

学习目标

通过本章学习，了解房地产投资项目不确定性及其原因、不确定性分析的方法及意义、各类盈亏平衡分析的含义及意义以及敏感性分析的含义与目的；熟悉房地产投资项目的主要不确定因素、盈亏平衡分析的优缺点以及敏感性分析的步骤及其评价；掌握盈亏平衡分析的计算与分析以及敏感性分析的方法与具体应用。

关键词

不确定性分析　盈亏平衡分析　线性盈亏平衡分析　非线性盈亏平衡分析　静态盈亏平衡分析　动态盈亏平衡分析　敏感性分析　单变量敏感性分析　多变量敏感性分析

8.1 房地产投资不确定性与不确定因素分析

8.1.1 房地产投资项目的不确定性及其原因

前面章节介绍的各种评价指标的计算中，每个因素的取值都是以估计和预测为基础的，而实际房地产投资过程中，受环境、客观条件和相关因素的局限，使得销售单价、成本、收益、贷款、利率、工期等最终数据与评价者或是决策者的预测并不是总是相符的，这种现象就是不确定性。不确定性产生的原因很多，主要有以下几点：

（1）信息的不充分性。信息在质与量两个方面不能充分地满足预测未来的需要，而获得充分的信息则需要耗费大量的时间与金钱。这就使得分析者所能掌握的信息是十分有限的，他们需要作出大量的假设，而此种方式不利于及时、准确地作出决策，从而增加了投资项目的不确定性。

（2）人的判断能力的有限性和差异性。由于人类的判断能力受到诸多方面因素的限制，使得人们不可能准确无误地预测未来的一切。人的能力等主观因素的限制加上预测工具以及工作条件的限制，决定了预测结果与实际情况肯定有或大或小的偏差。同时，不同的人对于同一事物判断也是不尽相同的。

（3）市场供求变化的影响。因为房地产投资项目的建设周期一般较长，所以，在整个周期中不可避免地会发生需求结构的变化、需求数量的变化、产品供给结构的变化以及供给数量的变化。尽管可以通过对当前市场情况的分析来预测未来的供求结构，但这样的分析往往是相当复杂的，做起来也很困难。所以，供求结构的变化也会引起项目不确定性的增加。

（4）经济环境的变化。在市场经济条件下，国家的宏观经济调控政策、各种改革措施以及经济发展本身对投资项目有着重要影响，特别是对投资项目的收益影响巨大，使得投资的不确定性增加。

8.1.2 房地产投资项目的主要不确定因素

房地产投资项目的周期长，涉及的范围广，因此影响它的不确定因素也很多。一般而言，主要有以下几个方面：

1．土地价格及供给状况

土地费用在整个房地产开发过程中所占的比重是相当大的，而且随着土地开发面积的持续高速增长，投资面临的压力不容小视，它必将导致土地费用的迅速变化。同时，由于土地费用是由土地出让金和土地开发费等组成的，所以在地块现状条件比较复杂和房地产市场不健全的情况下，很难估算得比较准确。在土地作为宏观调控的手段之后，政府会不失时机地利用土地供给的调节来对房地产市场进行控制，这也会在某种程度上影响土地的价格，进而增加投资项目的不确定性。

2．容积率

当开发项目用地面积一定时，容积率的大小就决定了项目可建设建筑面积数量，而建筑面积直接关系到项目的租金收入、销售收入和建筑安装工程费等收入或费用。在初始的项目投资分析阶段，开发商不一定能够拿到政府有关部门的规划批文，因此，容积率以及其他规划指标，包括建筑面积等都是不确定的。另外，即使有关部门批准了开发项目的容积率或建筑面积，项目可供出租或出售的面积仍然不能完全肯定。因为建筑物出售时公共面积的可分摊和不可分摊部分，建筑物出租时可出租面积占总建筑面积的比例等，都不是非常明确的。在项目分析阶段，这些只能根据经验大致估算。

3．投资成本

在项目开始建设之前，开发商都会对项目进行详细的成本估算，并计算收益率等。但是因为在建设过程中很多因素会发生变化，比如人工费的增加、建筑材料的涨价使预算透支，进而延误工期，导致项目的投资规模、总成本费用和利润总额等经济指标的变化。融资成本也是投资成本的重要组成部分，往往开发商只有少量的自有资本，大多数资金都是通过向金融机构的贷款获得的。这样，贷款利率的变化就会对融资成本产生较大的影响，导致房地产投资过程中不确定性的增加。

4．项目开发周期

项目开发周期是由项目前期、项目建设期和项目租售期组成的。在前期阶段主要是开发商进行征地、拆迁、安置以及项目的策划等工作，涉及到很多需要政府审批同意的环节。一旦在某个环节上被政府指出不符合政策规定，那就意味着项目的进度要受到影响。同样，在项目的建设阶段也会遇到种种突发的情况，使得建筑施工工期变化而影响投资收益。比如，建筑材料与人工的短缺，恶劣的天气条件，施工中遇到特殊的地质构造等，这些变化都会对工期产生影响，造成总费用的上涨。到了项目的租售阶段则有可能出现供大于求和居民购买力下降的局面，这时就会延长项目的租售时间，增加总的开支，从而使开发商负担加重。

5．租售价格

租售收入构成了房地产投资项目的主要现金收入。因此，租金或售价对房地产投资项目收益的影响是显而易见的，而在房地产项目投资前对一个项目的租金或销售价格的估算是非

常困难的。究其原因，一是在投资前对项目租金或售价的估算大多都是通过与市场上近期成交的类似物业的租金或售价进行比较、修正后得出的。这种比较实际上是没有考虑通货膨胀的因素，也没有考虑租金或售价在投资期间的增加或减少，而是以现在的价格水平估算，这样做的结果势必造成一定误差；二是在项目开发建设过程中，社会环境、经济环境等因素也会发生变化，对租金及售价的影响是很难测定的。同时，房屋的出租率、空置率在房地产市场上也是处于不断变化之中的，同样会对投资造成影响。

6．出租率或空置率

出租率是指可出租面积占全部建筑面积的比例，空置率是指准备出租但还没有出租出去的建筑面积占全部可供出租建筑面积的比例。出租率或空置率的高低，直接影响置业或开发完成后出租的房地产投资项目的财务可行性。因为它们对估算房地产项目的有效毛租金收入非常重要。出租率（或空置率）提高（或降低），会导致有效毛租金收入增加（或减少），反之，则有效毛租金收入就会减少（或增加）。出租率或空置率的变化与宏观经济环境、市场状况、租户支付租金的能力等有关，所以准确估算出租率或空置率也不是一件容易的事情。

7．资本化率

资本化率也是影响经济评价结果最主要的因素之一。资本化率取值的变化对现金流量分析、投资项目开发价值和一些盈利能力评价指标都有影响，这两个指标的微小变化都会影响到财务评价的最终结果。如前所述，项目总开发价值可用项目建成后净经营收入除以资本化率来得到，假设项目年净租金收入预期值不变，则一旦预期资本化率发生即使是1%的变化，所求得的物业总开发价值结果也会相差很远。这种无法避免的误差，会使投资者承担许多附加的投资风险。另外，在利用折现现金流分析方法进行投资项目分析时，行业内部收益率或目标收益率等，也会在很大程度上影响着项目的投资决策。

以上分析可以看出，房地产投资过程中所涉及的这些不确定因素，或者以独立的形式，或者以相互同步或不同步的形式发生着变化。这些不确定因素的变化最终结果是对房地产投资项目的费用和效益产生影响，假设开发项目的总收入和总费用是以同步形式发生变化的，那么开发商的净利润将基本保持不变。这种前提下对项目进行不确定性分析的意义不大。但在房地产开发投资中，总收入和总费用的变化并不同步。因此，有必要对各个不确定因素的变化情况，以及这些变化对开发商或投资者的收益有何影响、影响的程度怎样等，进行详细的分析，以保证房地产开发投资决策有充分的依据。

8.1.3 房地产投资不确定性分析方法及意义

房地产投资不确定性分析是指对房地产投资过程中不确定因素的变化对项目投资效益影响程度以及项目对各种不确定性的承受能力进行的分析与计算。不确定性分析有盈亏平衡分析和敏感性分析两个方法，在具体应用时，要在综合考虑项目的类型、特点，决策者的要求以及相应的人力、财力等条件下来选择。

房地产投资不确定性分析是投资者进行房地产项目投资时的重要决策手段，它对于房地产投资项目的成功与否有着极其重要的意义。

（1）不确定性分析可以减少投资决策的失误。房地产投资项目的总投资额、建设期、年销售收入、年利率等指标值与其实际值之间往往存在差异，通过不确定性分析，可以预测出

这些差异的存在范围，从而进行比对研究，作出判断，并制定具体的应对措施，减小投资风险。

（2）提高项目的风险防范能力。通过不确定性分析可以预测项目对某些不确定因素（如社会、经济、环境等）变化的抗冲击能力，从而证明一个项目的可靠性和稳定性。另外，通过不确定性分析可以确定各个影响因素对项目经济效果的影响程度，对于一些不利于项目收益的因素应采取相应对策予以克服。

（3）不确定性分析从投资者的角度进行分析，更符合投资者的实际情况。房地产投资市场的投资主体众多，而每一个投资主体的最终目标不尽相同，对各个因素的控制也会有所不同。不确定性分析就是从投资主体的实际出发，使投资决策更加有效和实用。

（4）不确定性分析可以对现在看上去盈利较大，但最终会亏损的投资项目作出正确判断。在实际的投资操作中，有些项目在运作初期看上去可以盈利，但是随着技术的进步、通货膨胀等因素的影响加剧，在项目运作的中期或是后期会逐渐亏损。这类情况靠表象的分析是不足以发现的，只有通过较为复杂的不确定性分析才能得以证明。

8.2　房地产投资盈亏平衡分析

8.2.1　房地产投资盈亏平衡分析的含义及意义

盈亏平衡分析又称保本点分析，是根据项目的销量、成本、利润之间的相互制约关系的综合分析，用来预测利润，控制成本，判断经营状况的一种分析方法。但有时盈亏平衡分析的方法也用来分析达到目标收益水平时项目的销售价格或租金、成本、销售率或出租率所处的状态，因此也称其为量本利分析、盈亏临界分析和收支平衡分析。

各种不确定因素（如投资、成本、销售量、价格等）的变化会影响投资方案的经济效果，当这些因素的变化达到某一临界值时，就会影响方案的取舍。盈亏平衡分析的目的就是找出这种临界值，即盈亏平衡点（*BEP*），判断投资方案对不确定因素变化的承受能力，为决策提供依据。把资金的时间价值及多个因素同时变化的情况纳入盈亏平衡分析中，可以克服传统盈亏平衡分析的不足，提高房地产投资项目投资决策的科学性和可靠性。在盈亏平衡点上，项目的收入和支出持平，净收益等于零。盈亏平衡点越低，说明项目盈利的可能性越大，亏损的可能越小，因而项目有较强的抗风险能力。

根据成本、销售量和收益之间是否成线性关系，盈亏平衡分析可以分为：线性盈亏平衡分析和非线性盈亏平衡分析。

8.2.2　线性盈亏平衡分析

1．线性盈亏平衡分析的含义

线性盈亏平衡分析是指收入、成本、利润等均和产量成线性关系的盈亏平衡分析，它一般需要满足以下五个条件：

1）在所分析的租售范围内，产品的固定成本与单位租售价格在产品租售期间保持不变。

2）产品的变动成本是建筑面积（或产销量）的正线性函数。

3）产品的开发量和销售量相等，即开发的房地产全部租售出去。

4）产品的总销售收入和生产总成本是房地产开发面积（或产品产量）的线性函数。

5）计算所使用的各种数据是正常生产年度的数据。

2．线性盈亏平衡分析的计算公式

设某开发项目的总成本为 C，其中固定成本为 C_F，变动成本为 C_V，单位变动成本为 V，开发数量为 Q，销售收入为 S，销售税率为 r，销售单价为 P，利润为 E，则有：

$$C=C_F+C_V=C_F+VQ$$

$$S=PQ-rPQ=PQ(1-r)$$

$$E=S-C=PQ(1-r)-(C_F+VQ)$$

上述线性盈亏平衡分析模型 $E=PQ(1-r)-(C_F+VQ)$ 中，含有6个相互联系的变量，只要给定其中的5个，便可以求出另外一个变量的值。例如：

1）求预期利润时：$E=PQ(1-r)-(C_F+VQ)$

2）求销售量时：$Q=\dfrac{E+C_F}{P(1-r)-V}$

当 E=0，即开发项目达到盈亏平衡时，项目的销售量（生产单一房地产产品时）Q^*为：

$$Q^*=\frac{C_F}{P(1-r)-V}$$

当房地产开发项目的产（销）量达到 Q^*时，项目开发的总收入与总支出相等。也即是说，Q^*是房地产开发项目在预定的产品售价条件下，为了实现盈亏平衡，所必须达到的最低销售量。

Q^*与预计产品销售量之间的差距越大（小），说明该房地产开发项目承受市场风险的能力越强（弱）。

分析盈亏平衡销售量还需计算销售量允许降低的最大幅度（η_Q）。其计算公式为：

$$\eta_Q=\frac{Q-Q^*}{Q}\times100\%$$

通过市场调查与预测，可以判断最大幅度 η_Q 出现的可能性。可能性越大，说明项目的风险越大，反之越小。

3）求销售单价时：$P=\dfrac{E+VQ+C_F}{Q(1-r)}$

盈亏平衡（E=0）时，销售单价 P^*为：$P^*=\dfrac{VQ+C_F}{Q(1-r)}$

P^*表示开发项目产品售价下降到预定可接受的最低盈利水平（一般为不亏不盈）时的最低售价。

P^*与预计售价之间的差距越大（小），说明该房地产开发项目承受风险的能力越强（弱）。

分析盈亏平衡销售单价还需计算销售单价允许降低的最大幅度（η_p）。其计算公式为：

$$\eta_p = \frac{P - P^*}{P} \times 100\%$$

通过市场调查与预测，可以判断最大幅度 η_p 出现的可能性。可能性越大，说明项目的风险越大，反之越小。

4）求销售收入时：$S = \dfrac{E + C_F}{P(1-r) - V} \times P(1-r)$

盈亏平衡（E=0）时，最低销售收入 S^*为：

$$S^* = \frac{C_F}{P(1-r) - V} \times P(1-r)$$

S^*为开发项目不发生亏损的最低销售收入。S^*与预计销售收入差距越大（小），说明该房地产开发项目的抗风险能力越强（弱）。

分析盈亏平衡销售收入还需计算销售收入允许降低的最大幅度（η_S）。其计算公式为：

$$\eta_S = \frac{S - S^*}{S} \times 100\%$$

通过市场调查与预测，可以判断最大幅度 η_S 出现的可能性。可能性越大，说明项目的风险越大，反之越小。

5）求单位变动成本时：$V = \dfrac{PQ(1-r) - C_F - E}{Q}$

6）求固定成本时：$C_F = PQ(1-r) - VQ - E$

以上主要针对销售为主的开发项目在盈亏平衡状态时的销售量、销售单价与销售收入。当房地产产品以出租为主时，可相应进行盈亏平衡租金、盈亏平衡出租面积以及盈亏平衡出租率等的计算分析。

[例 8-1]已知某房地产开发项目固定成本为 1000 万元，单位变动成本为 1000 元／m^2，销售税率为 6%，其他数据及要求工作见表 8-1。

表 8-1　数据及要求工作表

指标假设	指标数据	要求工作
假设一	商品房平均售价 P 为 2500 元／m^2 开发商拟获利 E 为 500 万元	求至少应开发的商品房面积 Q
假设二	开发的商品房面积 Q 为 5 万 m^2 开发商拟获利 E 为 1000 万元	求商品房定价至少不能低于多少
假设三	在假设二的基础上，市场商品房平均售价 P 为 2000 元／m^2	求实际可获开发利润

解：已知 C_F=1000 万元，V=1000　元/m^2，

假设一：已知 P=2500 元/m^2，E=500 万元，将已知条件代入计算式，得：

Q^*=1000 × 10^4/[2500×（1–6%）–1000]m^2=7407.41m^2

Q =（500 × 10^4+1000×10^4）/[2500 ×（1–6%）–1000]m^2=11111.11m^2

计算表明，该项目最少要开发 7407.41m^2 的商品房，才能保证不会亏损。若希望盈利 500 万元，则应至少开发 11111.11m^2 的商品房。

假设二：已知 Q=50000 m²，E=1000 万元，将已知条件代入计算式，得

P^*=（1000×10⁴+1000×5×10⁴）/[5×10⁴×（1−6%）]元/m²=1276.60 元/m²

P =（1000×10⁴+1000×10⁴+1000×5×10⁴）/[5×10⁴×（1−6%）]元/m²=1489.36 元/m²

计算表明，该项目定价最少为 1276.60 元/ m²，才能保证不会亏损。若希望盈利 1000 万元，则应把房价至少确定为 1489.36 元/m²。

假设三：已知 Q=50000m²，P=2000 元／m²

将已知条件代入计算式，得：

E=2000×50000×（1−6%）万元−1000×50000 万元−1000×10⁴ 万元

=3400 万元

计算表明，当以市场平均销售价格销售时，本项目可以获得 3400 万元的利润，比预期利润（拟获利）多 2400 万元，说明本项目开发的可行性较高。

3．线性盈亏平衡分析的图解法

线性盈亏平衡分析既可以用前述的计算法分析，也可以利用图解法分析。图解法分析如图 8-1 所示。

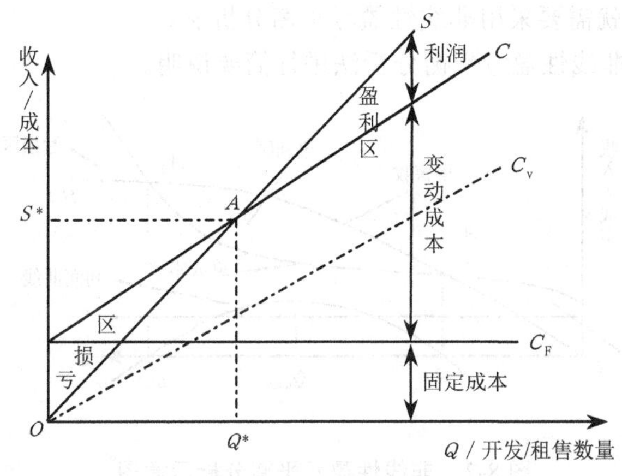

图 8-1 线性盈亏平衡分析示意图

图 8-1 中，以纵轴表示成本 C 或收入 S，横轴表示开发（租售）数量 Q，图中的四条直线分别表示固定成本线、变动成本线、总成本线和租售收入线。C 线和 S 线的交点 A 即为盈亏平衡点，A 点所对应的开发（租售）数量 Q^*，即为盈亏平衡时的开发数量（或租售量），或称保本量，其数额大小可在坐标轴上查得。AQ^* 线将图示区域分隔为两个部分，左侧总成本线高于收入线，为亏损区，右侧总成本线低于收入线，为盈利区。或者说，当 $Q>Q^*$ 时，项目盈利；当 $0\leqslant Q<Q^*$，项目亏损；当 $Q=Q^*$ 时，项目不盈不亏。

由此可见，盈亏平衡点越低，达到该点的开发量（或租售量）、销售收入及成本也就越少，只要开发少量的房地产产品就能达到项目的收支平衡。所以，盈亏平衡点的值越小，项目的盈利机会就越大，亏损的风险就越小。

绘制盈亏平衡分析图，可根据计算法的有关计算公式和具体数据，按下列步骤进行。

1）选定直角坐标系，以成本或收入为纵轴，开发量或租售量为横轴。

2）在纵轴上找出固定成本数值，以此为起点，绘制一条与横轴平行的固定成本线。

3）以固定成本线的起始点为起点，以单位变动成本为斜率，绘制总成本线。

4）以坐标原点为起点，以单价为斜率，绘制销售收入线。

这样就得到一个具体的盈亏平衡分析图，相关数据可以直接从该图中得到。

盈亏平衡分析图表达的意义如下：

1）固定成本线与横轴之间的垂直距离为固定成本值，它不因开发量（或租售量）的增减而变动。

2）成本线与固定成本线之间的垂直距离为变动成本，它随开发量（或租售量）的增减而成正比例变动。

3）成本线与横轴之间的垂直距离为总成本，它是固定成本与变动成本之和。

8.2.3 非线性盈亏平衡分析

线性盈亏平衡分析是在假设销售收入和生产总成本与产销量成线性关系的条件下进行的，但这只是一种理想的状态。在客观经济实际中，固定成本、单位产品变动成本和售价等均会发生变动，销售收入和生产成本与产销量的关系不是线性关系。为了更准确地分析相关指标的盈亏平衡问题，就需要采用非线性盈亏平衡分析法。

下面通过图 8-2 对非线性盈亏平衡分析法进行简要说明。

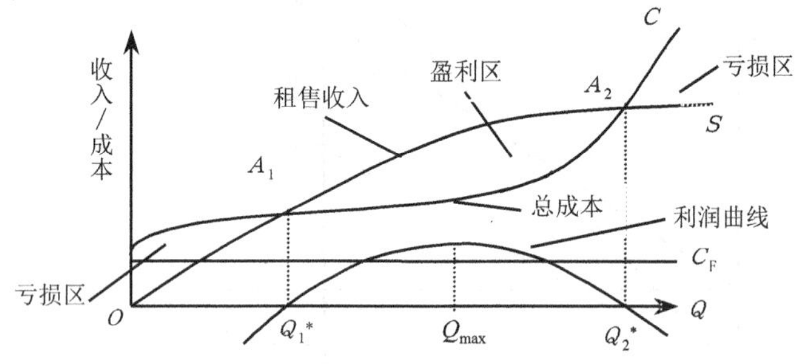

图 8-2 非线性盈亏平衡分析示意图

以纵轴表示收入 S 或成本 C，横轴表示开发（租售）数量 Q，图中平行于横轴的直线表示固定成本线，两条曲线表示总成本线和租售收入线。C线与 S 线的两个交点 A_1 和 A_2 均为盈亏平衡点，A_1 和 A_2 分别对应开发数量 Q_1^*和 Q_2^*，即为盈亏平衡时的开发（租售）数量。从图 8-2 中可以看出：当 $Q_1^*<Q<Q_2^*$时，项目盈利；当 $0\leqslant Q<Q_1^*$或 $Q>Q_2^*$时项目亏损；当 $Q=Q_1^*$或 $Q=Q_2^*$时，项目不盈不亏。

利润最大时的产量（租售量）为 Q_{max}。

让收入曲线和成本曲线的函数式相等，可以从中解出 Q_1^*和 Q_2^*。求出 Q_1^*和 Q_2^*后就可以知道盈利区的具体范围，在该范围内，可以求出企业最大利润时的开发量或租售量。

$$E(Q)=S(Q)-C(Q)$$

令

$$\frac{\mathrm{d}[E(Q)]}{\mathrm{d}Q}=\frac{\mathrm{d}[S(Q)]}{\mathrm{d}Q}-\frac{\mathrm{d}[C(Q)]}{\mathrm{d}Q}=0$$

则

$$\frac{d[S(Q)]}{dQ}=\frac{d[C(Q)]}{dQ}$$

由于有时盈利区和亏损区从图中难以看出，求出的开发量或租售量是否对应着最大利润值还无法判别，因此还需要通过二次求导，利用极值原理加以判定。即：

$$\frac{d^2[E(Q)]}{dQ^2}=\frac{d^2[S(Q)]}{dQ^2}-\frac{d^2[C(Q)]}{dQ^2}$$

如果上式小于零，则求得的产量就是利润最大时的开发量或租售量，反之为亏损最大时的开发量或租售量。

[例 8-2]某房地产开发公司开发商品房项目，已知该项目的开发固定成本为 5000 万元，单位变动成本为 1000 元/m^2，商品房的销售价格为 5000 元/m^2。虽然市场需求量很大，但市场竞争也十分激烈，因此公司决定采取降价促销的措施，按销售量的 1%递减售价，并按销售量的 1%递增单位变动成本，试问：该房地产公司的开发规模在什么范围内可以实现盈利？如果盈利，则实现最大盈利的开发规模是多少？

解：已知 $C_F=5000\times10^4$ 元，$V=1000$ 元/m^2，$P=5000$ 元/m^2，售价和单位变动成本的变动率均为 1%。

设该房地产公司的开发规模为 Q，则有：

销售收入：$S=(P-Q\times1\%)Q=(5000Q-0.01Q^2)$ 元

开发总成本 $C=C_F+(V+Q\times1\%)Q=(5000\times10^4+1000Q+0.01Q^2)$ 元

盈亏平衡时，$S=C$，即：

$(5000Q-0.01Q^2)$ 元$=(5000\times10^4+1000Q+0.01Q^2)$ 元

经整理可得到：

$-0.02Q^2+4000Q-5000\times10^4=0$

解此一元二次方程，可得：

$Q_1=13397.46\text{m}^2$，$Q_2=186602.54\text{m}^2$

显然，该项目盈利区落在（13397.46 m^2，186602.54m^2）范围内。即该房地产公司的开发规模在（13397.46 m^2，186602.54 m^2）范围内可以实现盈利。

为求出最大盈利开发规模，可以对方程 $y(Q)=-0.02Q^2+4000Q-5000\times10^4$ 分别求一阶导数和二阶导数，并令一阶导数等于零，则得到：

$$\frac{dy(Q)}{dQ}=-0.04Q+4000=0$$

$$Q=100000\text{ m}^2$$

$$\frac{d^2y(Q)}{dQ^2}=-0.04<0$$

所以，当 $Q=100000$ m^2 时，开发项目达到了最大的盈利点。把 $Q=100000$ m^2 代入下列方程，可以得到最大的盈利为：

$y(Q)=(-0.02\times100000^2+4000\times100000-5000\times10^4)$ 元$=150000000$ 元

即最佳开发规模为 10 万 m^2，最大盈利为 15000 万元。

8.2.4 房地产投资项目的动态盈亏平衡分析

上述线性盈亏平衡分析和非线性盈亏平衡分析实质上都是静态的分析，即把盈亏平衡状态定义为利润等于零的状态。由于没有考虑资金的时间价值，这种分析不大让人信服。实际中，通常需要进行动态盈亏平衡分析。动态盈亏平衡分析就是将项目盈亏平衡状态定义为净现值等于零的状态，然后考察各个因素的变动对净现值的影响。由于净现值的经济实质是项目在整个经济计算期内可以获得的、超过基准收益水平的、以现值表示的超额净收益，所以，净现值等于零意味着项目刚好获得了基准收益水平的收益，实现了资金的基本水平的保值和真正意义的“盈亏平衡”。

动态盈亏平衡可以用公式表示为：

$$FNPV=\sum_{t=1}^{n}NCF_t(P/F,i_c,t)=0$$

即

$$\sum_{t=1}^{n}(TR-OC-TA-FI-LI+S_V+SLI)\frac{1}{(1+i_c)^t}=0$$

$$\sum_{t=1}^{n}(PQ-VQ-QC_F-PQr-FI-LI+S_V+SLI)\frac{1}{(1+i_c)^t}=0$$

$$P=f(Q);\ V=g(Q)$$

式中 NCF_t——所得税前年净现金流量；

TR——年租售收入；

OC——年经营成本；

TA——年销售税金及附加；

FI——年固定资产投资；

LI——流动资金本年增加额；

S_V——回收固定资产残值；

SLI——回收流动资金；

C_F——年固定经营成本；

i_c——基准收益率；

r——销售税金的税率；

t——年份。

根据净现值等于零的等式可以计算出租售收入、经营成本、固定资产投资、产量、价格、单位产品可变成本等各个因素的动态盈亏平衡点。

实际应用中，多因素盈亏平衡分析和动态盈亏平衡分析可以很好地结合，即在项目盈亏平衡分析时要分析多个因素同时变动对项目净现值的影响，例如，双因素动态盈亏平衡分析可以确定坐标平面上的一条盈亏平衡线，三因素动态盈亏平衡分析可以确定坐标空间上的一个盈亏平衡面，如果分析的因素超过三个，则所确定的是一个盈亏平衡的多个因素变动率关

系。

根据净现值等于零的等式可以计算出净现值等于零时的租售收入、经营成本、固定资产投资、产量、价格、单位产品可变成本等多个因素同时变动的多个因素变动率关系。

[例 8-3]有一个房地产投资开发项目，其投资额、年销售收入、年经营成本、年销售税金、期末资产残值见表 8-2。由于对未来影响经济效益的某些因素把握不大，投资额、经营成本和产品价格均有可能在±20%的范围内变动，设基准收益率为 10%，试进行动态多因素盈亏平衡分析。

表 8-2 房地产投资开发项目数据表 （单位：万元）

	第 0 年	第 1 年	第 2～10 年	第 11 年
投资（I）	30000			
销售收入（TR）			44000	44000
经营成本（OC）			30400	30400
销售税金及附加（TA） （销售收入的 10%）			4400	4400
期末资产残值（S_V）				4000

解：根据表 8-2 数据，可以编制该项目的现金流量表，见表 8-3。

表 8-3 房地产投资开发项目现金流量表 （单位：万元）

	第 0 年	第 1 年	第 2～10 年	第 11 年
现金流入				
销售收入（TR）			44000	44000
期末资产残值（S_V）				4000
现金流出				
投 资 （I）	(30000)			
经营成本（OC）			(30400)	(30400)
销售税金（TA）			(4400)	(4400)
净现金流量（NCF）	(30000)	0	9200	13200

根据净现值计算公式，可求出本项目的净现值为：

$$FNPV=-30000\text{万元}+\frac{9200}{(1+10\%)^2}\times\left(1+\frac{1}{(1+10\%)}+\cdots+\frac{1}{(1+10\%)^8}\right)\text{万元}+\frac{13200}{(1+10\%)^{11}}\text{万元}$$

$$=22793\text{ 万元}$$

$FNPV$ 为 22793 万元是在确定情况下的数值。题中，投资额、经营成本和产品价格均有可能在±20%的范围内变动，因此，需要考虑投资额与经营成本的变动。

为计算的方便，假设投资额变动的百分比为 x，经营成本变动的百分比为 y，则两个因素同时变动对方案净现值影响的计算公式为：

$$FNPV=-I(1+x)+[TR-OC(1+y)-TA](P/A,\ 10\%,\ 10)(P/F,\ 10\%,\ 1)+S_V(P/F,\ 10\%,\ 11)$$

将表中的数据代入上式，经整理可得：

$$FNPV=（22793-30000x-169800y）万元$$

取 $FNPV$ 的临界值，即令 $FNPV=0$，则有：

$$y=-0.1767x+0.1342$$

分别取 x 为 10%、20%、30%、40%、50%、60%、70%，可以得到相应的 y 值分别为 11.7%、9.9%、8.1%、6.49%、4.6%、2.8%、1.1%，根据这些值可以做出 $y=-0.1767x+0.1342$ 的图像（图 8-3），该图像是一条直线，它是 $FNPV=0$ 的临界线，它与 x 轴交于（75.98%，0），与 y 轴交于（0，13.42%）。

当 $FNPV>0$，则 $y<-0.1767x+0.1342$，即在临界线左下方的区域为盈利区，右上方为亏损区。也就是说，无论投资与经营成本如何变动，只要其变动率的组合落在临界线的左下方，开发项目就可以实现盈利。

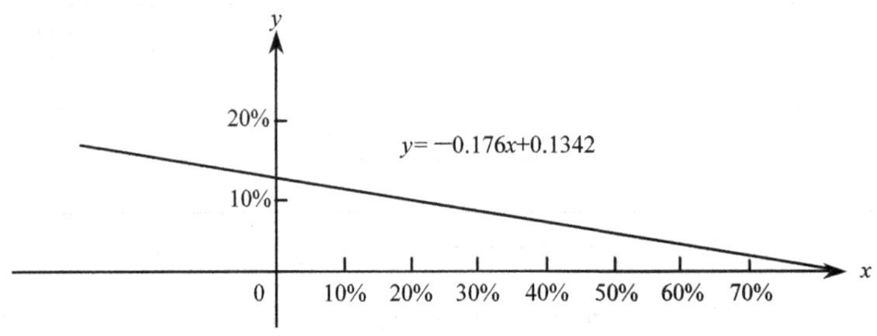

图 8-3　二维动态盈亏平衡分析示意图

在两因素敏感性分析的基础上，还可以进行三因素敏感性分析。当投资额、经营成本、产品价格同时变动时，设产品价格变动的百分比为 z，产品价格的变动将导致销售收入和销售税金的变动，销售收入和销售税金变动的比例与产品价格变动的比例相同，对净现值的影响可以表示为：

$$FNPV=-I(1+x)+[(TR-TA)(1+z)-OC(1+y)](P/A,10\%,10)(P/F,10\%,1)+S_V(P/F,10\%,11)$$

代入有关数据，经整理可得：

$FNPV=(22788-30000x-169800y+221186z)$ 万元

令 $FNPV=0$，则有：$22788-30000x-169800y+221186z=0$

这是一个三维空间上的盈亏分界面，斜面的上方为盈利空间（图 8-4）。也就是说，无论投资、经营成本和产品价格如何变动，只要其变动率的组合落在临界面的上方，方案就可以盈利。

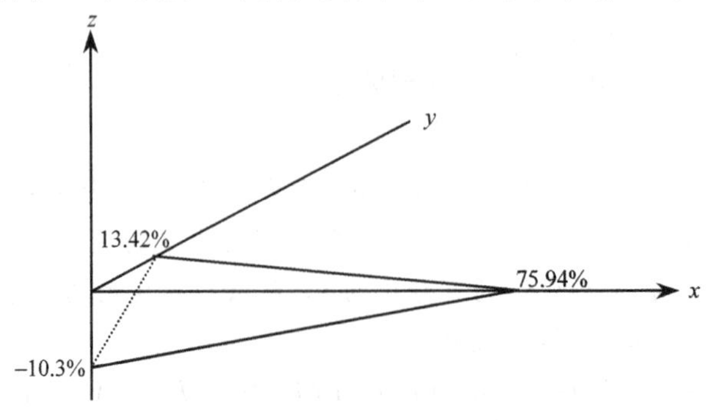

图 8-4　三维动态盈亏平衡分析示意图

8.2.5 房地产投资盈亏平衡分析的应用与评价

1．房地产投资盈亏平衡分析的应用

（1）用以估计项目最低的开发或租售规模。这里的开发规模主要指项目的建设规模。当投资者确定了该项目的目标利润后，便可利用相关计算公式估计一个项目的开发规模。

[例 8-4]某住宅区开发项目，已知其固定成本为 500 万元，单位变动成本为 700 元/m²，商品房平均售价为 1500 元/m²，投资者期望从该项目投资中赚取 600 万元利润，而各种税金的综合税率为 16%。试求该项目拟开发的商品房面积。

解：已知 E=600 × 10⁴ 元；C_F=500 × 10⁴ 元；P=1500 元/m²；V=700 元/m²；r=16%。

代入公式 $Q=\dfrac{E+C_F}{P(1-r)-V}$，得：

$$Q=\frac{600\times10^4+500\times10^4}{1500\times(1-0.16)-700}\text{m}^2=19643\text{m}^2$$

所以，该项目要实现其预期利润，至少应保证 19643m² 的商品房开发面积。

（2）用以判定拆迁方案的可行性。旧城开发项目是否可行，有一个衡量的指标，即可供出售的商品房面积占总开发面积比例——得房率 η。投资者通常都十分关心得房率的高低。因此，在具体评价分析时，需要将盈亏平衡分析求得的保本开发量 Q_0、目标开发量 Q_x，与拆迁方案得房率 η 所得到的商品房数量相比较，从而判定拆迁方案的可行性。

[例 8-5]如[例 8-4]所示住宅投资项目占地 8500m²，规划容积率为 2，该项目首轮拆迁方案须安排回迁安置面积 8000 m²。试分析该拆迁方案是否可行？

解：已知 E=600 × 10⁴ 元；C_F=500 × 10⁴ 元；P=1500 元/m²；V=700 元/m²；r=16%。

代入开发保本量公式，求得该项目盈亏平衡开发量为：

$$Q_0=\frac{C_F}{P(1-r)-V}=\frac{500\times10^4}{1500\times(1-0.16)-700}\text{m}^2=8928.57\text{m}^2$$

由题中已知条件，可以得到住宅开发可建设建筑面积为：

$$F=8500\times2\text{m}^2=17000\text{m}^2$$

得房率：η=（17000−8000）/17000=52.94%

实际可供出售的商品住宅面积为：

$$F'=(17000-8000)\text{m}^2=9000\text{m}^2$$

显然，$F'>F$，即本住宅区开发尚有盈利空间，但盈利空间不大，项目开发基本可行。

（3）用以进行多方案的经济比较。盈亏平衡分析还可以用于多个开发项目备选方案的比较。具体应用时，要先列出各方案的成本函数，将这些函数两两组合，求得它们的交点，划定几个区间，再根据开发量 Q 选定的相应区间，从该区间找到成本 C 为最小的那个方案，即为最优方案。

[例 8-6]某小区开发有三套备选方案 A、B、C，各方案的成本 C 见表 8-4。该项目的拟开发房屋面积在 5000～17000m² 之间。房屋使用寿命按 20 年计算。年利率为 10%，使用盈亏平衡分析法进行方案比选。

表 8-4　备选方案与成本表

方　案	造价/（元/m²）	维修费/（元/年）	管理费/（元/年）	其他费/（元/年）
A	700	12×10^4	4×10^4	10000
B	680	16×10^4	6×10^4	15000
C	820	8×10^4	1.8×10^4	8000

解：设该项目的商品房开发面积为 x m²，则各方案的费用函数分别是：

$C_A=700x(A/P,0.10,20)+12\times10^4+4.0\times10^4+1.0\times10^4=82.22x+17\times10^4$

$C_B=680x(A/P,0.10,20)+16\times10^4+6.0\times10^4+1.5\times10^4=79.87x+23.5\times10^4$

$C_C=820x(A/P,0.10,20)+8\times10^4+1.8\times10^4+0.8\times10^4=96.32x+10.6\times10^4$

令 $C_A=C_B$，$C_B=C_C$，$C_A=C_C$，求得各方案费用函数的交点横坐标（开发面积）分别为：$x_1=2.77\times10^4\text{m}^2$；$x_2=0.78\times10^4\text{m}^2$；$x_3=0.46\times10^4\text{m}^2$。具体如图 8-5 所示。

当该项目商品房的开发面积不足 $x_3=4600$ m²，C 方案费用总额最小，拟选 C 方案。

当商品房开发面积高于 $x_1=27700$ m² 时，A 方案费用最小，应选 A 方案。

当项目的商品房开发面积在 $x_3=4600$ m² 至 $x_1=27700$ m² 之间时，B 方案的费用最小，应选择 B 方案。本项目设该商品房的开发面积在 5000～17000 m² 之间，故应选择 B 方案。

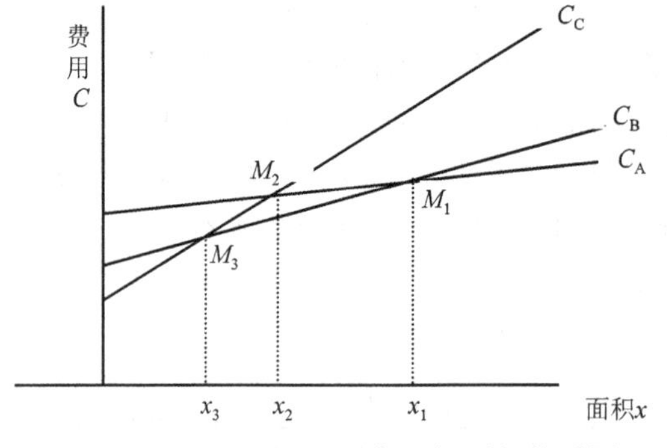

图 8-5　项目费用与面积关系图

2．房地产投资盈亏平衡分析的评价

（1）盈亏平衡分析的优点。盈亏平衡分析方法是最简单的不确定性分析方法，无论是从计算上，还是从原理上讲都是如此。仅仅通过对一个投资项目的量本利间的平衡关系进行分析计算，找出平衡点（或临界点），就可以了解项目对市场需求变化的适应能力，掌握各种不确定因素的变化对项目收支平衡的影响，从而使决策者清楚在什么环节上下功夫，才能使一笔投资得到最有效的利用。

通过盈亏平衡分析还有助于了解项目可承受的风险程度，合理确定项目的经济规模，以及项目工艺技术方案的决策。特别是在分析某些不确定因素，如销售量、产品价格、产品成本等的变化对项目利润水平的影响时，盈亏平衡分析有着其他不确定性分析方法所不能替代的独到之处。由于盈亏平衡分析使决策的外界条件简单化，因而使我们很容易弄清分析的目的和结果。正因为如此，盈亏平衡分析被广泛地应用在房地产投资项目评价中。

（2）盈亏平衡分析的局限性。盈亏平衡分析方法的局限性一方面来源于这种方法建立的假定前提条件。这些假设都是理想化的，实际中很难满足。即使其中个别条件能够满足，也

不可能所有条件都同时满足，这又使盈亏平衡分析的结果带有一定程度的不确定性。

盈亏平衡分析的另一局限性在于，这种分析使决策过于简单化，对于有些问题，比如市场需求量有没有可能低于保本量，如果有可能，这种可能性有多大等，盈亏平衡分析就不能回答。

另外，仅以盈亏平衡点的高低来判断投资方案的优劣，并不一定能够得到最优方案，因为，有时需要在更高的盈利安全性与获取更大盈利的可能性这两者之间作出抉择，这一点盈亏平衡分析难以作到，只能依靠风险分析来实现。

总的说来，盈亏平衡分析方法是一种很实用的不确定性分析方法，但仍只能作为对项目评价检验的辅助手段。

8.3 房地产投资敏感性分析

8.3.1 房地产投资敏感性分析的目的与步骤

1. 房地产投资敏感性分析的含义

在项目的整个寿命周期内，会有许多不确定因素对项目的经济效益产生影响，但影响程度各不相同。有些因素较小的变化就会引起经济效益评价指标较大的变化，甚至于变化超过了临界点，影响到原来的决策，这些因素称之为敏感性因素；反之，有些因素在较大的数值范围内变化却只引起经济效益评价指标很小的变化甚至不发生变化，这些因素被称为不敏感因素。敏感性分析就是指通过分析、测算项目的主要制约因素发生变化时引起经济效益评价指标变化的幅度，了解各种因素的变化对实现预期目标的影响程度，从而对投资项目对各种风险的承受能力作出判断的一种不确定性分析方法。可以针对净现值、内部收益率、投资回收期等指标作出敏感性分析。

敏感性分析实质上就是在诸多的不确定因素中，确定哪些是敏感性因素，哪些是不敏感因素，并分析判明敏感性因素对项目经济评价指标的影响程度。

2. 房地产投资敏感性分析的目的

敏感性分析是房地产开发项目不确定性分析中的一种主要方法。房地产开发项目评估所采用的基本数据与参数，大都来自于估算或预测，不可能完全准确，因而就使得开发商做出的决策具有潜在的误差和风险. 通过敏感性分析，开发商就能了解各种不确定因素，如价格、投资费用、项目寿命周期等的变化对投资项目经济效益的影响程度，为项目的正确决策提供依据。具体而言，敏感性分析的目的有以下几点：

(1) 找出影响项目效果的最主要因素。影响项目的敏感性因素可能不止一个，而且影响程度也不一样，通过敏感性分析，找出对经济效益评价指标影响程度最大的因素，即最敏感因素，作为项目经济分析的重点因素，进一步提高与之相关的数据的可靠程度，从而有利于提高整个评估工作的质量。

(2) 了解和比较项目开发各方案的风险程度。同一投资项目的不同投资方案，对同一敏感性因素的敏感程度是不相同的，一般而言，敏感程度大的方案，风险大；敏感程度小的方案，风险小。通过敏感性分析，开发项目决策部门就可以了解和比较项目各开发方案风险的大小，从中可以进行方案优选和进行投资决策的选择。

(3) 了解各种敏感性因素的偏差在多大范围内是可行的。通过敏感性分析预测项目经济效益变化的最乐观和最悲观的临界条件或临界数值，可以为投资决策者提供可能的风险范围，从而有助于决策者对原方案采取某些控制措施或寻求可替代的方案，以保证预期经济效益指标的实现。比如，价格是开发项目中的一个非常重要的敏感性因素，其变化幅度通常难以把握，通过敏感性分析可以揭示出价格在什么范围内变动时，项目仍然是有利可图的，以此作为把握价格风险的尺度，并据此根据实际情况调整价格策略。

（4）掌握各种不确定因素的利弊及其大小。掌握了各种不确定因素的利弊及其大小后，就能在项目的实施过程中，有针对性地充分利用有利因素，尽量避免不利因素，从而有助于投资项目的经济效益的提高。

3．房地产投资敏感性分析的步骤

（1）选择经济评价指标。进行敏感性分析时，应选择最能反映项目经济效益的指标作为分析对象，房地产投资项目的敏感性分析可以围绕内部收益率、净现值、投资回收期、贷款偿还期、开发商利润、投资利润率等经济指标进行。

（2）选择不确定因素并确定其变化范围。从众多影响项目投资效益的不确定因素中选取对经济评价指标有重大影响，并在开发周期内有可能发生变动的因素作为敏感性分析中的不确定因素。不确定因素的特点通常有两个：一是因素在可能变动的范围内的变动结果将会比较强烈的影响经济评价指标；二是因素变动的可能性较大，并且其变动将很有可能对项目造成不利的影响。

房地产开发经营项目的不确定因素主要有：土地成本、容积率的限制、建筑面积、建设期、建安费用、租售价格、出租期、出租率或空置率、基准收益率或折现率等。

确定不确定因素的变动范围的方法是根据房地产业的统计资料、房地产企业的生产经营资料、专家的经验和市场调查的结果作出的综合性估计。

（3）计算各不确定因素变动对评价指标变动的数量效果。首先，对某特定因素设定变动数量或幅度（如–10%、–5%、0%、5%、10%），在其他因素固定不变的情况下，计算该特定因素变动后各经济评价指标的变动结果；其次，对其他不确定因素的每一变动重复以上计算，得到各个不确定因素变动后各经济评价指标的变动结果；最后，利用 Excel 表格将以上计算结果做成表或图形，用以直观显示评价指标对各不确定因素变动的敏感程度。

（4）找出较为敏感的变动因素，作进一步的分析。通过分析各个不确定因素变动带来的各经济评价指标的变动情况，可以查明每种因素的变化对评价指标的影响程度，并能对影响程度的大小进行排序。那些有较小变化便会带来评价指标较大变化的因素，就可以确定为该开发项目的敏感性因素。在这个基础上，还需要对项目的风险情况作出进一步判断。

8.3.2 房地产投资单变量与多变量敏感性分析方法

1．单变量敏感性分析

单变量敏感性分析是敏感性分析的最基本方法。进行单变量敏感性分析时，首先假设各变量之间相互独立，然后每次只考察一项可变参数的变化而其他参数保持不变时，项目评估结果的变化情况。

敏感性分析需要找到导致开发项目由可行变为不可行的不确定因素变化的临界值。临界值可以通过单变量敏感性分析图求得。

单变量敏感性分析图的具体做法是：首先，将各个不确定变量的变化幅度或变化率作为横坐标，以某个评价指标，如内部收益率、净现值等作为纵坐标，然后作图；其次，根据敏感性分析的计算结果绘出各种不确定因素变化导致收益率的变化曲线（取点范围小时，近似为直线），其中与横坐标相交角度较大的变化曲线所对应的因素就是敏感性因素；最后，在坐标轴上做出项目分析指标的临界曲线（如 $FNPV$=0，$FIRR$=i_c 等），求出变量因素的变化曲线与基准收益率曲线（即临界曲线）的交点，则交点处所对应的横坐标称为变量因素变化的临界值，即该变量因素允许变动的最大幅度，或称极限变化。不确定因素的变化超过了这个极限，开发项目就由可行变为不可行。将这个幅度与估计可能发生的变化幅度相比，如果前者大于后者，则表明项目经济效益对该因素不敏感，项目承担的风险不大。

单变量敏感性分析示意图如图 8-6 所示。

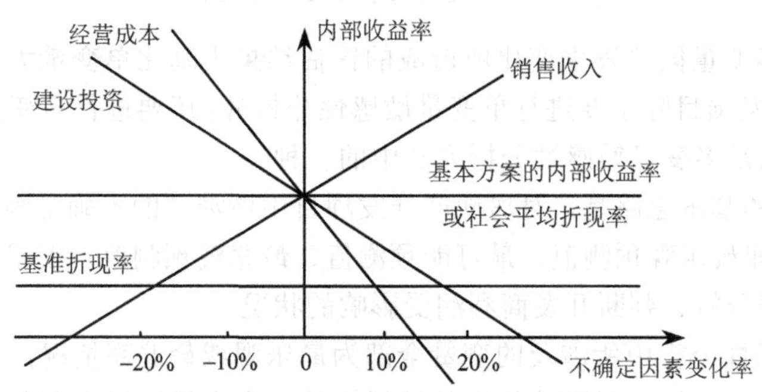

图 8-6　单变量敏感性分析示意图

单变量敏感性分析方法是敏感性分析中最基本的方法，它给开发商提供了关于项目盈利性的有用信息和它对评估变量的敏感性，同时指出哪些变量是最关键的变量。但该分析方法忽视了各变量之间的相互作用关系。在实际项目开发中，很可能有几个变量同时发生变化。因此，很有必要作更进一步的敏感性分析，以弥补上述方法的不足。

2．多变量敏感性分析

多变量敏感性分析是分析两个或两个以上的变动因素同时发生变化时，对项目评估结果的影响。它的假定条件是：同时变动的因素相互独立，即各种因素发生变化的概率相等。

一次改变一个变量因素的敏感性分析可以得到一条敏感性曲线。两个变量因素同时变化时的敏感性分析，则可以得到一个敏感面。

两变量敏感性分析的基本步骤如下：① 选定敏感性分析的主要经济指标作为分析对象；② 从众多的不确定因素中，选择两个最敏感的因素作为分析的变量；③ 列出方程式，并按分析的期望值要求，将方程式转化为不等式；④ 做出敏感性分析的平面图。

敏感性分析平面图的作法与单变量敏感性分析图类似。主要作法是：以横轴和纵轴分别代表两种因素的变化率，并将不等式等于零的一系列结果描绘在平面图上，该平面就是两变量敏感性分析平面图。敏感性分析平面图中有一条临界线，该临界线把敏感性分析平面图划分为两半。其中一半表示投资开发项目的效益指标在两因素同时发生变化的情况下仍能达到规定的要求，而另一半则表示项目的效益指标是不可行的，即敏感性分析平面图的该部分净现值小于零或内部收益率小于基准收益率。

两变量敏感性分析示意图如图 8-7 所示。

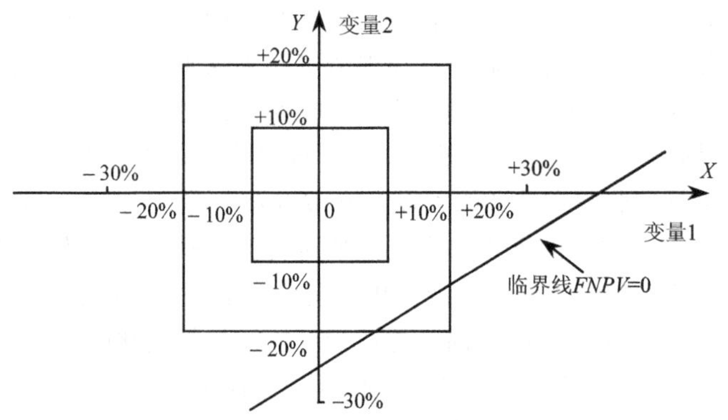

图 8-7　两变量敏感性分析示意图

一般情况下，多变量同时发生变化所造成的评估结果失真比单变量大，因此，对一些重要的、投资额大的开发项目除了要进行单变量敏感性分析外，还要进行多变量敏感性分析。"三项预测值"分析方法是多变量敏感性分析方法中的一种。

"三项预测值"的基本思路是，对房地产开发项目中所涉及的不确定因素，分别给出三个预测值（估计值），即最乐观预测值、最可能预测值、最悲观预测值，根据各不确定因素三个预测值的相互作用来分析、判断开发商利润受影响的状况。

一般说来，敏感性分析中所涉及的变量全部为最乐观或最悲观情况，在实际开发过程中是很少出现的。但不管怎样，对影响经济效益指标的各个变量进行全面分析，有助于投资开发商进行正确的决策。

由于项目评估过程中的参数或变量同时发生变化的情况非常普遍，所以多变量敏感性分析也有很强的实用价值。

8.3.3　房地产投资敏感性分析的具体应用

下面以一个具体案例来说明敏感性分析在房地产投资分析中的应用。

[例 8-7] 某房地产开发项目的占地面积为 2000m²，容积率为 2.5，楼面地价为 1500 元/m²，建安造价为 3000 元/m²，项目开发期为 2 年，前期费用（可行性研究、设计、招标等费用）为建安造价的 3%，建设期管理费用及不可预见费均为土地费用、建安造价以及前期费用之和的 2%，假设土地开发费和前期费用在开发初期一次性投入，建安成本在开发期内均匀投入，管理费用在建设期均匀投入，出租营销费用为出租总收入的 1%，其他开发成本费用不考虑。预计项目建成后即出租，可出租面积系数为 0.75，租金的初始水平为 250 元/（m²·月）（可出租面积），出租成本为毛租金收入的 25%，假设从第 2 年起该项目的租金按 2%的比例上升，5 年后稳定不变，出租 10 年后出售，净售价为 3000 万元。如果该类项目出租的平均投资收益率为 15%，年贷款利率为 7%，试进行该投资项目的敏感性分析。

说明： 进行投资项目的敏感性分析必须首先编制成本估算表、投资进度预测表、出租收入估算表、出租经营成本估算表、利润表以及现金流量表等表格。在这个基础上，才能开始分析。因为本例只进行敏感性分析，为简便考虑，这里省略了相关数据的计算过程，并且只粗略地编制利润表及现金流量表，并据此计算出相关财务指标和进行单因素敏感性分析。

解： 第一步，编制项目的利润表（表 8-5）以及现金流量表（表 8-6）。分别如下：

表 8-5　利润表　　（单位：万元）

项　目	合　计	0	1	2	3	4	5
收入					1125.00	1147.50	
租金收入	12 065.00						1170.45
售价	3000.00		—	—	1125.00	1147.50	
小计	15065.00				（61.88）	（63.11）	1170.45
营业税及附加	663.57						（64.37）
成本		（795.00）	（795.90）	（795.90）	—	—	
建设成本	（2386.80）				（281.25）	（286.88）	—
经营成本	（3016.25）	（55.65）	（55.71）	（55.71）			（292.61）
资金成本	（167.08）	（850.65）	（851.61）	（851.61）	781.88	797.51	
税前利润	8831.30	（850.65）	（1702.26）	（2553.88）	（1772.00）	（974.49）	813.46
累计利润							（161.03）
项　目	**6**	**7**	**8**	**9**	**10**	**11**	**12**
收入							
租金收入	1193.86	1217.74	1242.09	1242.09	1242.09	1242.09	1242.09
售价							3000.00
小计	1193.86	1217.74	1242.09	1242.09	1242.09	1242.09	4242.09
营业税及附加	（65.66）	（66.98）	（68.31）	（68.31）	（68.31）	（68.31）	（68.31）
成本							
建设成本	—	—	—	—	—	—	—
经营成本	（298.46）	（304.43）	（310.52）	（310.52）	（310.52）	（310.52）	（310.52）
资金成本							
税前利润	829.73	846.33	863.25	863.25	863.25	863.25	3863.25
累计利润	668.71	1515.03	2378.29	3241.54	4104.79	4968.05	8831.30

由项目的利润表可以得到项目的利润为 8831.30 万元，年投资利润率为 28.82%。

表 8-6　现金流量表　　（单位：万元）

项　目	合　计	0	1	2	3	4	5
现金流入					1125.00		
租金收入	12065.00					1147.50	1170.45
售价	3000.00	—	—	—		—	—
现金流出							
建设成本	（2386.80）	（795.00）	（795.90）	（795.90）		—	—
经营成本	（3016.25）				（281.25）	（286.88）	（292.61）
营业税及附加	（663.57）				（61.88）	（63.11）	（64.37）
税前净现金流量	8998.37	（795.00）	（795.90）	（795.90）	（781.88）	797.51	813.46
累计净现金流量		（795.00）	（1590.90）	（2386.80）	（1604.93）	（807.41）	6.05
税前净现值	1611.08	（795.00）	（692.09）	（601.81）	514.10	455.98	404.43
累计净现值		（795.00）	（1487.09）	（2088.90）	（1574.81）	（1118.83）	（714.39）

（续）

项　　目	6	7	8	9	10	11	12
现金流入							
租金收入	1193.86	1217.74	1242.09	1242.09	1242.09	1242.09	1242.09
售价	—	—	—	—	—	—	3000.00
现金流出							
建设成本	—	—	—	—	—	—	—
经营成本	（298.46）	（304.43）	（310.52）	（310.52）	（310.52）	（310.52）	（310.52）
营业税及附加	（65.66）	（66.98）	（68.31）	（68.31）	（68.31）	（68.31）	（68.31）
税前净现金流量	829.73	846.33	863.25	863.25	863.25	863.25	3863.25
累计净现金流量	835.78	1682.11	2545.36	3408.62	4271.87	5135.12	8998.37
税前净现值	358.72	318.17	282.20	245.39	213.38	185.55	722.07
累计净现值	（355.68）	（37.51）	244.69	490.08	703.46	889.01	1611.08

由项目的现金流量表可以得到项目的净现值为 1611.08 万元，内部收益率为 26.57%。

第二步，选择经济评价指标。本题可以选择利润、净现值、投资利润率、内部收益率四个经济评价指标。

第三步，选择不确定因素并确定其变化范围。本题中比较明显的不确定因素包括容积率、楼面地价、建安造价、初始租金、售价以及基准收益率（本题的社会平均投资收益率，也是折现率）。这里选择容积率、楼面地价、建安造价、初始租金以及基准收益率作为敏感性分析的不确定因素进行分析。假设各个因素变动的数量见表 8-7。

第四步，计算各不确定因素变动对评价指标变动的数量效果。这里首先进行单因素敏感性分析。各不确定因素变动对评价指标变动的数量效果见表 8-7。

表 8-7　单因素敏感性分析表

因　　素	变　动　率	税前利润/万元	净现值/万元	投资利润率	内部收益率
容积率	–10%	8248.17	1506.05	29.90%	26.80%
	–5%	8551.40	1560.67	29.31%	26.68%
	0%	8831.30	1303.57	28.82%	26.57%
	5%	9134.53	1665.70	28.33%	26.47%
	10%	9414.43	1716.12	27.93%	26.38%
楼面地价/（元/m²）	–10%	8914.76	1688.52	30.07%	27.52%
	–5%	8873.03	1649.80	29.43%	27.04%
	0%	8831.30	1303.57	28.82%	26.57%
	5%	8789.57	1572.36	28.22%	26.12%
	10%	874p7.84	1533.64	27.64%	25.69%
建安造价/（元/ m²）	–10%	9003.23	1742.53	31.50%	28.00%

（续）

因　素	变 动 率	税前利润/万元	净现值/万元	投资利润率	内部收益率
建安造价/（元/m^2）	−5%	8917.26	1676.81	30.11%	27.27%
	0%	8831.30	1303.57	28.82%	26.57%
	5%	8745.33	1545.36	27.61%	25.90%
	10%	8659.37	1479.63	26.47%	25.25%
初始租金/[元（m^2·月）]	−10%	7992.78	1297.16	26.08%	24.46%
	−5%	8395.27	1447.84	27.39%	25.48%
	0%	8831.30	1303.57	28.82%	26.57%
	5%	9233.79	1761.77	30.13%	27.56%
	10%	9669.82	1925.01	31.55%	28.62%
收益率（%）	−10%	8831.30	1962.65	28.82%	26.57%
	−5%	8831.30	1780.92	28.82%	26.57%
	0%	8831.30	1303.57	28.82%	26.57%
	5%	8831.30	1452.23	28.82%	26.57%
	10%	8831.30	1303.57	28.82%	26.57%

由表 8-7 可以看出，各因素的变化都不同程度地影响净现值、内部收益率等经济指标值。从中看到，内部收益率对楼面地价、建安造价和初始租金三个因素的变化较为敏感，而净现值对初始租金和收益率两个因素的变化较为敏感。因此，应该采取各种措施进行投资控制以降低成本，并且应适当提高租金。同时，在所取的变量的变化范围之内，内部收益利率都大于平均投资收益率 15%，因此，该项目是具有一定的抗风险能力的。

由于内部收益率（*FIRR*）对楼面地价、建安造价和初始租金三个因素的变化较为敏感，因此，选这三个因素作为敏感因素来进行敏感性分析。在项目的建设投资和经营过程中，这三个不确定因素的增减变化，使该项目的内部收益率随之变化，现将其总结列于表 8-8 中，设各因素与内部收益率都成线性关系。

表 8-8　内部收益率敏感性分析

基本方案	内部收益率（*FIRR*）=26.57%			基准收益率 i_c=15%		
不确定性因素	楼面地价		建安造价		初始租金	
变化幅度	+5%	−5%	+5%	−5%	+5%	−5%
需考察的指标（*FIRR*）	26.12%	27.04%	25.90%	27.27%	27.56%	25.48%
变化率	−1.69%	+1.77%	−2.52%	+2.63%	+3.73%	−4.10%
变化幅度	+10%	−10%	+10%	−10%	+10%	−10%
需考察的指标（*FIRR*）	25.69%	27.52%	25.25%	28.00%	28.62%	24.46%
变化率	−3.31%	+3.58%	−4.97%	+5.38%	+7.72%	−7.94%

根据以上计算结果，以内部收益率作为纵坐标，可以做成以下单因素敏感性分析图形。

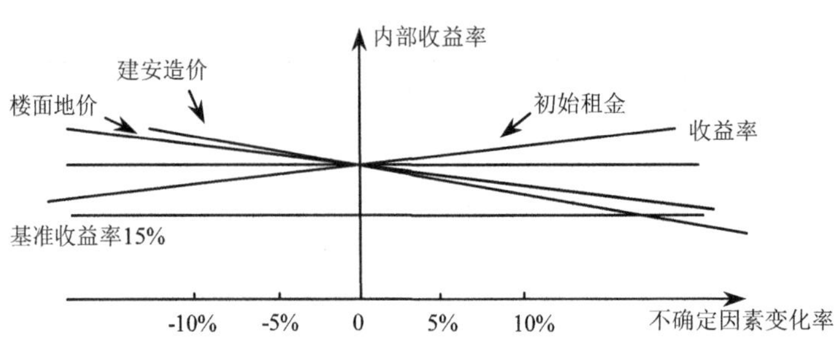

图 8-8 单因素敏感性分析图

在单因素敏感性分析的基础上，还可以以建安造价和初始租金两个因素的变动为例作两因素敏感性分析（略）。

第五步，找出较为敏感的变动因素，作进一步的分析。从单因素敏感性分析表与分析图可以得出以下结论：

（1）本项目投资的内部收益率对楼面地价、建安造价以及初始租金等几个变量的反应都很敏感，敏感程度排序大致为：初始租金＞建安造价＞楼面地价。因此，首先应该提高租金，然后还应采取各种措施进行投资控制以降低成本。

（2）租金、建安造价和楼面地价在–10%～10%的变化幅度内，项目投资的内部收益率都大于基准收益率 15%。也就是说，项目投资的抗风险能力还是很强的。

[例 8-7]只是一个简单化了的例子。在实际工作中，敏感性分析需要的数据很多，计算工作量很大。因为现金流量包括现金收入和支出，影响两者变化的因素很多，当这些变量中每一个变量发生变化时，都要算出投资方案的利润、投资利润率、净现值、内部收益率等一系列经济效益指标的相应变化幅度，计算量非常大，没有计算机的帮助以及分析者的高度耐心，敏感性分析很难圆满完成。

8.3.4 房地产投资敏感性分析的评价

敏感性分析方法是投资决策中进行方案优选、评审项目取舍不可缺少的决策手段。敏感性分析在一定程度上就各种不确定因素的变动对方案经济效益指标的影响作了定量描述，有助于决策者更为详细地了解方案的各方面风险情况，而不像盈亏平衡分析那样只着眼于经营风险的研究，从而可以更好地认识投资方案的风险性，帮助决策者进行正确决策。此外，敏感性分析还有助于确定在决策过程中及方案实施过程中需要重点研究和控制的因素。所以，敏感性分析不仅是经济决策中常用的而且是主要的不确定性分析方法。

但是敏感性分析方法也有其不足之处。首先，敏感性分析只是指出了项目经济效果评价指标对各种不确定因素的敏感程度，以及项目可行所能允许的不确定因素变化的极限值，却没有考虑各种不确定因素在未来发生各种变化的概率，因此不能够表明不确定因素的变化对经济效益评价指标发生某种影响的可能性，以及在这种可能性下对经济评价指标的影响程度。其次，敏感性分析把各个相互联系的因素割裂开来进行考察，在分析多个因素同时变化对项目产生的影响，或各个因素之间的相互制约和影响上显得无能为力。再次，敏感性分析所涉及到的因素变化范围实际上是按照分析人员的主观意志所确定的，没有给出这些因素发生变化的概率，因而在分析中具有一定的主观性和猜测性，缺乏科学性，作为决策依据也就存在风险。

小　结

不确定性分析是房地产投资项目分析评价的重要内容。在此之前的财务数据的估算和财务分析基本上都是确定性分析，是在假定预测的基础数据保持不变的情况下进行的分析。但事实上，这些数据因信息的不充分、人的判断力、市场供求以及经济环境的变化的影响而是可变的、不确定的，与实际数据总有差异，由此导致了对投资分析结果的影响，这种影响往往也代表了某种风险。所以进行房地产投资的不确定性分析，尤其是其主要的不确定因素，如土地价格及供给状况、容积率、投资成本、项目开发周期、租售价格、资本化率等因素的分析就显得非常必要。

房地产投资不确定性分析有盈亏平衡分析和敏感性分析两种方法。其中盈亏平衡分析又称保本点分析，它又可以分为线性盈亏平衡分析和非线性盈亏平衡分析，静态盈亏平衡分析和动态盈亏平衡分析几种类型。盈亏平衡分析的基点在于收入和成本的关系，以及利用这种关系进行的预期利润、销售量、租售单价、租售收入以及投资成本的计算与分析。盈亏平衡分析的优点是计算简单，而且有助于了解项目可承受的风险程度，合理确定项目的经济规模。但它的假设有些理想化，分析决策也过于简单。

敏感性分析主要是分析项目的财务指标对主要不确定因素的敏感程度，从而对投资项目对各种风险的承受能力做出判断的一种分析方法，它包括单变量敏感性分析和多变量敏感性分析法。“三项预测值”分析方法是多变量敏感性分析方法中的一种。该方法定量描述了不确定因素的变动对方案经济效益指标的影响，但却不能表明这些影响的可能性及影响程度，同时，该方法具有一定的主观性和猜测性，作为决策依据存在风险。

在实际不确定性分析中，要在综合考虑项目的类型、特点，决策者的要求以及相应的人力、财力等条件下，来确定选择盈亏平衡分析方法或敏感性分析方法。

思　考　题

1. 房地产投资项目不确定性及其原因是什么？
2. 房地产投资项目中的不确定因素主要有哪些？
3. 房地产投资不确定性分析的方法和意义是什么？
4. 什么是盈亏平衡分析？它有哪些类型？盈亏平衡分析一般假设是什么？
5. 盈亏平衡分析的优势和局限性表现在哪些方面？
6. 什么是敏感性分析？其目的和步骤是什么？
7. 敏感性分析有哪几种？这几种方法分别适用于什么样的项目？
8. 如何评价房地产投资的敏感性分析方法？

练　习　题

1. 接第2章练习题，假设你所在的城市有一住宅开发项目，请根据具体情况，在完成策划环境分析、市场分析、产品定位策划、成本与收入估算以及财务指标分析的前提下，对该销售型住宅开发投资进行不确定性分析。

2．某项目生产能力为 4 万件/年，产品售价为 2000 元/件，总成本费用为 8000 万元，其中固定成本为 2000 万元，成本与产量成线性关系。试求盈亏平衡时的产量、盈亏平衡时的价格以及盈亏平衡时单位产品变动成本。

3．某房地产开发公司开发一个住宅项目，预计售价为 8000 元/m^2，总建筑面 10000m^2，销售税率为 5%，单位变动成本为 3000 元/ m^2。设开发公司的固定成本为 300 万元。试计算该房地产开发公司的盈亏临界点。

4．某房地产开发公司开发一普通住宅项目，已知该项目的开发固定成本为 4000 万元，单位变动成本为 1200 元/m^2，商品房的销售价格为 8000 元/ m^2。由于市场竞争十分激烈，公司决定采取降价促销的措施，按销售量的 1%递减售价，并按销售量的 1%递增单位变动成本，则该房地产公司的开发规模在什么范围内可以实现盈利？如果盈利，则实现最大盈利的开发规模是多少？

5．某投资方案设计年生产能力为 10 万台，计划总投资 1200 万元，期初一次性投入。预计单位产品价格为 35 元，年经营成本为 140 万元。方案寿命期限为 10 年，到期时预计设备残值收入为 80 万元，基准折现率为 10%。试就投资额、单位产品价格、经营成本等影响因素对该投资方案进行单因素敏感性分析（考察净现值对各因素的敏感程度）。

第9章

房地产投资风险分析

学习目标

通过本章学习，了解风险与不确定性及其关系、房地产投资风险的表现形式、概率分析的评价以及房地产投资风险的识别；熟悉房地产投资风险的主要类型、投资风险的度量、概率分析的一般步骤、概率的确定方法以及房地产投资风险的防范与控制；掌握概率分析的期望值法和蒙特卡洛模拟法，并能利用这两种方法进行房地产投资风险的概率分析。

关键词

投资风险　期望值　标准差　协方差　变异系数　概率分析　期望值法　蒙特卡洛模拟法　风险补偿斜率

9.1 房地产投资风险及其度量

9.1.1 房地产投资风险及其表现

1. 风险、不确定性及其关系

风险存在于一切领域，人们从不同的角度，遵循不同的研究目的，对风险作了不同的定义。如从风险造成损害的角度，法国学者莱曼把风险定义为“损害发生的可能性”；从风险预测的目的出发，美国学者威廉姆斯和海因斯把风险定义为“是在一定条件下，一定时期内可能产生结果的变动”；从观察和研究风险，以期测度风险的角度出发，美国学者佩费尔把风险定义为“实可测度的客观概率的大小”。这些定义，从不同的角度描述了风险的概念。经济学认为：风险是指在特定的条件、特定时期内，某一事件实际结果偏离预期结果的程度。这种定义揭示了风险的以下特征：

（1）客观性。风险是独立于人类意识之外的，不以人的意志为转移的客观存在。人类只能掌握事物运动变化的规律，在有限的时间和空间范围内认识风险因素，并通过风险因素的预防和控制减少风险带来的损失，而不能完全排除风险。

（2）随机性。风险事项发生的原因是错综复杂的，唯有众多的因素共同作用才有可能导致风险的发生。因而，任何一项具体的风险事项，其发生的时间、地点以及具体的表现形式，通常都是随机的。

（3）相对性。承受主体的不同，时空条件不同，风险的含义也不尽相同。例如，汇率风险对国际投资者来说是风险，而对国内投资者来说则算不上风险。另外，随着时空条件的变迁，风险的形式和内容也会发生变化。

（4）可测控性。具有随机性的风险事项并不是不可知的。人们通常可以根据过去的统计资料，利用现代的科学方法分析和判断风险形成的原因、发展规律、影响因素和可能造成经济损失的程度。同时，人们在认识和测度风险的基础上，可以主动采取不同的手段有效控制风险，从而尽量减少风险带来的不利影响。

风险与不确定性不同。风险是指决策者面临的这样一种状态，即能够事先知道事件最终呈现的可能状态，并且可以根据经验、知识或历史数据比较准确地预知可能状态出现的可能性大小，即知道整个事件发生的概率分布。然而，在不确定性的状态下，决策者不能预知事件发生最终结果的可能状态以及相应的可能性大小及概率分布。1921 年，美国经济学家 F.H. 奈特在其著作《风险、不确定性和利润》一书中指出，风险就是“可测定的不确定性”。而不可测定性才是真正意义上的不确定性。这正好反映了风险与不确定性的区别。

当然，某一事件处于风险状态还是不确定性状态并不是完全由事件本身的性质决定的，有时很大程度上取决于决策者的认知能力和所拥有的信息量。随着决策者的认知能力的提高和所掌握的信息量的增加，不确定性决策也可能演化为风险决策。因此，风险与不确定性的区别是建立在投资者的主观认知能力和认知条件（主要是信息量的拥有状况）的基础上，具有明显的主观色彩。

2．投资风险与房地产投资风险

投资风险是经济学领域内需要研究的、存在于投资活动中的风险，是项目投资效果的实际值偏离其期望值的程度。投资风险除具备一般风险的共同特征外，还具有项目投资经济活动所具有的特殊性质，如影响因素的复杂性、风险与收益的共生性（风险程度越大，要求的投资收益率越高）等。

房地产投资风险是一种投资风险，它是指由于随机因素的影响所引起的房地产项目投资收益偏离预期收益的程度。或者说，房地产投资风险是由于投资房地产而造成损失的可能性大小，这种损失包括所投入资本的损失和预期收益未达到的损失。

房地产投资具有的最大优势是可以获得较高的利润，但是它与一切投资类型一样存在风险，特别是由于房地产投资价值量大、周期长，房地产位置的不可移动性以及市场竞争不充分等特点，致使房地产投资的风险程度更高。同时，在全寿命周期内房地产投资面临的风险更是多种多样，而且大量风险因素之间的关系错综复杂，各风险因素之间以及与外界因素交叉影响又使风险显示出多层次性。因此，风险因素的判别与分析、项目投资的风险测度与控制在房地产投资分析中就显得尤其重要。

3．房地产投资风险的表现形式

在房地产投资活动中，风险的具体表现形式有：

1）高价买进的房地产（如地产、房产），由于种种原因只能以较低的价格卖出。

2）卖出价虽然高于买入价，但是卖出价低于市场价或预期价格。

3）用于房地产投资的资金没有按期、足量收回，或不能收回。

4）迫于各种压力，在违背自己意愿的情况下低价抛售房地产。

9.1.2 房地产投资风险的主要类型

房地产投资风险按不同标准可分为不同类型。

按照房地产投资风险实质内容的不同，可把风险划分为以下类型：

（1）政策风险。政策风险是指由于国家或地方政府有关房地产投资的政策条件发生变化而带来的投资风险。房地产投资是一项政策性很强的业务，它受多种政策的影响和制约，例如，投资政策、金融政策、产业政策、房地产管理政策以及税费政策等。这些政策都会对房地产投资者收益目标的实现产生巨大影响，从而给房地产开发投资者带来投资的风险。

政府的政策对房地产业的影响是全局的，房地产政策的变化趋向直接关系到房地产投资者的成功与否。房地产业由于与社会经济发展紧密相关，因此，在很大程度上受到政府的控制，政府对租金、售价的限制，对外资的控制，对土地的控制，对环境保护的要求，尤其是对投资规模、投资方向以及金融的控制，以及新税务政策的制定，都对房地产投资者构成风险。在市场环境还不完善的情况下，政策风险对房地产市场的影响尤为重要。因此，房地产投资者都非常关注房地产政策的变化趋势，以便及时规避由此引发的风险。

（2）市场供求风险。任何市场的供给与需求都是动态的和不确定的，这种动态不确定性决定了市场中的经营者收入的不确定性，因为经营者的收入主要由市场的供给和需求决定，房地产市场的经营者所承担的风险比在一般市场情况下要大些。例如，当供给短缺或是需求不足时，都可能会让房地产市场的主体，即买方或卖方中的一方受到损失。这种由于供给和需求之间的不平衡而导致的房地产经营者的损失，就是供求风险。它是整个房地产市场中最重要、最直接的风险之一。

市场是不断变化的，房地产市场上的供给与需求也在不断变化，而供求关系的变化必然造成房地产价格的波动，具体表现为租金收入的变化和房地产价值的变化，这种变化会导致房地产投资的实际收益偏离预期收益。更为严重的情况是，当市场内结构性过剩（某地区某种房地产的供给大于需求）达到一定程度时，房地产投资者将面临房地产积压或空置的严峻局面，导致资金占压严重、还贷压力增加，极易导致房地产投资者投资的失败。

因此，只有对房地产供求关系作出客观、准确的判断，并进行科学的预测，把握房地产市场供求关系的客观规律，才有可能规避该风险。

（3）财务风险。财务风险指房地产项目融资、负债经营等财务管理方面带来的风险。房地产开发企业负债经营的目的是借助财务杠杆效应，减少平均负担的固定成本，从而增加额外收益。然而，如果过度举债、资金运用不当，不仅会增加融资成本，减少投资收益，还有可能因无法按期清偿债务，而失去抵押物或使企业面临破产危险。特别是当房地产市场疲软，销售不畅，利润下降，杠杆效应就会呈现负影响状态。尤其是当开发项目的利润率低于借款利息时，将使企业的税后盈利受到额外的损失。

（4）经营风险。经营风险是指房地产投资项目经营管理决策失误造成的风险，例如承包形式的决策、承包方的选择、营销渠道的选择、营销策略的制定、价格定位等经营决策上与管理决策上存在的风险。对房地产开发投资来讲，经营风险是一个十分重要的风险项目。通常，开发商都很重视该风险的预防，通过加强市场调研与分析来努力避免该风险的发生。

（5）购买力风险。该风险是指由于买方的购买能力下降而造成投资者收益率下降。这主要与通货膨胀有关。在通货膨胀率较高的情况下，消费者可能将消费从住房市场转移出去，从而影响房地产需求，给投资者造成损失。有些投资者通过采取浮动利率制度或缩短租期的方法来降低购买力风险，这种方法虽然能够起到一定作用，但同样会使购房者减少，最终影响投资收益。

（6）法律风险。法律风险是指投资者没有按照法律规定来进行投资活动而带来的损失。

房地产投资涉及施工、监理、金融、营销等众多方面，相应地也容易触碰与其相关的各种法律法规，从而影响到正常的投资活动以及投资收益的回收。因此，投资者在投资过程中，一方面要遵守各项法律规定，另一方面要懂得分散风险。

按房地产投资开发周期角度，可把投资风险大致划分为以下几种类型：

（1）投资开发前期的风险。房地产投资开发前期的风险是指投资计划实施前期的风险，例如选址风险、市场定位风险、融资风险、投资方案决策风险等。该风险主要是由市场研究与项目评估分析与预测的准确性带来的。当然，融资资金结构的变化也是该项风险的诱因。一般来说，当开发商的自有资金不足 30%时，投资房地产的风险就相当大了。这时，如果投资者的抗风险能力较弱，最好就不要进行投资了。但有些开发商可以通过银行贷款、发售债券、发售股票、预售房屋等多种手段进行筹资，这同样可以降低投资风险。

由于房地产投资的自身特点，这一阶段风险的危害特别大。一旦决策失误，往往会使项目遭受较大的收益损失，甚至导致项目开发的失败。

（2）开发建设期间的风险。开发建设期间的风险是指从房地产项目正式动工到交付使用这一阶段的风险。进入到项目的建设阶段后，会面临更多的问题，如施工方的施工质量、监理方的工作态度、各种建筑材料的价格上涨幅度、周边同类项目的建设状况、自然灾害等。如果处理不好这些问题，很可能带来不能按时完工风险、成本控制风险、工程质量风险等。

该项风险的主要原因涉及到承包商的项目控制与管理能力、通货膨胀以及不可预见事件的发生等。

（3）竣工验收风险。在竣工验收阶段，能否按时完成竣工验收和向购房者交房直接关系到项目开发是否真正成功。一旦不能按时交房，不但需要承担违约责任，同时还要面临其他由此引起的风险，如信誉风险、政策风险等。

（4）经营阶段的风险。房地产经营阶段的风险包括两部分内容：一是投资经营的风险，例如由于投资计划安排不当、融资计划考虑不周带来的资金周转风险；二是房地产市场营销风险，例如由于市场定位及定价和营销措施不力等带来销售期长短以及消费者支付能力与方式等的变化，致使营销业绩不佳等也对房地产投资带来一定风险。

（5）管理阶段风险。管理阶段风险是指房地产工程竣工、交付使用后的物业服务阶段的风险。例如与住户关系处理不当带来的纠纷，住户入住后的安全、卫生管理问题存在的风险等。

（6）运营阶段的风险。对于开发后出租或自营的房地产投资项目来说，项目进入到了正常的运营阶段，它的风险就相对要小一些。但是，投资者在这个阶段进行投资也不能毫无顾忌，还是要在对项目整体的经营状况、投资的成本以及投资的收益率等进行较为详细的调查之后，再作出最终的投资决策。在这一阶段，投资者主要追求的是经营利润，而主要风险就是其经营目标是否能够实现。因此，这一阶段适合于懂得经营之道又不愿承担过多风险的投资者。

按投资风险的可控性，可把房地产投资风险分为系统风险和个别风险两种类型。

（1）系统风险。系统风险是对市场内所有投资项目均产生影响，投资者无法控制的风险。系统风险又称为不可分散风险或市场风险，即个别风险中无法在投资组合内部被分散、抵消的那一部分风险。房地产投资首先面临的就是系统风险，投资者对这些风险不易判断和无法控制，如通货膨胀风险（又称购买力风险）、市场供求风险、周期风险、变现风险、利率风险，政策风险和或然损失风险等。这里只介绍前述分类中没有介绍的几种风险：周期风险、

变现风险、利率风险和或然损失风险。

1）周期风险。周期风险是指房地产市场的周期波动给投资者带来的风险。房地产市场周期波动可分为复苏与发展、繁荣、危机与衰退、萧条四个阶段。当房地产市场从繁荣阶段进入到危机与衰退阶段，进而进入到萧条阶段时，房地产市场将出现持续较长时间的房地产价格下降、交易量锐减、新开发建设规模收缩等情况，给房地产投资者造成损失。

2）变现风险。房地产投资资金变现风险主要是指在交易过程中可能因变现的条件和方式变化而导致房地产商品不能变成货币或延迟变成货币，从而给房地产经营者带来损失。由于房地产是低流动性资产，这就决定了投资在房地产上的资金流动性差、变现能力弱。也就是说，当房地产投资者在急需资金时，无法将其手中的房地产很快脱手，即使投资者能较快地完成房地产交易，也很难以合理的价格成交，从而大大影响其投资收益。所以，房地产不能流动及其变现上的困难，给房地产投资者带来了变现及收益上的风险。

3）利率风险。它是指由于利率的变动给投资者带来损失的可能性。利率变动对房地产投资者主要有两方面的影响：① 对房地产实际价值的影响。一般使用高利率折现，会降低投资者的净现值收益；② 对房地产债务资金成本的影响。贷款利率上升，会直接增加投资者的开发成本，加重其债务负担。

4）或然损失风险。它是指火灾、风灾或其他偶然发生的自然灾害引起的置业投资损失。尽管投资者可以将这些风险转移给保险公司，然而在有关保单中规定的保险公司的责任并不是包罗万象的，因此，有时还需就洪水、地震、核辐射等灾害单独投保。

（2）个别风险。个别风险是仅对市场内个别项目产生影响、投资者可以控制的风险。它主要包括财务风险、收益现金流风险、经营管理风险、时间风险以及持有期风险等类型。以下主要介绍几种前述分类中没有介绍的类型。

1）收益现金流风险。它是指房地产投资项目的实际收益现金流未达到预期目标要求的风险。不论是开发投资还是置业投资，都面临着收益现金流风险。对于房地产开发投资来说，未来房地产市场销售价格、开发建设成本和市场吸纳能力等的变化，都会对开发商的收益产生巨大的影响。对置业投资者来说，未来租金水平和房屋空置率的变化、物业损毁造成的损失、资本化率的变化等，也会对其收益产生影响。

2）时间风险。它是指房地产投资中与时间和时机选择因素相关的风险。房地产投资强调在适当的时间、选择合适的地点和物业类型进行投资，这样才能使其在获得最大投资收益的同时使风险降到最低的程度。时间风险不仅表现在选择合适的时机进入市场，还表现为物业持有时间的长短、物业持有过程中对物业进行重新装修或更新改造的时机的选择、物业转售时机的选择以及转售过程所需要的时间长短等。

3）持有期风险。持有期风险是指与房地产投资项目持有时间相关的风险。一般来说，投资项目的寿命周期越长，可能遇到的影响项目周期的不确定因素就越多。例如，对于置业投资者而言，持有 1 年和持有 5 年相比，持有 1 年的投资其相关成本、收益以及可能的不确定因素显然更容易预测，因而投资者的实际收益和预期收益相差不会太大。因此，置业投资的实际收益和预期收益之间的差异是随着持有期的延长而增加的。持有期越长，其投资持有期风险越大，其获得的收益可能越难以得到保证。

[阅读资料]　物业税征收增加房地产持有期风险

有一种观点认为，征收物业税之后，房价不会有显著的变化，因为消费者所需支付的现金流（开征前后）的折现现值是基本一致的，只是对消费者支付的现金流作了调整。现在的工薪阶层购房大多是采取按揭的形式，如果以 50～70 年支付的物业税替代了一次支付的土地出让金以及其他税费，消费者的首期支付可能会减少，因此购房门槛将大大降低，但这是以未来供房所需支付金额的上升为代价的，从而增加了在房地产持有期所需承担的风险。

9.1.3 房地产投资风险的度量方法

1. 投资风险概率的度量

（1）几个基本概念。

1）概率 $P(X)$ 及概率分布。在房地产投资过程中，某一个参数是变动的，但变动多少，什么时间变动，是无法事先把握的，这个参数就称为随机事件。概率就是用来表示随机事件发生可能性大小的数值。具体来说，出现某种随机事件的次数与各种可能出现的随机事件的次数之和的比值即为某一随机事件的概率。通常用 $P(X)$ 表示随机事件 X 可能出现的概率。

所有随机变量可能出现的概率取值的分布情况，或者所有可能结果以及它们相关概率的排列，称之为概率分布。在进行房地产开发项目评价时，一般只分析离散型随机变量的概率分布。离散型随机变量的概率分布是指随机变量个数是有限的，其分布不是连续的，这时可以确定的概率值表示其概率分布情况。

2）期望值 $E(X)$。随机变量的各个取值，以相应的概率为权数的加权平均数，称为随机变量的期望值，也称数学期望或均值，它反映随机变量取值的平均化。

一般地，可以将随机变量的期望值定义为：

$$E(X)=\sum X_iP(X_i)$$

式中 X_i——各种随机变量；

$P(X_i)$——X_i 出现的概率；

i——随机变量个数，$i=1, 2, 3, \ldots, n$。

随着随机变量取值的增多，相应的概率分布值也就越多，加权平均值就越接近于实际可能值。所以期望值并不是一个真实的准确值。

3）方差与标准方差。方差是各种可能结果同预期结果差的平方和的加权平均值，可以用代数式表示为：

$$\sigma_x^2=\sum_{i=1}^{n}(X_i-E(X))^2P(X_i)$$

由于计算方差用的观测值与分布均值的平方的关系是非线性的，因此，用方差的平方根，即标准方差能够消除这种影响。标准方差的计算公式为：

$$\sigma_x=\sqrt{\sum_{i=1}^{n}(X_i-E(X_i))^2P(X_i)}$$

标准方差也称标准差、均方差以及标准偏差，反映了随机变量与预期值的偏离程度。标准差越小，说明随机变量取值偏离其期望值的离散程度越小，项目风险就越小；反之越大。

4）变异系数。变异系数是标准差除以期望值而得到的商。有时也称为标准差系数或风险度。用如下公式表示：

$$v = \sigma_x / E(X_i)$$

式中　v——变异系数。

当几个不同的投资项目的期望值水平不同时，就需要计算出变异系数来分析每个投资项目之间的风险程度。利用变异系数排除了不同规模的投资项目由于期望值大小不同而产生的不同大小风险的影响。变异系数越大（小），风险程度就越大（小）。

（2）投资风险概率的度量方法。投资风险的发生是一种随机事件，人们无法确切地获知风险发生的时间、地点，因此只能依据统计结果的分布状态来衡量其发生可能性的大小。投资风险概率用来描述投资风险发生可能性的高低，一般是用随机事件的概率分布评价指标，即标准差来描述。当描述风险参数的统计量呈正态分布时，可用标准差（σ_x）及其变异系数（v）来衡量其分布的离散程度，进而描述其发生风险可能性的大小。

期望值描述的是统计数列的集中（平均值）状态，标准方差则反映了统计数列偏离期望值的状态，即离散趋势。σ_x 的值越大（小），说明未来的投资收益值偏离期望值的可能性越大（小），投资风险也就越大（小）。

2．投资风险程度的度量

投资风险程度是描述风险造成损失的大小，又称为投资损失强度。在最大风险的情况下，投资者可能损失全部投资，也可能损失部分投资。投资风险损失强度是指在某一投资市场上，由于风险的存在使投资者可能遭受的最大损失在直接投资总额中所占的比重。其计算公式为：

$$\text{投资风险损失强度} = \frac{\text{投资支出} - \text{投资收入}}{\text{投资支出}} \times 100\%$$

其中，投资支出是指项目投资总额，投资收入是指扣除因风险可能遭受的最大损失后的净收益。

投资风险强度的三种取值，分别相当于盈亏平衡分析的盈（投资风险强度<100%）、亏（投资风险强度>100%）以及平衡（投资风险强度=0）。

[例 9-1] 某房地产开发公司开发某项目前，根据市场调研及有关专家意见，统计出项目建筑成本上涨情况的概率，见表 9-1。试计算其期望值、标准差并解释其含义。

表 9-1　建筑成本变动及其概率分布

建筑成本每年可能上涨率（X）	发生的概率（P）	概率累计值
+5%	0.1	0.1
+6%	0.25	0.35
+7.5%	0.40	0.75
+8.5%	0.20	0.95
+10%	0.05	1

解：（1）求其期望值 $E(X)$。利用期望值的公式，并代入数据得到：

$E(X) = \Sigma X_i P(X_i) = 5\%\times0.1+6\%\times0.25+7.5\%\times0.40+8.5\%\times0.20+10\%\times0.05=7.2\%$

（2）求其标准差。利用标准差公式，并代入数据得到：

$$\sigma_x = \sqrt{\sum_{i=1}^{n}(X_i - E(X_i))^2 P(X_i)}$$

$$= \sqrt{(5\% - 7.2\%)^2 \times 0.1 + (6\% - 7.2\%)^2 \times 0.25 + (7.5\% - 7.2\%)^2 \times 0.4 + (8.5\% - 7.2\%)^2 \times 0.2 + (10\% - 7.2\%)^2 \times 0.05} = 1.27\%$$

建筑成本上涨的数学期望为 7.2%，表示建筑成本的上涨率最有可能是 7.2%；建筑成本上涨的数学期望的标准差为 1.27%，表示建筑成本上涨为 7.2%的误差为 1.27%。

9.2 房地产投资风险的概率分析

9.2.1 房地产投资风险概率分析的作用及步骤

1．房地产投资风险概率分析的含义与作用

概率分析是风险评价的主要手段，其方法就是根据不确定因素在一定范围内的随机变动情况，分析确定这种变动的概率分布和它们的期望值以及标准差，从而对方案的风险情况作出比较准确的判断，进而为投资者决策提供可靠依据。概率分析法的计算过程是：由现金流量表中有关基础数据的各可能值及其概率，求出各年净现金流量的各可能值及其概率，再进一步求出净现值小于零的概率。通过这个概率分析项目投资可行性的大小。

概率分析的特点在于进行方案比较和评价时，不仅仅对方案的期望值和标准差进行计算和分析，而且也计算和分析方案失败的风险程度。利用这种分析，可以弄清各种变量出现某种变化对方案经济效果影响的大小，或建设项目获得收益的把握程度。

应用概率分析，可以弥补盈亏平衡分析和敏感性分析在项目分析中的局限性和不足。概率分析和敏感性分析虽然都是分析项目承担风险的大小，而且敏感性分析也能表明各种不确定因素对项目经济效益的影响，以及维持项目可行所能允许的不确定因素发生的不利变化幅度，但它不能说明项目维持可行或转化为不可行的可能性大小及概率有多大。实际上，对于不同的项目，各个不确定因素变化的概率是不同的，因此对项目产生的影响也不同。在房地产投资敏感性分析中，由于不确定因素变化的概率是未知的，因而它们的变化对项目经济评价指标的影响的概率也是未知的，所以敏感性分析只能定性地而不能定量地测定这种变化因素发生的可能性及其大小。

2．房地产投资风险概率分析的一般步骤

在进行项目评价过程中，概率分析一般仅对项目的财务净现值的期望值和出现财务净现值大于等于零时的累计概率进行计算。前者是以概率为权数计算出来的各种不同情况下的财务净现值的加权平均值；后者则反映了在各种可能情况下财务净现值出现大于和等于零时的累计概率。分析一般步骤如下：

（1）列出需要进行概率分析的不确定因素。通常有租售收入、土地费用、工程费用、容积率等因素。针对项目的不同情况，通过敏感性分析选择最为敏感的因素作为概率分析的风险因素。

（2）选择概率分析使用的经济评价指标。通常将内部收益率、净现值作为评价指标。

（3）预计各种不确定因素可能发生的情况，即其可能出现的各种数据值或变动幅度。单因素概率分析，设定一个因素变化，其他因素均不变化；多因素概率分析，设定多个因素同时变化。在假定的基础上，估计可能的风险因素变化的取值范围及其概率分布。

（4）分别求出各种可能情况下的财务的净现值、加权平均值和期望值。

（5）计算净现值大于和等于零的累计概率。

3．概率的确定方法

在房地产开发项目投资分析中，确定各变量发生变化的概率是应用概率分析法的第一步，也是十分关键的一步。由于概率的确定通常是经过某种统计手段或预测估计的方法而计算出来，故带有一定的主观性。所以在这一过程中，要充分利用市场调查数据资料，同时也要利用专业人员的丰富经验和专家意见，加上投资分析者的科学判断，使各个概率值尽可能符合实际，接近精确。

具体而言，概率的确定方法主要有：

（1）专家会议法。专家会议法又称头脑风暴法。该方法应用于概率的确定时，主要是根据确定房地产投资各个不确定因素发生概率的目的与要求，邀请房地产投资专家和其他相关专家，通过会议的形式对拟定的房地产投资不确定因素展开讨论分析，最后综合意见，作出判断，得出房地产投资各个不确定因素发生的概率。

（2）德尔菲法。德尔菲法是美国著名咨询机构兰德公司于20世纪50年代初发明的。房地产投资概率确定中应用德尔菲法的主要步骤是：首先，预测准备。该阶段的主要工作是成立评估领导小组，拟定评估提纲和征询表，确定专家人数和选定专家。其次，进行概率评估。该阶段分四轮，第一轮由专家初步判断，第二轮由专家根据补充资料修改，第三轮请少数不同意见的专家陈述理由，第四轮由专家再次判断。最后，对专家的评估结果进行加工整理和最后判断确定。使用德尔菲法时，需要考虑专家意见的相对重要性，通常可用积极性系数与专家权威程度来表示。

（3）外推法。外推法是合成估计的一种方法，分为前推、后推和旁推三种情形。前推法是根据历史经验和数据推断出未来事件发生的概率的后果，这是经常使用的方法。有些时候，还需要根据逻辑上或实践上的可能性，来推断过去发生的类似事件是否可能在本项目中发生以及可能性的大小。在没有直接的历史经验数据可供使用的条件下，可采用后推法，即把未来的想象事件及后果与某个已知事件及其后果联系起来。在时间序列上也就是向前推算。旁推法是利用不同但情况类似的其他项目的数据，对本项目的情况进行外推，例如可以收集类似项目的情况来估计本项目各种不确定因素发生的概率及其程度。

9.2.2 房地产投资风险概率分析的主要方法

投资风险概率分析主要有期望值法和蒙特卡罗模拟法两种分析方法。

1．概率分析的期望值法

概率分析的期望值法，就是求出项目投资净现值大于等于零的累计概率，并以此分析项目投资是否可行以及承担风险性大小的一种方法。

采用期望值法进行概率分析，一般需要遵循以下步骤：

（1）选用净现值作为分析对象，并分析选定与之有关的主要不确定因素。

（2）按照穷举互斥原则，确定各不确定因素可能发生的状态或变化范围。

（3）分别计算各不确定因素每种情况下发生的概率。各不确定因素在每种情况下的概率，必须小于等于 1、大于等于零，且所有可能发生情况的概率之和必须等于 1。

（4）分别计算各可能发生情况下的净现值。包括各年净现值期望值和整个项目寿命周期净现值的期望值。各年净现值期望值的计算公式为：

$$E(FNPV_t)=\sum_{r=1}^{m}X_{rt}P_{rt}$$

式中 $E(FNPV_t)$——第 t 年净现值的期望值；

X_{rt}——第 t 年第 r 种情况下的净现值；

P_{rt}——第 t 年第 r 种情况发生的概率；

m——发生的状态或变化范围数。

整个项目寿命周期净现值的期望值的计算公式为：

$$E(FNPV)=\sum_{t=0}^{n}E(FNPV_t)(1+i)^{-t}$$

式中 $E(FNPV)$——整个寿命周期净现值的期望值；

i——折现率；

n——项目寿命周期。

项目净现值的期望值大于零，则项目投资可行；否则，项目投资就不可行。

（5）计算各年净现值标准差、整个项目寿命周期净现值的标准差或标准差系数。各年净现值标准差的计算公式为：

$$\sigma_t=\sqrt{\sum_{r=1}^{m}(X_{rt}-E(FNPV_t))^2P_{rt}}$$

式中 σ_t——第 t 年净现值的标准差。

整个项目寿命周期的净现值的标准差计算公式为：

$$\sigma=\sqrt{\sum_{t=0}^{n}\sigma_t^{2}(1+i)^{-2t}}$$

式中 σ——整个项目寿命周期的净现值的标准差。

净现值标准差一定程度上能够说明项目风险的大小。但由于净现值标准差的大小受净现值的期望值影响很大，两者基本上成同向变动。因此，单纯以净现值标准差大小衡量项目风险性高低，有时会得出不正确的结论。为此需要消除净现值的期望值大小的影响，计算整个项目寿命周期的标准差系数，计算公式为：

$$v=\frac{\sigma}{E(FNPV)}\times100\%$$

式中 v——标准差系数。

一般地，v 越小，项目的相对风险就越小；反之，项目的相对风险就越大。依据净现值的期望值、净现值标准差和标准差系数，可以选择投资方案。判断投资方案优劣的标准是：期望值相同、标准差小的方案为优；标准差相同、期望值大的方案为优；标准差系数小的方案为优。

（6）计算净现值大于或等于零时的累计概率。累计概率值越大，项目投资风险就越小。

（7）对以上分析结果作综合评价，说明投资项目是否可行及承担风险大小。

[例 9-2] 某投资者以 25 万元购买了一个商铺单位 2 年的经营权，第一年净现金流量可能为：22 万元、18 万元和 14 万元，概率分别为 0.2，0.6，02；第二年净现金流量可能为 28 万元、22 万元和 16 万元，概率分别为 0.15，0.7 和 0.15，若折现率为 10%，问购买该商铺的投资是否可行。

解： 本题可用 Excel 表格来自动计算，并进行分析，见表 9-2。

开始　插入　页面布局　公式　数据　审阅　视图　Acro

F19

表 9-2　投资项目可行性分析表　（单位：万元）

购买投资	净现金流量的值						净现金流量的概率					
	第1年			第2年			第1年			第2年		
25	22	18	14	28	22	16	0.2	0.6	0.2	0.15	0.7	0.15

$E(FNPV_t)$	18	22	因为项目累计净现值期望值大于零，且变异系数较小，所以本项目投资可行，而且项目投资风险较低，适合投资。
$E(FNPV)$	-8.64	9.55	
δ_t	2.53	3.29	
δ	3.84		
v	40.25%		

[例 9-3] 某项目的有关经济数据见表 9-3。其中建设期为 3 年，每年投资的可能值为 3500 万元、3300 万元、3000 万元。经营期为 10 年，每年的成本值为 1100 万元、1000 万元、900 万元，每年的经营收入可能值为 3300 万元、3000 万元、2700 万元。假设折现率为 10%，净转售收入为 2000 万元。试用期望值法对该投资项目进行风险的概率分析。

表 9-3 项目投资经营有关经济数据

不确定因素	取值/万元	概率	年份
年投资额	3500	0.15	1~3 年
	3300	0.7	
	3000	0.15	
年成本额	1100	0.3	4~13 年
	1000	0.4	
	900	0.3	
年经营收入	3300	0.3	4~13 年
	3000	0.5	
	2700	0.2	

解：（1）列出现金流量、概率序列。具体如图 9-1 所示。

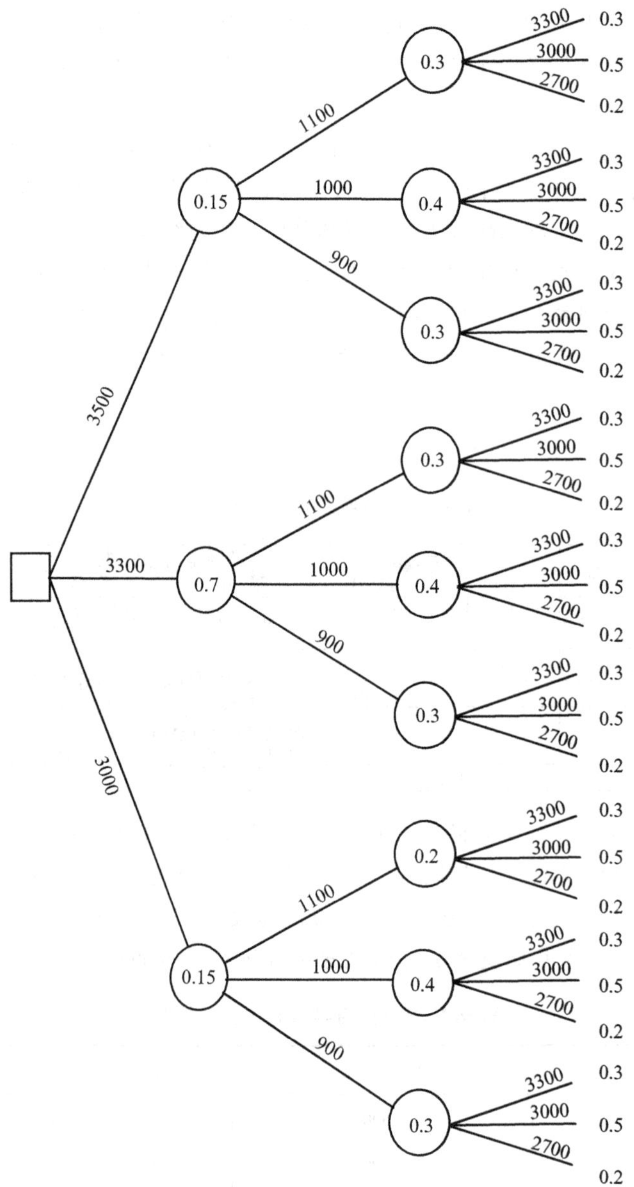

图 9-1　项目现金流量及其概率分布

（2）用资金时间价值和概率论有关计算公式求出现金流量序列的现值、净现值及其相应的概率。具体如图 9-2 所示。

图 9-2 中净现值的概率用概率乘法公式计算，等于现值序列各概率值相乘。加权净现值等于净现值和其概率的乘积。

（3）求净现值的期望值。它等于各加权净现值之和。本例计算结果为 1202 万元。

（4）把净现值从小到大按顺序排列成表，并求出各净现值累计概率（表 9-4），还可作出净现值累计概率图（略）。

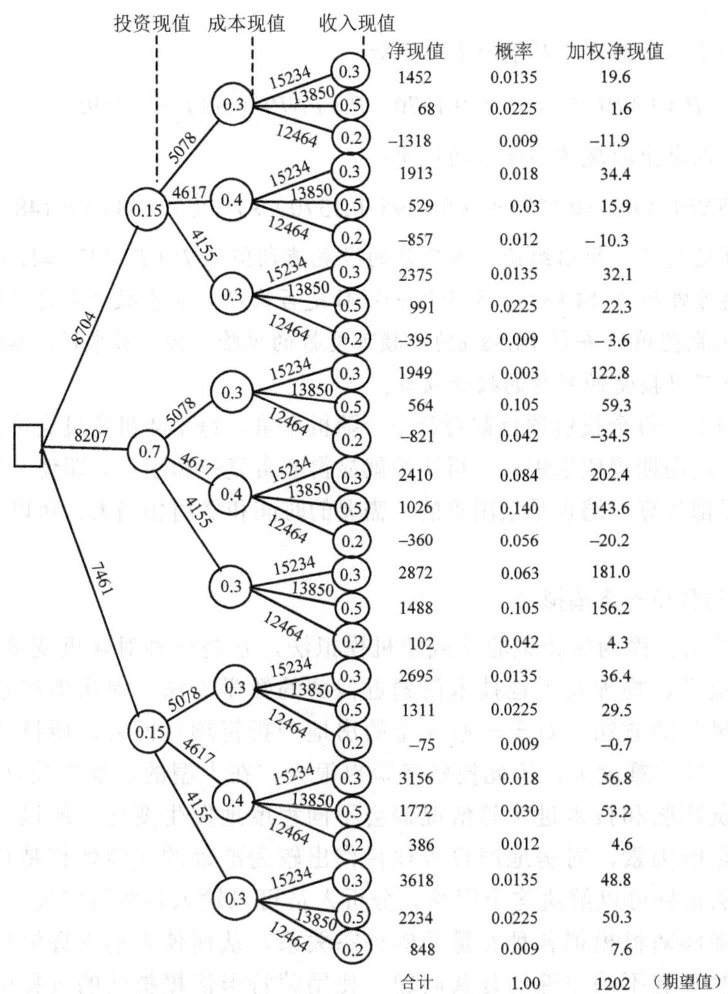

图 9-2 项目投资经营的现值、净现值及其相应的概率

表 9-4　项目投资的净现值及其累计概率

净现值/万元	概　　率	累 计 概 率	净现值/万元	概　　率	累 计 概 率
−1318	0.009	0.0090	1311	0.0225	0.5425
−857	0.012	0.0210	1452	0.0135	0.5560
−821	0.042	0.0630	1488	0.1050	0.6610
−395	0.009	0.0720	1772	0.0300	0.6910
−360	0.056	0.1280	1913	0.0180	0.7090
−75	0.009	0.1370	1949	0.0030	0.7720
68	0.0225	0.1595	2234	0.0225	0.7945
102	0.042	0.2015	2375	0.0135	0.8080
386	0.012	0.2135	2410	0.0840	0.8920
529	0.030	0.2435	2695	0.0135	0.9055
565	0.105	0.3485	2872	0.0630	0.9685
848	0.009	0.3575	3156	0.0180	0.9865
991	0.0225	0.3800	3618	0.0135	1.000
1026	0.140	0.5200			

5）求净现值小于零的概率。从表 9-4 中可知：

$$P（FNPV<-75）=0.1370，P（FNPV<68）=0.1595$$

使用插值法可以求出净现值小于零的概率：

$$P（FNPV<0）=0.1370+（0.1595-0.1370）\times 75/（75+68）=0.1488$$

根据以上计算结果可以得出结论：本项目的净现值期望值 $E（FNPV）$=1202 万元，但存在净现值小于零的可能性为 14.88%。至于这一项目是否采纳，需看投资者是否愿意为了取得 1202 万元的净现值期望值而去冒 14.88%的亏损可能性的风险。但一般来说，本项目投资的风险并不大，是一个可以接受的可行的投资项目。

实际投资活动中，每个投资项目都有若干个随机变量，每个随机变量又可能有若干个取值，这种情况下，运用期望值法进行分析决策就显得非常复杂和困难。即使运用计算机，要将所有可能的情况都计算一遍也是很困难的，需要的时间和费用相当大。所以，就需要采用蒙特卡洛模拟法。

2．概率分析的蒙特卡洛模拟法

蒙特卡洛模拟法又称为统计试验法或随机模拟法，它是一种对随机变量作统计试验、随机模拟，求解数学、物理及工程技术问题近似解的数学方法。对房地产投资来说，它是一种估算经济风险的方法。对于一些大型的房地产投资项目而言，所持续的周期长，投入的资金量大，技术难度大，因此投资风险也很大。在大型的房地产项目建设周期内，市场、利率、通货膨胀和技术进步等情况都会不同程度地发生变化。所以，在这种情况下，要综合各项影响因素，对房地产投资项目作出较为准确的风险估算是相当困难的。而蒙特卡洛模拟法正好可以解决这个困难。分析人员可以输入各种可能发生情况的数据，蒙特卡洛模型就能够随机模拟各种变量间的动态关系，从而使人们掌握输出量的概率分布，最终解决某些具有不确定性的复杂问题。使用蒙特卡洛模拟法的过程中需要反复取值，随着取值次数的增多，其预计精度也逐渐增高。由于需要大量反复的计算，一般均用计算机来完成。

蒙特卡洛模拟法的步骤大致是：

1）分析每一可变因素的可能变化及其概率分布，这可以用一个简单的概率表来完成。

2）通过模拟试验随机选取各随机变量的值，并使选择的随机值符合各自的概率分布，为此可使用随机数或直接用计算机求出随机数。

3）反复重复以上步骤，进行多次模拟试验，即可求出开发项目各项经济效益指标的概率分布或其他特征值。

[例 9-4] 某开发商拟在其以 20 万美元购得的一块土地上开发一栋写字楼，规划建筑面积是 2000m^2，建造成本是 200 美元／m^2，项目的准备期为 3 个月、建造期为 12 个月，第 4～15 个月投入的建造成本分别占总建造成本的 3.8%、4.7%、5.8%、6.9%、8.6%、10.3%、12.7%、13.5%、11.9%、8.5%、6.8%和 6.5%。预计项目投入使用后年租金收入为 6 万美元，贷款利率为 15%。试用蒙特卡洛模拟法进行风险分析。

解： 首先，需要确定每一个可变因素的变化范围以及概率分布状况。

表 9-5 不确定因素及其变动情况

可变因素	变化范围	相应概率	随机数
租金（年增长率）	0%	15%	1～15
	+3%	20%	16～35
	+5%	40%	36～75
	+7%	20%	76～95
	+10%	5%	96～100
资本化率	6.5%	5%	1～5
	6.75%	15%	6～10
	7%	50%	21～70
	7.25%	20%	71～90
	7.5%	10%	91～100
建造成本（年上涨率）	+5%	10%	1～10
	+6%	25%	11～35
	+7.5%	40%	36～75
	+8.5%	20%	76～95
	+10%	5%	96～100
贷款利率	12%	5%	1～5
	13%	25%	6～25
	14%	40%	26～65
	15%	20%	66～90
	16%	5%	91～100
建造期	15个月	20%	1～20
	18个月	50%	21～70
	21个月	20%	71～90
	24个月	10%	91～100
场地准备期	3个月	20%	1～20
	6个月	60%	21～80
	9个月	20%	81～100
租售期	0个月	20%	1～20
	3个月	20%	21～40
	6个月	40%	41～80
	9个月	15%	81～95
	12个月	5%	96～100

在分析完每一因素的概率分布以后，就要根据模型中各个随机变量的分布，在计算机上产生随机数。比如，使用计算机求出租金年增长率的随机数是22，则根据表9-5可知，该随机数介于16～35之间，对应的年租金增长率为+3%。依次对其他的因素产生的随机数分别是

53、14、64、42、77、68，则相应各因素的值见表 9-6。

表 9-6 模拟试验随机选取的变量值

租金（年增长率）	资本化率	建造成本（年上涨率）	贷款利率	建造期	场地准备期	租售期
+3%	7%	+6%	14%	18 个月	6 个月	6 个月

表 9-6 是模拟一次产生的结果。

利用抽样法得到数据，多次重复，进行多次模拟试验，即可得出开发项目各项效益指标的概率分布。根据表 9-5 的概率假设，对本例模拟 1000 次的结果见表 9-7。

表 9-7 1000 次模拟试验下的分析结果

（1）总开发价值/万美元	（2）总开发成本/万美元	（3）开发商利润/万美元	（3）/（1）×100%	（3）/（2）×100%	利润变化（%）
92	84	6	6.5	7.1	−49
104	80	24	23.1	30.0	+103
		均值		标准方差σ	
总开发价值		98 万美元		6.1 万美元	
总开发成本		81 万美元		2.4 万美元	
开发商利润		17 万美元		6.5 万美元	
开发商利润占总开发价值的百分率：17%					
开发商利润占总开发成本的百分率：21%					

假设开发利润服从正态分布，则开发利润有 95%的可能落在 4～30 万美元之间。

这种风险分析的结果是否被开发商接受，取决于开发商对待风险的态度和其接受风险的标准。蒙特卡洛模拟法为开发商提供了更加充分、精确的数据进行风险分析。

当对于一个项目的风险可以凭借主观加以判断，但又难以定量的计算出来时，就可以应用蒙特卡洛模拟法进行分析。这种分析方法是比较具有洞察力的。但是由于应用这种方法进行估算时需要准确估计每个因素的变化范围以及其变化概率，而实际操作中的许多信息又是不充分的，这就给分析过程带来了比较大的麻烦。虽然如此，蒙特卡洛模拟法在近几十年的房地产投资分析及评估中也被国内外学者广泛应用，相当多的房地产投资项目都使用此法进行风险评估。

9.2.3 房地产投资风险概率分析的评价

概率分析是一种运用概率理论研究不确定因素的变动对项目经济效果指标影响的一种定量分析方法。通过敏感性分析可以判断不确定因素的敏感性，但这是在认为所有因素具有同等出现概率的前提下做出的，不能完全反映不确定因素的风险性，通过概率分析则可以了解项目的风险性大小。某个不确定因素如果是敏感性因素，但若发生的概率非常小，则实际给项目带来的风险就非常小了，甚至可以忽略不计。

在实际工作中，需要根据项目的具体特点和决策工作的要求，确定对项目进行不确定性

分析的内容、方法和深度。一般的做法是由浅入深、由易到难，先进行盈亏平衡分析，再进行敏感性分析，最后还要借助概率分析来尽量减少投资分析的偏差，为投资决策提供尽可能准确的依据。

9.3 房地产投资风险的防范与控制

房地产投资过程中的风险是一个普遍存在的问题，理性的房地产投资开发商并不否认和害怕投资风险，但也不任由投资风险发生、发展，而是在认识投资风险的基础上，及时发现或预测风险，并采取有效的措施，化解、减轻和控制多种风险，实现最可能地减少投资者预期收益损失和保护投资者资金安全的目的。

9.3.1 房地产投资风险的识别

对一个房地产投资项目进行风险分析的过程，可以分为三个阶段，即风险识别、风险估计和风险评价。其中，风险估计，即估计风险发生的概率大小、风险概率分布情况；风险评价，即根据风险程度选出最佳投资方案、校验各风险因素对评价指标的影响以及对风险对策的建议。风险估计和风险评价在9.2节和本节后面的防范和控制中详细介绍。这里仅介绍风险的识别。

房地产投资的风险识别，就是从系统的观点出发，横观项目投资所涉及的各个方面，纵观项目建设的发展过程，将引起风险的复杂因素分解成较简单的、容易识别的基本单元，在众多影响因素中抓主要因素，并且分析它们对房地产投资经济效果影响的严重程度。

房地产投资风险识别的方法主要有：

（1）直观分析法。直观分析法就是直接对房地产投资经营风险进行分析。例如，为考察财务风险，可以直接分析财务项目、购销合同、租赁合同、融资状况等，从而发现潜在财务风险。又如，为了从整体上把握房地产经营风险，可以制定一份风险清单，并一一找出导致风险的原因所在。

（2）故障树法。故障树法是利用图解的方式将大的故障分解为各种小的故障，或者对各种引起故障的原因进行分解。由于分解后的图形呈树枝状，故称其为故障树。其基本做法是将房地产投资经营风险中的主要风险细分为许多细小风险，或者将导致风险的原因层层分解，从而准确地找出主要原因。

（3）集思广益法。这种方法运用于房地产投资风险识别上，可分为以下几个步骤：首先是提出问题，如进行某项房地产投资会遇到哪些风险？其风险的大小程度及顺序怎样？其次是针对所提出的问题分组讨论或以书面形式汇报。最后是召开相关会议，将分析的结果向会议人员作出说明，在决策会议上通过讨论得出结论性意见。

（4）德尔菲法。其基本思想是：调查过程中发表意见的专家相互匿名，克服发表意见时的心理障碍；对各种情况进行统计处理，计算出各种数据的平均值和标准差，将各种意见尽量客观地、准确地反馈给专家们，对反馈的意见进行反复测验，使各种意见相互启迪，博采众长，找出正确的方法。

（5）指标诊断法。指标诊断法是指根据企业风险症状或者后果与可能的起因关系进行评价和判断，找出可疑的原因，并仔细检查。诊断的内容包括如下几个方面：一般状况诊断，主要是对房地产企业的概貌、员工的技能和工作状况以及组织机构效能等方面进行诊断。收益性诊断，即诊断企业能否以收抵支、收益水平高低以及获利能力大小等，常用的指标有：资金利润率、流动资金利润率和销售利润率等。生产性诊断，诊断企业生产能力、生产水平和生产能力效果，常用的指标有：人均销售收入、人均利润、固定资产投资率等。成长性诊断，指对企业发展速度与发展趋势的描述，包括销售收入增长率、固定资产增长率、总利润增长率和净产值增长率等。流动性诊断，即对企业资金流动和周转情况的分析研究，由此看出资金利用效率，常用的指标有：总资产周转率、流动资金周转率等。

9.3.2 房地产投资风险的防范

房地产投资风险的防范是指在损失发生前，采取各种预控手段，力求免除或减小风险。常见的投资风险防范策略与方法主要有：

1．风险预控

房地产投资风险预控最积极的办法是作好房地产市场调查研究。房地产投资开发的前提最终落脚在市场上，市场风险是房地产投资最直接的风险，能否降低市场风险，关键要看是否真正把市场的情况调查研究清楚。在正确的市场研究结论的前提下，房地产开发才能按计划进行。不正确的市场研究结论必然导致房地产开发的风险增加。

房地产市场调查研究是各种供求数据、收益和支出数据、资金成本数据等的直接或间接来源，也是房地产开发决策的重要依据。所以，必须高度重视房地产市场调研，并切实加强房地产市场调查研究的力量，只有这样，才能减少房地产投资开发的风险。

2．风险回避

风险回避，即选择风险较小的投资项目或者放弃那些风险较大的投资项目。风险回避是一种相对彻底的防范房地产投资风险的方法，也是一种消极的风险防范策略，它在有效地防止投资风险发生的同时，也放弃了获取更高利润的可能。正因为这样，风险回避并不是投资者的首选避险策略。只有在风险程度特别高，或者风险程度虽不太高，但获利也不太理想的情况下，才使用该策略。

3．风险转移

风险转移是指房地产投资开发商通过一定的技术措施将其风险有意识地转嫁给与其有相互经济利益关系的另一方承担的风险防范策略。按照技术措施的不同，风险转移策略又可以划分为以下两种类型：

（1）非保险型风险转移。非保险型风险转移是指房地产投资开发商通过某种方式，将风险损失转由另一方承担和赔偿的风险防范策略。

根据具体的转移方式，该策略又分为两种类型：一是合同、契约形式的风险转移，即通过合同、契约的形式，将房地产投资项目的某些活动连同其风险损失的财务负担转移给非保险业的其他主体，以达到降低风险发生频率和减小风险损失程度的目的。例如，在施工建设阶段，开发商可通过工程项目总承包合同的签订，将项目该阶段面临的建材、设备市场价格波动等风险转移给项目的施工方。二是财务形式的风险转移，即通过发行股票、寻找投资合作伙伴等寻求外部资金支持的形式，将部分投资的财务责任、风险损失转移给他人。该形式在转移风险的同时，也把大量的投资收益转移给了他人。从广义上讲，财务形式的风险转移

也是一种合同、契约形式的风险转移，因为发行股票和购买股票本身就建立了合同，而寻找投资合作伙伴更需要合同。

(2) 保险型风险转移。通过参加保险，以小额的保费为代价，将项目实施过程中可能遭受到的自然灾害、意外事故等风险损失转移给保险公司，由保险公司对被保险的经济损失提供保障。虽然房地产投资者必须缴付一定的保费，但由于这笔保费支出是定期而均匀的，因而它对房地产投资经营者的影响并不大，所以意外风险比较适合采用此策略。

不过，不是所有的风险都可通过保险来转移，因为保险公司经营的范围只包括纯粹保险。所以，房地产投资风险只能部分性的转移。

4. 风险组合

风险组合即通过多项目投资来分散风险，是将许多类似的但不会同时发生的风险集中起来考虑，从而能较为准确地预测未来风险损失发生的情况，并使这一组合中发生风险的损失部分，能得到其他未发生风险损失且取得风险收益的投资项目的补偿。

风险组合是投资组合的另一种说法。投资组合理论的主要论点是：对于相同的宏观经济环境变化，不同投资项目收益会有不同。在这种情况下，把适当的投资项目组合起来，便可以达到一个最终和最理想的长远投资策略。换句话说，投资组合可以在预期收益率下使风险最低，或者使风险得到合理的分散，实现投资收益的最大化。

风险组合有不同类型项目组合、不同区域项目组合和不同时间项目组合三种形式。

(1) 不同类型项目组合。投资不同的房地产项目，将风险分散化，房地产投资者可能遭受的整体风险损失就会大大降低，从而可以获得可观的风险收益。例如，同时投资写字楼和住宅项目的开发，如果写字楼遭到风险损失，而住宅未受到风险损失，并获得较高的收益，则投入住宅部分的投资收益就能补偿投资写字楼部分的投资损失。当然，各投资项目之间的相关性不能太强，因为相关性太强就会起不到降低投资风险的作用。

(2) 不同区域项目组合。房地产商品的位置固定性决定了房地产市场是一个区域性的市场。由于各个地区的经济景气程度、经济政策、投资政策、产业政策、市场环境以及资金供求情况等各不相同，因此也带来了在不同地区投资的风险的大小不同。所以，进行不同区域投资项目组合，就可以有效地整合和降低房地产开发投资商的整体投资风险。

(3) 不同时间项目组合。在房地产市场情况变化较大的情况下，确定一个合理的投资间隔，分别进行投资，可以避免市场的供求风险。例如，在住宅市场不明朗的情况下，不能同时进行大盘开发，而应分期开发，视市场供求特征的变化，随时调整投资开发的策略，就能有效地避免投资风险。

事实上，大型房地产投资开发商进行房地产投资时，都非常注重研究其项目类型、地区分布以及时间分布的合理性，以期既不冒太大的风险，又不失去获取较高收益的机会。

5. 平衡交易

房地产开发投资中一个较普遍的平衡交易方式是购买期权。考虑一个开发项目时，房地产投资开发商可以在一定期限内以一定价格购买可供选择的位置的期权，以给自己赢得制定投资规划、获取必须的许可证书、筹集足够的开发资金、研究工程地质和建筑工程等所需的时间。因为购买期权节约了时间，减少了开发过程中的一些不确定性，因此也就降低了房地产投资开发的风险。

在发达的市场经济国家中，临时的或备用的融资协定也是房地产投资开发商通常使用的一种平衡交易方式。为了避免目前的高利率，预计工程建设期间利率将下降的发展商，可以购买一项贷款协议，贷款人必须遵守协议中规定的利率，但开展商有自由选择的权力。这种办法也是一种降低投资风险的策略。

6．指标预警

指标预警即把有关风险因素融入到评价指标中去，通过降低投资收益率、净现值等指标的方式，提醒决策者决策时考虑风险对项目收益的具体影响，从而达到防范风险的目的。

指标预警的主要方法是风险调整折现率法，它是用考虑了风险的折现率来进行项目投资净现值指标分析的方法。一般情况下，风险调整折现率的计算公式为：

$$K=i_0+b\times v$$

式中　K——风险调整折现率；

i_0——基准折现率；

b——风险补偿斜率，是一个经验系数；

v——标准差变异系数。

风险补偿斜率 b 反映的是风险程度变化对风险调整折现率影响的大小。b 值是经验系数，可以根据收益率的历史统计数据用高低点法或最小二乘法求得。

[例 9-5]某房地产项目有两种开发经营方案，有关数据见表 9-8。假设甲、乙两方案开发完成后均用于出租，各种数据均发生在年初，折现率为 9%。专家预测未来出租市场行情较好、一般和较差三种可能的概率分别为 50%、40%、10%。假设该项目最低无风险投资收益率为 5%，风险补偿斜率为 10%，试据此进行开发项目的方案决策。

表 9-8　两种方案有关数据　　（单位：万元）

年份	甲方案					乙方案				
	支　出		出租收入			支　出		出租收入		
	开发投资	运营成本	市场较好	市场一般	市场较差	开发投资	运营成本	市场较好	市场一般	市场较差
			0.5	0.4	0.1			0.5	0.4	0.1
1	2500					2000				
2	3000					1800				
3		500	1800	1600	1300		650	1500	1400	1300
4		500	1800	1600	1300		650	1500	1400	1300
5		500	1800	1600	1300		650	1500	1400	1300
6		500	1800	1600	1300		650	1500	1400	1300
7		500	1800	1600	1300		650	1500	1400	1300
8		500	1800	1600	1300		650	1500	1400	1300
9		500	1800	1600	1300		650	1500	1400	1300

解：列出两种方案的净现金流量表见表 9-9。

表 9-9　两种方案的净现金流量表　　（单位：万元）

年份	甲方案的净现金流量			乙方案的净现金流量		
	较好	一般	较差	较好	一般	较差
	0.5	0.4	0.1	0.5	0.4	0.1
1	−2500	−2500	−2500	−2000	−2000	−2000
2	−3000	−3000	−3000	−1800	−1800	−1800
3	1300	1100	800	850	750	650
4	1300	1100	800	850	750	650
5	1300	1100	800	850	750	650
6	1300	1100	800	850	750	650
7	1300	1100	800	850	750	650
8	1300	1100	800	850	750	650
9	1300	1100	800	850	750	650

（1）计算各方案的风险程度。根据表 9-9 及有关计算公式，可以编制甲、乙两方案风险程度数据表，见表 9-10。

表 9-10　两种方案风险程度数据表　　（单位：万元）

年份	甲方案现金流量期望值	甲方案现金流量标准差	乙方案现金流量期望值	乙方案现金流量标准差
1	−2500	0	−2000	0
2	−3000	0	−1800	0
3	1170	155.24	790	66.33
4	1170	155.24	790	66.33
5	1170	155.24	790	66.33
6	1170	155.24	790	66.33
7	1170	155.24	790	66.33
8	1170	155.24	790	66.33
9	1170	155.24	790	66.33

根据表 9-10，可以得到：

甲方案的综合标准差、期望值以及风险程度分别为：

$$\sigma_{甲}=\sqrt{\sum_{t=1}^{9}\frac{\sigma_t^2}{(1+5\%)^{2(t-1)}}}\text{万元}=324.88\text{ 万元}$$

$$E(FNPV_{甲})=\sum_{t=1}^{9}E(FNPV_t)(1+5\%)^{-(t-1)}\text{万元}=1090.53\text{ 万元}$$

$$v = \frac{\sigma}{E(FNPV)} \times 100\% = \frac{324.88}{1090.53} \times 100\% = 30\%$$

同样做法，可以求出乙方案的综合标准差、期望值以及风险程度分别为

$\sigma_{乙}=38.81$ 万元、$E(FNPV_{乙})=639.27$ 万元、$v=22\%$。

（2）计算各方案的风险调整折现率。

$$K_{甲}=5\%+10\%\times30\%=8\%$$

$$K_{乙}=5\%+10\%\times22\%=7.2\%$$

（3）计算各方案净现值的期望值。分别按 8%和 7.2%的折现率对甲方案和乙方案的现金流量进行折现，可以分别得到两种方案净现值的期望值：

$$E(FNPV_{甲})=362.46\text{ 万元}$$

$$E(FNPV_{乙})=264.94\text{ 万元}$$

由上述分析可知，考虑了风险以后，甲方案的净现值期望值仍然大于乙方案，但乙方案已经可行，而且甲方案的风险程度略大于乙方案。选择甲方案还是选择乙方案，对投资决策者来说既有净现值的考虑，也有风险的考虑。更为重要的是，决策者可以从风险防范的角度来看待本项目方案的决策。

9.3.3 房地产投资风险的控制

投资风险的控制的基本职能在于识别投资风险并采取积极的措施来控制投资风险。房地产投资风险控制的主要手段有：

1．计划控制

计划是指对工作和行动的实现安排，使人们基于对现实的认识和未来的估计，对今后某一定时期应达到的目标以及实现目标的措施、方案、程序、进度及人事、责任、资金、材料、设备以及技术等所作的安排。房地产投资项目中的计划主要有项目进度计划、项目资金筹措和使用计划以及项目设备材料计划等，这些计划都可以成为投资项目风险控制的有效工具。

2．审计控制

审计师和审计人员对被审计单位的财务经济活动及其会计资料的真实性、合法性以及合理性进行的审查和监督。通过审计活动，可以有效地评价投资项目的管理效率，有助于完善管理制度，改善经营管理，提高管理水平，规避和控制经营风险。

3．组合投资控制

大多数情况下，组合投资的风险量值（标准差）比个别项目投资的风险量值小，由此可见，组合投资确实能够起到分散风险和降低风险的作用。但另一方面，组合投资收益率期望值通常小于单项投资收益的最大值，组合投资在分散风险的同时，也降低了风险收益。

一般来说，包含几个项目开发投资的投资收益率期望值与标准差的计算公式为：

$$E(X_{\mathrm{P}}) = \sum_{i=1}^{n} a_i E(X_i)$$

$$\sigma_P = \sqrt{\sum_{i=1}^{n} a_i^2 \sigma_i^2 + \sum_{i=1}^{n} \sum_{j=1, j \neq i}^{n} a_i a_j \sigma_{ij}}$$

式中　$E(X_P)$——组合投资收益的期望值；

$E(X_i)$——第 i 个项目投资收益率期望值；

a_i——第 i 个项目投资占总项目投资额的比重；

n——组合投资项目数；

σ_P——组合投资的标准差；

σ_i——第 i 项投资项目的投资收益率偏差；

σ_{ij}——项目 i 和项目 j 投资收益率的协方差。

$$\sigma_{ij} = \sqrt{\sum_{k=1}^{n} (X_{ik} - \overline{X_i})(X_{jk} - \overline{X_j}) P_k}$$

[例 9-6] 某房地产开发公司有一笔 5 亿元的资金准备投资开发某项目，经咨询得到了甲、乙、丙三种投资方案。甲方案为投资开发住宅，乙方案为投资开发写字楼，丙方案为 2/5 的资金用来投资开发住宅，其余用来开发写字楼。每种方案的投资、收益及概率情况见表 9-11。试比较各方案的投资收益水平及风险程度。

表 9-11　投资方案及其收益情况　　（单位：万元）

投资方案 / 状态	甲方案（住宅）		乙方案（写字楼）		丙方案（住宅+写字楼）	
	50000		50000		20000	30000
好	0.6	4200	0.5	5500	1800	2500
中	0.3	3000	0.4	3500	1300	1800
差	0.1	1200	0.1	1800	800	1000

解：根据表 9-11 中的数据，计算各方案的投资收益率、投资收益率平均值、期望值及其标准差见表 9-12、表 9-13。

表 9-12　甲、乙投资方案及相关分析数据

	X（投资收益率）	$\overline{X}$	E（X）	σ（X）
甲方案	8.40% 6.00% 2.40%	5.60%	7.08%	1.89%
乙方案	11.00% 7.00% 3.60%	7.20%	8.66%	2.53%

表 9-13 投资方案丙及相关分析数据

市场状态	P（概率）	r（收益）	X（收益率）	$\overline{X}$	$E(X)$	$\sigma(X)$
住好，写好	0.30	4300	8.60%	6.13%	7.14%	2.37%
住好，写中	0.24	3600	7.20%			
住好，写差	0.06	2800	5.60%			
住中，写好	0.15	3800	7.60%			
住中，写中	0.12	3100	6.20%			
住中，写差	0.03	2300	4.60%			
住差，写好	0.05	3300	6.60%			
住差，写中	0.04	2600	5.20%			
住差，写差	0.01	1800	3.60%			

注：表中“住”表示开发住宅，“写”表示开发写字楼。

由表 9-12 和表 9-13 可知，组合投资（方案丙）的风险度量值（$\sigma(X)$=2.37%）确实比方案乙的风险度量值（$\sigma(X)$=2.53%）要低，但其投资收益率的期望值（$E(X)$=7.14%）也比方案乙的投资收益率的期望值（$E(X)$=8.66%）低。说明组合投资确实能降低风险，但也降低了投资回报。

小　结

房地产投资风险是一种投资风险，它是指由于随机因素的影响所引起的房地产项目投资收益偏离预期收益的程度。或者说，房地产投资风险是由于投资房地产而造成损失的可能性大小，这种损失包括所投入资本的损失和预期收益未达到的损失。房地产投资风险按照不同的标准可以分为不同的类型，但具体表现形式却都可以归类为四种。房地产投资风险是可以度量的，具体度量包括概率度量以及损失程度度量两个方面。

房地产投资风险的概率分析是通过研究各种不确定因素发生不同幅度变动的概率分布以及对方案经济效果的影响，对方案的净现金流量及经济效果指标作出某种概率描述，从而对方案的风险情况作出比较准确的判断。概率分析需要遵循一定的步骤，采用一定的方法。常用的概率分析的方法有两种，即数学期望值法和蒙特卡洛模拟法。

房地产投资过程中的风险是一个普遍存在的问题，理性的房地产投资开发商并不否认和害怕风险，但也不任由投资风险发生、发展，而是在认识投资风险的基础上，及时发现或预测风险，并采取风险预控、风险回避、风险转移、风险组合、平衡交易和指标预警等措施，预防和化解风险，同时，利用计划控制、审计控制和组合投资控制三种方式，减轻和控制多种风险，实现最可能地减少投资者预期收益损失和保护投资者资金安全的目的。

思　考　题

1. 风险与不确定性的关系是什么？
2. 房地产投资风险的表现形式有哪些？
3. 政策风险对房地产投资项目有怎样的影响？

4. 投资者可以控制的风险主要是哪些风险?
5. 房地产投资风险的度量方法有哪些?
6. 概率分析的一般步骤有哪些?
7. 采用期望值法进行概率分析一般需要遵循哪些步骤?
8. 蒙特卡洛模拟法的步骤大致有哪些?
9. 如何识别房地产投资风险?
10. 常见的投资风险的防范策略与方法有哪些?
11. 风险组合防范风险的具体形式有哪些?
12. 组合投资的方法是怎样对房地产投资风险进行控制的?

练习题

1. 接第2章练习题，假设你所在的城市有一住宅开发项目，请根据具体情况，在完成前述各项分析的前提下，对该销售型住宅开发投资进行风险分析。

2. 有一个项目的具体情况见表9-14，假设投资发生在期初，年净现金流量均发生在各年的年末。若折现率为10%，该项目寿命周期为10年。试求净现值的期望值。

表9-14 投资方案变量因素值及其概率

投资额/万元	年净收益/万元		
数值	概率	数值	概率
120	0.30	20	0.25
150	0.50	28	0.40
175	0.20	33	0.35

3. 某人以30万元购买一个商铺单位2年的经营权，第一年的净现金流量可能为25万元、20万元和15万元，概率分别为0.3、0.5和0.2；第二年净现金流量可能为28万元、24万元和18万元。概率分别为0.2、0.6和0.2。若折现率为15%，那么投资该商铺是否可行?

4. 某项目投资20万元，建设期1年。据预测，经营期内的年收入可能为5万元、10万元、12.5万元，相应的概率为0.3、0.5和0.2。同时，预计受技术影响，经营期可能为2年、3年、4年、5年，对应概率为0.2、0.2、0.5和0.1。若折现率为10%，试利用数学期望值法对此项目投资进行可行性和风险分析。

第10章

房地产投资方案比选

学习目标

通过本章学习，了解房地产投资方案及其比选的含义、房地产投资方案比选指标的综合运用以及房地产投资方案比选决策的含义；熟悉房地产投资方案的类型及比选步骤以及房地产投资方案比选决策的内容、程序与类型；掌握房地产投资方案比选的方法与指标，房地产投资不同类型方案比选操作以及确定型、风险型、不确定型房地产投资决策及方法。

关键词

独立方案　互斥方案　混合方案　等额年值　费用现值　等额年费用　差额投资收益率　差额内部收益率　差额投资回收期　互斥组合法　最小公倍数法　最短计算期法　单纯选优法　模型选优法　最大可能法　决策树法　小中取大法　大中取大法　乐观系数法　最小后悔法　机会均等法

10.1　房地产投资方案比选原理

10.1.1　房地产投资方案及其类型

1. 房地产投资方案的含义

房地产投资方案，从狭义上讲仅指房地产项目的投融资方案及各个方案的风险收益情况，广义上则包括项目的规划设计方案、投融资方案、开发建设方案及营销方案等。

项目的规划设计方案是指在前期所做的项目市场定位的基础上，确立规划设计的目标。如物业形态是写字楼、酒店、商铺或者是住宅？如果是住宅，是普通住宅还是酒店式公寓？住宅设计的主题概念是信息化、智能化还是绿色、健康、生态？功能分区如何，环境结构怎样，容积率、绿化率等关键指标是多少？还有道路、停车场及各种公建配套都是规划设计的重要内容。应该说规划设计方案更多的是从技术的角度出发，但它是整个投资方案最为基础的内容。

项目的投融资方案主要是指资金渠道及资金运作的安排。大公司和小公司，国有公司和民营公司，在融资方式上和融资成本上都有差异。对于到位的资金，还必须合理地在项目间进行分配，包括对回笼的销售收入的再投入，这直接关系到该项目的最终收益和成本。

项目的开发建设方案则涉及选择施工单位，聘请施工监理，开发的进度安排，如前期和后续各期的时间表和开发的具体内容等。

项目的营销方案包括销售和出租的比例及内容的安排，广告媒体的选择，诉求点，营销的渠道，价格策略，营销费用的预算控制等。

广义投资方案中的规划设计方案、投融资方案、建设方案和营销方案同为项目方案的子方案。这些子方案在内容上有互补性，在时间上有先后性，在职能上分工协作，共同构成一个投资项目的总体方案。

实际中，投资方案的比选主要针对广义的投资方案，而且是从大局出发，把投资方案作为一个整体来考察，不是分开考虑其中的某些子方案。

2．房地产投资方案的类型

房地产投资单一方案分析评价中，运用净现值、内部收益率、投资回收期等指标得出的结论基本是一致的。但对于多方案的分析评价，采用这些指标得出的结论却未必一致。这是因为，在多方案问题中，考虑的范围不是单个方案，而是一个项目群；追求的不是单个方案的局部最优，而是项目群的群体最优。所以，在多方案评价中，必须研究项目各方案之间的相互关系，以便得出正确的判断。

投资项目方案的类型很多，按其相互之间的经济关系，主要有以下三种类型：

（1）独立方案。一组方案中，各个方案之间相互独立，互不排斥，对一个方案的选择结果对其他方案的选择不产生重大影响，这些方案便是独立方案。独立方案的特点是各个方案之间没有排他性，只要资金等条件允许，而且每个投资方案自身可行（或者盈利），就可以几个方案同时并存。例如某开发商有足够的人、财、物等实力，想同时开发几个项目，每个项目都可行，则这些开发方案之间的关系就是相互独立的，可以同时存在。

（2）互斥方案。互斥方案是指一组方案中的各个方案互相关联、互相排斥，彼此可以相互替代。采纳方案组中的某一方案，就会自动排斥这组方案中的其他方案。由于房地产投资者拥有的资金和土地资源的有限性，使其难以实施所有的投资方案，而必须在各个方案之间做出选择。

（3）混合方案。混合方案是独立方案和互斥方案的混合结构，具体而言，是指在一定约束条件下（人、财、物等），有若干个相互独立的方案，在这些独立方案中又分别包含有几个互斥方案。例如，某房地产投资开发商想投资开发几个独立的房地产项目，而每个项目又分别有几个互斥的开发方案，比如甲地块有开发住宅、写字楼两个互斥方案，乙地块有开发写字楼、商场、酒店三个互斥方案，丙地块有开发住宅、写字楼、商场、酒店四个互斥方案。开发商资金有限，几个地块的土地资源也有限，几种物业类型市场情况好坏不一，为了充分利用已有资源，获得最大的投资效益，开发商就必须面临混合方案的选择问题。

在方案选择前搞清这些方案属于哪种类型至关重要，因为方案类型不同，其选择、判断的尺度也不同，最终选择的结果就会不同，开发商的投资效益也可能相差甚远。

10.1.2 房地产投资方案比选及其步骤

1．房地产投资方案比选的含义

实际房地产开发投资中，开发投资商面临的投资开发方案大多不是唯一的，相反地是多种可能方案。由于开发投资商所掌握的人、财、物等资源的限制，再加上对各种风险因素的考虑，开发投资商就必须从各种投资机会和可能投资方案中选择预期收益最大者，这个过程就是投资方案的比选。具体来说，投资方案的比选，就是对各个方案进行比较、分析、评价，从中选出最佳方案作为最终投资方案。

投资方案的比选是寻求房地产开发的合理的经济和技术决策的必要手段，也是房地产投资分析工作的重要组成部分。它是对房地产投资项目面临的各种可能的可供选择的开发经营方案，进行计算和分析，从中筛选出满足最低收益率要求的、可供比较的方案，并对这些方案进行最后选择的过程。投资决策的实质，就在于选择最佳方案以取得最好的投资效益，实现利润（价值）最大化目标。

2．房地产投资方案比选的步骤

房地产投资方案比选的一般步骤如下：

（1）明确投资要达到的目标。这是房地产投资方案比选的前提和基础。投资的最终目标都是追求投资收益的最大化，但这是长期目标。为了达到这一长期目标有时需要降低风险，也就是要放弃部分风险溢价，这时候就需要制定短期目标，如占领市场，而不仅仅是投资的短期内的收益率。

（2）研究投资项目的备选方案。有了投资目标后就需要研究可能备选的投资方案。每一个备选方案首先必须是可行的，这是作为备选方案的最基本条件。所谓可行，就是指备选方案经过论证，在技术上先进，在经济上合理，在财务上盈利。制定备选方案时，要敢于创新，尽可能搜集详尽资料，使各方案具体化。

（3）进行投资方案的比选。有了备选方案后，接下来就要对各个备选方案进行仔细的比较、分析和评价，即进行投资方案的比选。方案比选的关键在于选择比选指标。尽管所有投资的最终目标或者说长远目标都是利润最大化，但为了实现这个目标所制定的短期目标却有可能在某些投资项目上作出妥协，这时候利润便不再是唯一的和最主要的目标。因此，在投资方案比选时，需要考察多个比选指标和最需要重视的指标。

10.1.3　房地产投资方案比选的方法与指标

房地产投资方案比选本身是一个复杂的系统工程，对方案的评估可以从不同的角度，采取不同的方法与指标。一般而言，方案比选的方法与指标主要有：

1．对“价值”进行比较的方法与指标

（1）财务净现值（$FNPV$）。财务净现值是投资项目净现金流量的现值累计之和，它是动态收益指标，着重反映项目的盈利能力。用财务净现值进行方案比选的方法称净现值法，有时也称现值法。财务净现值的计算公式为：

$$FNPV=\sum_{t=0}^{n}(CI-CO)_t(1+i_c)^{-t}$$

净现值指标越大，说明项目获利越多。不同方案比选中，如果不考虑其他评价指标，则以净现值大的方案为优选方案。

（2）等额年值（AW）。将项目的净现值换算为项目计算期内各年的等额年金就是等额年值，它是反映项目盈利能力的动态指标。用等额年值来进行多方案比较的方法就是等额年值法。计算公式为：

$$AW=FNPV\frac{i_c(1+i_c)^n}{(1+i_c)^n-1}$$

式中　$FNPV$——项目的净现值；

i_c——项目的基准收益率；

n ——项目的经济寿命（计算期）。

方案比选时，等额年值大的方案应为优选方案。

（3）费用现值（PC）。把计算期内的各年投入（费用）按基准收益率折现成现值就是费用现值。用费用现值进行方案比选的方法就是费用现值法。其表达式为：

$$PC=\sum_{t=0}^{n}(C-B)_t(1+i_c)^{-t}$$

式中　C——第 t 期投入总额；

B ——期末余值回收；

n ——项目的开发经营期。

在进行方案比选时，以费用现值小的方案为优选方案。

该指标适用于以出租经营为主的房地产投资项目的方案比选分析中，而且各方案效益相同，计算期相同。

（4）等额年费用（AC）。将项目计算期内所有费用现值，按事先选定的基准收益率，折现为每年等额的费用，称为等额年费用，以此进行方案比选的方法，叫做等额年费用比较法。其表达式为：

$$AC=PC\frac{i_c(1+i_c)^n}{(1+i_c)^n-1}$$

在进行方案比选时，以等额年费用小的方案为优选方案。

2．对“比率”进行比较的方法与指标

（1）差额投资收益率（ΔR）。差额投资收益率是单位追加投资所带来的成本节约额，有时也称追加投资收益率。其计算公式为：

$$\Delta R=\frac{C_1-C_2}{I_1-I_2}$$

式中　ΔR——差额投资收益率；

C_1、C_2——两个比较方案的年成本；

I_1、I_2——两个比较方案的总投资。

（2）净现值率（$FNPVR$）。净现值率又称现值指数或投资现值率，是投资方案的净现值和项目初始投资额的比率，它表明单位投资的盈利能力和资金的使用效率。其计算公式为：

$$FNPVR=FNPV/I$$

式中　$FNPVR$ ——净现值率；

$FNPV$——净现值；

I——投资现值。

净现值率是一个相对指标，可以弥补净现值指标不能反映资金利用效率的的不足。但是两者在运用中有互相矛盾的地方。

（3）内部收益率（$FIRR$）。内部收益率是项目经济寿命期内，各年净现金流量的现值累计等于零时的折现率，是反映项目盈利能力的动态指标。内部收益率越高的方案，风险越小，同时也表明项目的盈利能力越强。

在进行方案比选时，以内部收益率大的方案为优选方案。

（4）差额内部收益率（$\Delta FIRR$）。它是两个方案各期净现金流量差额的现值之和等于零时的折现率。差额投资内部收益率法又称投资增量内部收益率法，简称增量法。差额投资内部收益率的表达式为：

$$\sum_{t=0}^{n}[(CI-CO)'_t-(CI-CO)''_t](1+\Delta IRR)^{-t}=0$$

式中　$(CI-CO)'_t$——投资大的方案第 t 期净现金流量；

$(CI-CO)''_t$——投资小的方案第 t 期净现金流量；

n——开发经营期。

在进行方案比选时，可将求得的差额投资内部收益率与投资者的最低可接受收益率（或基准收益率）进行比较，当$\Delta FIRR \geqslant MARR$ 或 i_c时，以投资大的方案为优选方案；反之，以投资小的方案为优选方案。当多个方案比选时，首先按投资由小到大排序，再依次就相邻方案两两比选，从中确定优选方案。

3．对“期限”进行比较的方法与指标

（1）动态投资回收期（P_t）。动态投资回收期是在基准折现率的条件下，以投资项目所得到的净现金流量现值抵偿项目初始投资现值所需要时间。动态投资回收期并没有直接表明项目的盈利能力，因此该指标只是方案比选的辅助指标之一。

动态投资回收期表明了投入资本回收速度的快慢。回收期越短，投资风险越小，投资项目的清偿能力越强。因此同等情况下要选择动态投资回收期短的方案。

（2）差额投资回收期（ΔP）。差额投资回收期是指通过成本节约收回追加投资所需的时间，或者说是指用投资增加额所带来的累计净收益增量或年成本增量累计节约额来计算回收投资增额所需要的时间，因此有时又称追加投资回收期。其计算公式一般为：

$$\Delta P=\frac{\text{投资增额}（\Delta I）}{\text{年净收益差额}（\Delta M）}=\frac{I_1-I_2}{M_1-M_2}$$

式中　ΔP——差额投资回收期；

I_1、I_2——两个比较方案的总投资；

M_1、M_2——两个比较方案的年净收益。

当两个方案的销售收入相同时，可用成本节约额来计算：

$$\Delta P=\frac{\text{投资增额}（\Delta I）}{\text{年成本节约额}（\Delta C）}=\frac{I_1-I_2}{C_1-C_2}$$

式中　C_1、C_2——两个比较方案的年经营成本。

差额投资回收期指标适用于对同一项目的多个备选方案进行评价和优选。当差额投资回收期小于预期标准投资回收期时，则投资额较大的方案一般为优选方案。

10.1.4　房地产投资方案比选指标的综合运用

房地产开发项目涉及内容众多，任何个别指标都难以作为唯一的评判方案优劣的标准。

一个方案往往要考虑到经济、社会、技术、环境等诸多因素，对于投资方案的比选要采用综合评价法。综合评价法的步骤是：

① 选择方案的多个评价指标，包括经济、社会、技术、环境指标；

② 对方案的各项指标规定一个满意程度；

③ 根据指标的重要性赋予各个指标适当的权重；

④ 编制综合评价指标计算表（表 10-1）；

⑤ 计算各个方案的单个指标值；

⑥ 计算各个方案的综合指标评分值；

⑦ 比较各个方案的综合指标评分值，高分的（如收益指标）或低分的（如风险指标）方案是优选方案。

表 10-1　综合评价指标计算示意表

<table>
<tr><th colspan="2">指 标 项 目</th><th>权　　重</th><th>方案 1</th><th>……</th><th>方案 n</th></tr>
<tr><td rowspan="3">经济指标</td><td>指标 1</td><td></td><td></td><td></td><td></td></tr>
<tr><td>……</td><td></td><td></td><td></td><td></td></tr>
<tr><td>指标 n</td><td></td><td></td><td></td><td></td></tr>
<tr><td rowspan="3">社会指标</td><td>指标 1</td><td></td><td></td><td></td><td></td></tr>
<tr><td>……</td><td></td><td></td><td></td><td></td></tr>
<tr><td>指标 n</td><td></td><td></td><td></td><td></td></tr>
<tr><td rowspan="3">技术指标</td><td>指标 1</td><td></td><td></td><td></td><td></td></tr>
<tr><td>……</td><td></td><td></td><td></td><td></td></tr>
<tr><td>指标 n</td><td></td><td></td><td></td><td></td></tr>
<tr><td rowspan="3">环境指标</td><td>指标 1</td><td></td><td></td><td></td><td></td></tr>
<tr><td>……</td><td></td><td></td><td></td><td></td></tr>
<tr><td>指标 n</td><td></td><td></td><td></td><td></td></tr>
<tr><td rowspan="3">其他指标</td><td>指标 1</td><td></td><td></td><td></td><td></td></tr>
<tr><td>……</td><td></td><td></td><td></td><td></td></tr>
<tr><td>指标 n</td><td></td><td></td><td></td><td></td></tr>
<tr><td>合　　计</td><td>个</td><td>100%</td><td>—</td><td>—</td><td>—</td></tr>
<tr><td colspan="3">综合评分</td><td></td><td></td><td></td></tr>
</table>

10.2 房地产投资不同类型方案比选

10.2.1 独立方案的比选

1. 无资金限制的独立方案比选

当投资者资金充裕，不受约束时，投资方案的选择可以按照单方案的经济评价方法来进行，即：

$FNPV \geq 0$ 或 $FIRR \geq i_c$ 时，投资方案可行；

$FNPV < 0$ 或 $FIRR < i_c$ 时，投资方案不可行。

2．有资金限制的独立方案比选

当各方案相互独立时，最常见的情况是投资资金有限制，资金不足以分配到全部经济合理的方案，这时就出现了资金的最优分配问题，或者说资金约束条件下的优化组合问题。即以资金为约束条件，来选择最佳的方案组合，使有限的资金得到充分运用，并能获得最大的总体经济效益，即$\sum FNPV(i_c)$最大。

有资金限制的独立方案比选，最好的比选方法是互斥组合法，即把所有方案的组合都罗列出来，每个组合都代表一个满足约束条件（如资金及内部收益率约束）的项目总体中相互排斥的一个方案，这样就可以利用互斥方案的经济评价方法，来选出最优的组合方案。

本质上，房地产投资方案的组合是一次方案再造，组合后的方案从内容到形式到预期的投资结果都截然不同于原有的任何一个方案。组合的投资方案既降低了投资风险、又满足了各种类型的物业彼此的互补性需要，同时还能最大程度地利用开发商的资金等资源，满足对投资的现金流安排。

互斥组合法在方案比选中应用的一般步骤是：

① 列出独立方案的所有可能组合；

② 剔出不满足约束条件的投资组合；

③ 按投资额从小到大排列投资方案组；

④ 计算各组合投资方案的 *FNPV*（或$\Delta FIRR$）;

⑤ 用 *FNPV*（或$\Delta FIRR$）最大作为选择标准选出最优方案组合。

[**例 10-1**]某房地产公司即将开发的投资项目有三个相互独立的投资方案，各方案投资额、每期期末的年净收益以及寿命期见表 10-2，如果基准收益率为 15%，开发公司能承受的总投资额的上限（包括自有资金和融资额）是 30000 万元，试进行投资方案的比较选择。

表 10-2　某独立方案的有关数据　（单位：万元）

方　案	投 资 额	年净收益	寿 命 期
A	12000	4300	5 年
B	10000	4200	5 年
C	17000	5800	10 年

解：（1）列出独立方案的所有可能组合。从上表可以很清楚地看出三个独立方案都没有充分利用公司现有资金，不能实现收益最大化的目标，因此，单个的投资方案不再作为可能的投资方案组合，而只考虑其他组合。具体的可能组合方式见表 10-3。

表 10-3　独立方案的可能组合　（单位：万元）

组合方案	总投资额	总年净收益	收益年限	*FNPV*（15%）	*FNPV* 排序
AB	22000	8500	1～5 年	6493.32	3
BC	27000	10000	1～5 年	16187.91	1
		5800	6～10 年		
AC	29000	10100	1～5 年	14523.12	2
		5800	6～10 年		
ABC	39000	—	—	—	—

（2）剔出不满足约束条件的投资组合。从表 10-3 中可以看出。组合投资方案 ABC 的总投资额为 39000 万元，大于开发公司能承受的总投资额的上限 30000 万元，因此予以剔出。

（3）按投资额从小到大排列投资方案组，见表 10-3。

（4）以 i_c=15%作为折现率计算各个投资方案的净现值，见表 10-3。

（5）用 *FNPV*（或 Δ*FIRR*）最大作为选择标准选出最优方案组合。通过比较可以发现，在三个符合条件的组合方案中，BC 方案的组合获得的总净现值是最大的，因此选择方案 BC 作为最优方案组合。

10.2.2　互斥方案的比选

1．互斥方案比选的原则

互斥方案比选有以下四条原则，在这四个原则的基础上，才能进行互斥方案的比选。

（1）现金流量的差额评价原则。该原则认为：在评价互斥方案时，应该首先计算两个方案的现金流量之差，然后再考虑某一方案比另一方案增加的投资在经济上是否合算。

（2）比较基准原则。比较基准原则认为：在多个互斥方案比选时，均应以某一给定的基准收益率 i_c 作为方案比选的基准。

（3）环比原则。环比原则认为：在互斥方案的比选中，必须将各方案按投资额由小到大排序，依次比较，在此基础上进行方案比选。而不能将各方案与投资最小的方案进行分别比较，最后选择差额指标最好的方案为最优方案。

（4）时间可比原则。时间可比原则认为：在比选互斥型投资方案时，各方案的寿命（计算期、开发经营期）应该相等，否则必须利用某种方法进行方案寿命的变换，以保证各方案具有相同的比较时间。

2．不同类型互斥方案的比选

（1）开发经营期（计算期、寿命期）相同的互斥方案比选。当可供比较的互斥投资方案的开发经营期（计算期、寿命期）相同时，可直接选用差额投资内部收益率、净现值或等额年值指标进行方案比选。

[例 10-2]设某出租经营型房地产项目有三种互斥的实施方案，其寿命年限均为 10 年，10 年后残值为零。假设基准收益率为 10%，各方案的初始投资及年净经营收益见表 10-4。试进行投资方案的比选。

表 10-4　某出租经营型项目各互斥方案数据　（单位：万元）

方　案	投 资 额	年 净 收 益	寿 命 期
A	3000	1000	10 年
B	4500	1600	10 年
C	6000	2500	10 年

解：（1）用净现值法求解。

根据净现值的计算公式，可以求得三个互斥方案的净现值分别为：

$FNPV_A$=3144.57 万元

$FNPV_B$=5331.31 万元

$FNPV_C$=9361.42 万元

根据净现值大者为最优方案的原则，可以判断 C 方案为最优方案。

（2）用等额年值（AW）法求解。

根据等额年值（AW）的计算公式，可以分别求得各互斥方案的等额年值如下：

AW_A=511.76 万元

AW_B=867.65 万元

AW_C=1523.53 万元

根据等额年值法的选择标准，仍以 C 方案为最优。

（3）用差额投资内部收益率法求解。

根据该方法的选择准则，利用该方法进行投资方案比选的一般步骤如下：

① 将备选互斥投资方案按照投资规模的大小顺序排列，即：C、B、A;

② 计算投资规模最小方案的内部收益率。如果所求的内部收益率小于基准收益率或折现率（或 *MARR*）所预定的投资收益水平，则淘汰此方案，并继续重复这一步，计算次最小方案的内部收益率，若求得的内部收益率大于或等于基准收益率或折现率（或 *MARR*）所预定的投资收益水平，则转入下一步。

本房地产项目 A 方案投资规模最小，利用内插法计算其内部收益率，得到 $\Delta FIRR_A$=48.58%，因为 $FIRR_A$=48.58%>10%，因此可以转入下一步。

③ 计算投资规模最小方案与其投资规模相邻的投资方案的现金流量差额，求出投资增量的内部收益率。如果所得到的内部收益率不能达到预定的投资收益水平，则淘汰投资规模大的方案，否则淘汰投资规模小的方案，再转入下一步。

本房地产项目投资规模最小的 A 方案与其投资规模相近的投资方案 B 的现金流量差额为 1500 万元，年净经营收益差额为 600 万元，投资增量的内部收益率$\Delta FIRR_{B\text{-}A}$=65.97%>10%，因此淘汰投资规模小的 A 方案，转入下一步。

④ 如果只剩下一个投资方案，则此方案就是最优方案；若剩下不止一个方案，再转入第三步，直到剩下一个投资方案为止。

计算得到 B 方案与其投资规模相近的投资方案 C 的现金流量差额为 1500 万元，年净经营收益差额为 900 万元，投资增量的内部收益率 $\Delta FIRR_{C\text{-}B}$=149.96%>10%，因此淘汰投资规模小的 B 方案，选择 C 方案。

此时，只剩下 C 方案，因此，C 方案为最优。

由以上计算结果可以看出，对于项目开发经营期（计算期、寿命期）相同的互斥投资方案，用以上三种方法来比选的结果是一致的。事实上，差额投资内部收益率、净现值或等额年值指标有着本质上的内在联系，三个指标的变动方向是一致的，这也可以用三个指标的计算公式推导出来。

（2）开发经营期（计算期、寿命期）不同的互斥方案比选。当开发经营期（计算期、寿命期）不同时，一般宜采用等额年值指标进行比选，如果要采用差额投资内部收益率指标或净现值指标进行方案比选，须对各可供比较方案的开发经营期和计算方法按有关规定作适当处理，然后再进行比选。

1）用差额投资内部收益率指标或净现值指标进行方案比选。一些情况下，被比较的几个互斥投资方案的开发经营期（计算期、寿命期）往往不同，例如，建造的建筑物结构形式（如

砖混结构、钢结构、混凝土结构等）不同，其投资额与寿命期就会不同。此时如果直接用差额投资内部收益率指标或净现值指标进行方案比选，就会因为互斥方案之间没有可比性而使方案的比选显得困难。为了比较这类开发经营期（计算期、寿命期）不同的方案，理论上有两种方法，以使各方案的现金流量具有时间上的可比性。

方法一：方案重复法，又称最小公倍数法，其做法是：选择若干方案的投资活动有效期的最小公倍数作为这些方案共同的有效期。为此这些方案都有可能重复数次（实际中未来的情况很难预测，因此只能假设重复），而每次重复时（方案重置）都假定投资与现金流量不变，即不考虑方案重置过程中可能具有的通货膨胀与技术进步等问题，在这个基础上，进行若干互斥投资方案的比选。这种方法适用于最小公倍数较小情况下的方案比选。

方法二：最短计算期法，其做法是：直接选取一个适当的分析期作为各个方案共同的开发经营期（计算期、寿命期），通过比较各个方案在该计算期内的净现值来对方案进行比选。这里的分析期的选取没有统一规定，但一般以方案中计算期最短者为分析期，以使计算简便，同时也可以避免过多的重复性假设（过多的方案重复是不经济的，甚至是不可能的）。这种方法适用于最小公倍数较长情况下的方案比选。

[例 10-3]某房地产公司有三个互斥的投资方案，各方案的初始投资、年净收益及计算期见表 10-5。假设基准投资收益率（折现率）为 10%，试进行三个互斥方案的比选。

表 10-5　计算期不同的各互斥方案数据　（单位：万元）

方　案	初始投资额	年净收益	计算期
A	2000	1100	2 年
B	3000	1300	3 年
C	4000	1800	4 年

由于有方案重复，容易带来差额投资内部收益率的多重值，因此，这里仅用净现值指标进行方案比选。

三个方案的计算期不同，需取三方案计算期的最小公倍数 12 年作为计算时间。在 12 年内，A 方案共有六个周期，重复更新六次；B 方案共有四个周期，重复更新四次；C 方案共有三个周期，重复更新三次。

根据表 10-4 的有关数据，可以编制 12 年内净现金流量的数据表，见表 10-6。

表 10-6　12 年内不同互斥方案的净现金流量数据　（单位：万元）

方　案	1	2	3	4	5	6	7	8	9	10	11	12
A	–900	1100	–900	1100	–900	1100	–900	1100	–900	1100	–900	1100
B	–1700	1300	1300	–1700	1300	1300	–1700	1300	1300	–1700	1300	1300
C	–2200	1800	1800	1800	–2200	1800	1800	1800	–2200	1800	1800	1800

根据表 10-6 和净现值的计算公式，可以求得三个互斥方案的净现值：

$FNPV_{A12}$=392.6 万元

$FNPV_{B12}$=1523.92 万元

$FNPV_{C12}$=4893.03 万元

根据净现值大者为最优方案的原则，可以判断 C 方案为最优方案。

2）采用等额年值指标进行互斥方案的比选。等额年值具有等额不变的特性。一个方案无论重复多少次，其等额年值都是不变的。因此，采用等额年值法不须重复方案就使开发经营期（计算期、寿命期）不等的方案具有可比性。这样，通过直接计算比较开发经营期（计算期、寿命期）不等的方案的净年值，就可以得到与方案的多次重复相一致的比选结论。

[例 10-4] 以[例 10-3]的数据为依据，采用等额年值法进行方案比选。

利用等额年值的计算公式 $AW = FNPV\dfrac{i_c(1+i_c)^n}{(1+i_c)^n-1}$

可以分别求得三个互斥方案的等额年值如下：

AW_A=57.62 万元

AW_B=223.66 万元

AW_C=718.22 万元

根据等额年值大者为最优方案的原则，可以判断 C 方案为最优方案。

由此可见，计算一个周期的等额年值（即原计算期的净现值）与计算最小公倍数统一计算期的净年值，在选择最优方案的结果上是一样的。因此，在实践中，一般按各方案的原计算期的净年值来进行方案比选。

（3）开发经营期较短的出售型房地产项目互斥方案比选。对于开发经营期较短的出售型房地产项目，可直接采用利润总额、投资利润率等静态指标进行方案比选。因为比较简单，这里不再赘述。

（4）效益相同或基本相同的房地产项目互斥方案比选。对效益相同或基本相同的房地产项目方案进行比选时，为简化计算，可采用费用现值指标和等额年费用指标直接进行方案费用部分的比选。

[例 10-5] 某投资项目拟定了三个使用功能相同的建设方案，三个方案的费用支出情况见表 10-7，残值均按初始投资的 5%计算，基准收益率为 15%，试采用费用现值和等额年费用指标进行投资方案比选。

表 10-7　某投资项目各投资方案有关数据　　（单位：万元）

年　限	收支项目	互斥方案		
		A	B	C
0 年	初始投资额	2000	3000	4000
1～15 年	年经营费用	500	600	700
15 年	残值回收	100	150	200

解：（1）用费用现值法进行投资方案比选。

利用费用现值的计算公式 $PC = \sum_{t=0}^{n}(C-B)_t(1+i_c)^{-t}$，可以得到三个互斥方案的费用现值：

$$PC_A = 2000\text{万元} + 500\text{万元} \times \frac{(1+15\%)^{14}-1}{15\% \times (1+15\%)^{14}} + \frac{500-100}{(1+15\%)^{15}}\text{万元} = 4911.40\text{ 万元}$$

$$PC_B = 3000万元 + 600万元 \times \frac{(1+15\%)^{14}-1}{15\% \times (1+15\%)^{14}} + \frac{600-150}{(1+15\%)^{15}}万元 = 6489.99\ 万元$$

$$PC_C = 4000万元 + 700万元 \times \frac{(1+15\%)^{14}-1}{15\% \times (1+15\%)^{14}} + \frac{700-200}{(1+15\%)^{15}}万元 = 8068.58\ 万元$$

计算结果表明，A 方案的费用现值最小，A 方案为最优方案。

（2）用等额年费用法进行投资方案比选。

根据等额年费用指标的计算公式　$AC = PC\frac{i_c(1+i_c)^n}{(1+i_c)^n-1}$，可以分别求得三个方案的等额年费用：

AC_A=839.93 万元

AC_B=1109.90 万元

AC_C=1379.86 万元

计算结果表明，A 方案的等额年费用最小，所以 A 方案为最优方案。

由以上（1）、（2）两种比选结果可以看出，采用费用现值和等额年费用指标进行投资方案比选，其结果是相同的。

10.2.3　混合方案的比选

混合方案的比选与独立方案的比选一样，也可以分为有资金约束和无资金约束两种情况。无资金约束混合方案比选的方法是：从各个独立项目中选择互斥方案净现值（或等额年值）最大的方案加以组合即可。有资金约束的混合方案比选，比选的标准是净现值和差额内部收益率指标（而不再是内部收益率）。

[例 10-6]某房地产投资商准备投资三个项目，每个项目的投资寿命期为 15 年，不计残值。各项目彼此独立。其投资额和投资后的年净收益见表 10-8。各投资项目又分别有 3 个、4 个和 3 个方案，每个项目的各个方案是互斥的。假设基准收益率为 20%。试问，如果该投资商拥有的最高限额资金为 20000 万元，则该投资商应如何选择最优方案？

表 10-8　某投资项目各投资方案有关数据　　（单位：万元）

投资项目	投资方案	初始投资	年净收益
A	A1	5000	1500
	A2	6000	2000
	A3	7000	2500
B	B1	3000	500
	B2	4000	1200
	B3	5000	1600
	B4	6000	2200
C	C1	6000	2000
	C2	7000	2500
	C3	8000	3000

解： 首先采用某一评价指标（*FNPV* 或 *FIRR*）分别对独立项目的各个互斥方案进行优选排序，剔除不合格的方案，然后进行互斥组合方案的优选。

（1）利用内部收益率分别对独立项目的各个互斥方案进行优选。

首先编制各独立项目互斥方案内部收益率表，然后对各方案的内部收益率进行排序和剔除不合格的方案。具体优选结果见表 10-9。

表 10-9　某投资各独立项目互斥方案数据表

投资项目	投资方案	内部收益率	排序	优选结果
A	A1	29.17%	3	保留
	A2	32.70%	2	保留
	A3	35.19%	1	保留
B	B1	14.01%	4	小于 20%，删除
	B2	29.17%	3	保留
	B3	31.29%	2	保留
	B4	36.18%	1	保留
C	C1	32.70%	3	保留
	C2	35.19%	2	保留
	C3	37.05%	1	保留

（2）对互斥组合方案进行优选。

三个项目在资金为 20000 万元的约束下，可能的最优互斥组合应该最少保证其中一个项目的最优方案在内。这样，可能的最优互斥组合有：A1B2C3、A1B3C3、A1B4C1、A1B4C2、A1B4C3、A2B2C3、A2B3C3、A2B4C1、A2B4C2、A2B4C3、A3B2C1、A3B2C2、A3B2C3、A3B3C1、A3B3C2、A3B3C3、A3B4C1、A3B4C2、A3B4C3。这些组合中，包含两个最优方案的组合包括：A1B4C3、A2B4C3、A3B2C3、A3B3C3、A3B4C1、A3B4C2。这 6 个组合应该比其他包含一个最优方案的组合更好，因此只需在这 6 个组合方案中寻找和选择最优组合。这 6 个组合方案的初始投资总额、年净收益、内部收益率、内部收益率的排序见表 10-10。

表 10-10　某投资项目组合方案数据　（单位：万元）

组合方案	初始投资	年净收益	内部收益率（%）	排序	优选结果
A1、B4、C3	19000	6700	34.72%	3	保留
A2、B4、C3	20000	7200	35.49%	1	优选
A3、B2、C3	19000	6700	34.72%	3	保留
A3、B3、C3	20000	7100	34.97%	2	保留
A3、B4、C1	19000	6700	34.72%	3	保留
A3、B4、C2	20000	7200	35.49%	1	优选

从表 10-10 可以看出，最优的投资方案组合为 A2B4C3、A3B4C2，它们的内部收益率最高，又充分利用了投资公司的所有资金，效率也是最高的。

实际上，从最优互斥组合中也可以看出，同时包含三个最优方案的 A3B4C3 应该是最优

的，但它的初始组合投资达到 21000 万元，突破了资金限制，因此被剔除。这样，只能从包含两个最优方案的互斥组合中寻找最优的方案组合，直接计算这 6 个组合方案的内部收益率并排序，可以更快地发现，A2B4C3、A3B4C2 是收益率最高的投资方案组合，是应该选择的最优方案。

10.2.4　投资方案比选中应注意的问题

投资方案比选是一个相对比较复杂、有时甚至是十分困难的工作。在方案比选中，往往并不是简单的比较指标大小的问题，而是要在比较指标的同时，密切关注相关的一些问题，比较重要的问题包括：

1．方案比选指标的局限性

（1）净现值和内部收益率。一般来讲，内部收益率比较直观，能直接反映项目投资的盈利能力，但当项目有大量追加投资时，则可能有多个内部收益率，从而使其失去实际意义。净现值指标虽然没有上述缺点，但只能表明项目投资和盈利能力超过、等于或达不到要求的水平，而目标项目的盈利能力究竟比要求的水平高多少，则表示不出来。

在独立项目的财务分析中，用净现值和内部收益率指标来判断项目的可行性，多数情况下（没有追加投资）所得出的结论是一致的。因此，可选择任一指标作为项目财务分析的指标。但是在进行多个方案比选时，运用这两个指标却有可能得出不同的结论。究其原因，主要是由于各备选方案的初始投资规模不同，或者现金流量产生的时间不同造成的。

为了避免运用这两个指标引起的矛盾，在多方案比选时，通常不直接采用内部收益率指标进行比选，而采用净现值和差额内部收益率指标作为方案比选指标。

（2）净现值与净现值率。在多方案比选时，运用净现值和净现值率两个指标有时也会得出不一致的结论。避免这种情况出现的办法是：

1）若无资金等条件的限制，在进行多方案比选时采用净现值作为比选指标。

2）如果有资金等条件的限制，在多个方案比选时，往往是在资金限定的范围内，进一步采用净现值率指标确定各个方案的优先次序并分配资金，直到资金限额分配完毕为止。这样，既符合资金限定条件，又能使净现值最大的方案入选，以实现有限资金的合理利用。

不过，由于投资方案的不可分性，在运用净现值率指标时，经常会出现资金没有被充分利用的情况，因而不一定能保证获得最优的组合方案。

2．方案自身的效率和资本的效率

房地产投资中的具体情况通常比较复杂，有时既涉及到投资方案自身的效率（全投资内部收益率），又牵涉到投资资本的效率（自有资本的内部收益率）。而方案自身的效率和投资资本的效率往往并不一致。因此，在运用收益率指标为尺度进行方案比选时，需要注意不能将投资方案自身的效率和投入资本的效率混同起来。否则将会导致方案比选的错误的结果。

[例 10-7]某房地产投资项目有 A、B、C 三个独立的投资方案，各方案的初始投资额、每年的净收益、投资的寿命期等数据见表 10-11。试完成以下事项：（1）如果没有其他约束条件，试进行投资方案的比选。（2）如果存在以下约束条件：A 方案无投资优惠条件；B 方案投资

的一半可以由政府提供 20 年的无息贷款；C 方案将引进外资合作开发，其中的 3000 万元可以按 2%的较低利率获得。试进行投资方案的比选。

表 10-11　不同投资方案的有关数据　（单位：万元）

方　案	初始投资额	年净收益	寿命期
A	8000	1500	20 年
B	8000	1400	20 年
C	8000	1300	20 年

解：（1）在各方面条件都相同，只有年净收益不同的情况下，很明显，应该选取年净收益最大的方案为最优方案，即 A 方案是最优方案。

这里，A、B、C 三个方案自身的效率（内部收益率）分别为：

$FIRR_A$=22.60%

$FIRR_B$=20.61%

$FIRR_C$=18.65%

同样可以判断，A 方案是最优方案。

（2）如果考虑到约束条件，则：

A 方案是（或等同于）全投资，因此其内部收益率 $FIRR'_A=FIRR_A$，仍然是 22.60%；

B 方案可得到 4000 万元 20 年寿命期内的无息贷款，该款将于 20 年时偿还，则自有资金的 $FIRR'_B$=53.81%>22.60%（即 $FIRR_A$）。因此，B 方案远比 A 方案有利。

C 方案以 2%的低息获得贷款 3000 万元，每年都需偿还。假设本利和在 20 年内（到 20 年时）等额偿还完毕，则每年偿还 183.47 万元，通过计算，可以得到初始投资 5000 万元和每年还款的资金（即自有资金）的 $FIRR_C$=29.97%>22.60%（即 $FIRR_A$）。因此，C 方案比 A 方案有利。

这样，如果对方案进行排序的话，应该是 B、C、A，此时 A 方案是最差的方案，而 B 方案成为最优的方案。

10.3　房地产投资方案的比选决策

10.3.1　房地产投资方案比选决策基本概念

1. 房地产投资方案比选决策的含义

在房地产投资活动中，一般都会有不同的投资方案可供选择。利用有效、准确的方法实现正确的选择，在众多的项目投资方案中找出最佳的方案，就是房地产投资方案比选决策。

构成一个房地产投资方案比选决策问题，必须具备以下几项基本条件：

1）有明确的决策目标，即要解决什么问题。

2）有两个以上可供比选的房地产投资决策方案。

3）有评价方案优劣的指标和标准。

4）有反映客观实际的真实数据资料。

正确的房地产投资方案比选决策不仅取决于决策者的个人素质与能力，而且需要决策者熟悉和掌握决策的基本理论、类型和方法。

2．房地产投资方案比选决策的内容与程序

房地产投资方案比选决策的内容与程序一般如下：

（1）确定投资目标。详见“10.1.2 房地产投资方案比选及其步骤”。

（2）拟定决策备选方案。详见“10.1.2 房地产投资方案比选及其步骤”。

（3）对备选方案进行优选。详见“10.1.2 房地产投资方案比选及其步骤”。

方案优选的关键之一是要掌握方案的选择标准。由于现实中有很多限制和影响因素，因此，所谓“利润最大”、“成本最低”、“回收期最短”等“最优”评判标准在实践中很难操作，需要以“满意”来取代“最优”作为方案优选标准，这也是现代决策理论的重要观点。

方案优选的关键之二是优选方法的实际运用。在整个方案比选决策中，最终选定的方案是否科学合理，很大程度上取决于优选方法是否正确选用。

（4）执行决策方案。优选决策是否科学合理只有通过实践才能得到最终的验证。因此，在选择出最优或最满意的方案后，要尽快予以实施。

（5）反馈调整决策方案。投资方案在执行过程中，需要根据环境及目标的不断变化，对原先的决策方案作出相应的修订或调整，从而使决策方案更科学、更合理。

3．房地产投资方案比选决策的类型

根据不同的分类标准，可以把房地产投资方案比选决策分为以下几种类型：

（1）单目标决策与多目标决策。按决策目标的数量多少分类，可分为单目标决策和多目标决策。

单目标决策的目标是单一的，一般是收益（利润、净现值、净现值率、等额年值、投资收益率、内部收益率、差额内部收益率等）最大，或支出（投资、费用现值、等额年费用、投资回收期等）最小。单目标决策问题的特点是在已知条件（约束条件、某种状态发生的概率及对应于各种可能方案的损益值等）下，寻求目标函数的最优解。

多目标决策的目标是两个以上，其实质是以达到两个以上目标为准进行择优的问题。在实际评价拟建方案时，常常要考虑多个目标，如一项工程的施工方案，要考虑质量优、工期短、费用低等目标，而这些目标之间往往存在矛盾，即在某个目标达到最优时，另一些目标却不佳，这样就需要根据目标的重要程度进行权衡，综合决策。

（2）定性决策和定量决策。这是根据决策的方法不同划分的。区分这种决策的基本标志，是看是否以数学模型作为决策的主要方法。其中，定性决策不依靠数学模型和大量的数学运算，而是直接利用专家的经验、智慧和创造力进行决策；而定量决策是把决策问题的目标和因素用数学关系式表示出来，即建立数学模型，然后通过计算或推倒，求得决策结果。

实际中，凡可以用数量来表示决策条件的决策，应当尽量用定量决策方法来辅助决策者的决策。但因为很多决策问题很难用数据描述出来，因此，定量决策应当与定性决策结合起来，相互补充，这样才能保证方案比选决策更加符合实际和更为准确。

（3）确定型决策、风险型决策与不确定型决策。根据决策问题所处条件不同，可分为确定型决策、风险型决策和不确定型决策。在这三种决策问题中，风险型决策问题是最常见的一种。

10.3.2 确定型房地产投资决策及方法

1．确定型房地产投资决策的特征与评价

确定性决策又称肯定型决策，是指只有一种肯定型的主观要求和客观条件，但却有多种可供选择方案的决策，是对未来各种事件或变化趋势作出明确决断的决策。

作为确定型决策一般应具备以下特征：

1）有一个（组）明确的决策目标。

2）有两个以上可供选择的方案。

3）实现方案的未来状态只有一个，而且决策前即已确知。

4）不同方案在未来状态下的预期结果（如损益值）能计算出来。

实践中，短期、小型开发项目，投资建设期短，市场变化不大，销路和单价等均可事先作出较有把握的估计，这类开发项目的方案比选决策问题就是确定型决策。

确定型决策是一种理想状态下的决策类型，假定每个投资方案在施行过程中都按设想的轨迹运行，据此计算出该方案的盈利、成本等财务数据，然后对各个方案进行比较，选出最优方案。确定型决策的好处是简单明了，但这也意味着它不是很严谨科学。

2．确定型房地产投资决策的方法

确定型房地产投资决策的方法有两种：

（1）单纯选优法。该方法是根据已掌握的每一方案的每一确切结果的比较，直接选出最优方案的决策方法。具体涉及到利润、净现值、投资回收期等绝对指标和内部收益率、净现值率等相对指标。实践中常用的房地产投资方案比选决策方法就是单纯选优法，具体来说，就是直接比较不同方案的净现值、内部收益率等指标，指标数值最大者就是最优的方案。

（2）模型选优法。模型选优法是指在未来的自然状态完全明确的情况下，通过建立数学模型，求出最优方案的决策方法。它在一定约束条件下，运用数学模型来解决如何实现效益最大或花费最小的技术经济问题。常见的有盈亏平衡分析、线性规划、多元回归、灰色系统决策等方法。

确定型房地产投资决策在第 7 章中已有介绍，这里不再赘述。

10.3.3 风险型房地产投资决策及方法

1．风险型房地产投资决策的特征与评价

决策方案中有待实现的条件只能作出概率估计，但不知未来一定出现哪一状态，在这种情况下根据随机状态作出的决策往往要冒一定的风险，因此称这种决策为风险型决策、概率型决策或随机型决策。而不同自然状态下的概率值，一般是以过去的历史资料为依据，经过统计分析求得的，所以，风险型决策又称统计型决策。

作为风险型决策一般应具备以下特征：

1）有一个（组）明确的决策目标。

2）有两个以上可供选择的方案。

3）实现方案的未来状态有两个或两个以上。

4）未来状态出现的概率可以预先估算出来。

5）不同方案在未来状态下的预期结果可以估算出来。

风险型决策是以概率为前提的，所以运用什么样的概率及概率值的准确程度，是做好风险型决策的至关重要的问题。

2．风险型房地产投资决策的方法

在房地产开发经营过程中，大量的决策问题都具有某种潜在的风险，而其风险多少遵循统计规律。因此，风险型决策是很重要的决策。风险型决策的方法主要有：

（1）期望值法。期望值是离散型随机变量的数学期望，一个方案的几种可能的益损值与各自概率的乘积之和，就是该方案的期望值。期望值法是比较不同方案经济效益的一个方法。如果决策方案考虑的是利润额，则在各方案中选取利润期望值最大的方案；如果决策方案所考虑的是支出费用，则在方案中选取支出期望值最小的方案。

（2）最大可能法。最大可能法认为：概率最大的那个自然状态是必然事件，即发生的概率为 1，其他自然状态是不可能事件，发生的概率为 0。这样，就可以选择概率最大的那个自然状态作为决策依据。房地产投资中，若干自然状态中，某一状态发生的概率值远大于（不能相近）其他自然状态发生的概率值，而不同自然状态下的收益值相差又不十分大时，可以采取最大可能法进行投资决策。

（3）决策树法。决策树是一种决策分析工具，它以方块和圆圈为节点，并用直线把它们连接起来构成树状图形，把决策方案可能产生的各种情况及其概率、各种情况的目标、后果、风险和益损期望值系统地在图上反映出来，供决策分析和决策。

以决策树法为代表的风险型决策，在动态中考虑到多种影响因素对投资的影响，并且对其进行量化分析，思路清晰、决策形象。房地产投资周期较长，其间各种影响因素时有发生，市场多变，决策树法能使决策层次更分明，更直观易懂，更科学严谨。

风险型投资决策的方法在第 9 章已有叙述，这里不再介绍。

10.3.4　不确定型房地产投资决策及方法

1．不确定型房地产投资决策的特征与评价

不确定型决策又称非确定型决策，决策者在决策时，不知道所处理的未来事件在各种特定条件下的明确结果（自然状态）以及各种结果发生的概率，是决策者在一种无法肯定的情况下进行的决策。比如，某住宅投资项目随着市场状况的不同会有不同的销售额，从而盈利也不同。但是市场是繁荣、萧条还是平稳，其概率并不清楚。投资者在这种情况下进行的决策就是不确定型决策。

作为不确定型决策，一般应具备以下特征：

1）有一个（组）明确的决策目标。

2）有两个以上可供选择的方案。

3）实现方案的未来状态有两个或两个以上。

4）不同方案在不同未来状态下的预期结果可以估算出来。

不确定型决策问题与风险型决策问题的主要区别在于它不知道各个自然状态出现的概率。风险型决策虽然也具有不确定性，但它可以预先估计出各自然状态出现的概率。

由于决策者对未来可能发生的变化不能作出预期决定，因此，不确定型决策的决策结果在很大程度上依赖于决策者对风险所持的态度。因为信息不全，决策者的决策有较大的主观随意性。

2．不确定型房地产投资决策的方法

不确定型房地产投资决策的方法有五种。

（1）小中取大法。小中取大法又称为最大最小决策法，或称为最大最小决策准则，是一种悲观、保守的决策方法。这种方法的目的是把决策风险降低到最低程度，把安全放在首要的位置来对待。决策时，决策者总是考虑每个方案中最悲观的结果，并在所有最悲观、最坏可能的结果中选择亏损最少、收益值最大的方案作为最合理的决策方案。

采用小中取大法的几种情况包括：投资决策者本人属于风险厌恶型，不愿追逐较高的风险溢价；公司规模较小，抵御风险能力较差；市场供给规模较大，竞争激烈。

小中取大法决策的步骤是：① 确定几个备选方案；② 从每一备选方案中选择一个最小的报酬率（收益值）；③ 从上述最小的报酬率（收益值）项中，选择一个报酬率（收益值）最大的方案作为决策方案。

（2）大中取大法。该方法又称乐观准则，即决策者对未来市场客观规律总是抱乐观态度，按照这种方法进行决策，通常都是选取方案中不同状态下估计损益值最大值中的最大值。采用这种方法的决策者属于风险喜好型，往往敢于冒风险，极力追求最大投资利益。

（3）乐观系数法。乐观系数法又称折中决策法，其特点是，对客观条件估计既不那么乐观，也不那么悲观，而是用一个系数平衡一下，表示乐观程度的系数则称为乐观系数。

利用乐观系数法进行决策的步骤是：① 决策者根据掌握资料的分析和已积累的经验，确定一个乐观系数α，α值的大小表示对问题的乐观程度。α=1 时，为最乐观情况；α=0 时，为最悲观情况。通常，α的范围是[0，1]；② 求取各方案的损益值。方案的损益值等于α乘以最乐观的损益值，在加上（1-α）乘以最悲观的损益值的和；③ 比较各方案的损益值，选择支出最小或收益最大的方案为最优决策方案。

当然，当乐观系数α改变时，决策结果完全可能改变，这意味着根据乐观系数法进行决策的结果取决于乐观系数的大小。

（4）最小后悔法。最小后悔法有时也称“后悔值”决策法。决策者在制定决策后，若事实不符合理想状态，他可能就会对他选择的方案后悔，希望自己以前选择的方案是完全不同的另一方案。这个方法的实质是使后悔最小的方案为最合理的方案。用这个方案进行决策，首先是求出每个方案在各种自然状态下的后悔值（后悔值为每种状态下的最高值与其他值之差）；然后，比较各方案的最大后悔值，从这些最大后悔值中选择最小的一个，其对应的方案就是最优的方案。

（5）机会均等法。机会均等法又称同等概率法。决策者在决策过程中，不能肯定各种自然状态出现的概率，就简单地认为它们出现的概率是相等的。如果有 n 个自然状态，则每个自然状态出现的概率为 $1/n$。然后按照风险型决策方法，计算各方案的损益期望值，选取期望值中最大者为最优方案。

[例 10-8]某房地产公司针对某一投资项目拟定了 A、B、C、D 四种投资方案。这四种方案的净收益情况与房地产市场的需求情况密切相关。据分析，未来五种市场状态的净收益值见表 10-12，而五种市场状态发生的概率无法确知，试分别用上述五种决策方法进行投资方案的决策。

表 10-12　决策方案及其净收益值表　（单位：万元）

方案＼净收益	市场情况好	市场情况较好	市场情况一般	市场情况较差	市场情况差
A	5500	4800	4000	3000	2000
B	5000	4000	3200	2000	1500
C	3600	2500	2000	1800	1000
D	4800	4000	3000	2600	1600

解：（1）采用小中取大法进行投资方案决策

根据小中取大法的思路，首先从每个方案中选择最小的净收益。分别是，方案 A：2000 万元；方案 B：1500 万元；方案 C：1000 万元；方案 D：1600 万元。其次，从上述四个最小的净收益中，选择最大的净收益，即 2000 万元，此净收益代表的方案 A 就是决策的最佳方案。

（2）采用大中取大法进行投资方案决策。

根据大中取大法的思路，首先从每个方案中选择最大的净收益。分别是，方案 A：5500 万元；方案 B：5000 万元；方案 C：3600 万元；方案 D：4800 万元。其次，从上述四个最大的净收益中，选择最大的净收益，即 5500 万元，此净收益代表的方案 A 就是决策的最佳方案。

（3）采用乐观系数法进行投资方案决策。

根据乐观系数法的思路，首先确定乐观系数，这里假设α=0.3，则各方案的折中净收益数值为：

A 方案：5500×0.3 万元+2000×0.7 万元=3050 万元

B 方案：5000×0.3 万元+1500×0.7 万元=2550 万元

C 方案：3600×0.3 万元+1000×0.7 万元=1780 万元

D 方案：4800×0.3 万元+1600×0.7 万元=2560 万元

由此可见，当乐观系数α=0.3 时，方案 A 为最优的方案。

（4）采用最小后悔法进行投资方案决策。

根据最小后悔值法的思路，首先求各种自然状态下各方案的后悔值，见表 10-13。

表 10-13 各方案的后悔值　（单位：万元）

方案＼后悔值	市场情况好	市场情况较好	市场情况一般	市场情况较差	市场情况差
A	0	700	1500	2500	3500
B	0	1000	1800	3000	3500
C	0	1100	1600	1800	2600
D	0	800	1800	1200	3200

由上表 10-13 可见，各方案的最大后悔值法分别为，方案 A：3500 万元；方案 B：3500 万元；方案 C：2600 万元；方案 D：3200 万元。其次，从上述四个最大的后悔值中，选择最小的后悔值，即 2600 万元，此后悔值代表的方案 C 就是决策的最优方案。

（5）采用机会均等法进行投资方案决策。

根据机会均等法的思路，假设四个方案的机会均等，则各方案的损益期望值可以分别求得：

E_A=（5500+4800+4000+3000+2000）×1/5 万元=3860 万元

E_B=（5000+4000+3200+2000+1500）×1/5 万元=3140 万元

E_C=（3600+2500+2000+1800+1000）×1/5 万元=2180 万元

E_D=（4800+4000+3000+2600+1600）×1/5 万元=3200 万元

由以上计算结果可知，方案 A 就是决策的最优方案。

小　　结

房地产投资方案有广义和狭义之分，其类型很多，按其相互之间的经济关系，可以分为独立方案、互斥方案和混合方案三类。

实际房地产投资中，投资者面临的投资方案大多不是唯一的，相反地是多种可能方案。这就需要进行投资方案的比选，而方案比选必须遵循其一般步骤，按照一定的比选方法和指标，如“价值”、“比率”、“期限”方法和指标来进行。

对于独立方案的比选，需要注意它可以细分为无资金限制的独立方案比选和有资金限制的独立方案比选，每种情况的方案比选都有自己的比选标准和一般步骤；对于互斥方案的比选，首先应遵循一定的原则，在此基础上，再考虑其不同的情况并采取相应的比选做法；而混合方案的比选则类似于独立方案的比选，不过比选过程会更加复杂。

投资方案比选往往并不是简单的比较指标大小的问题，而是要在比较指标的同时，密切关注相关的一些问题，如方案比选指标的局限性以及方案自身的效率和资本的效率等。

在房地产投资活动中，一般都会有不同的投资方案可供选择。利用有效、准确的方法实现正确的选择，在众多的项目投资方案中找出最佳的方案，就是房地产投资方案比选决策。房地产投资方案比选决策应注意其内容、程序与类型，特别是要注意确定型、风险型与不确定型决策的特征与方法。

思　考　题

1. 房地产投资方案有哪几种类型？
2. 什么是房地产投资方案比选？其步骤有哪些？
3. 房地产投资方案比选有哪些类型的方法与指标？
4. 独立方案比选的标准与互斥组合法的步骤是什么？
5. 互斥方案比选的原则是什么？
6. 房地产投资互斥方案比选有哪几种情况？具体比选做法如何？
7. 对于开发经营期相同和开发经营期不同的互斥方案的比选有什么差异？
8. 净现值和内部收益率在方案比选中的局限性表现在哪些方面？
9. 房地产投资方案比选决策的内容与程序是怎样的？
10. 确定型房地产投资决策有什么特征？具体决策方法有哪些？
11. 风险型房地产投资决策有什么特征？具体决策方法有哪些？
12. 不确定型房地产投资决策有什么特征？具体决策方法有哪些？

练　习　题

1. 接第 2 章练习题，假设你所在的城市有一住宅开发项目，请根据具体情况，假设一定

的条件，在完成前述各项分析的前提下，对该住宅开发投资进行方案比选分析。

2．某公司拥有一块土地，现有三个投资方案，A_1 是出租土地，A_2 是建设住宅，A_3 是投资建设旅馆。计算期均为 5 年，折现率为 10%，净现金流量见表 10-14，哪一个方案最可行？

3．某房地产开发公司拟开发一个项目，现有三个投资方案，各方案具体情况见表 10-15，寿命周期均为 8 年。若基准收益率为 12%，可利用金额为 450 万元时，应该怎样选取投资方案？

表 10-14　现金流量表　　（单位：万元）

	0 年末	1 年末	2 年末	3 年末	4 年末	5 年末
A_1	0	400	400	400	400	400
A_2	–1000	700	700	700	700	700
A_3	–1500	700	800	900	1000	1100

表 10-15　独立方案 A、B、C 的投资额、年净收益与净现值　　（单位：万元）

方　案	投　资	年 净 收 益	净 现 值
A	–150	30	29.83
B	–250	48	30.56
C	–300	36	25.74

4．某房地产开发公司对于一个投资项目现有三个互斥的投资方案，各方案的具体情况见表 10-16。寿命周期均为 5 年。基准收益率为 10%。试进行方案的比选。

表 10-16　投资方案的现金流量表　　（单位：万元）

投资方案	初始投资	年经营收益	年经营费用	年净经营收益
A	3000	2000	1000	1000
B	4000	2400	1200	1200
C	5000	2800	1100	1700

5．某投资者欲投资三个彼此独立的项目，每个项目的投资寿命期均为 8 年。其投资额和投资后的净收益见表 10-17。基准收益率为 15%。当投资者拥有的资金数额为 400 万元时，应怎样选取投资方案？

表 10-17　各项目投资方案的投资额与年净收益　　（单位：万元）

项　目	投 资 方 案	初 始 投 资	年 净 收 益
A	A1	100	30
	A2	200	70
	A3	300	90
B	B1	100	20
	B2	200	55
	B3	300	75
	B4	400	95
C	C1	200	85
	C2	300	110
	C3	400	150

第11章

房地产置业投资分析

学习目标

通过本章学习，了解房地产置业投资的含义与目的以及房地产置业投资的不同类型；熟悉房地产置业投资的主要方向、房地产置业投资财务指标以及房地产置业投资策略；掌握买卖、出租房地产置业投资的财务分析操作。

关键词

酒店式公寓、社区商铺、商住写字楼、产权式酒店、买卖置业投资、租赁投资、自营投资、混合投资

11.1 房地产置业投资分析原理

11.1.1 房地产置业投资及其目的

置业，即购置物业，而置业投资则是指投资者通过购买开发商新建成的增量房地产或者在市场上购买存量房地产（可以是二手房），以满足自身生产经营的需要，或者转售给其他置业投资者以获得转售收益，以及租赁给他人以获得租赁收益的行为。

这个概念实际上已经说明了房地产置业投资的目的，即满足自身生产经营的需要，获得转售收益以及获得租赁收益。当然，除了这些目的外，房地产置业投资还有其他一些目的。具体而言，房地产置业投资的目的可以总结为以下几个主要方面：

1．对抗通货膨胀

通货膨胀是指物价上涨而相应的购买力下降的一个现象。很明显，通货膨胀会造成现有财富的减少，特别是对现金形式存在的财富危害最大。一个国家为了刺激经济发展，就会降低银行存款利率。把钱存在银行，获得的利息收入就很可能难以抵御通货膨胀的影响。此外还需要交纳利息税，这样，存在银行里的资金不但不能获得真正的资金增值，反而难以抵消通货膨胀，实际购买力下降。

房地产置业投资是对抗通货膨胀的最佳投资品。许多研究表明，长期来讲，全球房地产价格的上涨率一定高出通货膨胀率，这一点，是其他投资品难以相比的。

2．获得一定的现金收益

房地产置业投资者购置物业后，可以有几种处理方式，即出售、出租及自营。置业投资者在恰当的时机，当市场供求非常有利于出售时，以高于原购买价一定数量（即保证不会亏本）的价格出售自己所购入的房地产，可以获得出售收益。当然，这种出售收益实际上是一种转售收益，即把从开发商或其他房地产所有者手中购置的物业转售出去获得的现金收益。

除了出售外，比较常见的情况是出租自己从开发商或其他房地产所有者手中购置的物业，通过把物业出租给最终的使用者，以获取较为稳定的经常性净收入（租金总收入减去所有相关的费用）。而对那些借款比例不是很高的置业投资者（即那些并没有借入大量资金，不须支付高额还款的置业投资者）来说，租金净收入也可以成为他们一个主要的稳定资金来源。一般来说，任何人拥有房产，只要想出租，就总能找到租客并有租金收入，只是租金水平需要根据市场情况而定。尽管如此，租金收入还是一个稳定的现金收入。同时，这类投资又可以在投资者不愿意继续持有该项物业时，将其转售给另外的投资者，并获取转售收益。

置业投资者除出售、出租自己的物业外，还有一个处理方式就是利用该房地产进行经营，从而获得一定的自营收入。在投资者经营适当的情况下，自营收入也是一项稳定的现金收入。而且，在经营一定时间后，自营投资者也有机会把自营用物业出租或出售给其他投资者，从而获得一定的、稳定租金收入或销售（转售）收入。

3．取得物业资产的保值和增值效益

一般地说，因土地供给有限，决定了房地产价格会上涨且具有高报酬率。土地具有稀缺性，是一种不可再生的稀缺资源，具有升值潜力。在土地不断开发的情况下，可建地日益稀少，供给不增反减，需求则不断增加。就建设于土地之上的房屋来说，其供给的增长速度也常常低于需求的增长速度，因而房价升值是一个可以看到的现实。特别是对以下房地产来说，其保值增值效应更加明显：一是房地产周边区域性配套设施得到改善，如周边环境、绿化、文化教育和商务、办公配套的改善；二是周边交通状况得到明显改善，如地铁开通等；三是城市中心的偏移导致置业投资购得的房地产取得更好的政治经济区位等。

事实上，从长期来讲，几乎所有的房产置业投资者都将可能实现长期房产增值，而房产增值要比租金收入或税收优惠都大得多，这一点可以从我国历年房价不断上升的趋势中显现出来。当然，由于当前一些房地产开发商的“暴利”模式，人为哄抬价格，导致房地产的保值增值的空间越来越小。而且，房地产的保值增值并不是对所有的房地产都是如此，也不是在短期内所有房地产置业投资者都能看得到的现象。

4．积累财富，保障更好的生活

获得稳定的现金收益，取得物业的保值与增值，本身就是财富积累的体现。房地产置业投资者投资物业，一方面取得了较高的收益，另一方面又可以抵御通货膨胀，对置业投资者来说，考虑通货膨胀的因素，在房价增长时间和幅度远远超过房价下跌时间和幅度的情况下，投资者的财富仍然将会不断增加。拥有越来越多的财富，从某种角度来说，就是置业投资者有了更好的生活保障。

当然，房地产投资可以积累财富，并不是说房地产投资就不会亏本。当前确实有许多人因投资过大或所购房产位置不好而亏损，但随着时间的推移，长期来看，房地产置业投资市场仍然是利多的，置业投资也将会是积累财富的一种较好的手段。在发达国家，房地产置业投资顾问要求投资者在买入一套房产后一般要有持有 5 年以上的心理准备，也说明了置业投资财富积累的长期性。

5．铺垫事业，提升自身价值

房地产置业投资者购置物业后的一个重要用途就是满足自身生活居住或生产经营的需要，即自用。特别是利用所购置的房地产从事经营，例如从事商业服务业、房地产估价与经纪等中介服务业、开设招待所与餐馆等。房地产置业投资者在进行经营后，其角色就转变为一个实业投资者，以所购房地产作为铺垫，开始自己的事业生涯，并在从事相应的经营中，提升自身价值。

此外，房地产置业投资者还可以利用置业投资购得的房地产获得再投资的财务杠杆、得到税务优惠或好处以及保障自己退休后的生活等目的。

11.1.2　房地产置业投资的主要方向

房地产置业投资的方向几乎包括所有类型的物业，如居住物业（如普通住宅、经济适用住房、公寓、别墅等）、商业物业（如俱乐部、会议中心、康乐场所、商铺、购物中心等）、办公物业（如写字楼、综合楼）、酒店物业（宾馆、酒店等）、工业物业（如工业厂房、仓库、货场等）以及其他物业（如医院、学校、体育场馆、影剧院等）。考虑到我国的实际情况，以下介绍几种主要的热点投资方向。

1．中小户型普通住宅

中小户型是指相对面积较小，集约型的户型，是以满足生活需要为首要目的的户型，通过减少享受空间，降低户型面积，降低总价。中小户型住宅并不等于低品质住宅，中小户型同样可以建成适用、舒适、安全和美观的住宅。

中小户型普通住宅近年来市场销售一直很火爆，其原因主要在于三个方面：一是中小户型普通住宅适应工薪阶层生活起居需求。二是中小户型普通住宅工薪阶层能买得起。中小户型普通住宅由于每套面积小，总房价较低，而且装修费和物业服务费也相应减少。三是中小户型住宅租售前景看好。

中小户型住宅只要质量好、环境好、物业服务好、区位好、房价适宜，将是购房或租房消费的首选，其市场需求潜力巨大。正是因为这样，中小户型才可以很好地迎合租赁、投资以及过渡用房的需求。

2．酒店式公寓

酒店式公寓，最早源于欧洲，是当时旅游区内租给游客，供其临时休息的物业，由专门管理公司进行统一上门管理，既有酒店的性质又相当于个人的“临时住宅”。这些物业就成了酒店式公寓的雏形。在我国，酒店式公寓最早出现在深圳，后来又出现在上海、北京等地，它们主要集中在市中心的高档住宅区内。

酒店式公寓吸收了传统酒店与传统公寓的长处，除了提供传统酒店的各项服务外，更重要的是向住客提供精装修、全套家具、全套家电等居住布局硬件设施以及家居式的高水平的物业服务，真正实现宾至如归的感觉。其最大的特点是要比传统的酒店更多了家的味道。由于它吸收了传统酒店与传统公寓的长处，因此，备受商务人士的青睐。

酒店式公寓的户型，从几十平方米到几百平方米不等，可以满足使用者的个性化需求。对于不同户型也有不同的格调，在服务上根据住户的要求提供酒店式服务的同时，附属设施还增加了银行、会所、小超市等其他项目。酒店式公寓项目本身的设计也是个性化的，它不流于一般形式，可以为住客提供高档、到位的各种服务。

酒店式公寓的买家主要是房地产投资者，其购买目的非常明确，即是为了出租以收取稳定的投资回报。它有特定的目标客户群，目标租户则主要是外资企业、涉外国际机构的驻京

工作人员。由于具有低风险、超值回报空间，酒店式公寓一直是房地产投资置业者的上选，尤其是异地置业的首选。通常，酒店的租金要比公寓高 30%，而酒店式服务公寓单位小，好管理，易出租等特点是其他物业项目难以比拟的。不过，高档次项目所占用的资金相对较多，回报的周期相对较长，因此较适合中长线的投资者。

3. 社区商铺

目前，一般将商铺定义为：商铺是经营者为顾客提供商品交易、服务以及感受体验的场所。这个定义不仅包含了商铺的商品交易的功能，而且还包含了服务功能和感受体验的功能。

商铺作为商品交易的场所，包括百货公司、超市、专卖店以及汽车销售店等规模不等的商业空间；商铺作为提供服务的场所，包括餐馆、美容美发店、银行等服务设施；商铺作为提供感受体验的场所，包括电影城、KTV、健身房等营业单位。

按照开发形式，商铺可以分为市场类商铺、社区商铺、百货商场、商务楼或写字楼商铺以及交通设施商铺等类型。其中，社区商铺是指位于社区内的商用铺位，其表现形式主要是一至三层商业楼或住宅建筑底层商铺，有些铺面可以直接对外开门营业。

社区商铺有很大的发展空间，其投资利润率甚至可达 10%左右，是目前市场极为关注、投资者热衷的商铺投资形式，由于有稳定的社区居民客户流，未来的客户基础相对可靠，社区商铺投资风险小。此外，购得的商铺可以出租，也可以自己经营，并且可以根据市场的需求调整经营内容、出租方式和租金等，这样灵活的方式也是吸引人们投资的一个因素。

4. 商住公寓（SOHO）

商住公寓是住宅观念的延伸，但因为融入了写字楼的诸多硬件设施，尤其是网络功能发达，能在居住的同时从事商业活动，所以又是写字楼。

商住公寓的买家主要是境外或外埠的驻京联络处、办事处等，由于用户的规模较小，往往是居住及商务合二为一。因此，不但需要提供居家服务，还需要提供物业的商务性服务（如宽带、局域网、订票、会议、送餐等）。商住公寓因其价格或租金较低、空间分割灵活、可以解决日常居住问题、邻近商务区的较好地段以及不亚于纯办公楼的环境等特点吸引了大批成长型公司和个体投资者。

5. 产权式酒店

产权式酒店由“时权酒店”（TIME SHARE）演变而来。时权酒店是指由消费者或个人投资者买断旅店旅游设施在特定时间里的使用权。1976 年，法国阿尔卑斯山地区的旅游酒店首次进行了真正意义上的时权经营，向旅客出售了在特定时间内享有旅馆住宿和娱乐设施的权利。

国际通用的产权式酒店大致有以下几种类型：一是时权酒店，是将酒店的每个单位分为一定的时间份，出售每一个时间份的使用权。消费者拥有一定年限内在该酒店每年一定时间（如一周）的居住权。二是住宅型酒店，即投资者购买后可以先委托酒店经营，到一定期限转为自己长期居住的客居住宅。三是投资型酒店，即作为投资行为，委托专门的酒店管理公司经营管理，逐年取得约定的回报，并期待着增值回收投资。

西方产权式酒店的成熟发展基于以下条件：其一是西方国家中产阶级的崛起，形成了庞大的客户群，其二是产权式酒店所在地有足够的观光、康乐等旅游资源，可以供客人休闲度假，其三是国外分时度假消费的配套。目前世界上已有超过 100 个国家的 5000 余家酒店（度假村）加入了分时度假交换联盟。

产权式酒店作为产权式地产项目与商业性酒店的结合，整合了多种资源优势，是房地产和酒店的创新经营模式，有望成为新的投资消费热点。得出这个结论的主要依据有如下方面：① 保障充分。酒店管理商的专业经营管理，为置业投资者收入来源提供了稳定、强有力的保证；② 回报高、风险小。产权式酒店投资风险相对较少，收益较为稳定；③ 投入少。开发商通常都会专门为置业投资者设计出小户型的酒店单元，40～50m^{2}左右的标准单位，总价低、首付少，使大部分置业投资者都能买得起，承受得了。

11.1.3 房地产置业投资财务指标

房地产置业投资分析指标主要有以下几个：

1. 投资利润率

投资利润率又称投资报酬率，计算公式为：

投资利润率=年平均利润总额/总投资×100%

2. 资本金利润率

该指标用来衡量资本金的获利能力。其计算公式为：

资本金利润率=年平均利润总额/资本金总额×100%

3. 资本金净利润率

资本金净利润率=年平均所得税后利润总额/资本金×100%

4. 财务净现值

财务净现值是指把项目计算期内各年的财务净现金流量，按照一个给定的标准折现率（基准收益率）折算到建设期初（项目计算期第一年年初）的现值之和。财务净现值是考察项目在其计算期内盈利能力的主要动态评价指标。

5. 财务内部收益率

财务内部收益率是指项目在整个计算期内各年财务净现金流量的现值之和等于零时的折现率，也就是使项目的财务净现值等于零时的折现率。

6. 投资回收期

投资回收期就是指通过资金回流量来回收投资的年限，或者说用投资方案所产生的净收益补偿初始投资所需要的时间，其单位通常用“年”表示。投资回收期可分为静态投资回收期和动态投资回收期。

投资利润率、资本金利润率以及资本金净利润率越大，表明投资获利水平越高。净现值、内部收益率越大，说明项目风险越小，获利能力越强。

11.2 不同类型房地产置业投资财务分析

11.2.1 房地产置业投资的不同类型

置业投资主要有买卖投资、租赁投资、自营投资以及混合投资四种类型。

1. 房地产买卖投资

房地产买卖投资，是指投资者购买到某类投资型物业后，在几乎同一时间内低买高卖，

来赚取差价获取投资收益；或者是购入物业后，等待一定时间，在价格上涨后再出售该物业获利，同时在未售出期间，还可以把购入的物业用于自己居住、自用或对外出租盈利。

2. 房地产租赁投资

租赁是指置业投资者在购买到物业后，首先对该物业进行适当整饰与装修，之后以出租人的身份，以口头协议或签订合同的形式，将房屋交付承租人占有、使用与收益，由承租人向出租人交付租金的行为。通过租赁收取租金，置业投资者获取长期租赁收入。

租赁投资还有一种特殊情况，就是包租，其含义是获得物业使用权的投资者，将物业以每年或每月固定租金的形式包租下来，然后投入一定资金，根据实际需要，对物业进行适当的装修改造后对外转租，获取转租收益。

3. 房地产自营投资

房地产自营投资，也就是房地产置业投资者在购入新增或存量房地产后，不是用于出售或出租，而是用于经营，如开设商店、经营各种中介服务或娱乐服务等，通过获取所经营的商品价格差，以及提供劳务服务收取服务费用的方式，回收投资并取得经营收入。对于社区商铺，这种自营性置业投资通常比较普遍。

4. 房地产混合投资

混合投资，就是置业投资者购入物业后，对物业进行出售与租赁的混合经营，即先通过出租或自营获取租赁或自营收益，当房地产价格上涨到一定水平时再把物业出售出去，获取出售收益。混合型投资形式灵活，兼有长期性投资和投机性投资的优点，越来越受到广大投资者的青睐。

11.2.2 房地产置业买卖投资财务分析

1. 房地产买卖投资的成本费用分析

房地产买卖投资的投资成本费用主要有：

（1）购置价款。购置价款通常就是购买价，它等于房屋的实际销售成交价格。

（2）贷款保险费。当置业投资者没有足够的自有资金，而要采用抵押贷款方式购买时，还需要交纳贷款保险费。

（3）贷款利息。置业投资者采用抵押贷款方式购买物业时，需要支付贷款利息。具体的利息需要根据贷款的类型、金额、还款方式以及其他具体约定而定。

（4）交易税费。根据国家的税法规定，作为购买者，个人购买新房或二手房时应缴纳的主要税费有：契税；印花税。当置业投资者出售房屋时，作为卖方应当交纳的税费有：印花税；营业税及附加；个人所得税；土地增值税等。

实际上，房地产买卖具体税种和征收办法各地不尽相同，而且受政策影响，处于变化之中，但一旦发生买卖交易，这些税费将是明确而具体的。

（5）公共维修基金。购房者需要按照国家规定以房屋售价的一定比例交纳公共维修基金。

（6）维护改造与装修费用。该项费用是置业投资者在购入物业后，为了某种需要，而对物业进行维护改造与整饰装修的费用。

（7）物业服务费等费用。即房屋需要交纳的物业服务费、供暖费等费用。

（8）中介或经纪费。置业投资者在出售自己的房屋时，通常需要借助中介或经纪单位的力量，因而需要交纳一定数量的中介或经纪费。

2．房地产买卖投资的收入分析

房地产买卖投资的毛收入就是销售价格，这个价格通常既不是置业投资出售者的要价，也不是购买者的出价，而是根据市场情况由双方最后商定的价格。这个价格与房地产估价得出的价格也有一定的差异。

房地产买卖投资的收入或销售价格，与买卖双方的交易条件有关。具体来说，主要就是买卖双方对交易税费的最终负担者的约定，当约定卖家的税费由买家承担时，房地产销售价格就会相对较低，计算置业投资出售者的销售收入时，需要考虑到这个问题。

3．房地产买卖投资的财务分析

下面以一个具体的例子来说明房地产买卖投资的财务分析。

[例 11-1]某人一次性付款购买了一套 100m^2 的住宅，花费了 80 万元购房款，并分别以售价的 1.5%和 0.05%缴纳了契税和印花税。保险费及维修基金等其他费用不再考虑。假设该投资者购得该住宅后一直使之空置，在售出前没有因此增加任何收益和支出。3 年后，该投资者把该住宅以 120 万元售出。卖房时的交易手续费、营业税及附加、印花税分别为售价的 1.5%、5.5%和 0.05%；所得税税率为 20%。评估、交易、登记等费用合计 5000 元。请分析该项投资的可行性。

解：把该项投资的各指标值汇总并分析见表 11-1。

开始 插入 页面布局 公式 数据 审阅 视图 Acrobat

B22

表11-1 房地产买卖投资分析表

	A	B	C	D	E
1					
2	计算项目	计算标准		计算说明	数值/元
3	**总收入**				
4	售价				1200000
5					
6	**总成本费用**				
7	购房投资			购买价	800000
8	买房缴纳的印花税	购房投资的	0.05%	PRODUCT(E7,C8)	400
9	买房缴纳的契税	购房投资的	1.50%	PRODUCT(E7,C9)	12000
10	销售手续费	售价的	1.50%	PRODUCT(E4,C10)	18000
11	营业税及附加	售价的	5.5%	PRODUCT(E4,C11)	66000
12	卖房缴纳的印花税	售价的	0.05%	PRODUCT(E4,C12)	600
13	评估、交易、登记等费用				5000
14	所得税	售房纯收入的	20%	PRODUCT（（E4-E7-E8-E9-E10-E11-E12-E13),C14)	59600
15	合计			SUM(E7:E17)	961600
16					
17	税后净收益	总收入-总成本费用		E4-E15	238400
18	资本金净利润率	年均税后净收益除以资本金		E17/3/E7	9.93%

将如上得到的收益率与将该笔资金存入银行的收益率相比较来看该投资是否值得。如果将该笔资金存入银行，按现有三年期年利率 4.95%计算，三年的利息额为 124777.63 元，扣除 5%的利息税后净收益为 118538.75 元，总投资利润率为 14.82%，年收益率（资本金净利润率）为 4.94%，而该项目投资的资本金净利润率为 9.93%。

很明显，储蓄投资比买卖投资的投资收益率低 4.99%。如果没有通货膨胀，储蓄投资的

风险低，收益稳定，但买房投资的收益却相对不稳定，存在较大变数，尤其在房价高企阶段。上面的分析是在假设房子空置的情况下，实际上如果该房产在三年内用于出租，其租金收益也应相当可观，至少相当于存银行的利息收益。如果在房地产市场行情看好的情况下，将有更高的收益。但如果房市表现平平甚至冷清，则只能靠租金和在适当时候卖出来收回投资了。

一般情况下，我们进行买卖房产置业投资分析时，收益率是与银行利率作对比的。但同时也要考虑通货膨胀的因素，比如当前，实际存款利率为负值（扣除了通货膨胀率），这种比较的意义就在于，买卖房产的收益率至少比储蓄的实际收益率大。

11.2.3 房地产置业租赁投资财务分析

1. 房地产置业租赁投资成本费用分析

根据前面的介绍，房地产置业租赁投资包括投资者直接出租和承租者转租（包租）两种形式。不同的出租形式，其成本费用也有某些不同。

对于投资者直接出租的情况，其投资就是购买房地产时的资金投入，其成本费用包括购买成本和出租成本；对于包租或转租而言，其投资则是包租房地产时的资金投入，其成本费用包括包租成本和经营成本。

具体来说，直接出租的投资成本费用包括如下方面：

（1）购置价款。同房地产买卖投资的购买价。

（2）贷款保险费。同房地产买卖投资的贷款保险费。

（3）贷款利息。同房地产买卖投资的利息。

（4）出租税费。对于出租而言，不同地区具体的税费有所不同。但总体上包括：印花税；房产税；营业税及附加；个人所得税等。

（5）公共维修基金。同房地产买卖投资的公共维修基金。

（6）维护改造与装修费用。同房地产买卖投资的相关费用。

（7）物业服务费等费用。类似于房地产买卖投资的物业服务费等费用。

（8）中介或经纪费以及广告费。即出租过程中需要交纳给中介的代理费用以及为扩大影响而支付的广告宣传费用。

（9）租赁经营管理费用。为出租需要交纳的管理费用。

此外，根据租约的约定，房屋出租者可能还需要为自己的物业交纳各种保险费等费用。

对于包租经营者来说，其成本与直接出租基本相同。主要的不同是包租经营者不需购买物业，不需支付与购买有关的购置款、贷款保险费、贷款利息以及维修基金等费用，而只需向物业所有者支付固定的包租租金，按月支付或按年支付。

2. 房地产置业租赁投资收入分析

房地产置业租赁投资收入就是实际的租金收入。不管直接出租还是包租经营房产，若租赁方一次性付款，则当期收入就是所得价款；若租赁方分期付款，则可将各期收入汇总到现金流量表里，计算各期净现金流。

物业租金是依照物业用途、建筑物类型、地段、面积、朝向、层次、装修标准、附属设施条件以及市场供求关系等多种因素决定。一般说来，商业用房租金水平高于办公楼，而办公楼又高于住宅。

实际中，置业投资者获得的租金收入应该是实际收到的租金。实际租金是对基础租金进行减免和折让调整后的租金额。这里的基础租金，是合同所列出的金额，既可以是租金额度，也可以是单位面积的租金。

对于置业投资者来说，出租投资型物业的回报包括两大块：一是物业租赁的净租金收益，二是物业持有期间的增值收益。前者的计算公式是：

租赁净收益=租金–综合税费–出租期间的年折旧费（房价的 1.5%～2%）–公共维修基金–中介公司的代理费–保险费–机会成本

3．房地产置业租赁投资财务分析

下面以两个例题分别介绍直接出租置业投资和包租置业投资两种情况的财务分析。

[**例 11-2**]某公司以 10000 元/m^{2}的价格购买了一栋建筑面积为 30000 m^{2}的写字楼用于出租经营，该公司在购买写字楼的过程中，支付了相当于购买价格 6%的各种税费（如契税、手续费、律师费用、其他费用等）。其中，相当于楼价 30%的购买投资和各种税费均由该公司的自有资金（股本金）支付，相当于楼价 70%的购买投资来自于期限为 15 年、固定利率为 7.5%、按年等额还款的商业抵押贷款。假设在该写字楼的出租经营期内，其月租金水平始终保持在 200 元/m^2，前 3 年的出租率分别为 65%、75%、85%，从第 4 年开始出租率达到 95%，且在此后的出租经营期内始终保持该出租率。出租经营期间的经营成本为毛租金收入的 30%。如果购买投资发生在第 1 年的年初，每年的净经营收入和抵押贷款还本付息支出均发生在年末，整个出租经营期为 48 年，投资者的目标收益率为 14%。试从投资者的角度，计算该项目自有资金投资的净现值和内部收益率，并判断该项目的可行性。

解：本题的分析可根据 Excel 现金流量简表 11-2 来进行：

J21 fx

	A	B	C	D	E	F	G	H
1				**表11-2 现金流量简表**		(单位：万元)		
2	**项 目**	**合计**	每期一年	每期一年	每期一年	每期一年	每期一年	每期一年
3			0	1	2	3	4～15	16～48
4	**现金流入**							
5	毛租金收入		-	4680.00	5400.00	6480.00	6840.00	6840.00
6	**小计**	**324360.00**	-	**4680.00**	**5400.00**	**6480.00**	**6840.00**	**6840.00**
7								
8	**现金流出**							
9	自有资金投资		(10800.00)	-	-	-	-	-
10	年还本付息额	(35685.45)	-	(2379.03)	(2379.03)	(2379.03)	(2379.03)	-
11	经营成本	(97308.00)	-	(1404.00)	(1620.00)	(1944.00)	(2052.00)	(2052.00)
12	小计	(143793.45)	(10800.00)	(3783.03)	(3999.03)	(4323.03)	(4431.03)	(2052.00)
13								
14								
16	**净现金流量**	180566.55	(10800.00)	896.97	1400.97	2156.97	2408.97	4788.00
17	**财务净现值**	6452.09	(10800.00)	786.82	1078.00	1455.89	1426.30	588.41
18	**财务内部收益率**	19.87%						

根据表 11-2 现金流量表，可以得到该投资的所得税前财务净现值为 6452.09＞0，内部收益率为 19.87%＞14%，故该项目可行。

[**例 11-3**]某投资者将某物业整体包租下来，用于转租经营。该物业面积为 2 万 m^2，包租价格为整体 220 万元/年，按年支付，租期 10 年，押金 10 万元，装修、整改和物业服务费全

由包租者支付，其中，整改装修费用共计需要 100 万元，每年物业服务费为 10 万元，每年其他租赁经营成本为 20 万元，综合税率为 6%。预计在转租经营的 10 年间，平均租金为 15 元/（m^2·月），包含管理和自用房在内的空置率为 15%。假设年收入与支出均无增长变化，基准收益率为 15%。试从净现值和内部收益率两方面分析该包租投资是否可行？

解：本题的分析可根据 Excel 现金流量简表 11-3 来进行：

O11 =

	A	B	C	D	E	M
1	**表11-3 现金流量简表**				（单位：万元）	
2	**项　目**	**合计**	每期一年	每期一年	每期一年	每期一年
3			0	1	2—9	10
4	**现金流入**					
5	毛租金收入		-	306.00	306.00	306.00
6	押金回收					10.00
7	**小计**	**3070.00**	-	**306.00**	**306.00**	**316.00**
9	**现金流出**					
10	包租押金		(10.00)	-	-	-
11	包租价格	(2200.00)		(220.00)	(220.00)	(220.00)
12	整改装修费	(100.00)	(100.00)			
13	物业服务费	(100.00)		(10.00)	(10.00)	(10.00)
14	租赁经营成本	(200.00)		(20.00)	(20.00)	(20.00)
15	税费	(183.60)		(18.36)	(18.36)	(18.36)
17	小计	(2783.60)	(110.00)	(268.36)	(268.36)	(268.36)
19	**净现金流量**	286.40	(110.00)	37.64	37.64	47.64
20	**财务净现值**	81.38	(110.00)	32.73	28.46	11.78
21	**财务内部收益率**	32.32%				

根据表 11-3 现金流量简表，可以得到该投资的所得税前财务净现值为 81.38 > 0，内部收益率为 32.32% > 15%，故该项目可行。

11.3　房地产置业投资策略分析

11.3.1　房地产置业投资融资策略分析

置业投资在资金使用上要留有余地。支付购房款，可以充分利用金融支持，办理组合贷款或商业性抵押贷款来支付首付款，以后可用租金来按月还贷。这样可用有限的资金作多项投资，只要租金收入在纳税后能弥补物业维修、折旧和贷款利息，若干年后丰厚的回报就会实现。因此，怎样利用贷款才能带来最大的收益，对置业投资收益无疑十分重要。

1．抵押贷款方案的选择

假设有两种贷款方案可供投资者选择：贷款额分别为 A_1 和 A_2，利率分别为 r_1 和 r_2，贷款的手续费和其他费用分别为 P_1 和 P_2，贷款期限均为 n 年，每年计息 k 次，A_1 贷款额比 A_2 大。在比较这两种方案的优劣时，必须排除其他因素的干扰，如缺少资金，必须选择贷款额大的方案等。判断这两种方案优劣的出发点为成本最低、效率最高、资金使用的机会成本最小。

因此，可以考虑这两种方案的贷款额之差（$\Delta A=A_1-A_2$）等于两种抵押贷款的偿付额之差的净现值（ΔM），即：$\Delta A=\Delta M(r)$。其中，$\Delta M(r)$ 表示 ΔM 是 r 的函数，是一个多项式，每一项都是 r 的函数，每一项中的数值都是该期两种方案偿还额的差值。通过迭代法，可以求出上式中的 r。求出的 r 越高，年金现值越低，A_1 贷款额方案效果越差。因此当 $r_1>r$ 时，应选择 A_2 贷款额方案，否则应选择 A_1 贷款额方案。

2．利率变动时的贷款分析

当利率降低时，对正在偿付抵押贷款的投资者而言，应该另外再筹措一笔抵押贷款还是继续使用现有固定利率付款的贷款？这就需要对再筹资方案和目前的贷款方案进行比较。

先看再筹资。再筹资时要支付一笔提前偿付罚款，还要支付新贷款的手续费和其他费用，如所有权调查费用、酬金、记账成本等直接费用，以及时间等间接费用。判断再筹资方案是否可取得标准是：从再筹资时的时间点算起，若再筹资时发生的各种费用之和小于再筹资抵押贷款偿付款与原抵押贷款偿付款之差的净现值，则再筹资方案可取，反之则不可取。

用 p 来表示再筹资时所发生的各种费用；M 表示原抵押贷款偿付款；M'表示再筹资抵押贷款偿付款；r 表示原贷款利率；r'表示再筹资时的利率。则有：$p<(M-M')(r)$。其中，$(M-M')(r)$ 表示 p 是 r 的函数，是一个多项式，每一项都是 r 的函数，每一项中的数值都是该期两种方案偿还额的差值。临界情况是上式两边相等。这里同样可以用迭代法求出上式中的 r，求出的 r 即为临界收益率，若再筹资的利率小于 r，则该再筹资方案可行；否则不可行。

实际上，这种判断方法与利用现金流量表求取内部收益率来判断投资是否可行是一样的道理，这里可以把每期偿还款差额当作当期现金流，进而求取其“内部收益率”，也就是差额内部收益率。根据差额内部收益率的大小，判断筹资方案的最优选择。

11.3.2 房地产置业投资对象选择分析

人们在进行房地产置业投资时最主要的目的有两个：一是用来自住，二是用来进行生产经营活动。用来自住的房屋要考虑居住的舒适性、出行的便捷程度以及周边的环境状况，而用来进行生产经营的房地产更多地要关注其所在区位、周边的商业氛围等，考察它是否有利于进行经营性活动，能否带来比较满意的收益。因此，无论是哪种用途的置业投资，都需要全面、准确地对投资对象进行选择分析。

对于一个投资对象的选择分析，要做到细致、透彻，力求通过选择分析确定最佳的投资对象。一般来说，不同的物业类型，其选择应考虑的情况各有侧重。对住宅来说，置业投资者在选择过程中，可以主要从房地产的区位、质量、格局、物业服务、配套设施、权属、房龄等方面进行全面、准确的判断与分析。

1．房地产的区位

无论是用来自住还是生产经营的投资者都不希望自己所投资的房地产在未来贬值，那么在考量一个物业的当前价格和未来走势时，就一定要追本溯源，考量到影响房地产价值的最根本因素——区位。

城市发展空间的有限性和土地资源的稀缺性，决定了区位是反映房地产价值的根本因素。当然，并不是区位价值越高就意味着物业当前的价格越高。区位价值是一个不断变化着的值。随着交通条件的改善、城市规划布局的调整，区位条件也在相应发生改变，有可能升值，也

有可能贬值。一个售价昂贵的物业也不能代表其未来的升值潜力就最大，而要看其所在区位在城市规划中的重要性以及开发潜力的大小。

很多人认为进行置业投资就一定要选择处于繁华地段、成熟社区的房产，这样能够获得比较可观的收益。其实不然，繁华地段、成熟社区的房价较高，投资成本较大，同时，城市中的此类区域多为规划较早的地区，整个社区的规划布局并不十分合理，甚至较为落后。所以，无论是出租或是出售都会面临一定的困难，投资者会陷入“高不成低不就”的尴尬境地，使投入产出难成正比。相反，一些新建成的或是处于城市规划当中的重点区域则应成为投资的新方向。投资这些地段的房地产不仅成本相对较低，而且能够享受到巨大的升值空间带来的众多好处。

2．房屋的质量

任何投资价值的实现都要以房地产的质量作为前提条件。好的楼盘风格、合理的房屋格局都需要以过关的质量为依托；人们居住的舒适度、安全性以及生产经营环境的好坏也都要有房屋的高质量作为保障。房地产的质量可以被看作是房地产投资的生命线。

对于置业投资者来说，在检验投资对象的质量时要先考察投资对象的开发公司，好的房地产开发公司才能创造出好的房地产产品。具体来说，就是要了解房地产开发公司的实力和信誉。有实力、讲信誉的开发商往往能够较好地兑现自己的承诺。因为有雄厚的资金作保障，所以工程质量才能够有保证。资信等级越高的企业，信誉往往也越高，投资者在选择投资对象时，最好选择资信度在 AA 级及以上的开发企业所开发的产品。由于好的房地产开发公司在公众中的口碑较好，所以选择他们的产品不但质量有保证，也能够被更多的人所接受，便于出租或出售。

3．房屋的格局

房屋的格局是投资者在选择投资对象时要仔细考虑的问题。对于用于自住的投资者来说，要根据自己家庭的人口数、家庭的经济状况以及家庭生活的习惯和需要选择适合的格局；而对于生产经营的投资者来说就要更多地考虑经营规模、经营商品的类型以及经营场所的风格等，以此来作为选择对象的依据。

在挑选房屋格局时要力求方正，避免有三角形（尖角形）等不规则形状出现，对于房屋中间有柱穿过或是屋内有井盖的格局也应尽量避免。因为突兀的斜角会给人造成一种不适的压迫感，不规则的格局也会影响家具或展台的摆放，有些缺陷很不美观，还需要另外装饰进行弥补，不仅造成面积的浪费，也会增加投资的成本。尤其是居住用的房屋格局更应该谨慎的选择。比如客厅的采光一定要好，与餐厅和其他卧室之间的联系要紧凑，位置上也要具有相对的独立性；主卧室是最具私密性的地方，与客厅、餐厅都不能有“开门见山”的感觉，应有良好的隔音效果和充足的光线条件；厨房与餐厅之间的联系也要非常的紧凑，两者间的行走路线不能被破坏；卫生间则要具有良好的自然通风与采光效果。

4．物业服务

如果说房屋的质量是硬件的话，那么物业服务就应该成为“软环境”。有了好的软件服务就能够延迟硬件设备的老化，延长楼盘的生命。物业服务公司的服务水平、服务档次的高低是房子升值的内在因素，对于整个物业是否能够保值、升值具有重要作用。通常情况下，物业服务公司水平越高，软环境就会越好。

在进行置业投资时，投资者要考察物业服务公司的业绩，尽量选择服务全面、收费合理、管理人员素质高的物业服务公司。对于写字楼的物业服务公司要考察其大堂的清洁程度、电梯的质量及使用效率、停车场的安保系统等。档次较高的酒店式公寓还需要考察其是否聘请了专业的物业服务公司或酒店管理公司进行管理。因为这样的物业，要求提供高水准的酒店式菜单服务，能够帮助业主打理整栋物业的形象，使物业升值。投资这类物业的投资者不必太在意物业服务费的高低，过低的物业服务费保证不了服务的到位和优质。

5. 配套设施

在进行房地产置业投资时，除了要关注房地产本身以外，还要对所投资房地产的配套设施有所关注。配套设施齐全与否，直接决定着该地段房产的附加价值及升值潜力，对于自住用的投资者来说，更关系到今后生活的方便舒适与否。配套设施已经成为投资者进行投资分析的重要因素之一。

一般来讲，学校、医院、绿化、交通以及休闲娱乐等配套设施比较完备的物业其附加价值及升值潜力都比较大。随着社会化的高速发展，人们对于信息的获取要求也越来越大，所以网络系统不仅可以加速与外界的交流，方便人们的日常生活，更可以为日后的全面智能化打下基础。因此，选择具有网络系统支持的物业进行投资是当前的一个投资趋势。当然，对于一些配套设施尚未健全的物业也不能完全持否定态度，因为很多成熟的物业都是一步步发展起来的，其配套设施的建设也是逐步完成的。对于处在发展之中的、具有潜力的物业也应该进行大胆的投资。

除了以上分析的几点之外，在进行房地产置业投资对象的选择时，还要对所选物业的风格有一个大致的了解，对房屋面积的大小、房屋的权属状况以及房屋的使用年限等进行认真的调查和核实。在全面、准确地了解了投资对象的情况之后，再作出最终的投资选择。

[阅读资料] 租赁和购买的优点和缺点

租赁的优点包括：① 当公司须在一段时间内取得资产时，与进行长期贷款谈判或在每次需要新资产时出售证券相比，租赁更易操作；② 租赁给需要现金投资于其业务的业主提供了更大的灵活性；③ 承租人可以避免一些与所有权有关的风险。此外，租赁还具有成本稳定、空间灵活以及技术、位置等方面的优势。

租赁的缺点有：① 对于财务状况良好、易于融资、可以利用所有权税收利益的企业来说，租赁成本较高。对于个人或较小企业来说，租赁与借贷大致相当；② 承租人很难获得业主的批准对租赁物业进行改造；③ 如果租赁的物业已过时，或通过租赁筹资的资本项目变得不再经济，在法律上承租人必须继续对租约进行支付，否则就要支付罚金。此外，租赁在物业的增值、分配权、经营性控制等方面也有一定的缺陷。

购买的优点包括：① 根据折旧规则和抵押利益，业主在持有期或物业出售时可享受税收减免；② 资产所有人，尤其是建筑物所有人有权拥有其所有的折旧价值；③ 当物业的一部分被出租时，业主可以将从承租人处得到的收入用于偿还该物业的抵押贷款，为其主要业务提供资金或用于其他投资；④ 拥有物业的用户或投资者可以在法律允许的范围内自由随意支配其物业。

购买的缺点有：① 为取得物业必须进行现金收付，而这笔钱原本可以用来为企业的经营或其他投资进行融资；② 抵押贷款或信托契约有时能够影响贷款人要求的资产负债表以及相

关的负债限制；③ 存在许多与所有权相关的风险，如潜在损失、过时以及不能在合适时间以合理价格出售。此外还有缺乏灵活性等缺点。

11.3.3　房地产置业投资时机选择分析

在进行房地产置业投资时，时机的选择是至关重要的。很多人都会认为投资是要"买涨不买跌"，但实际上，当房价上涨的时候，投资者一拥而上，未必能买到比较理想的物业，反而会由于时机选择的错误而被套牢。所以投资时机的正确选择是投资获利的前提基础。

1．定量分析

当对时机的把握理解为对持有还是出售物业的一种选择时，就可以通过定量计算收益率的方法来确定是否处于正确的投资时机。

假定投资者拥有一处房产，在持有此房产的某一期，根据其现金流计算出持有收益率，在假设将此房产卖出，并根据现金流计算出其出售收益率。因为在进行房地产的买卖时会发生一些交易费用，所以持有收益率可能会高于出售收益率。然而在宏观经济形势比较好，房价持续上涨时，出售收益率可能会高于持有收益率。因此，

当持有收益率＞出售收益率时，应持有房地产；

当持有收益率≤出售收益率时，应出售房地产。

实际上，定量分析只是一个辅助分析，房地产市场变化多端，对房地产投资时机的把握还得靠对市场信息的全面掌握和准确分析，尤其是对市场发展趋势的准确把握。

2．定性分析

房地产作为一种商品，它的价格势必受到来自各方面的诸多因素变化的影响，仅仅从量上对收益率进行计算并不能全面、准确地判断投资时机的成熟与否。因此，需要将各种因素全面地考虑在内，综合分析投资的最佳良机。

（1）经济周期的循环对投资时机的影响。房地产价值的变动处于一个循环往复的周期之中，掌握这个循环有利于把握房地产贷款利息的调整情况和房地产价格变化的特点，从而更好地把握投资时机。

当经济处于繁荣时期时，为了防止经济过热而引发经济泡沫，中央银行会上调利率，处于证券市场和房地产市场中的大量资金被抽回，使得房地产价格下降；而当经济处于萧条时期时，为了刺激经济增长，中央银行就会下调利率。此时大量的资金就涌入到股票等证券市场，使得各类证券的价格都有所上升。同时，进入房地产领域的资金也逐渐增多，房地产价格出现上涨，这意味着新一轮增长的到来。

对于房地产投资来说，通常采取"低吸高抛"的策略，即在经济处于低点、市场低迷时选择持有一些潜力较大的物业，而在经济达到高点、旺季来临时，就要选择出售物业。由于人们对于房屋的需求弹性较小，所以与一般的商业活动不同，在低潮时期进入房地产市场可能会给投资者带来一定的好处。首先，在经济不景气的时候，银行的贷款利率相应较低，投资者可以享受到此项优惠而减少向银行偿还的资金；其次，当房地产的价值下滑以后，在进入新一轮增长周期时，它的价值很可能达到一个更高的位置，给投资者带来更加丰厚的投资收益；最后，在萧条时期进行房地产投资可以获得充足的选择余地，从而避免争夺物业的现象出现。相反，在市场旺盛时期，房价上涨的空间已经比较小了，继续持有物业的风险相应

较大，最好的处理办法就是将其变现。

（2）政策变化对投资时机的影响。房地产具有不可移动性、投资时期较长、产品的异质性等特点，这些特点就使得房地产市场成为一个受政策影响相对较大的市场。因此，为了能够准确地把握房地产的投资时机，就必须密切关注国家政策的变化，力求充分利用相关政策来指导房地产置业投资。

就房地产业来说，政府制定的各种政策以及城市规划等都会对其当前的状况及今后的走势有所影响。投资者一方面要详细了解政府的有关法律法规，知道政府是否鼓励投资；另一方面，还要能够及时、敏锐地洞察到国家政策的变化方向，并由此分析出房地产市场的未来走向。把握住这两点就有可能先人一步抓住投资的最佳时机，获得可观的投资收益。当国家在一段时间内连续出台一些政策来对房地产市场进行调控时，就表明此时的房地产市场很可能已经处于过热的时期，同时也告诉投资者房价已经到了循环周期的高峰阶段，此时就应该适当的出售手中的物业，而不应该再大量持有了。而一旦国家实行扩张的货币政策，下调利率，鼓励投资时，就意味着当前的市场处于整个经济循环的萧条阶段。在这个阶段，投资的成本较低，竞争者较少，回报率较大，与高峰期相比，投资的风险也要小得多，而成功率却要高很多。所以，此时投资者就要为新一轮的投资做好准备，适时地介入市场。

（3）城市的发展状况与发展潜力对投资时机的影响。城市的发展为房地产运行提供了空间和资源利用的前提条件以及持续发展的源泉。城市规模的不断扩大、城市建设质量的提高以及城市经济发展阶段的提升都会引发城市功能区的调整。因此，持续不断的旧城改造、小区设施建设的不断完善都会刺激房地产的需求。同时，城市人口的急剧增加，市场消费需求多元化和需求层次的提高，以及服务领域的扩延和结构提升，也为房地产运行结构的演化和质的重组提供了保障和指向。另外，城乡经济的统筹发展和工业布局协调以及郊区化的发展和小城镇的有序建设等也都为房地产运行提供了更为广阔的空间。

我们看到，城市的发展会给房地产业带来更强的生命力，由此也提示投资者，选择一些发展中的城市比选择完全发展成熟的城市进行房地产置业投资，获得的机会和收益会更多。发展中的城市政府重视对外开放政策的实施，重视招商引资。大量的外来资金会刺激本地的房地产消费市场，进而拉动整个房地产市场的发展。如果投资者能够看准一个城市的发展状况、并对其未来的发展潜力也有足够的信心，那么抓住这样的时机，就有可能为自己的投资活动加上分量很重的一块砝码。

（4）投资对象的具体情况。多数投资者在进行置业投资时都愿意选择新开盘或是刚刚上市的物业，认为这样的物业选择余地较大，而且往往开发商会采取“低开高走”的销售策略，此时介入市场成本会比较低。这样的想法固然没有错误，但是如果经过仔细考量，抓住了准确的时机，投资尾盘也不失为一种好的选择。

有些投资者会认为尾盘期的房屋都是被别人挑剩下的，对其质量存在着很大的疑虑。其实不然，对于尾盘期的房屋我们要进行具体的分析，并不都是不好的房屋。有些开发商前期将部分房屋留做日后出租房用，但后期因为种种原因决定再售，从而形成了尾房；有些采取“低开高走”策略的开发商，在销售初期只拿出小部分房子低价销售，而后由于提高了房屋的价格，使得销售进程受阻，积压了一部分房子，从而形成了尾房。以上这两种原因形成的尾房其质量都是没有问题的，投资者一定抓住这样的时机进行投资。所以投资者一定要仔细、客观地判断开发商的实力、项目的价值、未来居环境等，避免投资“烂尾房”。

（5）其他投资及资金市场对投资时机的影响。因为一个国家在一定的时期内拥有的财富总量是确定的，所以如果大量的资金都投入到了金融、证券等市场上，那么必然会拉动金融、证券市场的上涨。此时，金融、证券市场就处于旺盛时期。由于财富总量的大部分已经被投入到了金融、证券等市场上，所以相应的投入到房地产市场上的资金就比较少，房地产市场就会表现出供大于求的局面。这个时候，房地产市场很可能就处于循环周期的低谷阶段，是一个比较理想的投资时机。

小　结

房地产置业投资是指投资者通过购买开发商新建成的增量房地产或者在市场上购买存量房地产（可以是二手房），以满足自身生产经营的需要，或者转售给其他置业投资者以获得转售收益，以及租赁给他人以获得租赁收益的行为。置业投资的目的包括对抗通货膨胀；获得一定的现金收益；取得物业资产的保值和增值效益；积累财富，保障更好的生活以及提升自身价值等。它的主要投资方向包括中小户型普通住宅、酒店式公寓、社区商铺、商住公寓以及产权式酒店等方面。

房地产置业投资的财务指标与前面章节所介绍的没有大的不同。可以利用这些指标，特别是财务净现值和财务内部收益率，来对房地产买卖、出租等置业投资进行财务分析。当然，进行房地产置业投资还需要注意置业投资的融资、投资对象选择以及投资时机选择的策略分析。

思　考　题

1. 什么是房地产置业投资？其目的主要有哪些？
2. 房地产置业投资的主要投资方向有哪些？
3. 房地产置业投资分析财务指标主要有哪些？
4. 房地产置业投资的主要类型有哪些？
5. 房地产买卖和出租投资的成本费用分别有哪些？
6. 具体分析房地产置业投资的几种策略。

练　习　题

1. 接第 2 章练习题，假设你所在的城市有一住宅开发项目，请根据具体情况，在完成前述各项分析后，试对该住宅的置业投资进行定性和定量分析。

2. 1999 年，某投资者拟用 3 年时间以 600 万元的价格按照分期付款的方式购买某一写字楼，已知前两年的付款比例分别为 20%、30%，余下在第三年付清，并在该年年末装修完毕，第四年即出租，当年的毛租金为 80 万元，经营成本为 20 万元，并预计在此后的 8 年内毛租金收入和经营成本的平均上涨率均为 10%，折现率为 15%。出租 8 年后，该投资者把该楼转售给他人，获得 1200 万元的收入。如果本写字楼投资项目在整个经营期间内的其他支出和收入情况见表 11-4，并假设投资和经营期间的收支均发生在年末。在不考虑其他投资的情况下，判断该写字楼是否值得投资？

表 11-4　项目投资情况表　　（单位：万元）

年　份	1999	2000	2001	2002	2003	2004	2005	2006	2007	2008	2009
装修支出			20				30				50
转售成本											150
转售收入											1200

3．某企业购买了一栋商业楼用于出租经营，其建筑面积为 3 万 m^2，购买价格为 1.5 万元/ m^2。为此，该企业还支付了包括契税、手续费等在内的各种税费，总金额相当于购买价格的 6%。其中该企业用自有资金支付了 40%的购置款项及各种税费支出，另外 60%的购置价款用抵押贷款方式偿还，该抵押贷款的期限为 10 年，固定利率为 8%，每年等额偿还。该商业楼出租经营期间，月租金固定为 250 元/m^2，第一年出租率为 50%，第二年出租率为 75%，第三年至以后各年出租率均保持在 90%；年出租经营成本为其年毛租金收入的 30%；出租经营期为 30 年。每年的净经营收入和抵押贷款还本付息支出均发生在年末。该企业目标收益率定为 12%。试从项目自有资金的财务净现值和财务内部收益率的角度判断该项目的可行性。

第12章

房地产投资可行性研究报告

学习目标

通过本章学习，了解房地产投资可行性研究报告的基本构成；熟悉房地产投资可行性研究报告的编制大纲；掌握房地产投资可行性研究报告编写的要求与注意事项以及报告的审读。

关键词

房地产投资可行性研究报告

12.1 房地产投资可行性研究报告的结构

12.1.1 房地产投资可行性研究报告的基本构成

房地产投资是否可行，在前述分析的基础上，通常需要有一个统一的书面文件来总结、描述和交代，这个文件就是可行性研究报告。可行性研究报告是投资项目是否可行结果的体现，是项目最终决策的依据，也是申请房地产开发项目立项、贷款以及与有关方面签订协议或合同时的必备资料，同时还是开展设计工作的依据和安排投资项目的计划、实施的方案，以及进行项目所需的设备材料订货等项工作的依据。可行性研究报告通常由房地产投资者委托投资分析机构，如房地产评估、咨询机构来撰写。

房地产投资可行性研究报告因所研究的对象、投资阶段以及投资内容等的不同，其内容构成和具体写法也有所不同。当然，作为投资可行性研究报告，必须说明研究什么、为什么研究、得出什么结论以及得出这些结论的依据。在这个基础上，还应注意作为可行性报告这种文体的规范格式。考虑到这些方面，一般而言，一份正式的可行性研究报告应包括封面、摘要、目录、正文、附录5个部分。

1. 封面

封面要能反映房地产投资项目的名称、投资者的单位名称或姓名、投资报告编写者的姓名以及可行性研究报告写作的时间。

房地产投资项目的名称，也就是可行性研究报告的标题。投资可行性研究报告的标题比较简单，一般由房地产投资项目的名称和文种两部分构成，如《某某项目投资可行性研究报告》。但标题的写法不是固定不变的，如有的标题写成《某某工程投资分析报告》、《在某某地区投资建设某项目的研究》等。

2．摘要

房地产投资可行性研究报告通常需要较多的文字来阐述，这样虽然是必要的，但对投资者来说，未必有足够的时间和耐心把这个报告全部看完。所以，投资分析可行性研究报告的编写者还应用简洁的语言，简要介绍被研究的投资项目本身的情况和特点、项目所处地区的投资环境与市场情况以及投资项目可行性研究的主要结论。摘要主要有叙述式及提纲式两种。这两种摘要都应简明扼要，言必达意，论据清楚、结论鲜明，最重要的是要向读者提供关键性的信息，即投资分析人员的研究发现和有关结论。至于详细内容，读者可以在报告中查找。摘要的字数以不超过 1000 字为宜。

3．目录

如果评估报告较长，最好要有目录，使读者能方便地了解评估报告所包括的具体内容、以及前后关系，使之能根据自己的兴趣快速地找到其所要阅读的部分。至于目录的详细程度以及副标题页码的详细程度，则取决于报告本身的长短和复杂程度，只要能够满足读者方便地查找最关心的信息就可以。大多数可行性报告都有许多表格，为了使读者易于找到这些表格，最好在目录之后加上一张单独的表格目录。

4．正文

正文又包括前言、主体、结论三大部分。前言主要就是可行性研究报告的研究范围和使用限制的说明。主体和结论一般要按照逻辑的顺序，从总体到细节循序进行。对于一般的房地产开发投资项目可行性研究报告，通常包括的具体内容有：项目总说明、项目概况、投资环境研究、市场研究、项目地理环境和附近地区竞争性发展项目、规划方案及建设条件、建设方式与进度安排、投资估算及资金筹措、租售收入及税金估算、项目经济效益评价、风险与不确定性分析以及项目可行性研究的结论与建议十二个方面。项目投资可行性研究报告如用于向国家计划管理部门办理立项报批手续，还应包括环境分析、能源消耗及节能措施、项目公司组织机构等方面的内容。

5．附录

项目可行性研究所依据的某些原始资料和中间计算分析资料，应当以附录的形式附在报告书的后面。主要的附录材料有：

（1）附表。为便于读者阅读，一些较大型的表格通常需要作为附表，按顺序编号后附于正文之后。附表按照在可行性研究报告中的顺序，一般包括：项目工程进度计划表、项目投资估算表、投资计划和资金筹措表、项目销售计划表、项目销售收入测算表、营业成本预测表、营业利润测算表、财务现金流量表（全部投资）、财务现金流量表（自有资金）、资金来源与运用表、贷款还本付息估算表和敏感性分析表。当然，在投资环境分析、市场研究、投资估算等部分的表格，如权威部门发布的相关统计资料、相应楼盘调查统计表以及市场消费者问卷等也可以附表的形式出现在报告中。

（2）附图。对于房地产开发投资项目来说，这些附图一般包括：项目位置示意图、项目规划用地红线图、建筑设计方案平面图、项目所在城市总体规划示意图、行政区划图和与项目性质相关的土地利用规划示意图、项目用地附近的土地利用现状图和项目用地附近竞争性项目分布示意图等。有时附图中还会包括可行性研究报告中的一些数据分析图，如直方图、饼图、曲线图等。

（3）附件。对房地产开发投资来说，这些附件包括：国有土地使用证、建设用地规划许

可证、施工许可证、销售许可证、规划建设方案审定通知书、建筑设计方案平面图、公司营业执照、经营许可证等。与可行性研究有关又不便于放在报告正文中的资料，如一些批复文件、会议纪要等也可以作为附件后附。这些附件通常可由委托方自行准备，由投资分析的受托方把它与可行性研究报告一起送有关读者备看。

12.1.2 房地产投资可行性研究报告编制大纲

房地产开发投资项目可行性研究报告的编制大纲一般可参考[案例 12-1]中的内容：

[案例 12-1]　房地产开发投资可行性研究报告的一般提纲

1．项目投资说明

1.1　项目背景

1.1.1　项目名称

1.1.2　承办单位概况

1.1.3　报告编制理由

1.1.4　项目提出的理由或建设的必要性

1.2　项目概况

1.2.1　拟建地点或项目的地理位置

1.2.2　建设规模和目标

1.2.3　主要建设条件

1.2.4　主要技术经济指标

1.3　范围与限制

2．项目投资环境分析

2.1　××国投资环境分析

2.1.1　政策法规环境分析

2.1.2　经济环境分析

2.1.3　社会环境分析

2.1.4　自然环境分析

2.1.5　设施环境分析

2.1.6 ……

2.2　××市投资环境分析

2.2.1　政策法规环境分析

2.2.2　经济环境分析

2.2.3　规划环境分析

2.2.4　自然环境分析

2.2.5　设施环境分析

2.2.6　……

2.3　投资项目所处地区投资环境分析

2.3.1　政策法规环境分析

2.3.2　经济环境分析

2.3.3 规划环境分析
2.3.4 自然环境分析
2.3.5 设施环境分析
2.3.6 ……

3. 项目投资市场分析

3.1 总体市场分析
3.1.1 ××国市场分析
3.1.2 ××市总体市场分析
3.1.3 投资项目所处地区总体市场分析
3.2 专业市场分析
3.2.1 写字楼市场分析
3.2.2 宾馆酒店市场分析
3.2.3 商场或商铺市场分析
3.2.4 普通住宅市场分析
3.2.5 公寓物业市场分析
3.2.6 别墅物业市场分析
3.2.7 标准仓库物业市场分析
3.2.8 ……
3.3 项目市场分析
3.3.1 市场供给分析
3.3.2 市场需求分析
3.3.3 市场供求关系分析
3.4 典型与竞争性项目分析与评价
3.4.1 典型与竞争性住宅项目分析与评价
3.4.2 典型与竞争性写字楼项目分析与评价
3.4.3 典型与竞争性商业物业项目分析与评价
3.4.4 ……

4. 投资项目策划研究

4.1 投资项目策划环境分析
4.1.1 PEST 分析
4.1.2 NAP 分析
4.1.3 SWOT 分析
4.2 投资项目产品定位策划
4.2.1 产品类型与档次定位
4.2.2 产品规模定位
4.2.3 产品的建筑规划定位（总体规划与建筑方案）
4.2.4 产品的物业服务定位
4.3 投资项目营销策划

4.3.1　价格策划

4.3.2　经营策划

4.3.3　营销策略策划

5．节能节水措施

5.1　节能措施及能耗指标分析

5.2　节水措施及水耗指标分析

6．环境影响评价

6.1　建址环境现状

6.2　项目建设与运营对环境的影响

6.3　环境保护措施

6.4　环境保护投资

6.5　环境影响评价

7．劳动安全卫生与消防

7.1　危害因素及危害程度分析

7.2　安全措施

7.3　消防设施

8．组织结构与人力资源配备

8.1　项目组织机构设施

8.2　人力资源配置方案

9．项目实施进度预测

9.1　建设工期

9.2　项目实施进度计划

9.3　项目实施进度表

10．投资估算与资金筹措

10.1　投资估算

10.1.1　投资估算依据

10.1.2　建设投资估算

10.1.3　投资估算表

10.2　投资使用计划

10.3　投资项目资金筹措

10.3.1　融资渠道分析

10.3.2　融资结构分析

10.3.3　还本付息分析

11．投资项目财务分析

11.1　基础数据选取

11.1.1　销售价格或租金

11.1.2　计算期的确定

11.1.3　财务基准收益率的设定
11.2　成本费用估算
11.3　租售收入估算
11.4　自营收入估算
11.5　转售收入估算
11.6　财务分析评价报表分析
11.7　财务指标分析
11.7.1　盈利能力分析
11.7.2　清偿能力分析
11.7.3　资金平衡能力分析

12．不确定性与风险分析

12.1　敏感性分析
12.2　盈亏平衡分析
12.3　风险的概率分析

13．房地产投资综合评价分析

13.1　房地产投资的国民经济评价
13.2　房地产投资的社会评价

14．投资方案的比选分析

14.1　不同投资方案的比较分析
14.2　投资方案比选结果分析

15．结论与建议

15.1　投资分析主要结论
15.2　项目投资主要建议

12.1.3　房地产投资不同阶段可行性研究报告大纲

1．项目机会研究提纲

项目机会研究也就是投资机会研究，其目的主要是判断项目的发展前景，帮助投资者在众多投资机会中选择最具发展前景的投资机会。

投资机会研究报告提纲的主要内容可参考[案例 12-2]。

[案例 12-2]　房地产开发投资项目机会研究报告提纲的主要内容

1．开发潜力分析

1.1　地块分析
1.2　区域规划分析
1.3　土地发展潜力分析
1.4　开发时机分析

2．项目投资策划

2.1　项目策划的依据

2.2　产品定位策划
2.3　融资方式策划
2.4　经营方式策划
2.5　租售价格策划

3．项目投资评价

3.1　经济评价参数选择
3.2　项目投资估算
3.3　项目投资收入估算
3.4　财务指标分析

4．项目评价结论与建议

2．获得土地阶段的可行性研究报告提纲

获得土地阶段的可行性研究即初步可行性研究，其目的在于为房地产开发投资者参与土地竞买提供决策依据。此阶段研究的一个重要任务，就是确定土地竞买的最高投标报价。

本阶段可行性研究报告提纲的主要内容可参考[案例 12-3]。

[案例 12-3]　房地产开发投资土地竞买阶段可行性研究报告的一般提纲

1．项目说明

1.1　项目名称
1.2　报告编制单位
1.3　报告编制理由
1.4　地块坐落
1.5　建设条件
1.6　规划指标

2．产品定位

2.1　市场供求分析
2.2　产品方案分析
2.3　产品方案优化与确定
2.4　产品开发建设初步规划

3．投资与收入估算

3.1　投资估算
3.2　收入估算

4．经济评价

4.1　静态财务指标分析
4.2　动态财务指标分析
4.3　风险与不确定性分析

5．评价结论与建议

3．详细可行性研究报告提纲

可参见“12.1.2 房地产投资可行性研究报告编制大纲”。

12.2 房地产投资可行性研究报告的编写与审读

12.2.1 房地产投资可行性研究报告编写的基本要求

1．要用全面、发展的眼光来分析各种因素

在投资报告中进行调查研究，要用科学的方法，尽量考虑到与项目相关的各种因素。既分析现在，又考虑未来；既分析局部，又放眼全局；既分析静态因素，又看到动态发展；既分析有利因素，又顾及不利和风险；既分析显性因素，又要挖掘隐性因素。与项目相关的各种因索，常常是相互联系，相互制约的，所谓“牵一发而动全身”。忽视了其中一个因素，往往会给未来项目投资带来更多的不确定性，因此，深入、全面的调查研究，是写好投资可行性研究报告的基础。当然，在全面分析各种因素的基础上，还要抓住影响投资项目的主要因素并对其重点研究，保证项目投资的顺利进行。

2．要中心明确，脉络清楚

研究报告的分析重点应在于说明项目实施的必要性和可能性，以及未来项目可能带来的利润情况。首先，报告撰写者要围绕这一中心来选择、组织材料；其次，要根据项目自身的特点，根据各种因素与投资可行性关系的大小，有主次轻重地详写或略写有关内容，使报告的中心明确，重点突出，避免面面俱到，平均用力。比如在写字楼投资分析报告中，要考虑未来国民经济发展情况，项目本身的特点，项目所在区域交通条件，周边环境等各种因素。如果罗列材料、面面俱到、结构杂乱，则不利于投资者有效地从报告中了解项目的可行性程度，影响了报告的说服力。

3．要简明扼要

项目研究报告应尽量精炼文字，切忌长篇大论，要用简练的语言，形象生动的图表来表达分析者的意图。一般原始资料及计算分析过程均用附录形式提供，报告正文中只列举分析方法和分析结论。对于大型项目，报告往往长达数百页，几十万字，这时可在报告正文前提供摘要，以很少的篇幅表述研究报告的主要结论，主要技术指标，存在的主要问题，通过“目录”指导读者在正文或附录中寻找论证材料或计算根据。

4．要客观真实

投资报告的结论对项目的投资成败关系极大，要保证研究结论符合实际，除了要求有科学的研究方法，严谨的研究态度外，就是要求原始材料的真实性和客观性。依据错误的材料只会得出错误的结论。因而，真实性与客观性是研究报告的又一基本要求。而在有些投资项目中，往往是先决定投资后才撰写投资报告，这样投资报告的撰写已没有了实际意义，更可能使报告编写人员对数据的真假不作严格的要求。这无疑违背了投资报告的写作目的，投资报告撰写中需要研究者尊重客观经济规律，实事求是，以严肃，认真，科学的态度对待研究。一切结论来源于分析，切忌先入为主，带着观点找依据，更不能弄虚作假，编造假数据，罗列假材料。

5．要资料充足，观点明确

观点来源于对资料的研究与分析，研究报告要很好的处理材料与观点及论据与观点的关系。研究者要从大量的数据中通过定量定性的分析找出一定的规律，对投资项目的盈利能力，社会效益等方面作出自己的判断，为项目的投资成功提供必要的理论支持和建议，要避免只见资料罗列，不见分析结论的数据化现象；也要避免只有作者观点，找不到支持这些观点的

论据资料的概念化现象。

6．要层次分明，逻辑性强

投资报告要求使用大量的数字文字说明，这就要求报告的判断推理要符合逻辑，结构要层次分明，针对性强，力求公证，客观，以理服人。

总之，投资研究报告必须客观公正科学，经得起推敲。既要务实，又要有远见；既要可行，又要考虑到一定的难度。不能照搬前人已经多次重复的内容，要有一定的创新；但又不能脱离现实，超越建设单位的能力而制定出一些无法实现的目标。

12.2.2　房地产投资可行性研究报告编写的注意事项

1．把握全局，抓住重点

房地产投资可行性研究报告编制负责人在编写报告之前，应充分了解投资项目的全部情况，熟悉全部调查内容和可行性分析的要求，把握投资可行性分析的全局。同时，还应熟悉可行性研究报告的写作要领、应采用的分析方法以及替代方案等内容。在此基础上，负责人还应让可行性研究报告编写小组的每一个成员都能了解自己的角色以及各自的努力方向，比如要围绕一个是否可行的中心来写，不能漫无目的或者偏离中心目的来编写报告。这样，可行性研究报告才有可能既协调，又充实，充分满足委托方的要求。

2．客观公正，有理有据

在可行性研究报告的编写过程中，报告编写人员有时会受到委托方的干扰，比如，委托方出于招商或其他某种目的，要求报告编写人员夸大投资的经济效益指标，或者为了取得项目的投资开发机会而要求故意压低投资开发成本等。对于这些干扰，可行性分析人员应正确认识，冷静对待，避免轻率地妥协和迁就委托方。另外，可行性研究报告的结论应该是有理有据并经得起评论的。不能让可行性研究报告的读者找到其中的依据不足、假设不成立等导致结论不成立的问题。为此，在没有资料的情况下，要避免轻率引用他国或他地区的经验，应尽可能获得本地区的资料。同时，对于不明确的数据资料决不能马虎从事，应该彻底搞明白。对于报告中因资料不足而分析不够的地方，应向读者指出来。

3．不要偏重二手资料的应用

二手资料往往不是针对手头在做的项目资料，对于打算投资的区域完全使用二手资料是远远不够的，因为该地区必然有其本身的特点，只用已有的数据而忽略了实地调查研究会使项目研究脱离实际，进而使投资带有盲目性，给投资者带来损失。所以，在投资可行性研究报告的编写过程中，一定要重视一手资料的调查取得和分析运用，不能偏重二手资料。

4．大纲灵活，格式规范

房地产投资项目的情况千差万别，可行性研究的阶段和交付对象也有差异，而且委托方的要求也各有不同。所以，虽然房地产投资项目可行性研究报告的编写提纲有其一般格式，但对具体的房地产投资而言，应该根据委托方的管理团队、资金实力、发展目标等自身情况，以及委托方对可行性研究报告的要求、报告的读者对象是开发商、银行还是投资商等具体情况，灵活调整编写大纲，力求以最合适的大纲，把委托方提出的要求和读者需要了解的方面，在可行性研究报告中展示出来。

当然，可行性研究大纲虽然可以灵活，但具体的编写格式应该统一规范。比如，目录中的前后顺序安排应恰当；参考文献要包括在报告书中；正文与资料一般要分开编册；图表的序号及位置不要弄错，一般表号表名在表上，图号图名在图下等。

12.2.3 房地产投资可行性研究报告的审读

房地产投资可行性研究报告编写完成后，还应仔细审读，努力提高报告的质量，为投资决策者提供客观、可行的结论与建议。

一般来说，房地产投资可行性研究报告的审读应主要注意以下几个方面：

1．报告内容是否完整

报告没有绝对固定的格式和内容，关键是针对本项目的开发建设，是否已经分析了应该考虑到的内容，或者说是否回答了所有问题，回答得是否充分。如果报告没有对应该说明的问题进行分析，则报告首先就存在漏洞，就不是一个合格的报告。

2．报告材料是否真实、准确

投资研究报告中的材料既是研究对象，又是产生研究结论的依据，因此，必须保证真实性、准确性。在审读分析报告时，可以结合自己的知识和可能性两个方面来核实选用数据的真实性、可靠性，条件允许的话，可以查清来源，多方考证，不轻易判断其真假。

3．报告是否有逻辑性

投资研究报告涉及面广、内容多，这给整篇报告的结构安排带来了一定的困难，弄不好就会顾此失彼，颠三倒四，甚至前后矛盾。因此，在审读分析报告时，一定要注意报告的逻辑性。特别需要注意报告的前后是否有衔接、前面讲的后面是否用到，前后对报告的观点是否有冲突等。

4．报告结论是否鲜明

研究报告要有鲜明的科学结论，这是报告写作的根本要求，当然也是撰写者要特别注意的问题。鲜明是指结论要明确集中，是就是，非就非，不能吞吞吐吐，然否各半。否则报告便不可能也没有办法作为决策的依据。对一份投资研究报告来说，没有结论不行，结论不正确不行，结论不鲜明也不行。

5．报告表达是否清晰

投资研究报告不仅内容多、涉及面广，而且专业性也很强，这就给具体表达带来了困难。研究报告在语言表达上，除了要做到准确、鲜明、生动外，还要特别注意清晰和通俗易懂。在审读时，要体会报告的用词是否太晦涩，语义是否明确等，力争投资报告清晰、明了。

12.3 房地产开发经营投资分析报告示例

12.3.1 房地产开发经营投资分析报告案例说明

本案例是《北京市金融街某房地产开发经营项目可行性研究报告》的实例。具体的实例在“12.3.2 房地产开发经营投资分析报告案例实例”中介绍。在此之前，需要说明以下几个方面的问题：

1．本案例是一个综合性的房地产开发经营项目的可行性研究报告

北京市金融街某房地产开发经营项目是一个综合性开发经营项目，具体来说，就是包括房地产开发销售、房地产出租经营以及房地产自营等内容的房地产开发经营项目。这样，在财务分析部分的报表中，就涉及到了比较多的表格，包括折旧摊销表、营业成本表等。这些报表之间相互联系，相互约束，一个报表出了问题，其他报表也会跟着出问题。所以，在具体的报表编制中，显得比较复杂和繁琐，同样，在阅读这些报表时，也需要认真和耐心。

2．本案例的实例展示没有包括整个报告的全部

本案例的实例仅展示了目录和正文部分，其他部分，如封面、摘要、附录的部分图表等，由于简单或受篇幅所限，没有全部展示出来。但这不代表没有展示的部分不重要，也不代表房地产投资可行性研究报告就是案例中的这个格式或模式。

3．本案例实例展示的正文部分，大部分内容省略

由于案例实例的正文部分，如环境研究、市场研究等方面的内容，在相关章节中已经详细举例介绍，读者可以从中了解到一些具体的分析方法，同时考虑到本书的篇幅问题，所以在本案例中，正文的大部分内容只留下简要提纲，而把重点放在介绍财务分析内容的介绍上。

另外，由于本项目在中国的北京，对于开发商、投资商来说，很多方面的情况他们都很了解，在委托的时候，也提到了这些。所以，本报告案例中，没有像本书第 2 章和第 3 章介绍的那样，非常详细的研究投资环境和市场环境的各个方面。

4．本案例实例部分没有介绍风险与不确定性分析等的内容

本案例实例是一个很复杂的投资项目，涉及到销售、出租和自营房地产投资，又涉及到高档酒店、服务式公寓、会议中心以及高级商务俱乐部等物业类型，分析起来非常麻烦。同时，考虑到本书的篇幅不宜太大，所以，在实例部分没有介绍本案例的不确定性分析、风险的概率分析以及方案比选等方面的内容。当然，这些内容对于一个项目的可行性研究来说，自然也是非常重要的。这些方面的内容，读者可以参考相关章节的一些案例介绍。

12.3.2　房地产开发经营投资分析报告案例

[案例 12-4]　北京市金融街某房地产开发经营项目可行性研究报告

目　　录

5. 公寓市场及典型公寓对本项目的启示

第 3 章　高档酒店市场分析与评价

1. 北京市高档酒店市场分析与评价
2. 典型及竞争区域高档商务酒店市场比较分析
3. 金融街地区高档酒店市场分析与评价
4. 典型及竞争高档商务酒店项目分析与评价
5. 高档酒店市场及典型酒店对本项目酒店的启示

第 4 章　大型会议中心市场分析与评价

1. 北京市大型会议中心市场分析与评价
2. 典型大型会议中心项目分析与评价
3. 大型会议中心市场及典型会议中心对本项目的启示

第 5 章　高档俱乐部市场分析与评价

1. 北京市高级商务俱乐部市场分析与评价
2. 典型项目分析与评价
3. 俱乐部市场及典型俱乐部对本项目的启示

第 6 章　本项目分析与评价

1. 项目概况
2. 项目市场分析

第 7 章　项目定位分析与建议

1. 市场定位的依据
2. 目标客户定位
3. 产品功能定位
4. 价格定位

第 8 章　开发进度分析与预测

1. 项目开发的基本指标
2. 项目开发周期预测
3. 项目前期及施工进度预测
4. 项目建设期安排预测
5. 项目销售进度预测

第 9 章　项目财务分析

1. 项目投资（成本）预测及估算
2. 销售收入估算
3. 经济效益分析与评价

第 10 章　结论与说明

1. 项目的可行性分析
2. 项目开发的有关说明

附表一：

附表 1　北京国际会议曾举行的会议表

附表 2　北京会议中心曾举行的会议表

附表 3　部分会议设备的价格（此价格仅供参考）

附表二：

附表 1　项目开发指标汇总

附表 2　成本估算表

附表 3　投资进度计划表

附表 4　资金筹措计划表

附表 5　贷款还本付息表

附表 6　销售收入估算表

附表 7　租赁经营收入估算表

附表 8　折旧摊销估算表

附表 9　营业成本表

附表 10　利润表

附表 11　现金流量表

附图

附图 1　本项目在金融街中的位置图

附图 2　金融街在北京市的位置图

附图 3　典型公寓项目位置图

附图 4　金融街地区典型公寓位置图

附图 5　典型酒店项目位置图

附图 6　金融街地区典型酒店位置图

附图 7　典型会议中心项目位置图

附图 8　典型俱乐部项目位置图

第 1 章　投资环境研究与评价

1. 北京市宏观经济分析

1.1　北京市宏观经济现状与走势分析

1.1.1　北京市宏观经济增速较高

1.1.2　北京市宏观经济将继续保持稳定增长的态势

1.2　北京市社会经济发展现状及政策导向

1.2.1　北京市的社会经济发展一直走在全国的前列

1.2.2　北京市国民经济和社会发展第十个五年计划为北京市社会经济发展指明了方向

1.3　中国加入 WTO，必将对北京投资环境产生深远影响

1.3.1　北京对外开放领域将迅速扩大

1.3.2　北京经济国际化水平将大幅提高

1.3.3　北京经济活动将更加规则化、透明化

1.4 申奥成功极大地改善了北京的投资环境

1.4.1 申奥成功将带来大规模的基础设施建设，有利于投资硬环境的改善

1.4.2 申奥成功将带动一批相关产业的发展，带动消费需求的发展，也给国内外的投资商带来了重大的商机

1.4.3 申奥成功将促进科技行业的发展，把北京投资环境提高到了一个更高的层次

1.4.4 申奥成功将给旅游、文化、商业带来更多商机

1.5 高科技产业发展将推动北京市投资环境的改善

1.5.1 高科技产业发展是北京经济增长的主动力

1.5.2 北京经济的增长促进了北京投资环境的进一步改善

1.5.3 高科技产业的发展，带动了北京投资环境步上新的台阶

2. 金融街投资环境分析

2.1 金融街的发展现状及规划

2.1.1 金融街的发展现状

2.1.2 金融街整体发展规划

2.2 金融街发展的影响因素分析

2.2.1 特殊的政治经济地位对金融街的发展具有重要意义

2.2.2 金融街优越的地理位置有利于自身的发展

2.2.3 政府在政策上的积极支持保障了金融街的快速平稳发展

2.2.4 物业的市场需求空间较大，使金融街发展有较大空间

2.2.5 浓厚的金融氛围使金融街成为商家投资的首选

2.2.6 金融街的发展还存在诸如历史及投资方面的不利因素

2.3 金融街发展的前景预测

第 2 章 公寓市场分析与评价

1. 北京市公寓市场分析

1.1 北京市公寓市场发展概况

1.1.1 早期供给源于改革开放的 20 世纪 80 年代

1.1.2 20 世纪 90 年代初中期，公寓市场呈现供需两旺的局面

1.1.3 20 世纪 90 年代中后期，公寓市场供求再度失衡

1.1.4 2000 年以后，公寓市场开始走出谷底，整体出现回暖

1.2 北京市公寓供给分析

1.2.1 公寓市场进入供应高峰

1.2.2 现有项目集中于东部地区和中关村地区

1.2.3 服务式公寓成为市场新宠

1.3 北京市公寓需求分析

1.3.1 需求不断扩大

1.3.2 自住和投资平分秋色

1.3.3　需求特点

1.4　北京市公寓租售情况分析

1.4.1　销售价格缓步回升

1.4.2　租金逐步上升，空置率有下降趋势

1.5　北京市公寓市场发展预测

1.5.1　供应预测

1.5.2　需求预测

2. 北京市服务式公寓市场分析

2.1　北京市服务式公寓市场供给分析

2.1.1　高档公寓存量不多

2.1.2　分布上东部居多，西部短缺

2.1.3　小户型结构比例大，投资定位明显

2.1.4　形式主要是两种

2.1.5　配套服务参差不齐

2.2　北京市服务式公寓市场需求分析

2.2.1　需求呈上涨趋势

2.2.2　投资性需求增加，最终消费以租用为主

2.2.3　对品质有更高的要求

2.2.4　小户型需求大

2.3　北京市服务式公寓市场价格分析

2.3.1　销售价格高

2.3.2　出租价格及空置率

2.4　北京市服务式公寓市场发展预测

2.4.1　供给预测

2.4.2　需求预测

3. 金融街地区公寓市场状况与分析

3.1　市场供给分析

3.1.1　数量少，规模小

3.1.2　缺乏严格意义的高档项目

3.1.3　户型设计各具特点

3.1.4　配套设施不足

3.1.5　物业服务水平有待提高

3.2　市场需求分析

3.2.1　客户构成

3.2.2　需求特点

（1）客户期待优质公寓

（2）投资需求旺盛

（3）服务式公寓会受到青睐

（4）小户型成为需求热点

（5）智能化住宅受到欢迎

3.3 市场价格分析

3.3.1 销售价格偏高

3.3.2 租赁价格适中

3.4 市场发展预测

3.4.1 市场供给预测

3.4.2 市场需求预测

4. 典型项目分析

主要分析与评价国贸中心公寓、东方广场公寓以及嘉里中心公寓。

5. 公寓市场及典型公寓对本项目的启示

5.1 服务式公寓市场前景好

5.2 户型以一室一厅为主，两室两厅和单居为辅，配以少量复式

5.3 服务式公寓要依托于酒店

5.4 发展高档生活配套设施

5.5 住宅智能化成为潮流

第3章 高档酒店市场分析与评价

1. 北京市高档酒店市场分析与评价

1.1 北京市高档酒店市场概况

1.1.1 北京市高档酒店发展有良好的条件与机遇

1.1.2 北京市高档酒店的发展有明显的阶段性特点

1.2 高档酒店市场供给分析

1.2.1 供应量由增加较快到基本停滞再到快速增加

1.2.2 新增高档酒店主要分布在王府井、建国门国贸等繁华地区

1.2.3 高档酒店中合资或股份企业较多，但与国有或全民酒店数相差不大

1.2.4 高档酒店的区域特征明显

1.2.5 房型丰富，安排灵活

1.2.6 配套设施齐全

1.3 高档酒店市场需求分析

1.3.1 以两类客户为需求主体

1.3.2 旅游与商务需求持续增长

1.3.3 客户需求具有明显的区域特色

1.3.4 不同类型客人对高档酒店的偏好各不相同

1.3.5 客人平均居住天数有所下降，但总体变动不大

1.4 饭店经营情况

1.4.1 客房出租率由波动趋于平缓，并有一定的回升

1.4.2 客房租金处于由降趋升的阶段

1.4.3　客房租价形式多样化

1.4.4　经营收入和营业利润下降

1.5　高档酒店未来市场趋势

1.5.1　高档酒店的新增供给既有酒店的升级也有新开发项目

1.5.2　一些高级商厦附属的准四星、准五星级酒店是高档酒店供给的一支重要力量

1.5.3　国内外长期包房的客户将减少

1.5.4　高档商务酒店将成为酒店市场的热点

1.5.5　近两年来北京高档酒店的出租率总体将不会有大的变化，基本呈现小幅增长的趋势，出租率将会在60%～70%之间徘徊

1.5.6　高档酒店的房价与其出租率的变化基本一致，价格总体水平将会维持在一个相对稳定的水平

可以预测北京市高档酒店总体价格水平在考虑通货膨胀的情况下，每年将可能递增3%左右的水平。

2. 典型及竞争区域高档商务酒店市场比较分析

2.1　典型及竞争区域高档商务酒店市场概况

2.1.1　王府井地区高档商务酒店市场概况

2.1.2　建国门国贸地区高档商务酒店市场概况及分析评价

2.1.3　亚运村地区高档酒店市场概况

2.1.4　紫竹院周边地区高档商务酒店市场概况

2.2　典型及竞争区域高档酒店总体比较

3. 金融街地区高档酒店市场分析与评价

3.1　金融街地区高档酒店市场概况

3.2　金融街地区高档酒店市场供给分析

3.2.1　供给量少

3.2.2　知名度高

3.2.3　配套服务完善

3.3　金融街地区高档酒店市场需求

3.3.1　需求概况

3.3.2　客户群体

3.3.3　需求特点

3.4　金融街地区高档酒店经营情况

4. 典型及竞争高档商务酒店项目分析与评价

主要分析与评价北京民族饭店、五洲大酒店以及中国大酒店。

5. 高档酒店市场及典型酒店对本项目酒店的启示

5.1　本地块建设高档酒店将有良好的前景

5.2　高档酒店设计应与金融街的整体形象相一致

5.3　本地块的高档酒店应定位在主要为金融街金融商务区服务方面

5.4　本地块的高档酒店要积极宣传和充分利用金融街的品牌优势

第4章　大型会议中心市场分析与评价

1. 北京市大型会议中心市场分析与评价

1.1　北京市大型会议中心供给状况及预测

1.1.1　大型会议中心数量不多

1.1.2　北京市会议中心主要有三种类型

1.1.3　区域分布

1.1.4　会议中心地处交通便利的位置

1.1.5　会议中心与展览中心、酒店联系紧密

1.1.6　会议室规模不大，在综合项目中所占比例低

1.1.7　服务内容多样化

1.1.8　智能化水平高

1.1.9　对未来的预测

1.2　北京市大型会议中心需求状况及预测

1.2.1　总体需求在上升

1.2.2　主要客户群及客户构成

1.2.3　需求特点

1.2.4　未来预测

1.3　北京市大型会议中心经营状况及预测

1.3.1　北京市大型会议中心经营概况

1.3.2　会议室功能配比

1.3.3　设备及配套设施

1.3.4　经营状况分析

2. 典型大型会议中心项目分析与评价

主要分析与评价北京国际会议中心、北京会议中心以及上海国际会议中心。

3. 大型会议中心市场及典型会议中心对本项目的启示

3.1　会议中心应是金融街不可缺少的一部分

3.2　应侧重于商务会议

3.3　以大、中型会议为主

3.4　要有较高的智能化水平

第5章　高档俱乐部市场分析与评价

1. 北京市高级商务俱乐部市场分析与评价

1.1　发展概况与前景

1.1.1　高级商务俱乐部对会员有严格地选择

1.1.2　高级商务俱乐部起源于18世纪的英国

1.1.3　北京的高级商务俱乐部开始于20世纪90年代中期

1.2　供给状况及未来预测

1.2.1　需求状况

1.2.2　供给预测

1.3　需求状况及预测

1.3.1　需求状况

1.3.2　需求预测

1.4　经营状况及预测

1.4.1　经营状况

1.4.2　经营预测

（1）高档俱乐部的经营前景看好

（2）会员交纳的月费或年费是主要收入来源

（3）项目运营的头几年是关键时期

（4）通过各种方式保有会员资源

2. 典型项目分析与评价

主要分析与评价京城俱乐部、美洲俱乐部、长安俱乐部以及北京中国会。

3. 俱乐部市场及典型俱乐部对本项目的启示

3.1　本项目将填补北京市本类产品的市场空白

3.2　抓住时机，及时推出

3.3　前景光明

3.4　产品力求高档尊贵

3.5　突出产品特色

第 6 章　本项目分析与评价

1. 项目概况

1.1　位置及四至

1.2　交通情况

1.3　周边环境

1.4　市政状况

1.5　规划及现状情况

规划占地面积为 1.1943 万 m^2；规划建筑面积为 12 万 m^2，其中地上建筑面积为 9.5 万 m^2，地下建筑面积为 2.5 万 m^2。

公寓建筑面积：3 万 m^2。

五星级酒店建筑面积：5 万 m^2。

会议中心建筑面积：1 万 m^2。

俱乐部建筑面积：0.5 万 m^2。

目前，本项目拆迁基本完成，需要进行“七通一平”等前期工作。

2. 项目市场分析

2.1　项目机会与威胁分析

2.2 项目优势与劣势分析
2.3 开发公寓的优劣势分析
2.4 开发高档酒店的优劣势分析
2.5 开发会议中心的优劣势分析
2.6 开发高档俱乐部的优劣势分析

第 7 章 项目定位分析与建议

1. 市场定位的依据

2. 目标客户定位

2.1 公寓市场客户定位
2.1.1 主要目标客户来源
2.1.2 目标客户的需求特征
2.2 酒店市场客户定位
2.2.1 主要目标客户来源
2.2.2 目标客户的需求特征
2.3 会议中心客户定位
2.3.1 主要目标客户来源
2.3.2 目标客户的需求特征
2.4 俱乐部客户定位
2.4.1 主要目标客户来源
2.4.2 目标客户的需求特征

3. 产品功能定位

3.1 公寓产品功能定位
3.1.1 功能与档次定位

高档服务式公寓；具有一定的商务功能，智能化程度高；体现时代气息和深厚的金融文化底蕴的综合性建筑物，是金融街最新的地标性建筑；与高档居住区相适应的绿化等生活环境与品质的塑造。

3.1.2 户型定位
3.1.3 配套功能
3.1.4 智能化系统
3.2 酒店功能档次定位
3.3 会议中心功能档次定位
3.4 俱乐部功能安排定位
3.4.1 功能安排定位
3.4.2 项目建筑设计建议

4. 价格定位

4.1 公寓价格定位

本项目定价参照市场上同档次同类型项目的售价，销售均价为 2200 美元/m^2，约合人民币 18000 元/ m^2，在实际销售中依据当时市场情况作相应调整。具体调整办法建议为：假设酒店式公寓项目 15 个月分 5 期（每期三个月）销售完毕，则第一期销售价格定位 17500 元/ m^2，以后各期价格分别约为 17800 元/m^2、18000 元/m^2、18200 元/m^2 及 18600 元/m^2。

4.2　酒店价格定位

初步确定本项目五星级酒店的出租租金在第一年为 750 元/（间·天），以后逐步调整。具体调整办法建议为：第一年为 750 元/（间·天），以后每年在此基础上增加 3%，到第九年达到 950.08 元/（间·天）后保持稳定不变。

4.3　会议中心价格定位

此项目定位是举行商务会议为主，租用会议室的平均价格定为 30 元/（天·m^2），具体价格可本着中小型会议室价格高于均价，而大型会议室价格低于均价的原则，结合当时的具体情况作当调整。具体价格调整办法建议为：第一年会议室平均租价为 30 元/（天·m^2），以后每年上涨 5%，到第五年后价格保持不变，约为 36.5 元/（天·m^2）。

4.4　俱乐部价格定位

根据市场调研、目标客户的构成和目标客户的支付能力以及未来经营状况，确定在发行会员卡的初期，价格宜稍微定得低一点，在随后几年可以适当上调价格。

本项目为顶级档次项目，应采用高位定价，会员卡价格确定如下：

会籍类型	入会费	年　费
个人会籍	RMB10000～11500	RMB10000
公司会籍	RMB12000～12500	RMB10000
附卡	RMB5000	RMB6000

第 8 章　开发进度分析与预测

1. 项目开发的基本指标

总占地面积：1.1943 万 m^2，总建筑面积：12 万 m^2。

地上建筑面积：9.5 万 m^2，地下建筑面积：2.5 万 m^2。

具体可见附表二：表 1《项目开发指标汇总》

2. 项目开发周期预测

根据项目规模及市场要求，建议整个开发周期为三年半。

建设期：36 个月，3 年。

销售期:（在建设期开始 6 个月后）公寓销售期为 1.25 年，15 个月，车位（100 个）随公寓销售。

开发期：40 个月，3.5 年。

具体可见附表二：表 1《项目开发指标汇总》。

3. 项目前期及施工进度预测

4. 项目建设期安排预测

具体见项目建设进度计划图。

项目建设进度计划图（36个月）

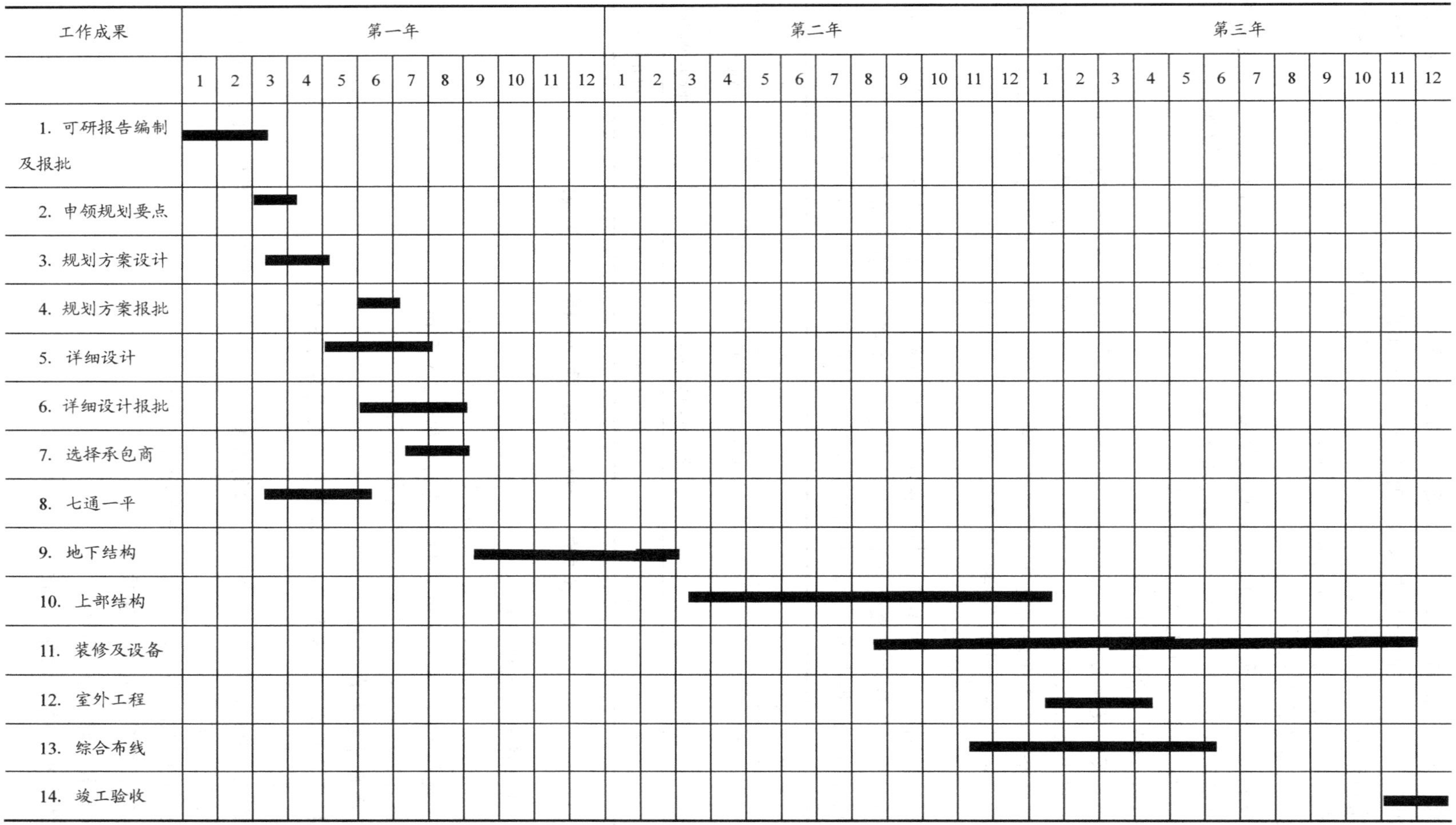

工作成果	第一年												第二年												第三年											
	1	2	3	4	5	6	7	8	9	10	11	12	1	2	3	4	5	6	7	8	9	10	11	12	1	2	3	4	5	6	7	8	9	10	11	12
1. 可研报告编制及报批																																				
2. 申领规划要点																																				
3. 规划方案设计																																				
4. 规划方案报批																																				
5. 详细设计																																				
6. 详细设计报批																																				
7. 选择承包商																																				
8. 七通一平																																				
9. 地下结构																																				
10. 上部结构																																				
11. 装修及设备																																				
12. 室外工程																																				
13. 综合布线																																				
14. 竣工验收																																				

5. 项目销售进度预测

酒店式公寓的销售周期为15个月。具体情况可参见附表二：表6《销售收入估算表》，该表关于销售进度的情况说明如下：

（1）公寓销售假设分五期推出，每期1个季度，每期销售不同比例的面积，期末售完。

（2）本项目公寓部分销售期假设在建设期开始6个月后开始。

（3）每期起价较上期上涨一定比例，具体假设为：在第三期九六折的价格为其销售均价16000元/m^2（建筑面积），其余为在此基础上计算的价格。

（4）根据新的销售管理办法的有关规定，公寓售出的面积按二期付款，各期付款比例分别为：第一期付总额的20%，在公寓封顶以后付其余的80%。

（5）车位假设同公寓一起按比例售出，期末售完。

第9章　项目财务分析

1. 项目投资（成本）预测及估算

1.1　项目的成本构成

1.2　项目的成本估算

根据项目的现状、开发指标及房地产开发的取费标准，估算得出本项目的总开发成本约为223507万元，具体可见后附表二：表2《成本估算表》。表中，酒店、会议中心、俱乐部等公建的土地出让金取1600元/m^2（建筑面积），公寓的土地出让金取1200元/m^2（建筑面积），本项目的综合建安造价取8500/m^2（建筑面积）。

1.3　投资（成本）进度计划

根据项目的自身条件、开发建设预测及常规的各种成本发生的比例和时间，制定了《投资进度计划表》，见后附表二：表3《投资进度计划表》。表中，土地出让金的投入时间和投入比例具体安排是：期初交付土地出让金总金额的10%，一年后交付土地出让金总金额的30%，其余，即土地出让金总金额的60%在两年后分两期交付。

表中其他成本费用的投入安排是根据房地产开发的实际情况及有关规定估计的，如情况发生变化，这些费用将需要重新安排。

2. 销售收入估算

经估算，本项目的预期销售毛收入约为57491.47万元，税后销售收入为54329.44万元；本项目公建部分的税前租赁经营总收入874306.04万元，税后租赁经营收入为826219.21万元，具体情况可见后附表二：表6《销售收入估算表》及表7《租赁经营收入估算表》。

3. 经济效益分析与评价

3.1　静态分析

静态分析有关指标　　（单位：万元）

相关指标	所得税前	所得税后
预期利润	519018.18	389263.63
预期年投资利润率	17.87%	13.41%

具体可见后附表二：表10《利润表》。

3.2 动态分析

动态分析有关指标 （单位：万元）

相关指标	所得税前	所得税后
预期财务净现值	177102.61	132826.96
预期内部收益率	19.10%	16.87%
投资回收期	8.68 年	—

具体可见后附表二：表 11《现金流量表》。

第 10 章 结论与说明

1. 项目的可行性分析

通过财务测算，并对各财务指标进行对比分析，得出本项目的预期税后财务内部收益率为 16.87%，预期税后财务净现值为 132826.96 万元，上述两项指标均为正值，而且这些指标的数值也比较高（内部收益率大于折现率 10%）。因此我们认为，本项目在开发建设酒店式公寓及系列公建的情况下，财务上是可行的，有较好的市场空间和投资回报。

2. 项目开发的有关说明

（1）金融街地区公寓的未来供应量有不断增大的趋势，可能会对本项目形成不利的市场竞争，因此，本项目一定要抓住市场空档和时机，开发高档酒店式公寓，并采取积极和新颖的营销策略，以便占领市场。

（2）由于酒店、会议中心及俱乐部对周围物业的依赖性较强，因此，如在本地区还没有建设完毕的情况下开发这些公建，将很难有较好的出租率和经济效益。

附表一（略）

附表二

表 1 项目开发指标汇总

一、基础指标			
总占地面积	1.1943 万 m^2	公建建筑面积合计	6.5 万 m^2
总建筑面积	12 万 m^2	可出售公寓面积	3 万 m^2
地上公寓建筑面积	3 万 m^2	可出租酒店间/套数	600 间/套
地上酒店建筑面积	5 万 m^2	可出租会议中心面积	0.95 万 m^2
会议中心建筑面积	1 万 m^2	可售俱乐部会员证数	1000 个
俱乐部总建筑面积	0.5 万 m^2	地下车位总数	1000 个
地上总建筑面积	9.5 万 m^2	可供出售车位数	100 个
地下总建筑面积	2.5 万 m^2	可供出租车位数	900 个
注：假设会议中心、俱乐部与酒店设在一个楼，这里把其面积独立出来计算。			
二、项目开发期			
建设期：36 个月，3 年			
销售期：（公寓）1.25 年 （在开发建设完毕后）			
开发期：42 个月，3.5 年			

（续）

三、静态经济指标			
	总额/万元	单位建筑面积/（元/m^2）	单位可租售面积/（元/m^2）
预期租售收入	931797.51	77649.79	98083.95
总成本	（368507.59）	（30708.97）	（38790.27）
税前投资利润率	129.92%	年税前投资利润率	6.50%
四、动态经济指标			
	总额/万元		
预期收入折现	417973.25		
预期支出折现	（240870.65）		
财务净现值	177102.61		
税前内部收益率	19.10%		
动态投资回收期	8.68 年		

表 2　成本估算表

序　号	项　　目	取费标准/（元/建筑平米）		总费用/万元	单位建筑成本/元
1	土地费用			14000	1166.67
1.1	公建土地出让金	(地上建筑面积)	1600	10400	
1.2	公寓土地出让金	(地上建筑面积)	1200	3600	
2	土地开发及市政费用	(地上建筑面积)	5700	54150	4512.50
3	前期费用			4090	340.85
3.1	勘测费用	建安造价的	0.50%	510	
3.2	设计费用	建安造价的	2.50%	2550	
3.3	监理费用及质量监督费	建安造价的	0.95%	969	
3.4	招投标费	建安造价的	0.06%	61	
4	建安工程费			102840	8570.00
4.1	建安造价	平均综合建安造价	8500	102000	
4.1.1	酒店建安造价				
4.1.2	会议中心建安造价				
4.1.3	俱乐部建安造价				
4.2	室外工程费		50	600	
4.3	绿化费		20	240	
5	建设期管理费用	1～4 项之和的	2.00%	3502	291.80
6	财务费用	年利率为	5.50%	37948	12649.23
7	不可预见费	1～4 项之和的	3.00%	5252	437.70
8	销售费用	销售收入的	3.00%	1725	143.73
	总成本（不含销售税费）			223507	18625.55

表3 投资进度计划表 （单位：万元）

	项 目	投入额	每期一季度	每期一季度	每期一季度	每期一季度	每期一季度	每期一季度
			0	1	2	3	4	5
1	土地费用	14000.00	1400.00					2100.00
	土地出让金	14000.00	1400.00					2100.00
2	土地开发费用	54150.00	13537.50	13537.50	13537.50	13537.50		
3	前期费用	4090.20	4090.20					
4	建安工程费	102840.00			30600.00			
	建安造价	102000.00			30600.00			
	室外工程费	600.00						
	区内绿化费	240.00						
5	建设期管理费	3501.60		291.80	291.80	291.80	291.80	291.80
6	不可预见费	5252.41		437.70	437.70	437.70	437.70	437.70
7	销售费用	1724.74		344.95	344.95	344.95	344.95	172.47
	项目开发成本	185558.95	19027.70	14611.95	45211.95	14611.95	1074.45	3001.98
	累计开发成本		19027.70	33639.65	78851.60	93463.55	94538.00	97539.97

	项 目	每期一季度	每期一季度	每期一季度	每期一季度	每期一季度	每期一季度	每期一季度
		6	7	8	9	10	11	12
1	土地费用	2100.00			4200.00	4200.00		
	土地出让金	2100.00			4200.00	4200.00		
2	土地开发费用							
3	前期费用							
4	建安工程费	40800.00	600.00					30840.00
	建安造价	40800.00						30600.00
	室外工程费		600.00					
	区内绿化费							240.00
5	建设期管理费	291.80	291.80	291.80	291.80	291.80	291.80	291.80
6	不可预见费	437.70	437.70	437.70	437.70	437.70	437.70	437.70
7	销售费用	172.47						
	项目开发成本	43801.98	1329.50	729.50	4929.50	4929.50	729.50	31569.50
	累计开发成本	141341.95	142671.45	143400.95	148330.45	153259.95	153989.45	185558.95

表 4　资金筹措计划表　　（单位：万元）

	合　计	每期一年	每期一年	每期一年
项　目		1	2	3
资金来源				
税后销售收入	54329.44	5394.03	48935.41	—
计划银行贷款	（131229.51）	（89143.97）	—	（42085.55）
小　计	（131229.51）	（89143.97）	72.46	（42158.00）
资金运用				
建设资金投入	（185558.95）	（94538.00）	（48862.95）	（42158.00）
最大资金占用	（89143.97）			

表 5　借款还本付息表　　（单位：万元）

序号	项　目	合　计	每期一年	每期一年	每期一年	每期一年	每期一年	每期一年	每期一年	每期一年
			1	2	3	4	5	6	7	8
1	借款及还本付息									
1.1	期初借款余额			（91595.43）	（96560.72）	（145114.46）	（124905.32）	（94180.18）	（56833.99）	（15152.95）
1.2	本期借款	（131229.51）	（89143.97）	—	（42085.55）					
1.3	本期应计利息	（37947.68）	（2451.46）	（5037.75）	（6468.19）	（7981.30）	（6869.79）	（5179.91）	（3125.87）	（833.41）
1.4	本期还本付息	（183062.13）	（2451.46）	（5037.75）	（6468.19）	（28190.43）	（37594.92）	（42526.11）	（44806.90）	（15986.37）
1.5	期末借款余额		（91595.43）	（96560.72）	（145114.46）	（124905.32）	（94180.18）	（56833.99）	（15152.95）	0.00
2	偿贷资金来源									
2.1	税后净销售收入	72.46		72.46						
2.2	税后出租经营收入	180406.58				26098.68	33411.41	38342.59	40623.38	41930.52
2.3	折旧摊销费	18825.83				2091.76	4183.52	4183.52	4183.52	4183.52
	借款利率（5.5%）									
	合　计	199304.87	—	72.46	—	28190.43	37594.92	42526.11	44806.90	46114.04

表 6　销售收入估算表

销售进度	折后售价/(元/m^2)	变化率(%)	销售比例(%)	每期销售量万 m^2	每期销售车位数/个		付款进度	付款比例%	可售面积/(万/m^2)	销售均价		可售车位/个	车位单价/(万元/个)
酒店式公寓									3.0	18500	¥(元/m^2)	100	17.00
第 1 期	17921.9	0.93	0.10	0.30	10		第 1 次付款	0.20		2229	$(元/$m^2$)		
第 2 期	18307.3	0.95	0.15	0.45	15		第 2 次付款	0.80					
第 3 期	18500.0	0.96	0.20	0.60	20								
第 4 期	18692.7	0.97	0.35	1.05	35								
第 5 期	19082.1	0.98	0.20	0.60	20								
项　目	合计/万元	每期一季	每期一季	每期一季	每期一季	每期一季	每期一季	每期一季	每期一季	每期一季	每期一季	每期一季	每期一季
		1	2	3	4	5	6	7	8	9	10	11	12
公寓总收入													
合计	55791.47	—	1075.31	1647.66	2220.00	3925.47	46923.03	—	—	—	—	—	—
车位销售收入													
合计	1700.00	—	170.00	255.00	340.00	595.00	340.00	—	—	—	—	—	—
销售收入	57491.47	—	1245.31	1902.66	2560.00	4520.47	47263.03	—	—	—	—	—	—
销售税费	(3162.03)		(68.49)	(104.65)	(140.80)	(248.63)	(2599.47)	—	—	—	—	—	—
税后销售收入	54329.44	—	1176.82	1798.01	2419.20	4271.84	44663.57	—	—	—	—	—	—

表 7　租赁经营收入估算表

（单位：万元）

项　目	合计	每期一年	每期一年	每期一年	每期一年	每期一年	每期一年	每期一年	每期一年	每期一年	每期一年
年　份		4	5	6	7	8	9	10	11	12	13
一、酒店客房出租收入	286200.07	8640.00	10679.04	12832.65	13217.63	13614.15	14022.58	14443.26	14876.55	15322.85	15322.85
可出租客房套/间		600	600	600	600	600	600	600	600	600	600
出租率		50%	60%	70%	70%	70%	70%	70%	70%	70%	70%
单位平均租金/[元/(天·间)](含15%服务费)		800.00	824.00	848.72	874.18	900.41	927.42	955.24	983.90	1013.42	1013.42
二、会议中心出租收入	222001.07	5985.00	8797.95	9897.69	11085.42	11639.69	11639.69	11639.69	11639.69	11639.69	11639.69
可出租面积 / 万 m²		0.95	0.95	0.95	0.95	0.95	0.95	0.95	0.95	0.95	0.95
出租率		50%	70%	75%	80%	80%	80%	80%	80%	80%	80%
平均单位租金/[元/(天·m²)]		35.00	36.75	38.59	40.52	42.54	42.54	42.54	42.54	42.54	42.54
三、俱乐部收入	28816.67	2400.00	2277.40	2168.22	2071.10	1984.81	1908.22	1840.31	1780.15	1386.48	1000.00
1. 会员证出售收入	11646.75	2200.00	1907.40	1653.72	1433.77	1243.08	1077.75	934.41	810.13	386.48	
出售会员证数量	1000 个	200.00	170.00	144.50	122.83	104.40	88.74	75.43	64.12	29.99	
会员证价格/万元		11.00	11.22	11.44	11.67	11.91	12.14	12.39	12.64	12.89	
2. 年费收入	17169.93	200.00	370.00	514.50	637.33	741.73	830.47	905.90	970.01	1000.00	1000.00
年费/(万元/个)		1.00	1.00	1.00	1.00	1.00	1.00	1.00	1.00	1.00	1.00
四、车位出租收入	15077.55	377.65	548.96	736.48	789.09	789.09	789.09	789.09	789.09	789.09	789.09
可出租车位/个		900.00	900.00	900.00	900.00	900.00	900.00	900.00	900.00	900.00	900.00
出租率		40%	55%	70%	75%	75%	75%	75%	75%	75%	75%
单位租金/[元/(月·个)]		874.18	924.18	974.18	974.18	974.18	974.18	974.18	974.18	974.18	974.18
合计出租收入	552095.36	17402.65	22303.35	25635.04	27163.23	28027.73	28359.57	28712.34	29085.47	29138.11	28751.62
五、其他经营收入	322210.68	10215.00	13052.63	14939.13	15824.48	16343.19	16542.29	16753.95	16977.83	17009.41	16777.52
(前三项收入的 60%)											
租赁经营总收入	874306.04	27617.65	35355.99	40574.17	42987.71	44370.92	44901.86	45466.29	46063.31	46147.52	45529.15
营业税及附加(5.5%)	(48086.83)	(1518.97)	(1944.58)	(2231.58)	(2364.32)	(2440.40)	(2469.60)	(2500.65)	(2533.48)	(2538.11)	(2504.10)
税后租赁经营收入	826219.21	26098.68	33411.41	38342.59	40623.38	41930.52	42432.26	42965.64	43529.82	43609.41	43025.04

（续）

项　目	每期一年	每期一年	每期一年	每期一年	每期一年	每期一年	每期一年	每期一年	每期一年	每期一年
年　份	14	15	16	17	18	19	20	21	22	23
一、酒店客房出租收入	15322.85	15322.85	15322.85	15322.85	15322.85	15322.85	15322.85	15322.85	15322.85	15322.85
可出租客房套/间										
出租率	600	600	600	600	600	600	600	600	600	600
单位平均租金/[元/(天·间)](含15%服务费)	70%	70%	70%	70%	70%	70%	70%	70%	70%	70%
二、会议中心出租收入	1013.42	1013.42	1013.42	1013.42	1013.42	1013.42	1013.42	1013.42	1013.42	1013.42
可出租面积／万 m^2	11639.69	11639.69	11639.69	11639.69	11639.69	11639.69	11639.69	11639.69	11639.69	11639.69
出租率	0.95	0.95	0.95	0.95	0.95	0.95	0.95	0.95	0.95	0.95
平均单位租金/[元/(天·m^2)]	80%	80%	80%	80%	80%	80%	80%	80%	80%	80%
三、俱乐部收入	42.54	42.54	42.54	42.54	42.54	42.54	42.54	42.54	42.54	42.54
1. 会员证出售收入	1000.00	1000.00	1000.00	1000.00	1000.00	1000.00	1000.00	1000.00	1000.00	1000.00
出售会员证数量										
会员证价格/万元										
2. 年费收入										
年费/（万元/个）	1000.00	1000.00	1000.00	1000.00	1000.00	1000.00	1000.00	1000.00	1000.00	1000.00
四、车位出租收入	1.00	1.00	1.00	1.00	1.00	1.00	1.00	1.00	1.00	1.00
可出租车位/个	789.09	789.09	789.09	789.09	789.09	789.09	789.09	789.09	789.09	789.09
出租率	900.00	900.00	900.00	900.00	900.00	900.00	900.00	900.00	900.00	900.00
单位租金/[元/(月·个)]	75%	75%	75%	75%	75%	75%	75%	75%	75%	75%
	974.18	974.18	974.18	974.18	974.18	974.18	974.18	974.18	974.18	974.18
合计出租收入										
五、其他经营收入	28751.62	28751.62	28751.62	28751.62	28751.62	28751.62	28751.62	28751.62	28751.62	28751.62
（前三项收入的60%）	16777.52	16777.52	16777.52	16777.52	16777.52	16777.52	16777.52	16777.52	16777.52	16777.52
租赁经营总收入										
	45529.15	45529.15	45529.15	45529.15	45529.15	45529.15	45529.15	45529.15	45529.15	45529.15
营业税及附加（5.5%）										
	(2504.10)	(2504.10)	(2504.10)	(2504.10)	(2504.10)	(2504.10)	(2504.10)	(2504.10)	(2504.10)	(2504.10)
税后租赁经营收入										
	43025.04	43025.04	43025.04	43025.04	43025.04	43025.04	43025.04	43025.04	43025.04	43025.04

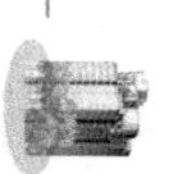

表8 折旧及摊销估算表

（单位：万元）

项目	经济使用年限	年均折旧率	每期一年	每期一年	每期一年	每期一年	每期一年	每期一年	每期一年	每期一年	每期一年	每期一年	合计
			4	5	6	7	8	9	10	11	12	13	
房屋及建筑物	30	3.3%											
原值			33423.00										
本年折旧			557.05	1114.10	1114.10	1114.10	1114.10	1114.10	1114.10	1114.10	1114.10	1114.10	21724.95
账面净值			32865.95	31751.85	30637.75	29523.65	28409.55	27295.45	26181.35	25067.25	23953.15	23953.05	445640.00
机电设备	15	6.7%											
原值			22282.00										22282.00
本年折旧			742.73	1485.47	1485.47	1485.47	1485.47	1485.47	1485.47	1485.47	1485.47	1485.47	22282.00
账面净值			21539.27	20053.80	18568.33	17082.87	15597.40	14111.93	12626.47	11141.00	9655.53	8170.07	166372.27
无形资产	47	2.1%											
原值			36914.58										36914.58
本年折旧			392.71	785.42	785.42	785.42	785.42	785.42	785.42	785.42	785.42	785.42	15315.63
账面净值			36521.88	35736.46	34951.04	34165.63	33380.21	32594.79	31809.38	31023.96	581208.33	2946313	21598.96
开办费	8	12.5%											
原值			4112								4112.23		
本年折旧			257.01	514.03	514.03	514.03	514.03	514.03	514.03	771.04	4112.23		
账面净值			3855.21	3341.18	2827.16	2313.13	1799.10	1285.07	771.04	-	16191.89		
其他	10	10.0%											
原值			2845								2845.05		
本年折旧			142.25	284.51	284.51	284.51	284.51	284.51	284.51	284.51	2845.05	426.76	
账面净值			2702.80	2418.30	2133.79	1849.28	1564.78	1280.27	995.77	711.26	13798.51		
原值总计			99576.86								99576.86		
折旧及摊销总计			2091.76	4183.52	4183.52	4183.52	4183.52	4183.52	4183.52	4440.53	66279.86	381174	1899.52
账面净值总计			97485.11	93301.59	89118.07	84934.55	80751.04	76567.52	72384.00	67943.47	1223211.00	6046224	33297.01

（续）

项　目	经济使用年限	年均折旧率	每期一年	每期一年	每期一年	每期一年	每期一年	每期一年	每期一年	每期一年	每期一年	每期一年
			14	15	16	17	18	19	20	21	22	23
房屋及建筑物	30	3.3%										
原值												
本年折旧			1114.10	1114.10	1114.10	1114.10	1114.10	1114.10	1114.10	1114.10	1114.10	1114.10
账面净值			21724.95	20610.85	19496.75	18382.65	17268.55	16154.45	15040.35	13926.25	12812.15	11698.05
机电设备	15	6.7%										
原值												
本年折旧			1485.47	1485.47	1485.47	1485.47	2228.20					
账面净值			6684.60	5199.13	3713.67	2228.20	—					
无形资产	47	2.1%										
原值												
本年折旧			785.42	785.42	785.42	785.42	785.42	785.42	785.42	785.42	785.42	785.42
账面净值			30238.54	28667.71	27882.29	27096.88	26311.46	25526.04	24740.63	23955.21	23169.79	22384.38
开办费	8	12.5%										
原值												
本年折旧			—									
账面净值			—									
其他	10	10.0%										
原值												
本年折旧			284.51				284.51	–284.51	—			
账面净值			426.76				–284.51		—			
原值总计												
折旧及摊销总计			3669.49	3384.98	3384.98	3384.98	3669.49	3843.21	1899.52	1899.52	1899.52	1899.52
账面净值总计			64273.98	57077.26	53692.28	50307.29	46637.80	42794.59	40895.08	38995.56	37096.04	35196.53

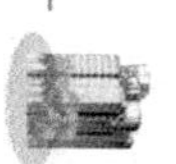

表9 营业成本表

（单位：万元）

项　目	标准	总计	每期一年	每期一年	每期一年	每期一年	每期一年	每期一年	每期一年	每期一年	每期一年	每期一年
			4	5	6	7	8	9	10	11	12	13
经营费用	25%	（138023.84）	（4350.66）	（5575.84）	（6408.76）	（6790.81）	（7006.93）	（7089.89）	（7178.08）	（7271.37）	（7284.53）	（7187.91）
房产税	12%	（64442.14）	（2043.00）	（2610.53）	（2987.83）	（3164.90）	（3268.64）	（3308.46）	（3350.79）	（3395.57）	（3401.88）	（3355.50）
小计		（202465.98）	（6393.66）	（8186.37）	（9396.59）	（9955.70）	（10275.57）	（10398.35）	（10528.87）	（10666.93）	（10686.41）	（10543.41）
其他经营费用	35%	（112773.74）	（3575.25）	（4568.42）	（5228.70）	（5538.57）	（5720.12）	（5789.80）	（5863.88）	（5942.24）	（5953.29）	（5872.13）
折旧与摊销		（66279.86）	（2091.76）	（4183.52）	（4183.52）	（4183.52）	（4183.52）	（4183.52）	（4183.52）	（4440.53）	（3669.49）	（3811.74）
小计		（179053.59）	（5667.01）	（8751.94）	（9412.21）	（9722.09）	（9903.63）	（9973.32）	（10047.40）	（10382.77）	（9622.78）	（9683.87）
营业成本小计		（315239.72）	（9968.91）	（12754.79）	（14625.28）	（15494.27）	（15995.69）	（16188.15）	（16392.76）	（16609.18）	（16639.71）	（16415.54）
营业成本合计		（381519.57）	（12060.67）	（16938.30）	（18808.80）	（19677.79）	（20179.20）	（20371.67）	（20576.27）	（21049.71）	（20309.19）	（20227.29）

（续）

项　目	标准	每期一年	每期一年	每期一年	每期一年	每期一年	每期一年	每期一年	每期一年	每期一年	每期一年	
		14	15	16	17	18	19	20	21	22	23	
经营费用	25%	(7187.91)	(7187.91)	(7187.91)	(7187.91)	(7187.91)	(7187.91)	(7187.91)	(7187.91)	(7187.91)	(7187.91)	
房产税	12%	(3355.50)	(3355.50)	(3355.50)	(3355.50)	(3355.50)	(3355.50)	(3355.50)	(3355.50)	(3355.50)	(3355.50)	
小计		(10543.41)	(10543.41)	(10543.41)	(10543.41)	(10543.41)	(10543.41)	(10543.41)	(10543.41)	(10543.41)	(10543.41)	
其他经营费用	35%	(5872.13)	(5872.13)	(5872.13)	(5872.13)	(5872.13)	(5872.13)	(5872.13)	(5872.13)	(5872.13)	(5872.13)	
折旧与摊销		(3384.98)	(3384.98)	(3384.98)	(3669.49)	(3843.21)	(1899.52)	(1899.52)	(1899.52)	(1899.52)	(1899.52)	
小计		(9257.12)	(9257.12)	(9257.12)	(9541.62)	(9715.34)	(7771.65)	(7771.65)	(7771.65)	(7771.65)	(7771.65)	
营业成本小计		(16415.54)	(16415.54)	(16415.54)	(16415.54)	(16415.54)	(16415.54)	(16415.54)	(16415.54)	(16415.54)	(16415.54)	
营业成本合计		(19800.53)	(19800.53)	(19800.53)	(20085.03)	(20258.76)	(18315.06)	(18315.06)	(18315.06)	(18315.06)	(18315.06)	

注：1. 经营费用中包含物业服务费、建筑物维护与能源费，行政费用及营销费等内容，按租金收入的 25%计算。

2. 房产税按扣除房产原值 30%后余额的 1.2%估算。

3. 其他经营费用按其他经营收入的 35%计算。

表10 利润表

（单位：万元）

项 目	合 计	每期一年	每期一年	每期一年	每期一年	每期一年	每期一年	每期一年	每期一年	每期一年	每期一年	每期一年
		1	2	3	4	5	6	7	8	9	10	11
收入												
销售收入	57491.47	5707.97	51783.50									
租赁经营收入	874306.04				27617.65	35355.99	40574.17	42987.71	44370.92	44901.86	45466.29	46063.31
小计	931797.51	5707.97	51783.50	—	27617.65	35355.99	40574.17	42987.71	44370.92	44901.86	45466.29	46063.31
销售税费	(3162.03)	(313.94)	(2848.09)									
营业税及附加	(48086.83)				(1518.97)	(1944.58)	(2231.58)	(2364.32)	(2440.40)	(2469.60)	(2500.65)	(2533.48)
建设成本	(185558.95)	(94538.00)	(48862.95)	(42158.00)								
经营成本	(138023.84)				(4350.66)	(5575.84)	(6408.76)	(6790.81)	(7006.93)	(7089.89)	(7178.08)	(7271.37)
贷款利息	(37947.68)	(2451.46)	(5037.75)	(6468.19)	(7981.30)	(6869.79)	(5179.91)	(3125.87)	(833.41)	—	—	—
小计	(361530.47)	(96989.46)	(53900.70)	(48626.20)	(12331.96)	(12445.63)	(11588.67)	(9916.68)	(7840.35)	(7089.89)	(7178.08)	(7271.37)
投入合计	(412779.34)	(97303.40)	(56748.79)	(48626.20)	(13850.93)	(14390.21)	(13820.25)	(12281.00)	(10280.75)	(9559.49)	(9678.73)	(9804.85)
税前利润	519018.18	(91595.43)	(4965.29)	(48626.20)	13766.72	20965.78	26753.92	30706.71	34090.18	35342.37	35787.56	36258.46
累计税前利润		(91595.43)	(96550.72)	(145186.91)	(131420.19)	(110454.42)	(83700.50)	(52993.79)	(18903.61)	16438.76	52226.31	88484.77
所得税	129754.54									4109.69	8946.89	9064.61
税后利润	389263.63	(91595.43)	(4965.29)	(48626.20)	13766.72	20965.78	26753.92	30706.71	34090.18	31232.68	26840.67	27193.84
累计税后利润		(91595.43)	(96560.72)	(145186.91)	(131420.19)	(110454.42)	(83700.50)	(52993.79)	(18903.61)	12329.07	39169.74	66363.58
0.25												
税前投资利润率	129.92%		年税前投资利润率	6.50%								

（续）

项　目	每期一年	每期一年	每期一年	每期一年	每期一年	每期一年	每期一年	每期一年	每期一年	每期一年	每期一年	每期一年
	12	13	14	15	16	17	18	19	20	21	22	23
收入												
销售收入												
租赁经营收入	46147.52	45529.15	45529.15	45529.15	45529.15	45529.15	45529.15	45529.15	45529.15	45529.15	45529.15	45529.15
小计	46147.52	45529.15	45529.15	45529.15	45529.15	45529.15	45529.15	45529.15	45529.15	45529.15	45529.15	45529.15
销售税费												
营业税及附加	(2538.11)	(2504.10)	(2504.10)	(2504.10)	(2504.10)	(2504.10)	(2504.10)	(2504.10)	(2504.10)	(2504.10)	(2504.10)	(2504.10)
建设成本												
经营成本	(7284.53)	(7187.91)	(7187.91)	(7187.91)	(7187.91)	(7187.91)	(7187.91)	(7187.91)	(7187.91)	(7187.91)	(7187.91)	(7187.91)
贷款利息	—	—	—	—	—	—	—	—	—	—	—	—
小计	(7284.53)	(7187.91)	(7187.91)	(7187.91)	(7187.91)	(7187.91)	(7187.91)	(7187.91)	(7187.91)	(7187.91)	(7187.91)	(7187.91)
投入合计	(9822.64)	(9692.01)	(9692.01)	(9692.01)	(9692.01)	(9692.01)	(9692.01)	(9692.01)	(9692.01)	(9692.01)	(9692.01)	(9692.01)
税前利润	36324.88	35837.14	35837.14	35837.14	35837.14	35837.14	35837.14	35837.14	35837.14	35837.14	35837.14	35837.14
累计税前利润	124809.65	160646.79	196483.93	232321.07	268158.21	303995.35	339832.48	375669.62	411506.76	447343.90	483181.04	519018.18
所得税	9081.22	8959.28	8959.28	8959.28	8959.28	8959.28	8959.28	8959.28	8959.28	8959.28	8959.28	8959.28
税后利润	27243.66	26877.85	26877.85	26877.85	26877.85	26877.85	26877.85	26877.85	26877.85	26877.85	26877.85	26877.85
累计税后利润	93607.24	120485.09	147362.95	174240.80	201118.65	227996.51	254874.36	281752.22	308630.07	335507.92	362385.78	389263.63
0.25												
税前投资利润率												

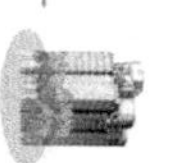

表 11　现金流量表

（单位：万元）

项　目	合　计	每期一年 1	每期一年 2	每期一年 3	每期一年 4	每期一年 5	每期一年 6	每期一年 7	每期一年 8	每期一年 9	每期一年 10	每期一年 11
现金流入												
销售收入	57491.47	5707.97	51783.50									
租赁经营收入	874306.04				27617.65	35355.99	40574.17	42987.71	44370.92	44901.86	45466.29	46063.31
小计	931797.51	5707.97	51783.50	—	27617.65	35355.99	40574.17	42987.71	44370.92	44901.86	45466.29	46063.31
折现现金流入	417973.25	5334.55	45229.72	—	21069.37	25208.33	27036.28	26770.58	25824.28	24423.64	23112.76	21884.35
现金流出	—											
建设成本	(185558.95)	(94538.00)	(48862.95)	(42158.00)								
经营成本	(138023.84)				(4350.66)	(5575.84)	(6408.76)	(6790.81)	(7006.93)	(7089.89)	(7178.08)	(7271.37)
小计	(323582.79)	(94538.00)	(48862.95)	(42158.00)	(4350.66)	(5575.84)	(6408.76)	(6790.81)	(7006.93)	(7089.89)	(7178.08)	(7271.37)
销售税费	3162.03	313.94	2848.09									
营业税及附加	(48086.83)				(1518.97)	(1944.58)	(2231.58)	(2364.32)	(2440.40)	(2469.60)	(2500.65)	(2533.48)
所得税前现金流出	(368507.59)	(94224.06)	(46014.86)	(42158.00)	(5869.63)	(7520.42)	(8640.34)	(9155.13)	(9447.33)	(9559.49)	(9678.73)	(9804.85)
折现税前现金流出	(240870.65)	(88059.87)	(40191.16)	(34413.49)	(4477.91)	(5361.95)	(5757.42)	(5701.36)	(5498.43)	(5199.73)	(4920.18)	(4658.21)
税前净现金流量	563289.92	(88516.09)	5768.64	(42158.00)	21748.01	27835.57	31933.83	33832.58	34923.59	35342.37	35787.56	36258.46
累计净现金流量		(88516.09)	(82747.45)	(124905.45)	(103157.44)	(75321.87)	(43388.04)	(9555.46)	25368.13	60710.50	96498.05	132756.51
所得税	(140822.48)								(6342.03)	(8835.59)	(8946.89)	(9064.61)
税后净现金流量		(88516.09)	5768.64	(42158.00)	21748.01	27835.57	31933.83	33832.58	28581.56	26506.77	26840.67	27193.84
税前净现值	177102.61	(82725.32)	5038.56	(34413.49)	16591.46	19846.38	21278.86	21069.23	20325.85	19223.91	18192.58	17226.13
累计净现值		(82725.32)	(77686.76)	(112100.25)	(95508.80)	(75662.42)	(54383.56)	(33314.33)	(12988.48)	6235.42	24428.00	41654.13
税前内部收益率	19.10%	0.169										
动态投资回收期	8.68 年											

（续）

项　目	每期一年	每期一年	每期一年	每期一年	每期一年	每期一年	每期一年	每期一年	每期一年	每期一年	每期一年	每期一年
	12	13	14	15	16	17	18	19	20	21	22	23
现金流入												
销售收入												
租赁经营收入	46147.52	45529.15	45529.15	45529.15	45529.15	45529.15	45529.15	45529.15	45529.15	45529.15	45529.15	45529.15
小计	46147.52	45529.15	45529.15	45529.15	45529.15	45529.15	45529.15	45529.15	45529.15	45529.15	45529.15	45529.15
折现现金流入	20490.05	18892.98	17656.99	16501.86	15422.30	14413.36	13470.43	12589.19	11765.60	10995.89	10276.53	9604.23
现金流出												
建设成本												
经营成本	(7284.53)	(7187.91)	(7187.91)	(7187.91)	(7187.91)	(7187.91)	(7187.91)	(7187.91)	(7187.91)	(7187.91)	(7187.91)	(7187.91)
小计	(7284.53)	(7187.91)	(7187.91)	(7187.91)	(7187.91)	(7187.91)	(7187.91)	(7187.91)	(7187.91)	(7187.91)	(7187.91)	(7187.91)
销售税费												
营业税及附加	(2538.11)	(2504.10)	(2504.10)	(2504.10)	(2504.10)	(2504.10)	(2504.10)	(2504.10)	(2504.10)	(2504.10)	(2504.10)	(2504.10)
所得税前现金流出	(9822.64)	(9692.01)	(9692.01)	(9692.01)	(9692.01)	(9692.01)	(9692.01)	(9692.01)	(9692.01)	(9692.01)	(9692.01)	(9692.01)
折现税前现金流出	(4361.37)	(4021.84)	(3758.73)	(3512.83)	(3283.02)	(3068.24)	(2867.52)	(2679.92)	(2504.60)	(2340.75)	(2187.61)	(2044.50)
税前净现金流量	36324.88	35837.14	35837.14	35837.14	35837.14	35837.14	35837.14	35837.14	35837.14	35837.14	35837.14	35837.14
累计净现金流量	169081.39	204918.53	240755.67	276592.81	312429.95	348267.09	384104.22	419941.36	455778.50	491615.64	527452.78	563289.92
所得税	(9081.22)	(8959.28)	(8959.28)	(8959.28)	(8959.28)	(8959.28)	(8959.28)	(8959.28)	(8959.28)	(8959.28)	(8959.28)	(8959.28)
税后净现金流量	27243.66	26877.85	26877.85	26877.85	26877.85	26877.85	26877.85	26877.85	26877.85	26877.85	26877.85	26877.85
税前净现值	16128.68	14871.14	13898.26	12989.03	12139.28	11345.12	10602.92	9909.27	9261.00	8655.14	8088.91	7559.73
累计净现值	57782.82	72653.95	86552.21	99541.24	111680.52	123025.64	133628.56	143537.83	152798.82	161453.96	169542.87	177102.61
税前内部收益率												
动态投资回收期												

附图（略）

小　结

房地产投资是否可行，在前述分析的基础上，通常需要可行性研究报告来表达。房地产投资可行性研究报告因所研究的对象、投资阶段以及投资内容等的不同，其内容构成和具体写法也有不同。一般而言，一份正式的可行性研究报告应包括封面、摘要、目录、正文、附录5个部分。在实际操作中，房地产投资可行性研究报告的正文有其一般的编制大纲，这个大纲要随具体的投资阶段和投资项目的不同而灵活调整。

编写房地产投资可行性研究报告有其基本的要求，这些要求包括六个方面：要用全面、发展的眼光来分析各种因素；要中心明确，脉络清楚；要简明扼要；要客观真实；要资料充足，观点明确以及要层次分明，逻辑性强。具体编写中，还应注意四个方面：把握全局，抓住重点；客观公正，有理有据；不要偏重二手资料的应用以及大纲灵活，格式规范。

房地产投资可行性研究报告编写完成后，还应认真审读，具体审读时，要注意以下几个方面：报告内容是否完整；报告材料是否真实、准确；报告是否有逻辑性；报告结论是否鲜明以及报告表达是否清晰等。

思　考　题

1. 房地产投资可行性研究报告的基本构成有哪些部分？
2. 房地产投资可行性研究报告的正文一般由哪些部分组成？
3. 房地产投资可行性研究报告编写的基本要求是什么？
4. 房地产可行性研究报告编写应注意哪些事项？
5. 在审读房地产投资分析报告时应遵循怎样的标准？

练　习　题

接第2章练习题，假设你所在的城市有一住宅开发项目，请根据具体情况，在完成前述各项分析和进行方案比选后，编写住宅开发项目的投资可行性研究报告并认真审读。

附录　常用 Excel 函数简介

1．IF

IF 函数的作用在于执行逻辑判断，它可以根据逻辑表达式的真假，返回不同的结果，从而执行数值或公式的条件检测任务。具体语法是：IF（logical_test，value_if_true，value_if_false）。其中，logical test 计算结果为 true 或 false 的任何数值或表达式；value_if_true 是 logical_test 为 true 时函数的返回值；value_if_false 是 logical_test 为 false 时函数的返回值。

2．POWER

POWER 的用途在于返回给定数字的乘幂。具体语法为：POWER（number，power）。其中，number 为底数，power 为指数，均可以为任意实数。

3．SUM

SUM 的用途在于返回某一单元格区域中所有数字之和。具体语法为：SUM（number1，number2，...）。其中，number1，number2，...为 1 到 255 个需要求和的数值（包括逻辑值及文本表达式）、区域或引用。

4．SUMIF

SUMIF 的用途在于根据指定条件对若干单元格、区域或引用求和。具体语法为：SUMIF（range，criteria，sum_range）。其中，range 为用于条件判断的单元格区域，criteria 是由数字、逻辑表达式等组成的判定条件，sum_range 为需要求和的单元格、区域或引用。

5．PRODUCT

PRODUCT 的用途在于返回数据清单或数据库的指定列中，满足给定条件单元格中数值乘积。具体语法为：PRODUCT（database，field，criteria）。其中，database 构成列表或数据库的单元格区域，field 指定函数所使用的数据列，criteria 为一组包含给定条件的单元格区域。

6．AVERAGE

AVERAGE 的用途在于计算所有参数的算术平均值。具体语法为：AVERAGE（number1，number2，...）。其中，number1，number2，...是要计算平均值的 1～255 个参数。

7．AMORDEGRC

AMORDEGRC 的用途在于返回每个会计期间的折旧值。具体语法为：AMORDEGRC（cost，date purchased，first period，salvage，period，rate，basis）。其中，cost 为资产原值，date purchased 为购入资产的日期，first period 为第一个期间结束时的日期，salvage 为资产在使用寿命结束时的残值，period 是期间，rate 为折旧率，basis 是所使用的年基准。

8．CUMIPMT

CUMIPMT 的用途在于返回一笔贷款在给定的 start period 到 end period 期间累计偿还的利息数额。具体语法为：CUMIPMT（rate，nper，pv，start period，end period，type）。其中，rate 为利率，nper 为总付款期数，pv 为现值，start period 为计算中的首期（付款期数从 1 开始计数），end period 为计算中的末期，type 为付款时间类型（0 为期末付款，1 为期初付款）。

9．CUMPRINC

CUMPRINC 的用途在于返回一笔贷款在给定的 start period 到 end period 期间累计偿还的本金数额。具体语法为：CUMPRINC（rate，nper，pv，start period，end period，type）。其中，rate 为利率，nper 为总付款期数，pv 为现值，start period 为计算中的首期（付款期数从 1 开始计数），end period 为计算中的末期，type 为付款时间类型（0 为期末付款，1 为期初付款）。

10．FV

FV 的用途在于基于固定利率及等额分期付款方式，返回某项投资的未来值。具体语法为：FV（rate，nper，pmt，pv，type）。其中，rate 为各期利率，nper 为总投资期，pmt 为各期所应支付的金额，pv 为现值，type 为数字 0 或 1（0 为期末，1 为期初）。

11．IPMT

IPMT 的用途在于基于固定利率及等额分期付款方式，返回投资或贷款在某一给定期限内的利息偿还额。具体语法为：IPMT（rate，per，nper，pv，fv，type）。其中，rate 为各期利率，per 用于计算其利息数额的期数（1 到 nper 之间），nper 为总投资期，pv 为现值，fv 为未来值，type 指定各期的付款时间是在期初还是期末（0 为期末，1 为期初）。

12．IRR

IRR 的用途在于返回由数值代表的一组现金流的内部收益率。具体语法为：IRR（values，guess）。其中，values 为数组或单元格的引用，包含用来计算返回的内部收益率的数字。guess 为对函数 IRR 计算结果的估计值。

13．NPV

NPV 的用途在于通过使用折现率以及一系列未来支出（负值）和收入（正值），返回一项投资的净现值。具体语法为：NPV(rate，value1，value2，...)。其中，rate 为某一期间的折现率，value1，value2，...为 1 到 254 个参数，代表支出及收入。

14．PMT

PMT 的用途在于基于固定利率及等额分期付款方式，返回贷款的每期付款额。具体语法为：PMT（rate，nper，pv，fv，type）。其中，rate 贷款利率，nper 该项贷款的付款总数，pv 为现值，fv 为未来值，type 指定各期的付款时间是在期初还是期末（1 为期初，0 为期末）。

15．PPMT

PPMT 的用途在于基于固定利率及等额分期付款方式，返回投资在某一给定期间内的本金偿还额。具体语法为：PPMT（rate，per，nper，pv，fv，type）。其中，rate 为各期利率，per 用于计算其本金数额的期数（介于 1 到 nper 之间），nper 为总投资期，pv 为现值，fv 为未来值，type 指定各期的付款时间是在期初还是期末（1 为期初，0 为期末）。

16．PV

PV 的用途在于返回投资的现值，如借入方的借入款即为贷出方贷款的现值。具体语法为：PV（rate，nper，pmt，fv，type）。其中，rate 为各期利率，nper 为总投资（或贷款）期数，pmt 为各期所应支付的金额，fv 为未来值，type 指定各期的付款时间是在期初还是期末（1 为期初，0 为期末）。

17．SLN

SLN 的用途在于返回某项资产在一个期间中的线性折旧值。具体语法为：SLN（cost，

salvage，life）。其中，cost 为资产原值，salvage 为资产在折旧期末的价值，life 为折旧期限。

18．SYD

SYD 的用途在于返回某项资产按年限总和折旧法计算的指定期间的折旧值。具体语法为：SYD（cost，salvage，life，per）。其中，cost 为资产原值，salvage 为资产在折旧期末的价值，life 为折旧期限，per 为期间。

参考文献

[1] 国家发展和改革委员会，建设部．建设项目经济评价方法与参数[M]．3版．北京：中国计划出版社，2006．

[2] 建设部．房地产开发项目经济评价方法[M]．北京：中国计划出版社，2000．

[3] 陈博才，郭镇宁．房地产开发项目可行性研究与方案优化策略[M]．北京：中国建筑工业出版社，2005．

[4] 刘洪玉．房地产开发经营与管理[M]．北京：中国物价出版社，2007．

[5] 叶剑平．房地产市场营销[M]．北京：中国人民大学出版社，2000．

[6] 丁芸，谭善勇．房地产投资分析与决策[M]．北京：中国建筑工业出版社，2005．

[7] 陈琳，潘蜀健．房地产项目投资[M]．北京：中国建筑工业出版社，2004．

[8] 刘秋雁．房地产投资分析[M]．大连：东北财经大学出版社，2003．

[9] 刘正山．房地产投资分析[M]．大连：东北财经大学出版社，2004．

[10] 梁蓓，等．商业房地产投资经济学[M]．北京：中国统计出版社，2003．

[11] 姚玲珍．房地产市场营销[M]．上海：上海财经大学出版社，2004．

[12] 贾士军．房地产项目策划[M]．北京：高等教育出版社，2004．

[13] 张健．中国房地产投资策略分析[M]．上海：上海财经大学出版社，2005．

[14] 尼尔•卡恩，等．房地产市场分析方法与应用[M]．北京：中信出版社，2005．

[15] 杰弗里•费舍，等．收益性不动产评估技术[M]．北京：经济科学出版社，2001．

[16] 孟晓苏．房地产投资与交易[M]．北京：中国大地出版社，1993．

[17] 杨晶，张建军．市场分析[M]．广州：暨南大学出版社，2004．

[18] 陈建明．商业房地产投资融资指南[M]．北京：机械工业出版社，2003．

[19] 郑华．房地产市场分析方法[M]．北京：电子工业出版社，2003．

[20] 林文俏．项目投资决策经济分析[M]．广州：中山大学出版社，2002．

[21] 王维才，等．投资项目可行性分析与项目管理[M]．北京：冶金工业出版社，2001．

[22] 王伟，张锦波．房地产投资[M]．成都：西南财经大学出版社，2004．

[23] 施金良．房地产投融资[M]．上海：上海大学出版社，2004．

[24] 孙元欣．投资项目评价实务与案例[M]．上海：上海科技文献出版社，1998．

[25] 龙胜平．房地产金融与投资[M]．北京：高等教育出版社，1999．

[26] 赵国杰．工程经济与项目评价[M]．天津：天津大学出版社，1999．

[27] 武永祥．房地产投资分析[M]．北京：中国建筑工业出版社，1997．

[28] 马钧，毛瑛．投资项目决策[M]．北京：中国经济出版社，1997．

[29] 刘哲．城市居民个人房地产置业投资收益分析[J]．甘肃科技，2004（4）．

[30] 曹善琪．民用建筑可行性研究与快速报价[M]．北京：中国建工业出版社，2002．

机械工业出版社高职高专土建类专业教材

说明：1. 教材清单各部分顺序为"书名（主编，书号）"。

2. 标"★"为普通高等教育"十一五"国家级规划教材，均将陆续配备助教盘。

3. 标"◆"为可赠送助教盘，供选用本教材的老师参考。

4. 欢迎有关院系组织老师积极申报待定主编的教材或联系出版校本教材。

联系电话：010-88379540（覃编辑） 投稿邮箱 sbs@mai1.machineinfo.gov.cn

一、土建施工类

21世纪建筑工程系列规划教材

建筑工程质量事故分析（邵英秀，12127）
建筑结构（上）（2版）★（宗兰、宋群，12216）
建筑结构（下）（2版）★（宋群、宗兰，13509）
建筑施工技术（2版）★（张厚先、王志清，12387）
土力学与地基基础◆（孙维东，12443）
房屋建筑构造（2版）★（孙玉红，12562）
建筑工程计量与计价（2版）★（丁春静，22911）
建设工程监理概论（2版）★（王军、韩秀彬，12236）
建筑材料（2版）★（王秀花，12456）
建筑设备（王青山，12688）
建筑工程制图与识图（2版）★（王强、张小平，12540）
建筑制图与识图习题集（王强、张小平，12586）
建筑制图与构造基础（季敏，22329）
建筑制图与构造基础习题集（刘小聪，22386）
建筑CAD（2版）★（巩宁平等，12135）
工程项目管理（张智钧，13284）
土木工程概论（张立伟，13497）
建筑力学（上）★（杨力彬、赵萍，14769）
建筑力学（下）★（杨力彬、赵萍，14775）
建筑施工组织（陈乃佑，12048）
建筑工程测量（魏静、王德利，13642）
建筑工程专业课程设计实训指导（邬宏，15452）
混凝土与砌体结构学习指导（郝俊、李靖颉，16402）
高层与大跨建筑施工技术（郝临山、陈晋中，13585）
建筑施工实训指导（王兆，19560）
建筑工程专业英语（刘建瑞）

高等职业教育土建类专业课程改革规划教材（建筑工程技术专业适用）

建筑工程基础（一）（邬宏、王强，19481）
建筑工程基础（二）（赵萍，19677）
防水工程施工★（李靖颉，19529）
建筑工程计量与计价★（王朝霞，19140）
建筑工程质量检验与安全管理★（白锋，19231）
招投标与合同管理（郝永池，19612）
钢结构制造与安装（唐丽萍，23435）
地基基础施工（韩家宝）
施工组织设计（卢青，20914）
砌体结构施工（刘晓敏）
混凝土结构施工（邬宏）
装饰工程施工（周英才）

二、建筑设计类

21 世纪建筑装饰系列规划教材

建筑装饰材料（张书梅，12518）
建筑装饰施工技术（马有占，12290）
建筑装饰工程概预算（李文利，12545）
民用建筑构造（孙殿臣，12526）
建筑装饰制图与识图（2 版）★（高远，12505）
建筑装饰制图与识图习题集（高远，12454）
建筑力学与结构（2 版）★（李永光，12604）
建筑力学与结构学习指导（乔志远，18501）
建筑装饰装修构造★（冯美宇，13832）
建筑物理◆（李井永，15464）
建筑透视与阴影（程无畏，17886）
建筑透视与阴影习题集（程无畏，18345）
建筑装饰质量缺陷与分析（王军，16552）室内设计技术•环境艺术设计•建筑装饰工程技术专业通用教材
设计素描与速写（陈伯群）
设计色彩写生（陈伯群）
造型设计基础（吴萍，23124）
手绘效果图表现技法（林文冬）
家具与陈设（待定）
建筑及室内效果图制作教程（配光盘）（陈雪杰，20353）

建筑设计技术专业教材

建筑初步（龚静，22496）
建筑构造（待定）
建筑节能（待定）
建筑设备（待定）
建筑设计原理（邢双军）
建筑专题设计（待定）
建筑场地设计★（徐哲民）
城市规划原理（解万玉）
建筑模型工艺与设计（沈鸿才）

室内设计技术•环境艺术设计专业教材

景观规划设计★（胡先祥）
室内设计原理（待定）
室内专题设计（赵海涛）
居住小区景观设计（胡佳，21983）
建筑装饰装修材料与应用★（闻荣土，20851）

建筑装饰工程技术专业教材

建筑制图与阴影透视（李思丽，22419）
建筑制图与阴影透视习题集（李思丽，22418）
建筑装饰材料（高海燕）
建筑设计基础（林学军）
建筑装饰基础★（童霞）
建筑装饰设计原理（焦涛，20836）
建筑装饰构造与施工（刘超英）
建筑装饰工程计量与计价（吴锐）
建筑装饰施工组织与管理（郝永池）
建筑装饰工程基本技能实训指导★（朱吉顶，21588）
建筑装饰 Photoshop 实例教程及上机指导（伍乐生）建筑装饰 CAD 实例教程及上机指导（伍乐生，23485）

园林工程技术专业教材

园林规划设计（胡先祥，20791）
园林工程设计（潘福荣）
园林工程施工（潘福荣）
园林建筑设计（吴卓佳）

园林工程测量（王红）
园林建筑构造（文益民）
中外园林简史（吴立威）
园林工程制图与识图（王献文、刘晓东）
园林树木与花卉（齐海鹰）
园林工程计量与计价（吴锐）
园林模型设计与制作（刘学军）
园林工程计算机绘图（李保梁）
园林工程施工组织与管理（吴立威）
园林植物栽培与养护管理（佘远国，21879）

三、工程管理类

21 世纪建筑工程管理系列规划教材

房地产经营与管理（银花、张加颖，12207）
房地产会计（于立君、景亚平，12097）
房地产投资分析与综合开发（李伟，12118）
房地产测绘（郭玉社，13607）
物业管理（谭善勇，13409）
物业环境管理（代岚，18570）
房地产经济学★（张洪力，14952）
房地产营销策划（祖立厂，14671）
建筑企业经营管理（唐健人、陈茂明，14975）
建筑企业会计（何丕军，14562）
工程造价案例分析★（迟晓明，15363）
房地产估价（宋春兰，18475）
房地产经营与管理（隋凤琴，18034）

高等职业教育工程管理类专业规划教材（工程造价、工程监理专业适用）

建筑材料（李伟华）
建筑识图与房屋构造（魏松）
建筑设备安装工艺与识图（陈思荣，22910）
建筑结构基础与识图（刘志彤）
建筑施工工艺（待定）
建筑工程经济（渠晓伟，22230）
建筑工程项目管理（李玉芬）
工程招投标与合同管理（张国华）
工程建设定额原理与实务（孙咏梅）
工程量清单计价（张连忠）
工程造价控制（郝志群）
工程造价管理（李成贞）
建筑工程预算（庞晓）
建筑安装工程预算（刘钦，22308）
建筑装饰工程预算（张崇庆，22217）
建筑施工企业会计（单旭，22231）
建筑施工企业财务管理（赵玉萍，23316）
市政工程基础（刘学应）
施工组织与进度控制（孙刚）
建设工程监理概论（高元兴）
建设工程质量与安全控制（高正文）
建设工程法规与合同管理（高正文，23389）
建设工程监理实务与实训（陈跃军）
建设工程计价与投资控制（刘学应）
房屋设备工程（张东放）

四、建筑设备类

21 世纪供热通风与空调工程系列规划教材热工学基础★（刘春泽，13626）

制冷技术★（贺俊杰，12462）
建筑设备工程图识读与绘制★（谭伟建、王芳，14852）
设备工程图识读与绘制习题集（谭伟建等，14895）
建筑给水排水工程（汤万龙、刘晓勤，15153）
安装工程预算与施工组织管理（邢玉林，15449）
供热通风与空调工程施工技术★（贾永康，15451）
机械基础（李卫平，14506）

建筑概论◆（贾丽明、徐秀香，14926）
建筑电气工程（谢社初、刘玲，15447）
工业锅炉设备（丁崇功，15448）
流体力学·泵与风机（白扩社，15446）
供热工程（王宇清，15450）
通风与空气调节工程★（徐勇，15462）
工程力学（王培兴、李健，15463）
工程力学学习指导（乔志远，17068）

高等职业教育土建类专业课程改革规划教材（建筑设备工程技术专业适用）

流体与热工基础（刘春泽）
工程识图基础与CAD★（尚久明，19220）
建筑给水排水系统安装★（汤万龙，22315）
采暖及供热管网系统安装（王宇清）
通风空调系统安装（李增足）
冷热源系统安装（贾永康）
建筑电气照明系统安装（熊文生，22222）
建筑供配电系统安装（刘昌明，21776）
建筑电气控制系统安装★（孙景芝，20786）
安装工程施工组织与管理★（石俊云）
建筑弱电系统安装（待定）

高等职业教育土建类专业课程改革规划教材（楼宇智能化工程技术专业适用）

建筑智能化概论★（刘光辉，18787）
电工技术基本知识及技能（于昆伦，19101）
电子技术基本知识及技能（李文，19338）
局域网系统施工（王柯、叶智耿，20173）
综合布线系统施工（谢社初，19014）
安防系统与消防联动系统施工（王蒙田）
电话电视广播系统施工（待定）
建筑设备控制系统施工（待定）

五、房地产类

高等职业教育房地产类专业规划教材（物业管理、房地产经营与估价专业适用）

房屋建筑基础（王立群）
物业设备维护与管理★（张国忠）
房屋维修与预算（刘宇）
物业会计（李炳先）
物业管理实务★（鲁捷，21073）
建筑智能系统的应用与管理★（陶根根，21968）
物业管理法规★（王跃国）
物业管理概论（郑晓奋）
物业管理理论与实务（胡伯龙）
小区绿化维护与管理（余远国）
物业管理实训教程（周中元）
物业管理英语（周中元）
物业管理应用文写作（鲁捷）
物业管理案例分析（谭善勇）
房地产法规（银花）
房地产开发与经营（孙瑞波）
房地产营销（朱华，22876）
房地产会计（王薇薇）
房地产统计（刘玉玲，22539）
房地产估价（窦坤芳，22098）
房地产行政管理★（王宏，22223）
房地产经纪人（张登云）
房地产实训教程（周中元）
房地产投资分析（谭善勇）

六、路桥类专业教材

道路与桥梁等专业规划教材
（道路与桥梁工程技术、公路监理、高等级公路养护与管理等专业适用）

道路工程制图★（赵云华，16985）
道路工程制图习题集（赵云华，17318）

道路工程测量（罗斌，17073）
道路工程测量实训★（齐秀廷，16987）
道路建筑材料★（蒋玲，17371）
道路建筑材料实训（林丽娟，17719）
结构设计原理★（胡兴福，17317）
公路 CAD★（张郃生，16795）
工程地质与桥涵水文◆（盛海洋，18319）
工程地质与桥涵水文实训（盛海洋）
路基路面工程★（李维勋，17257）
道路勘测设计（田平，17315）
公路工程施工组织与概预算◆（米永胜，17603）
公路工程监理（廖品槐、刘武，17258）
公路工程监理（多学时）◆（刘三会，17260）
道路工程概论◆（吴继锋，17256）
公路养护技术与管理（周传林，17264）
高等级公路管理（马彦芹，18383）
公路工程质量事故分析★（颜海，18553）
道路检测技术（郑桂兰，19191）
土工实训★（王玉珏，21509）
土力学与基础工程★（务新超、魏明，21246）
桥梁工程（马国峰、王保群，20880）
工程力学（孟祥林）
结构力学（罗凤姿）
桥梁工程概论（李清）

七、艺术设计类教材

造型基础立体构成（含 1CD）（王向勤，15480）
造型基础平面构成（张锡，17614）
造型基础色彩构成★（含 1CD）（贾荣建，16839）
设计素描（含 1CD）（濮礼健，15495）
产品设计（含 1CD）（刘永翔，14917）
电学基础（王泓，14344）
广告艺术设计（含 1CD）（沙强，17724）
人机工程基础及应用（含 1CD）（阮宝湘、贾荣建，17731）
商品包装装潢设计（含 1CD）（李立群，14716）
设计表现（含 1CD）（韩文涛，14868）
设计概论（含 1CD）（陆家桂，14512）
设计制图★（袁和法，14690）
设计制图习题集（袁和法，14748）
室内与环境艺术设计制图★（关俊良，17060）
室内与环境艺术设计制图习题集（李宏，20310）
室内装饰工程设计实务教程（含 1CD）（王波，14501）
园林与庭院设计（含 1CD）（张纵，14643）
机械基础（阮宝湘，20037）
展示设计（含 1CD）（叶永平，17059）
设计材料与工艺（陶晋、杨九瑞）
产品模型制作（杨恩源）

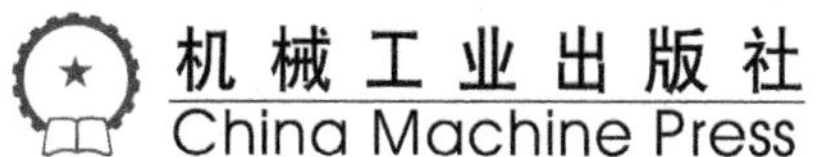

教师信息反馈表

尊敬的老师：

您好！首先感谢您选用机械工业出版社的教材。机械工业出版社成立于 1952 年，是国家级优秀出版社，是教育部指定的教材出版基地。机械工业出版社从 1999 年开始出版高职教材，目前高职教材品种有近 1500 种，覆盖机、电、车、土建、经管、基础课等众多领域，机工版高职教材以质量优、品种全而得到众多职业院校的认可。在“十一五”国家级规划教材评选中，机械工业出版社有近 400 种高职教材入选，位居全国第二。为了更好地为教学服务，我社正在大规模进行教材的配套建设工作，多数教材均可免费为您提供配套的助教盘（包括电子教案、课后习题解答、素材库等内容）。如果您需要本书的助教盘，请填写以下表格并回寄给我们，我们将在收到表格后及时与您联系。我们愿以最真诚的服务回报您对机械工业出版社的关心和支持。

<table>
<tr><td>书 名</td><td colspan="3"></td><td>书 号</td><td></td><td>版 次</td><td></td></tr>
<tr><td colspan="8">使用本书的学生人数 ______ 人/年 ______ 年级　　　　学时数 ______</td></tr>
<tr><td colspan="8">您对本书的意见和建议</td></tr>
<tr><td colspan="8">您的个人情况</td></tr>
<tr><td>姓 名</td><td></td><td>性 别</td><td>□男 □女（划√）</td><td>年 龄</td><td></td><td>职务职称</td><td></td></tr>
<tr><td>所在学校</td><td colspan="5"></td><td>系名（分院名）</td><td></td></tr>
<tr><td>联系地址
（邮编）</td><td colspan="7"></td></tr>
<tr><td>联系电话</td><td colspan="3"></td><td>E-mail</td><td colspan="3"></td></tr>
<tr><td colspan="8">您教授的其他课程的情况</td></tr>
<tr><td>课程名称</td><td>学生
人数</td><td colspan="2">使用教材名称</td><td colspan="2">出版社</td><td colspan="2">教材满意度
（划√）</td></tr>
<tr><td></td><td></td><td colspan="2"></td><td colspan="2"></td><td colspan="2">□满意 □一般 □不满意</td></tr>
<tr><td></td><td></td><td colspan="2"></td><td colspan="2"></td><td colspan="2">□满意 □一般 □不满意</td></tr>
<tr><td rowspan="2">如果您有意向主编或参编教材，请您将信息填入右侧表格</td><td colspan="3">拟编写教材名称</td><td>适用专业</td><td colspan="2">是否已有
内部讲义</td><td>年用书量</td></tr>
<tr><td colspan="7"></td></tr>
<tr><td colspan="4">系主任签字</td><td colspan="4">盖章</td></tr>
</table>

注：本表可复印，寄至北京百万庄大街 22 号 机械工业出版社高职分社收（100037）；亦可发至电子邮箱：sbs@mai1.machineinfo.gov.cn，也可发传真至 010-68998916。登录机械工业出版社教材服务网 www.cmpedu.com 可下载表格电子版。联系电话：010-88379050　010-68354423。